W0307193

Thomas Kunze, Thomas Vogel

Das Ende des Imperiums

Thomas Kunze • Thomas Vogel

Das Ende des Imperiums

Was aus den Staaten der Sowjetunion wurde

Ch. Links Verlag, Berlin

Die Deutsche Nationalbibliothek verzeichnet diese Publikation in der Deutschen Nationalbibliografie; detaillierte bibliografische Daten sind im Internet über www.dnb.de abrufbar.

2., aktualisierte Auflage, Dezember 2015
© Christoph Links Verlag GmbH, 2011
Schönhauser Allee 36, 10435 Berlin, Tel.: (030) 44 02 32-0
www.christoph-links-verlag.de; mail@christoph-links-verlag.de
Umschlaggestaltung: Eugen Lempp, Ch. Links Verlag unter Verwendung eines Motivs von Fotolia (74274439)
Satz: Eugen Lempp, Ch. Links Verlag, Berlin
Karte: Christopher Volle, Freiburg
Druck und Bindung: Druckerei F. Pustet, Regensburg

ISBN 978-3-86153-894-3

Inhalt

Die zur Ukraine gehörende Halbinsel Krim im Schwarzen Meer wurde 2014 von Russland annektiert.

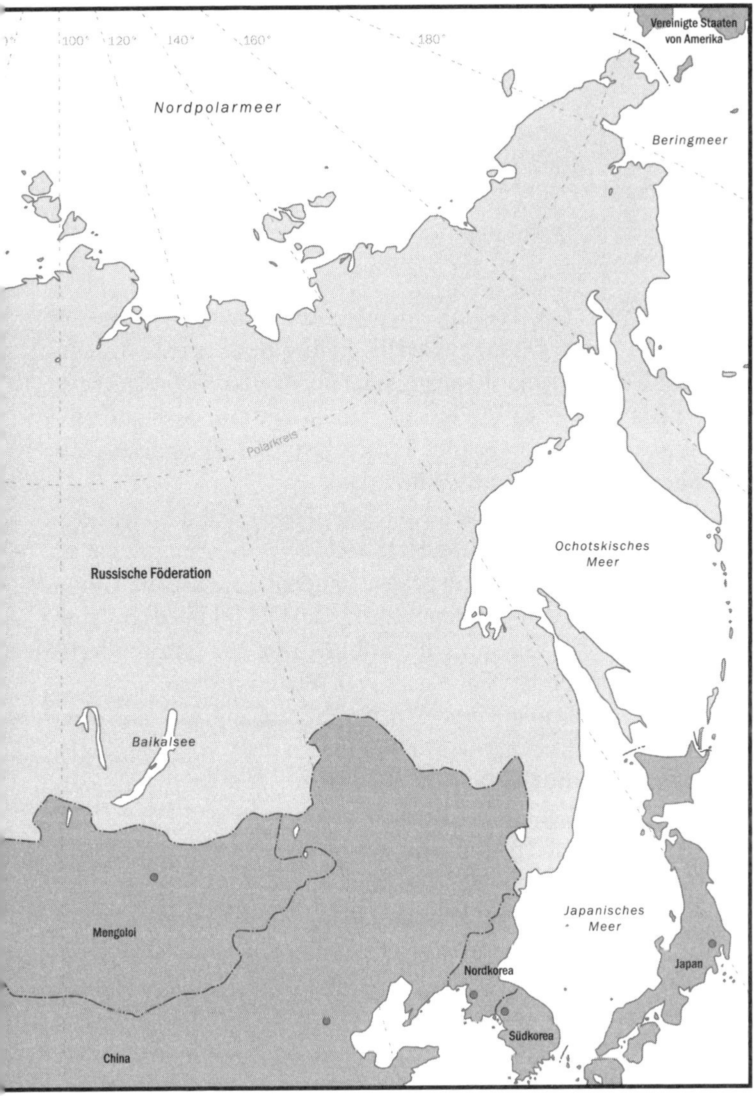

100°
120°
140°
160°
180°
Vereinigte Staaten von Amerika
Nordpolarmeer
Beringmeer
Polarkreis
Ochotskisches Meer
Russische Föderation
Baikalsee
Mongolei
Japanisches Meer
Nordkorea
Japan
Südkorea
China

Vorwort zur Neuauflage des Buches

Vor 25 Jahren verschwand ein Imperium von der politischen Landkarte. Die Sowjetunion zerfiel in ihre Bestandteile. Es entstanden 15 neue, unabhängige Staaten: Aserbaidschan, Armenien, Estland, Georgien, Kasachstan, Kirgistan, Lettland, Litauen, Moldawien, Russland, Tadschikistan, Turkmenistan, die Ukraine, Usbekistan und Weißrussland.

Auch wenn die Bilder aus Konfliktgebieten wie der Ostukraine, Transnistrien oder Berg-Karabach eine andere Sprache zu sprechen scheinen, verbindet diese Länder, die einst die Union der Sozialistischen Sowjetrepubliken (UdSSR) bildeten, bis zum heutigen Tag die »sowjetische Kultur« des 20. Jahrhunderts. Ein Vierteljahrhundert nach dem von Wladimir Putin als »geopolitische Katastrophe« bezeichneten Zusammenbruch der Sowjetunion reichen nach wie vor Freundschaften von Riga nach Wladiwostok, von Kiew nach Taschkent. Familienbande verbinden Tadschiken und Usbeken genauso wie Tataren und Ukrainer. Bekanntschaften und ein dichtes Beziehungsgeflecht durchziehen das Gebiet der gesamten ehemaligen Sowjetunion. In den baltischen Republiken wird heute mit dem Euro bezahlt. In Mittelasien hingegen wächst der Einfluss des Islams. Doch es gibt nach wie vor die verbindende Geschichte, weil sie oft auch Familiengeschichte ist. So gesehen ist der seit 2014 andauernde Bürgerkrieg zwischen Brudervölkern in der Ukraine besonders schmerzhaft: Der Krieg entzweit Völker, die bisher friedlich miteinander gelebt haben – wenn auch zu Sowjetzeiten noch von oben verordnet.

Am 8. Dezember 1991 hoben die Präsidenten der sowjetischen Teilrepubliken Russland, Weißrussland und der Ukraine, Boris Jelzin, Stanislaw Schuschkewitsch und Leonid Krawtschuk, in einem Erholungsheim in der Nähe von Minsk gegen den Willen von Sowjetpräsident Michail Gorbatschow die Gemeinschaft Unabhängiger Staaten (GUS) aus der Taufe. Die UdSSR war damit Geschichte. Der letzte sowjetische Außenminister und spätere georgische Präsident Eduard Schewardnadse, der 2014 verstarb, erinnerte sich in seinen Memoiren: »Es zerbrach das letzte Imperium des 20. Jahrhunderts, die Sowjetunion, dieses blutige, utopische, gegen den Willen Gottes und die Gesetze der Natur entstandene Reich.«[1]

Im Westen bedauerte kaum jemand, dass dieses Riesenreich verschwunden war. Die Sowjetunion galt als schwerfälliger Koloss, als ein hochgerüstetes Land, von dem für die westlichen Staaten ein Sicherheitsrisiko ausging. Ein militärischer Konflikt war niemals ausgeschlossen gewesen. Man fürchtete, dass in dem Land mit seiner maroden Technik eine SS-20-Rakete aus Versehen gezündet werden könnte – und einen dritten Weltkrieg ausgelöst hätte.

In der untergegangenen Sowjetunion hingegen waren die Gefühle der Menschen geteilt: Einerseits freute man sich über die neu gewonnene Freiheit und das Ende der kommunistischen Diktatur. Andererseits endete für viele die Zeit gesicherter Lebensverhältnisse, der Glaube an den Erfolg eines einzigartigen historischen Experiments war verloren gegangen. Nun zerfiel der Vielvölkerstaat in seine Einzelteile. Die mehr als 286 Millionen Menschen, die in der Sowjetunion gelebt hatten, gehörten über 150 Völkerschaften an. Sie alle existierten weitgehend friedlich miteinander. Die Klammer der Sowjetideologie hatte die Völker der UdSSR über 70 Jahre hinweg zwangsweise zusammengehalten. Jedoch erwies sich dieses System 1991 als politisch und wirtschaftlich nicht mehr lebensfähig. Die stolze, bis zu den Zähnen bewaffnete Weltmacht lag am Boden und zerfiel in 15 Staaten, die ihre eigenen Wege gingen. Manche entwickelten sich autoritär, andere demokratisch.

Alle 15 früheren Sowjetrepubliken verbindet indes, dass sie seit 1991 eine turbulente Geschichte hinter sich haben. Wir beschreiben diese Geschichte in diesem Buch. Es ist ein Sachbuch, bei dem es um nüchterne Fakten geht, aber auch um lebendige Biografien. Immer wieder begegneten uns zwischen 1991 und heute Menschen, deren Schicksale sich kreuzten. Anhand ihrer Geschichten wird Zeitgeschichte lebendig.

Einer von uns beiden Autoren, Thomas Kunze, war in den Monaten, als die Sowjetunion unterging, Chef des Ausländeramtes im Kreis Leipzig. Die DDR, ein Satellitenstaat der Sowjetunion, hatte sich in Luft aufgelöst. Das neue Deutschland war gerade ein Jahr alt, und die meisten Ostdeutschen waren glücklich darüber, der sowjetischen Vorherrschaft entronnen zu sein. In die deutschen Ausländerbehörden kamen die ersten Einwanderungswilligen aus der früheren Sowjetunion, die den katastrophalen ökonomischen Bedingungen dort entfliehen wollten.

Thomas Vogel hingegen, der zweite Autor, hat das Ende der Sowjetunion ganz anders erlebt. Er war zu der Zeit Redakteur einer Schweizer Wochenzeitung. Wie von einer Bergkuppe herab betrachtete er von Zürich aus, wie sich die Welt rasant veränderte. Es war spannend, es gab viel zu berichten, die Zeitungen verkauften sich besser denn je. Und das, obwohl die Schweiz als neutraler Kleinstaat kaum von den Umwälzungen betroffen war. Die geheimen Konten der alten KPdSU-Funktionäre gingen in den Besitz der neuen Oligarchen über. Es reisten die ersten reichen Russinnen nach St. Moritz, wo sie sich mit Schmuck und Schweizer Uhren eindeckten und im Winter in teuren Pelzmänteln ihren Champagner schlürften.

Geboren in der ehemaligen DDR zum einen und in der Schweiz zum anderen, hatten wir Anfang der 1990er Jahre einen sehr unterschiedlichen Blick auf die Sowjetunion. Ostdeutsche verband mit Russen, Ukrainern, Litauern, Georgiern, Kasachen oder Usbeken eine gemeinsame Sozialisation. Für Schweizer war die Sowjetunion ein geheimnisvolles Imperium gewesen, über das im sogenannten Westen ziemlich klischeebeladen berichtet wurde.

Der Schweizer Journalist reiste nach 1991 viel in die neuen Staaten des ehemaligen Sowjetimperiums und lernte die Realität vor Ort genauer kennen. Thomas Kunze lebt und arbeitet seit 2002 in dieser Region.

Im Laufe der Jahre hat sich unser beider Blick immer weiter angenähert. Michail Gorbatschow und Helmut Kohl teilten die Vision eines gemeinsamen Europäischen Hauses vom Atlantik bis Wladiwostok. Zu dieser Vision sehen auch wir keine vernünftige Alternative. Um sie zu verwirklichen, sollten der Westen und Russland zusammen den Mut und die Kraft finden, neue Wege zu gehen. Am wahrscheinlichsten wird es wohl aber sein, dass uns erst gemeinsame Bedrohungen wie islamistischer

Terror und die aktuelle Lage im Nahen und Mittleren Osten dahin führen.

Als der Christoph Links Verlag im November 2011 die Erstauflage dieses Buches unter dem Titel »Von der Sowjetunion in die Unabhängigkeit. Eine Reise durch die 15 früheren Sowjetrepubliken« in der Russischen Botschaft in Berlin vorstellte, gab es zwar schon Verwerfungen zwischen dem Westen und Russland, aber sie schienen noch überwindbar zu sein. Bei der Buchpremiere war der Botschafter der Russischen Föderation ebenso anwesend wie viele deutsche Vertreter aus Politik, Wirtschaft und Gesellschaft. Heute herrscht Sprachlosigkeit vor.

Die Ukraine-Krise besitzt das Potenzial, in einen neuen Kalten Krieg umzuschlagen. Uns fällt es, wie vielen Menschen, schwer zu verstehen, wie sich Russland und der Westen eine solche Stellvertreter-Auseinandersetzung leisten wollen. Die globalisierte Welt ist in Aufruhr, der Islamismus droht zu einer totalitären Gefahr zu werden, der Terrorismus internationalisiert sich, die Flüchtlingsströme nehmen zu, Wirtschafts- und Finanzkrisen wechseln einander ab. Anstatt angesichts dieser Herausforderungen die Kräfte zu bündeln, verlieren sich der Westen und Russland in Konflikten an vergessen geglaubten alten Fronten. Scharfmacher auf beiden Seiten sehen ihre Zeit gekommen, sie nutzen die Sprache des Kalten Krieges. Diese »Falken« sind vor allem in Russland und den USA unterwegs. Die Europäische Union, vor deren Haustür sich das Drama abspielt, droht hingegen durch übermäßiges Moralisieren an realpolitischem Einfluß zu verlieren.

Das Buch soll den postsowjetischen Raum verstehen helfen. Gemeinsam sind wir dafür durch die frühere UdSSR gereist. Wir beschreiben die vergleichbaren und die unterschiedlichen Wege, welche die 15 Republiken, die einst die Sowjetunion bildeten, seit 1991 gegangen sind. Gleichsam blicken wir aber auch auf das ambivalente Verhältnis des Westens auf diese riesige Region in unserer direkten Nachbarschaft.

Thomas Kunze und Thomas Vogel
Taschkent/Zürich, 2015

Ein Koloss am Ende
Der Zusammenbruch der Sowjetunion

Mit Gorbatschow in München

Im Juli 2009 trafen wir Michail Gorbatschow, den früheren Generalsekretär des Zentralkomitees der Kommunistischen Partei der Sowjetunion, zu einem Fernsehinterview in München. Es war eines der seltenen Interviews, die der letzte Präsident der Sowjetunion überhaupt noch gibt. Die ungebremste Popularität, der er sich nach wie vor in Deutschland erfreuen kann, macht ihn zufrieden, aber auch müde. In München tagte gerade der »Petersburger Dialog«, ein deutsch-russisches Forum unter Schirmherrschaft des russischen Präsidenten und der deutschen Bundeskanzlerin.

Bis 2008 war Gorbatschow gemeinsam mit dem letzten Ministerpräsidenten der DDR, Lothar de Maizière, Vorsitzender dieses Gremiums, dann wurde er durch den früheren russischen Ministerpräsidenten Wiktor Subkow abgelöst.

Gorbatschow kam gemeinsam mit seinem langjährigen Mitarbeiter und Vertrauten Karen Karagesian zum vereinbarten Ort, einem für das Interview vorbereiteten Zimmer im Hotel »Bayerischer Hof«. Er hatte Rückenprobleme, das Gehen machte ihm an diesem Tag Schwierigkeiten. Im bequemen Sessel wollte Gorbatschow nicht sitzen, sondern bat um einen einfachen Stuhl. So könne er sich besser konzentrieren. Uns interessierte 20 Jahre nach dem Fall der Berliner Mauer Gorbatschows rückblickende Bewertung dieses Ereignisses, denn im Verlauf der darauffolgenden Monate veränderte sich nicht nur Europa, sondern die Sowjetunion verschwand von der politischen Landkarte, und es entstand eine neue Weltordnung. Bei der Frage, was er am Tag des Mauerfalls gefühlt habe und vor allem, ob es an diesem Tag noch möglich gewesen wäre, den Lauf der Geschichte zu ändern, und ob er auch nur einmal daran gedacht habe, Panzer rollen zu lassen, wollte Gorbatschow das Gespräch beinahe abbrechen. Nur wenn auf seinem Posten ein Abenteu-

Die Autoren Thomas Vogel und Thomas Kunze mit Michail Gorbatschow und Karen Karagesian (v. r. n. l.)

rer gesessen hätte, erwiderte er erregt, wäre der Mauerfall und all das, was ihm folgte, noch zu verhindern gewesen, sonst nicht. Energisch setzte er hinzu: »Man muß Verantwortungsbewußtsein haben für sein Land und die Welt. Sonst ist man fehl am Platz.«[1] Gemeinsam mit dem deutschen Bundeskanzler Helmut Kohl wurde Michail Gorbatschow zu einem der Architekten der deutschen Wiedervereinigung. Doch beide Politiker hatten eine darüber hinausgehende Vision: Sie träumten von einem vereinten Europa, das Russland umfassend und vom Atlantik bis nach Wladiwostok reichen würde.

Mit Gorbatschow in Moskau

Fünf Jahre später, im November 2014: ein Wiedersehen mit Gorbatschow auf einer Tagung der Gorbatschow-Stiftung und der Konrad-Adenauer-Stiftung in Moskau. Der Friedensnobelpreisträger hat gerade einen Krankenhausaufenthalt hinter sich gebracht. Er läuft langsam, doch er ist froh, wieder unter Menschen zu sein. Das Thema der Tagung lautet »25 Jahre Mauerfall«, es gerät jedoch schnell in den Hintergrund. Eine der ehemaligen Sowjetrepubliken, die Ukraine, steckt in einer Staatskrise. Die Frage einer engeren Anbindung des Landes an die

Europäische Union auf der einen oder an Russland auf der anderen Seite spaltet das Land. In Kiew war es zu Massenprotesten gekommen, der ukrainische Präsident Wiktor Janukowitsch ist nach Russland geflohen. Die zur Ukraine gehörige Schwarzmeerhalbinsel Krim hat Russland sich nach einem umstrittenen Referendum einverleibt. Ein Bürgerkrieg im Osten der Ukraine, von brüchigen Waffenstillstandsabkommen unterbrochen, hat bereits Tausende Tote gefordert.

Als wäre der Kalte Krieg niemals zu Ende gegangen, stehen hinter den Konfliktpartnern in der Ukraine Russland und der Westen. 25 Jahre, die seit dem Fall des Eisernen Vorhanges verflossen sind, haben nicht ausgereicht, um ideologische Vorurteile aus der Zeit, zu der sich Ost und West feindlich gegenüberstanden, zu überwinden. Die Vision des gemeinsamen Europäischen Hauses, zu dem auch Russland gehört, ist von der Wirklichkeit weiter entfernt als zu ihrer Geburt. Für Gorbatschow hat der Westen seine Zusagen nach dem Wendejahr 1989 nicht eingehalten. Dieser habe sich zum Sieger im Kalten Krieg erklärt und Vorteile aus Russlands Schwäche gezogen. Das Vertrauen, das 1989 bestand, sei gebrochen worden. »Die Osterweiterung der NATO, der Jugoslawien-Krieg und die Abspaltung des Kosovo von Serbien, die NATO-Raketenabwehrpläne in Osteuropa, die Kriege im Irak, in Libyen und in Syrien«, nennt Gorbatschow als Beispiele. »Und wer leidet am meisten unter der Entwicklung?«, fragt er. »Es ist Europa, unser gemeinsames Haus.«

Gorbatschow sorgt sich um die Zukunft Europas und warnt vor einem neuen Kalten Krieg, der sogar das Potenzial eines noch schlimmeren »heißen« Konfliktes in sich tragen könnte.

Seine Worte wiegen schwer. Gorbatschow ist kein politischer Abenteurer. Er hatte in den Umbruchjahren 1989 – 1991 Verantwortungsbewusstsein gezeigt, nur in zwei tragischen Momenten erlag er dem Druck konservativer Hardliner im Politbüro des Zentralkomitees der KPdSU: Im April 1989 gingen Truppen des sowjetischen Innenministeriums (OMON) gegen Demonstranten in der georgischen Hauptstadt Tiflis vor, wobei 19 Menschen starben, und im Januar 1991 segnete Gorbatschow einen Militäreinsatz in den baltischen Staaten ab, der in Litauen 14 und in Lettland vier Todesopfer forderte.

Der Zerfall der Sowjetunion war damit aber nicht mehr aufzuhalten. Eines der Nachbeben dieses Zerfalls hält uns heute in der Ukraine in Atem: Es geht um das Selbstbestimmungsrecht der Ukrainer. Aus westlicher Sicht eine Selbstverständlichkeit. Die Russen hingegen haben andere Maßstäbe, die Kommunikation mit dem Westen ist gestört. Während dieser die Ukraine enger an die EU und die NATO anbinden möchte, pochen die Russen auf den Status quo des Machtgefüges. Beide Seiten reden aneinander vorbei. Gorbatschow mahnt neue Grundlagen für eine Partnerschaft zwischen Russland und dem Westen an. Aber der Westen winkt ab. Die Angliederung der Krim an Russland hält er für eine Annexion. Mit Wirtschaftssanktionen sollen die Russen zur Räson gebracht werden.

Breschnew – Andropow – Tschernenko – Gorbatschow – Perestroika

Michail Gorbatschow, der 1931 in einem Dorf in der Nähe von Stawropol (Nordkaukasus), der Hauptstadt des gleichnamigen Gebietes, geboren wurde, gelangte durch Juri Andropow nach Moskau. Andropow, der gleichfalls aus Stawropol stammte und der von November 1982 bis zu seinem Tod im Februar 1984 Generalsekretär des ZK der KPdSU war, unterstützte den jungen Gorbatschow nach Kräften. Wie später Michail Gorbatschow unternahm auch er schon erste Versuche, den verkrusteten Sozialismus der Breschnew-Ära zu reformieren. Andropow starb aber nach wenigen Monaten im Amt. Ihm folgte der schon altersschwache Reformfeind Konstantin Tschernenko, der nach 13 Monaten Amtszeit verstarb. Breschnew (gestorben am 10. November 1982), Andropow (gestorben am 9. Februar 1984) und Tschernenko (gestorben am 10. März 1985) – Staats- und Regierungschefs aus aller Welt trafen im Jahresrhythmus in Moskau zu Trauerfeierlichkeiten zusammen. Ein Witz über einen angeblichen Ansager der Nachrichtensendung »Wremja« machte in der Sowjetunion die Runde. Der Nachrichtensprecher erscheint auf dem Bildschirm: »Liebe Genossen! Sie werden lachen, aber ich habe Ihnen wieder eine traurige Nachricht zu überbringen …«

Die im März 1985 erfolgte Berufung von Michail Gorbatschow zum neuen KP-Chef der Sowjetunion markierte den Anfang vom Ende des sozialistischen Lagers. Nach dem Tod von Tschernenko hatten sich in Moskau die Kräfte durchgesetzt, die durch eine entschlossene Reform einen Ausweg aus der Erstarrung des Sowjetsystems suchen wollten. Die Lähmung des Regimes war seit Beginn der achtziger Jahre unübersehbar. Das innenpolitische Klima in der UdSSR hatte sich durch die Unterdrückung von Kritikern verhärtet, Reformversuche waren steckengeblieben, außenpolitisch stemmte sich die Großmacht gegen jegliche Veränderung, und ökonomisch lag sie am Boden. Der Rüstungswettlauf mit den USA bedeutete für die gesamte sowjetische Volkswirtschaft eine Anstrengung, der sie nicht mehr gewachsen war. Im März 1986 fand in Moskau der XXVII. Parteitag der KPdSU statt. Michail Gorbatschow stellte seine Thesen vor, die unter den Schlagworten »Perestroika« und »Glasnost« in die Geschichte eingegangen sind. Die verdutzten Delegierten und die erstaunte Weltöffentlichkeit vernahmen aus dem Munde des KPdSU-Generalsekretärs Forderungen, die geradezu revolutionär anmuteten. »Jahrelang«, so Gorbatschow in seinem Referat, »blieben praktische Handlungen der Partei- und Staatsorgane (...) hinter den Erfordernissen der Zeit zurück. Die Probleme bei der Entwicklung des Landes wuchsen rascher an, als sie gelöst wurden. Trägheit, verknöcherte Leitungsformen und -methoden, verminderte Dynamik bei der Arbeit, der zunehmende Bürokratismus – all das schadete unserer Sache beträchtlich.«[2] Doch trotz wohlklingender Worte handelte es sich bei dem Umbau (Perestroika) – und so ist es auch in das kollektive Gedächtnis vieler ehemaliger Sowjetbürger eingegangen – zunächst um eine Antialkoholkampagne, verbunden mit Aufrufen an die Bevölkerung, endlich mehr zu arbeiten. Wodka wurde in der Sowjetunion zur Mangelware.

Und auch von Glasnost (»Durchsichtigkeit, Transparenz«) war bei der Katastrophe im Kernkraftwerk von Tschernobyl im März 1986 zunächst wenig zu verspüren. Die Berichterstattung glich altbekannten sowjetischen Mustern, was angesichts des Ausmaßes des Reaktorunfalls besonders gravierend war. Während sich die radioaktive Wolke immer weiter ausbreitete, war der Kreml vor allem damit beschäftigt, durch die Nichtweitergabe von Informationen »kein schlechtes Bild von unserer Ausrüstung« entstehen zu lassen.[3]

Erst als sich die immensen strukturellen Probleme der Sowjetunion mit einem weltweiten Rückgang der Ölpreise paarten und die Sowjetunion in ernsthafte Zahlungsschwierigkeiten geriet, begann Gorbatschow, weiter reichende Reformen anzustoßen. Ein radikaler Umbau der Gesellschaft setzte ein. Das Umstrukturierungsprogramm reichte von der Demokratisierung der Partei über mehr Selbständigkeit für die Betriebe bis hin zu einer Justizreform. 1987 verwarf Gorbatschow die Breschnew-Doktrin[4] und erklärte bei einem Besuch in Prag, dass das gesamte Rahmenwerk der politischen Beziehungen zwischen den sozialistischen Staaten auf Unabhängigkeit basieren müsse. Jede Nation solle ihren Weg selbst wählen und über ihr Schicksal, ihr Territorium und ihre Ressourcen selbst bestimmen. Nicht nur in den Staaten des Warschauer Paktes horchte man auf, auch in den verschiedenen Sowjetrepubliken.

1989: Das Jahr der Entscheidung

Wir, die Autoren des Buches, erlebten die daraufhin folgenden Ereignisse jeweils vor und hinter dem Eisernen Vorhang. Als Schweizer konnte der eine von uns frei reisen, der andere nicht. Aus dem Blickwinkel der Schweiz erschien die Sowjetunion mit ihren Satellitenstaaten jedoch wie ein monolithischer Koloss.

Im Westen war man abgelenkt. Urlaube in Frankreich, Italien oder den USA und all das, was ein freies Leben sonst an Annehmlichkeiten zu bieten hat, ließen einen die Veränderungen im sogenannten Ostblock zwar voller Spannung verfolgen, sie betrafen aber nicht das eigene Leben. Und ohnehin hat vor 1989 niemand vorausgesehen, wie sich die Welt innerhalb weniger Wochen verändern würde. Im Osten verfolgte man die dramatischen Wendungen der Geschichte in der zweiten Hälfte der 1980er Jahre mit großen Erwartungen. All das, was an Veränderungen vor sich ging, brachte das System ins Wanken, in dem man selbst lebte.

Die Sowjetunion hatte durch den 1988 begonnenen Abzug ihrer Truppen aus Afghanistan indirekt zu erkennen gegeben, dass sie nicht mehr zum Erhalt der kommunistischen Regime intervenieren würde. Mit der Aufgabe der Schutzfunktion hatte Gorbatschow das Ende des sozialistischen Weltsystems eingeläutet. Gorbatschows Politik führte in Polen als erstem Land des Ostblocks zu einer Demokratisierung des Systems. Im Juni 1989 errang dort die »Solidarność« bei einer halbfreien Wahl die Mehrheit der Parlamentssitze. Am 19. August 1989 beauftragte Staatspräsident Jaruzelski den katholischen Intellektuellen und Berater von Lech Wałęsa, den Gründer der Gewerkschaft »Solidarność«, Tadeusz Masowiecki mit der Regierungsbildung. Polen wurde damit das erste Land des Warschauer Paktes, welches keinen kommunistischen Regierungschef mehr hatte.

Nicht weniger rasant verliefen die Entwicklungen in Ungarn. Am 10. Juni 1989 wurde in Budapest der 1958 hingerichtete ehemalige Ministerpräsident Imre Nagy feierlich umgebettet. Das Begräbnis stellte zugleich eine Rehabilitierung der Aufstandsopfer von 1956 dar. Die Rote Armee hatte den Protest damals blutig niedergeschlagen. Das ungarische Fernsehen übertrug das aktuelle Ereignis live. Um zwölf Uhr ertönten in ganz Ungarn die Glocken. Am Heldenplatz sangen 250 000 Menschen die Nationalhymne. Die Trauerreden gerieten zur Abrechnung mit dem Kommunismus.

Der amerikanische Präsident George Bush und seine Frau Barbara besuchten im Sommer 1989 Budapest, im strömenden Regen warteten mehrere zehntausend Menschen vor dem ungarischen Parlamentsgebäude auf die Ankunft des Präsidentenpaares. Ein unbeschreiblicher Jubel brach aus, als die Wagenkolonne von George und Barbara Bush eintraf. Bereits zwei Monate früher, am 30. Mai 1989, hatte der US-Präsident seinem sowjetischen Amtskollegen in der wohl wichtigsten Rede seiner Amtszeit das Angebot zur Beendigung des Kalten Krieges und der Teilung Europas gemacht. Im Austausch dafür übernahm er die Verpflichtung, die sowjetischen Sicherheitsinteressen zu respektieren und die wirtschaftliche Zusammenarbeit zu entwickeln. Die Rede hatte für die osteuropäischen Staaten Signalwirkung. Man spürte förmlich, dass mit ihr Weltgeschichte geschrieben wurde. Am 10. September 1989 öffnete Ungarn schließlich als erstes Land den Eisernen Vorhang. Am 9. November 1989 fiel die Berliner Mauer. Die Sowjetunion ließ es geschehen.

Dankbarkeit ist keine politische Kategorie, doch viele Russen haben sie vom Westen erwartet: Dankbarkeit, oder zumindest etwas Ähnliches. Heute fühlen sie sich verraten. Sie wollten 1989 das Europäische Haus mit bauen.

Die Sowjetunion bebt

Als wir mit Gorbatschow 2009 in München sprachen, hatten wir das Gefühl, dass er trotz der Angriffe und der Kritik, denen er bis heute in seiner Heimat ausgesetzt ist, stolz ist auf das Erreichte. Aber vielleicht ist es auch nur ein Selbstschutz. Denn das, was der historischen Wende in Osteuropa nachfolgte, der Untergang der Sowjetunion – von Wladimir Putin später als die »größte geopolitische Katastrophe des 20. Jahrhunderts« bezeichnet –, hatte er so niemals gewollt. Er hoffte seinerzeit darauf, die Sowjetunion zu einem besseren, einem demokratischen sozialistischen Staat machen zu können. Doch die Gewährung politischer Freiheiten in einem System, das wirtschaftlich ausgezehrt war und dessen Infrastruktur am Boden lag, musste zu Chaos und zum Ende der Diktatur führen. Gorbatschow war – verglichen mit anderen kommunistischen Machthabern und aus der Innensicht der kommunistischen Diktaturen – ein schwacher Parteichef. Die Kommunisten in China wählten einen anderen Weg. Sie reformierten ihre Wirtschaft grundlegend, aber am Machtmonopol der Kommunistischen Partei ließen sie nicht rütteln.

Gorbatschows Politik führte im weiteren Verlauf der Geschichte zu einer nicht mehr aufzuhaltenden Dynamik. Die durch Perestroika und Glasnost mehr und mehr gelockerten Zügel des Kremls ließen es Ende der 1980er Jahre zunächst in den Randrepubliken der UdSSR gären. Die Armenier waren die Ersten, die Gorbatschows Politik für sich zu nutzen suchten. Sie verlangten, dass Berg-Karabach, eine überwiegend armenisch besiedelte Enklave in der Nachbarsowjetrepublik Aserbaidschan, wieder an Armenien angegliedert wird. Den nationalen und religiösen Zwist zwischen den christlichen Armeniern und den muslimischen Aserbaidschanern konnten 60 Jahre Sowjetmacht einst mehr oder weniger zähmen. Jetzt brach der Konflikt offen aus und führte ab 1988 im Südkaukasus zu bürgerkriegsähnlichen Zuständen, wie es sie seit dem Bürgerkrieg infolge der Oktoberrevolution von 1917 nicht mehr gegeben hatte. Mehrfach kam es zu Massakern. Gorbatschow war machtlos. Als sich im Dezember 1988 auch die Naturgewalten gegen ihn verschworen und ein verheerendes Erdbeben in Armenien 25 000 Todesopfer forderte, hatte er im Südkaukasus verloren. Nachdem die billigen sowjetischen Plattenbauten in der am schwersten betroffenen Stadt Leninakan (heute: Gjumri) wie Kartenhäuser zusammengefallen und eine halbe Million Menschen zu Obdachlosen geworden waren, wollte man von ihm Taten sehen, aber keine Perestroika-Predigten mehr hören. Doch es fehlten die Mittel. Im Südkaukasus braute sich noch mehr zusammen. In Georgien gewannen im Herbst 1988 antirussische Demonstrationen an Intensität. Hierbei kam es zu Gorbatschows erstem Sündenfall. Er ließ die OMON[5], eine Sondereinheit des sowjetischen Innenministeriums, eingreifen. Am 9. April 1989 setzte sie Giftgas gegen die Teilnehmer einer Großkundgebung in Georgiens Hauptstadt Tiflis ein. 14 der insgesamt 19 getöteten Demonstranten starben durch die Wirkung dieses Gases.[6]

Auch in Mittelasien nahmen die Unruhen zu. Im usbekischen Teil des Fergana-Tals kam es im Frühjahr 1989 zu einem Pogrom an der türkischsprachigen Minderheit der Mescheten. Über 100 Mescheten wurden regelrecht hingemetzelt. Im sogenannten Osch-Konflikt zwischen Kirgisen und Usbeken starben im Juni 1990 über 100 Menschen, Tausende wurden verletzt.

In der Moldawischen Sozialistischen Sowjetrepublik forderten Tausende Demonstranten die Zulassung der moldawischen (rumänischen) Sprache als Amtssprache. Und als würde es zusätzlich noch eines furchtbaren Beweises für den wirtschaftlichen Ruin des Sowjetregimes bedürfen, explodierte am 4. Juni 1989 bei Ufa eine verrottete Gaspipeline. Für 575 Passagiere eines Zuges der Transsibirischen Eisenbahn, der in diesem unglücklichen Moment den Ort passierte, kam jede Hilfe zu spät. Sie wurden durch die Wucht der Explosion in den Tod gerissen.

In den baltischen Staaten, die infolge des Hitler-Stalin-Paktes 1940 zwangsweise der UdSSR angeschlossen worden waren, führte der Geist von Perestroika und Glasnost zu den stärksten Unabhängigkeitsbewegungen. Die Esten, Litauer und Letten begannen, sich an ihre während der Sowjetzeit streng verbotenen ehemaligen Nationalhymnen zu erinnern. »Mein Vaterland, mein Glück und meine Freude!«: Am 11. September sangen in Tallinn, der Hauptstadt Estlands, 300 000 Menschen diese alte estnische Hymne. Die baltischen Unabhängigkeitsbewegungen der Perestroika-Jahre gingen als »Singende Revolutionen« in die Geschichte ein.

Die Konservativen im Kreml, allen voran viele Militärs, waren aufs Höchste alarmiert. Für sie war es schlimm genug, dass »ihre« Sowjetunion die Breschnew-Doktrin und damit die Vorherrschaft über das sozialistische Lager aufgegeben hatte. Nun drohte auch noch der von Lenin gegründete und von Stalin mit Blut zusammengeschweißte eigene Vielvölkerstaat zu zerfallen. Als im März 1989 der Kongress der Volksdeputierten gewählt und erstmals zwei Drittel der Sitze frei vergeben wurden, folgte eine weitere Katastrophe für viele hohe Staatsfunktionäre und Militärs: Sie erhielten keine Sitze mehr in dem Gremium.

Die verkehrte Welt

Einer von uns beiden arbeitete damals als Journalist beim *Luzerner Tageblatt*. Der andere studierte in Leipzig und erlebte die Revolution dort hautnah mit. Verkehrte Welt: Während man Gorbatschow im Westen zum Helden stilisierte, wurden in der DDR sowjetische Zeitschriften verboten. Vorbei waren die Zeiten, in denen die DDR-Medien die Politik des »großen Bruders« Sowjetunion feierten und die Generalsekretäre der KPdSU hofierten. Kurt Hagers »Tapetenvergleich«[7] bestimmte nun die SED-Linie. Über die Wahl zum Volksdeputiertenkongress berichtete man im März 1989 zurückhaltend-kühl, während westliche Zeitungen über eine Wahl in der Sowjetunion jubelten: »Sowjetische Wahlen mit mehreren Kandidaten. Der Dissident Andrej Sacharow, der bis 1986 in Verbannung gelebt hatte, wird Mitglied des Volkskongresses«,[8] titelte z. B. die *Neue Zürcher Zeitung*.

Der Atomphysiker und Friedensnobelpreisträger Sacharow hatte bis 1986 in der Verbannung im russischen Gorki leben müssen. Im Dezember 1989, während einer Tagung des neuen Volkskongresses, griff er Gorbatschow, der seine Verbannung aufgehoben hatte, verbal offen an und verlangte noch radikalere Reformen als bisher, darunter die Aufhebung des Machtmonopols der Kommunistischen Partei. Zu diesem Zeitpunkt war die Berliner Mauer bereits gefallen. Auch das Ende der Sowjetunion war nur noch eine Frage der Zeit. Gorbatschows konservative Gegenspieler im Politbüro spürten das, und sie merkten, wie ihnen die Macht entglitt. Ihre Töne wurden immer aggressiver. Jede Begeisterung, die Gorbatschows Auftritte im Westen begleitete, vor allem die Verleihung des Friedensnobelpreises an ihn im Jahre 1990, war für sie eine Bestätigung dafür, einen schwachen Generalsekretär, wenn nicht einen Verräter an der Spitze der KPdSU zu haben.

Erste Unabhängigkeitserklärungen von Sowjetrepubliken

Die wirtschaftliche und soziale Lage war in der Sowjetunion zum Ende des Jahres 1989 bis zum Äußersten angespannt. In Sibirien streikten Bergarbeiter für die Zuteilung von wenigstens einem Stück Seife in der Woche. Die Perestroika war in einem Sumpf von Korruption steckengeblieben. Von Gorbatschows marktwirtschaftlichen Reformen schienen lediglich Kriminelle und Schwarzhändler zu profitieren. Sie kontrollierten die Verteilung des dürftigen Warenangebots, das die sowjetische Plan- und Misswirtschaft und das Chaos der Perestroika übriggelassen hatten.

Als im Frühjahr 1990 Litauen (11. März 1990), Lettland (4. Mai 1990) und Estland (8. Mai 1990) ihre Unabhängigkeit proklamierten und Gorbatschow während der traditionellen Mai-Parade auf dem Roten Platz ausgepfiffen wurde, erkannte er, dass ihm die Zügel entglitten. Im Januar 1990 hatte die KPdSU auf sein Betreiben hin ihr Machtmonopol aufgegeben, so wie die SED einen Monat zuvor. Zwar nannte sich Gorbatschow seit dem 15. März 1990 Präsident der Sowjetunion, ein Amt, was es vorher nicht gab, doch er war Präsident eines Staates in Auflösung. Im April 1990 beschloss der Kongress der Volksdeputierten der Russischen Sozialistischen Sowjetrepublik, also der größten und wichtigsten Teilrepublik der UdSSR, die Souveränität Russlands über seine natürlichen Ressourcen sowie den Vorrang von russischem über sowjetisches Recht. Einen Monat später wurde der als Radikalreformer geltende Boris Jelzin, einst Zögling Michail Gorbatschows, Vorsitzender des Obersten Sowjets der RSFSR und damit zum wichtigsten Gegenspieler Gorbatschows. Es folgte am 12. Juni 1990 die Souveränitätserklärung Russlands.

Nur die mittelasiatischen Sowjetrepubliken Kasachstan, Kirgistan, Usbekistan, Tadschikistan und Turkmenistan schwiegen noch, ansonsten befand sich die Union in Auflösung. Gorbatschow versuchte mit aller Kraft, zumindest einen neuen Unionsvertrag zustande zu bekommen, der die auseinanderbrechende Sowjetunion dadurch retten sollte, dass die Teilrepubliken mehr Autonomie erhielten. Parallel zu diesen Versuchen versagte die zentralistische Planwirtschaft. Im Juli 1990 musste ein sozialistisches Heiligtum, der Brotpreis, angetastet werden. Er stieg, begleitet von Massenprotesten, um 100 Prozent. Der Stillstand des Jahres 1989 ist »in eine für die sowjetische Nachkriegsgeschichte einmalige Rezession« übergegangen,[9] telegrafiert die Deutsche Botschaft in Moskau vertraulich nach Bonn. Das (sowjetische) Nationaleinkommen schrumpfte um vier Prozent, die Arbeitsproduktivität um drei Prozent.

De facto hing Moskau am Tropf der Bundesrepublik. Es flossen Milliarden. Die Wiedervereinigung war noch nicht unter Dach und Fach, und der deutsche Bundeskanzler Helmut Kohl tat alles, um Gorbatschow zu stützen. Nachdem Kohl 1986 in einem amerikanischen Magazin einen verunglückten Vergleich zwischen Gorbatschow und Goebbels gezogen hatte,[10] war der Kreml-Chef zunächst nicht gut auf Kohl zu sprechen. Die beiden freundeten sich erst im Juni 1989 bei einem Besuch Gorbatschows in Bonn an. Ein Jahr später, im Juli 1990, kam es im Kaukasus zum legendären »Strickjacken-Treffen«[11] der beiden Politiker. Gorbatschow stimmte dort nach lukrativen finanziellen Angeboten Kohls der Wiedervereinigung und der »vollen und uneingeschränkten Souveränität Deutschlands« zu. Dazu gehörte auch die Ausdehnung des NATO-Gebietes auf Gesamtdeutschland. Am 12. September 1990 wurde in Moskau der »Vertrag über die abschließende Regelung in Bezug auf Deutschland« unterzeichnet und am 3. Oktober feierten die Deutschen ihre Einheit.

Die Pawlow'sche Geldreform

Nach der Vereinigung Deutschlands existierte die Sowjetunion nur noch ein reichliches Jahr, und dieses Jahr 1991 war sowohl innen- als auch außenpolitisch ein Schicksalsjahr für die Russen und die anderen Völker des Riesenreiches UdSSR. Wie kaum ein anderer Monat hat sich dabei der Januar fest in das kollektive Gedächtnis der Bürger eingeprägt.

So auch bei Alexej Borisowitsch Zlobin, einem Freund aus Moskau: 1963 in Kabul geboren, im usbekischen Taschkent aufgewachsen, nach dem Zusammenbruch der Sowjetunion zunächst in Riga, dann in Wladiwostok und schließlich in Moskau gelandet, verkörpert er einen Russen, dessen Schicksal die ungewöhnlichen Wege ehemaliger »Sowjetbürger« seiner Generation widerspiegelt. Alexej besitzt noch alle seine früheren Pässe, ein Wunder, wie er es in all den bürokratieversessenen Staaten schaffen konnte, sie beim Gültigkeitsablauf nicht abgeben zu müssen. In dem sowjetischen, dem usbekischen und dem russischen Pass wurde als Geburtsort Taschkent angegeben. Die Behörden wollten und wollen nicht, dass »Kabul« erscheint, wo seine Eltern in den 1960er Jahren an der Sowjetischen Botschaft arbeiteten: Geheimhaltung geht vor. 1993 nutzte Alexej, der in Taschkent Musik studiert und danach ein Theater geleitet hatte und sehr geschäftstüchtig war, die neuen Freiheiten. Zunächst versuchte er, im lettischen Riga Fuß zu fassen, siedelte aber nach einem geschäftlichen Fehlschlag nach Wladiwostok und dann nach Moskau um, wo er eine Werbeagentur gründete und heute viel Geld verdient. Das braucht er auch, denn seine in Taschkent verbliebenen Eltern waren im Januar 1991, wie die meisten ehemaligen Sowjetbürger, de facto enteignet worden.

Walentin Pawlow, von Gorbatschow als neuer Ministerpräsident der Sowjetunion eingesetzt, ließ am Abend des 22. Januar 1991 bekanntgeben, dass ab 23. Januar 1991, also dem Morgen des kommenden Tages, auf dem Gebiet der gesamten Sowjetunion Banknoten mit einem Nennwert von 50 und 100 Rubel nicht mehr akzeptiert werden. Diese Maßnahme war laut den Behörden gegen »nicht erarbeitete Einkünfte« der Bürger, gegen Bestechungs- und Falschgelder und gegen die »Schattenwirtschaft« gerichtet und sollte die Inflation eindämmen.[12] Die Bürger der Sowjetunion hatten genau drei Tage Zeit, die weitverbreiteten alten Scheine gegen neue Banknoten umzutauschen. Der Geldumtausch verlief chaotisch, vor den Filialen der Staatlichen Sparkasse (Sberbank) bildeten sich kilometerlange Schlangen, es kam zu Schlägereien. Zudem durften maximal 1000 Rubel in bar umgetauscht werden. »Meine Eltern«, so Alexej, »hatten für sowjetische Verhältnisse immer gut verdient. Das meiste ersparte Geld bewahrten sie zu Hause auf. Das war damals so üblich, und in vielen Familien ist es bis heute so geblieben. Unsere Familie verlor damals über 12 000 Rubel, fast unser ganzes Erspartes.« Der 2003 verstorbene Walentin Pawlow ist bei der Generation der Betroffenen bis heute ein verhasster Mann. Die von Gorbatschow als Präsident abgesegnete Pawlow'sche Geldreform führte de facto zur Enteignung weiter Bevölkerungskreise und untergrub das noch vorhandene restliche Vertrauen in die Politik der Führung. Sie markierte zugleich den Anfang der tiefsten Krise der Sowjetunion seit Beginn ihres Bestehens.

Perestroika gegen Gorbatschow

Gorbatschows Perestroika-Kurs war 1991 endgültig dabei, sich gegen ihren »Erfinder« zu wenden. Der erste Mann der Sowjetunion konnte sich nicht mehr gegen seine konservativen Gegenspieler wehren, die sich gemeinsam zu organisieren begannen. Allen bisherigen Prinzipien zum Trotz segnete er im Januar 1991 sogar die Anwendung militärischer Gewalt im Baltikum ab. Doch die Unabhängigkeit der baltischen Staaten von der Sowjetunion war nicht mehr aufzuhalten.

Auch in Russland, dem sowjetischen Kernland, wollte man nicht mehr zurück zu sowjetischen Verhältnissen. Trotz eines Demonstrationsverbotes und aufgefahrener Militäreinheiten demonstrierten im März 1991 über 100 000 Menschen im Moskauer Zentrum für weitere Reformen. Gorbatschows Reformen meinten sie damit nicht. Viele von ihnen sahen schon in Boris Jelzin, der im Juni 1991 zum ersten frei gewählten Präsidenten Russlands wurde, den künftigen starken Mann. Gorbatschows Ansehen in der Bevölkerung schwand trotz der außenpolitischen Erfolge, die er damals noch feiern konnte. Ende Juli 1991 besuchte US-Präsident George Bush Moskau, um mit ihm den START-Vertrag über die Vernichtung von 7000 strategischen Atomwaffen zu unterzeichnen. Doch im Inneren wurde die Sowjetunion immer instabiler.

Am 19. August 1991 hielt die Welt den Atem an. Am frühen Morgen meldete die amtliche sowjetische Nachrichtenagentur TASS, dass Michail Gorbatschow erkrankt sei. Vizepräsident Gennadi Janajew habe die Amtsgeschäfte übernommen. Es handelte sich um einen Putsch orthodox-kommunistischer Kräfte. Sie setzten Gorbatschow, der sich gemeinsam mit Frau und Tochter in seiner Urlaubs-Datscha auf der Krim aufhielt, dort unter Hausarrest. Janajew, ein landesweit bekannter Freund des Wodka, und die anderen Verschwörer, darunter Ministerpräsident Walentin Pawlow, der Vorsitzende des Obersten Sowjets, Anatoli Lukjanow, Innenminister Boris Pugo, Verteidigungsminister Dmitri Jasow und KGB-Chef Wladimir Krjutschkow, verhängten den Ausnahmezustand und bildeten ein Notstandskomitee, das die Macht in der Sowjetunion übernahm. Das sowjetische Fernsehen unterbrach sein aktuelles Programm. Es sendete auf allen Kanälen nur noch Aufführungen von Tschaikowskis Ballett »Schwanensee«. Doch der Putsch war nicht nur erbärmlich schlecht vorbereitet worden, die Putschisten hatten auch die Stimmung der Bevölkerung falsch eingeschätzt. In Moskau und Leningrad kam es zu Massendemonstrationen gegen die Putschisten. Soldaten und Offiziere verweigerten der Gruppe um Janajew die Gefolgschaft.

Der Einsatz des russischen Präsidenten Jelzin ließ den Umsturzversuch am 21. August 1991 scheitern. Er kletterte auf einen Panzer vor seinem Amtssitz, dem Moskauer »Weißen Haus«, und rief zum Generalstreik auf. Nach drei Tagen war der Spuk vorbei. Die Putschisten wurden verhaftet, und Gorbatschow konnte nach Moskau zurückkehren. Doch spätestens ab jetzt war er ein Präsident auf Abruf. Boris Jelzin nutzte die Gunst der Stunde, um nach der ganzen Macht zu greifen. Als russischer Präsident übernahm er immer mehr sowjetische Kompetenzen, und er demontierte, wo immer er nur konnte, öffentlich den amtierenden Noch-Präsidenten der Sowjetunion.

Michail Gorbatschow trat Ende August 1991 als KPdSU-Generalsekretär zurück. Im November 1991 verbot Boris Jelzin die KPdSU für das Gebiet Russlands. Gorbatschow, der immer noch auf einen neuen Unionsvertrag hoffte, musste tatenlos zusehen, wie Boris Jelzin, Leonid Krawtschuk und Stanislaw Schuschkewitsch, die Führer der drei Unionsrepubliken Russland, Ukraine und Weißrussland, am 8. Dezember 1991 in einem weißrussischen Erholungsheim mit der »Erklärung von Beloweschsk« die neue Gemeinschaft Unabhängiger Staaten (GUS) aus der Taufe hoben.

Gorbatschow führte einen Kampf auf verlorenem Posten. Noch am 18. Dezember 1991 richtete er einen Brief an die Führungen der verbliebenen Sowjetrepubliken, in dem er vorschlug, die Sowjetunion zwar aufzulösen, aber als Rechtsnachfolger eine zu schaffende »Gemeinschaft europäischer und asiatischer Staaten« zu gründen. Damit wollte er überstaatliche Strukturen schaffen und sich selbst das politische Überleben sichern. Doch Jelzin, Krawtschuk und Schuschkewitsch hatten kein Interesse mehr daran. Am 21. Dezember 1991 trafen sie sich mit den Führern acht weiterer Sowjetrepubliken in der kasachischen Hauptstadt Alma-Ata (heute: Almaty). In einem dort verabschiedeten Dokument hieß es nunmehr offiziell: »Die unabhängigen Staaten: die Aserbaidschanische Republik, die Republik Armenien, die Republik Weißrussland, die Republik Kasachs-

Nach dem Putsch gegen Gorbatschow ruft Russlands Präsident Boris Jelzin am 20. August 1991 in einer dramatischen Rede vor dem Regierungssitz die Bevölkerung zum Generalstreik auf.

tan, die Republik Kirgistan, die Republik Moldawien, die Russische Föderation, die Republik Tadschikistan, Turkmenistan, die Republik Usbekistan und die Ukraine, geben folgende Erklärung ab: (...) Mit der Schaffung der Gemeinschaft Unabhängiger Staaten hört die Union der Sozialistischen Sowjetrepubliken auf zu existieren.«[13]

Alle Teilrepubliken der Sowjetunion, die den Status einer »Sowjetrepublik« hatten, wurden offiziell aus dem Verbund der UdSSR entlassen. Besagten Status hatten neben der heutigen Russischen Föderation 14 weitere Republiken: Estland, Lettland, Litauen, Ukraine, Weißrussland, Moldawien, Georgien, Armenien, Aserbaidschan, Usbekistan, Turkmenistan, Kasachstan, Tadschikistan und Kirgistan. Am 24. Dezember 1991 wurde die Russische Föderation Rechtsnachfolger der UdSSR im Sicherheitsrat der Vereinten Nationen.

»Ich wünsche Ihnen alles Gute!«

Michail Gorbatschow wandte sich am 25. Dezember 1991 in einer Fernsehansprache letztmals als sowjetischer Präsident an das »Sowjetvolk« und verkündet sichtlich betroffen die Auflösung der UdSSR und seinen Rücktritt: »Verehrte Landsleute! Mitbürger! Angesichts der Situation, die nach der Gründung der Gemeinschaft Unabhängiger Staaten entstanden ist, beende ich meine Tätigkeit als Präsident der UdSSR. (...) Die Linie der Zerstückelung und Auflösung des Landes hat sich durchgesetzt. (...) Ich verlasse meinen Posten mit Besorgnis. Aber auch mit der Hoffnung und dem Glauben an Sie, Ihre Klugheit und geistige Stärke. Wir sind die Nachkommen einer großen Zivilisation. Und es hängt jetzt von uns allen und von jedem Einzelnen ab, dass diese Zivilisation zu einem neuen und ihr würdigen und zeitgemäßen Leben erwacht. (...) Ich wünsche Ihnen alles Gute.«[14]

Am selben Tag um 19.30 Uhr wurde am Kreml die rote Fahne der Sowjetunion eingeholt und die russische Trikolore gehisst. Der Kreml, einst der Regierungssitz der UdSSR, wurde zum russischen Regierungssitz.

»Es war das einzige Mal«, so sagte unser Freund Alexej, »dass ich meinen Vater habe weinen sehen. Papa war in der späten Stalin-Zeit im Lager, er hat sich danach nie wieder von der Tuberkulose erholt. Aber ihm hat selbst das nicht den Glauben an das Gute der Sowjetmacht genommen«, erzählt er. Es sind Geschichten, wie man sie oft in der früheren Sowjetunion hört. Als der totalitäre Staat verschwunden war und sich mit Beginn der 1990er Jahre in den neuen unabhängigen Republiken mit rasender Geschwindigkeit kapitalistische Gepflogenheiten entwickelten, trauerten viele einstige Sowjetbürger festen Regeln und kollektiver sozialer Sicherheit nach.

Parallele Entwicklungen
Vom Sowjetmenschen zu neuen nationalen Identitäten

»Schurkenstaaten?«

»Duschanbe, Aschgabat, Bischkek, Chişinău? Um was handelt es sich? Hauptstädte? Von welchen Ländern denn?« Wenn man als Journalist in der Schweiz lebt und arbeitet und von hier aus ein Vierteljahrhundert postsowjetischer Entwicklung in den früheren Sowjetrepubliken verfolgt, stößt man zwangsläufig auf Unwissenheit und Stereotype über jene 15 Republiken, die einst die Sowjetunion bildeten. Gehören einige der ehemaligen sowjetischen Republiken nicht sogar zu den vom ehemaligen amerikanischen Präsidenten George Bush Senior als »Schurkenstaaten« (»rogue states«) bezeichneten Ländern, die die Stabilität ganzer Regionen untergraben? Die Vorstellungen, die man mancherorts über diese Länder hat, sind kurios bis abwegig.

Zur Zeit des Kalten Krieges konnte man an Universitäten in Ländern vor dem Eisernen Vorhang »Sowjetologie« studieren. Condoleezza Rice, zwischen 2005 und 2009 Außenministerin in der Administration von US-Präsident George W. Bush, war so eine »Sowjetologin«. Auch jetzt haben in den USA Politiker und Diplomaten Gewicht, die sich dieser Schule verbunden fühlen und alte Feindbilder auf das neue Russland übertragen. John McCain, der 2008 die Präsidentschaftswahl gegen Barack Obama verlor, gehört dazu. Für die Russen ist der einflussreiche US-Senator spätestens seit der Ukraine-Krise die Verkörperung der amerikanischen Russlandgegner. Der 2014 zum US-Botschafter in Moskau ernannte John Tefft gilt ebenfalls als Hardliner.

In der alten Bundesrepublik Deutschland gab es im Geschäftsbereich des Bundesinnenministeriums sogar ein »Institut für Sowjetologie«.[1] Nach 1991 trugen nicht selten »Sowjetologen« mit ihrer unverändert ideologischen Sichtweise von einst dazu bei, dass vor allem Russland, so wie man das aus der Zeit des Kalten Krieges gewohnt war, in schwarzen und weißen Farben gemalt wurde und differenzierte Betrachtungen nur sehr langsam gewohnten Stereotypen Platz machten.

Wie aus dem Nichts tauchten 1991 die neuen Staaten auf der politischen Weltkarte auf. Ihre »Mutter«, die Sowjetunion, war über lange Zeit so abgeschottet gewesen, dass für viele von uns (vor dem Eisernen Vorhang) die Sowjetunion einfach »russisch« war. Die Vielfalt des Riesenreiches, die sich bei dessen Zerfall 1991 Bahn brach, wurde erst langsam sichtbar. Bis heute sind die meisten der früheren Sowjetrepubliken keine bevorzugten Touristenziele, und es kommt vor, dass sich ausländische Touristen wundern, wenn in Aserbaidschan, Turkmenistan oder Usbekistan kein Russisch gesprochen wird. Vor einiger Zeit standen wir gemeinsam mit zwei Engländern und zwei Tschetschenen im Aufzug eines Moskauer Hotels. Die beiden tschetschenischen Männer, typische Nordkaukasier mit dunklen Augen und schwarzen Haaren, unterhielten sich. Als sie den Fahrstuhl auf ihrer Etage verließen und wir mit den beiden Engländern weiter in die Lobby fuhren, sagten diese zueinander: »Russen sehen doch alle irgendwie gleich aus.«

Die russische Sprache in den früheren Sowjetrepubliken

Die Sowjetunion war ein abgeschottetes Land. So wie die beiden Briten Mühe hatten, Russen und Tschetschenen auseinanderzuhalten, verwirrt die meisten Ausländer, die in den einstigen Sowjetrepubliken unterwegs sind, vor allem die Sprachenvielfalt. Auf dem Gebiet der ehemaligen Sowjetunion werden über 200 verschiedene Sprachen gesprochen, davon 130 allein in Russland.[2] Tatsächlich aber verbindet die Länder der früheren Sowjetunion noch immer die russische Sprache, auch wenn deren Einfluss durch die Sprachenpolitik einzelner Staaten deutlich zurückgegangen ist. In der Ukraine und in Weißrussland kann man sich mit Russisch nach wie vor problemlos verständigen, für Russland versteht sich das von selbst. Ohnehin sind die drei slawischen Sprachen Russisch, Weißrussisch und Ukrainisch ähnlich und werden zu einem guten Teil gegenseitig verstanden. Als problematisch erweisen sich deshalb auch politische Vorhaben, Menschen bestimmter Sprachen zu diskriminieren. Solche Versuche befeuern separatistische Stimmungen, wie Anfang 2014 in der Ukraine geschehen. Dort wollte die neue Regierung untersagen, dass Amtsgeschäfte weiterhin auch

Vielvölkerstaat Russland; Nenzen im hohen Norden

in Minderheitensprachen, darunter natürlich in erster Linie Russisch, erledigt werden können. Das Parlament stimmte zu. Nach Protesten im In- und Ausland, darunter auch aus Deutschland, legte der Übergangspräsident das Vorhaben jedoch auf Eis.

Auch in Mittelasien und im Südkaukasus kam es immer wieder zu Sprachkonflikten. Obwohl die Eliten, die dort 1991 die Macht übernahmen, die Titularsprachen teils kaum oder nur unzureichend beherrschen, werteten sie sie im Zuge der Unabhängigkeit und der Nationalstaatsbildung deutlich auf. Sie wurden in den Rang von Staatssprachen erhoben – und das oft in Missachtung der sprachlichen Realität. In den ehemaligen Sowjetrepubliken Georgien, Aserbaidschan, Usbekistan, Tadschikistan und Turkmenistan wird nun, 25 Jahre nach dem Zerfall der Sowjetunion, von der nachwachsenden Generation immer seltener Russisch gesprochen und verstanden. In Armenien, Kasachstan und Kirgistan indes sind Russischkenntnisse weithin verbreitet. Durch die Russifizierungspolitik der Sowjetunion war Russisch bis 1991 in jedem Winkel des Großreiches präsent. Die Alphabetisierung vieler Völker der Sowjetunion in den 1920er und 1930er Jahren erfolgte mittels der russischen Sprache und nicht durch die einzelnen Nationalsprachen.

25 Jahre nach der Unabhängigkeit bietet sich ein sehr buntes Bild. Einerseits führte die Sprachenpolitik der neuen Republiken zur Stärkung der eigenen nationalen Identität. Andererseits wanderten Hunderttausende Russen, die zur Sowjetzeit Führungspositionen in Bereichen wie Technik, Kultur, Wissenschaft und Verwaltung besetzten, aus diesen Ländern ab und hinterließen intellektuelle Lücken. Hinzu kam, dass die Aufwertung der Titularsprachen andernorts überstürzt und konzeptionslos erfolgte.

Immer dann, wenn wir beim Reisen mit dem Auto, vor allem auf dem Lande im Südkaukasus und in Mittelasien, nach dem Weg fragten – die Abwesenheit von Hinweisschildern ist ein verbindendes Erbe der Sowjetzeit –, haben wir uns vornehmlich an ältere Leute gewandt. Viele Jugendliche in Tadschikistan, Usbekistan oder Aserbaidschan verstehen kein Russisch mehr. Es ist seit Jahrzehnten die erste Generation, die nicht mehr zweisprachig aufgewachsen ist, ein Verlust, der nicht wieder aufzuholen sein wird. Dennoch: Zählt man die in Russland lebenden Russen, die Zweitsprachler und die russische Diaspora zusammen, kommt man weltweit immer noch auf etwa 280 Millionen Russischsprechende.

Luxuskliniken und Medizin für Arme

Zwischen all den Ländern der vormaligen UdSSR gibt es nach wie vor viel Verbindendes, das auf die gemeinsame sowjetische Vergangenheit und auf die russische Kolonialisierung davor zurückzuführen ist. Andererseits könnten in einigen Bereichen die Unterschiede nach 25 Jahren Unabhängigkeit größer kaum sein. Zwischen Erstarrung und moderner Entwicklung klafft eine enorme Lücke. Allein ein Blick auf die Zahl der heutigen Internetnutzer in den Ländern der einstigen Sowjetunion zeigt den enormen Vorsprung, den die baltischen Staaten gewonnen haben. Während in Estland 82 Prozent, in Lettland 76 Prozent und in Litauen 70 Prozent der Einwohner über einen Internetanschluss verfügen, sind es in Tadschikistan 16 Prozent und in Turkmenistan acht Prozent.[3] Eng mit der wirtschaftlichen ist die soziale Entwicklung verbunden, die sich unmittelbar auf die Lebenserwartung auswirkt. Sie ist in den baltischen Staaten und im Südkaukasus am höchsten. In Aserbaidschan werden Männer im Durchschnitt 70 Jahre und Frauen 75 Jahre alt. In Estland sterben Männer durchschnittlich mit 72 und Frauen mit 82 Jahren. Schlusslicht bildet auch hier Turkmenistan mit einer Lebenserwartung von 60 Jahren bei Männern und 68 Jahren bei Frauen. Auch Russland liegt mit 63 Jahren (Männer) und 75 Jahren (Frauen) auf den hinteren Plätzen.[4]

Gesundheitsvorsorge und die Versorgung im Krankheitsfalle haben sich in den meisten Ländern der ehemaligen Sowjetunion im Vergleich zu früher deutlich verschlechtert. Kostenlose medizinische Versorgung existiert zwar auf dem Papier, aber in der Praxis funktioniert sie schlecht. Natürlich gibt es in Moskau und anderen Großstädten der GUS Kliniken, die selbst im Westen ihresgleichen suchen: Neben dem Empfangstresen in einer Moskauer Luxusklinik zupft eine klassisch ausgebildete Konzertharfenistin ihr Instrument. Im Hintergrund plätschert ein beleuchteter Springbrunnen. Würdig auf schweren Teppichen dahinschreitende Assistentinnen begleiten die Patienten nach der Anmeldung in die entsprechende Abteilung. In den Warteräumen stehen komfortable Ledersessel. Dienstbare Krankenschwestern reichen kühle Getränke. Es gibt Kliniken, die eher den Eindruck von Luxushotels als von Krankenhäusern hinterlassen. Meist ist dort auch die Behandlung erstklassig. Man verfügt über beste Medizintechnik aus dem Westen. Die Wartezeiten sind gering. Der Preis ist exorbitant.

Aber es gibt auch andere Einrichtungen. Wir besuchten unseren Bekannten Alexej. Er lag in einem Krankenhaus im Moskauer Randbezirk Textilschtschiki. Ihm war der Blinddarm entfernt worden. Wer in einem bestimmten Stadtbezirk registriert ist, hat das Recht, sich dort, aber auch nur dort, in einer staatlichen Klinik kostenlos behandeln zu lassen. Als wir zu den streng festgeschriebenen Besuchszeiten bei Alexej eintrafen, herrschte Chaos. Alle Zimmer waren bis auf das letzte Bett belegt, und da die Anzahl nicht ausreichte, hatte man Betten auf den Gängen der Station aufgestellt. Die Bettwäsche stammte aus sowjetischer Zeit, die meisten Kranken hatten aber sowieso nur alte Wolldecken erhalten. Die Verbände waren oft blutig, die Metallbetten rostig. Alexej lag weder auf dem Gang noch in einem der Massensäle, sondern in einem Dreibettzimmer, ein enormer Luxus, der nur dadurch in Anspruch genommen werden kann, dass man auf sein Recht auf kostenlose Behandlung verzichtet und Ärzten und Schwestern Umschläge mit größeren Geldsummen zusteckt. Ohne Bestechung funktioniert im postsowjetischen Gesundheitssystem nichts. In anderen früheren Ostblockstaaten ist die Situation ähnlich. »Ich gebe den Ärzten jeden Tag einen Tausend-Rubel-Schein«, sagte Alexej, »und zumindest kommt ab und zu eine Schwester vorbei und schaut, wie es mir geht.« Wer nichts bezahlt, hat Pech. Das Essen bringen ohnehin Verwandte, die Küche des Krankenhauses arbeitete nicht. »Draußen auf dem Gang«, so Alexej, »ist gestern nachmittag eine Frau gestorben. Man hat es heute gegen zehn Uhr bemerkt. Das hätte es früher nicht gegeben.« Fast unisono klagen die ehemaligen Sowjetbürger über die verlorengegangene gute und flächendeckende ärztliche Versorgung in der UdSSR, die für das riesige Reich eine wahre Errungenschaft war. Die medizinische Ausbildung und Forschung sowie das Gesundheitssystem in der Sowjetunion konnten sich selbst im internationalen Vergleich sehen lassen.

Nach 1991 ist auf dem Gebiet der einstigen UdSSR nicht nur das Gesundheitswesen zusammengebrochen. Mit der Wissenschafts- und Forschungslandschaft ging es allgemein bergab, genauso mit dem Bildungswesen. Wie in jedem totalitären Staat war es während der Sowjetzeit ideologisch überfrachtet, aber jenseits der Ideologie existierten Strukturen, die eine grundlegende Allgemeinbildung sicherten. Von alldem blieb in den meisten neuen Republiken nicht viel übrig. Die Korruption erreicht auch im Bildungsbereich fast überall Ausmaße, wie sie in der UdSSR unvorstellbar gewesen wären. Je weiter man auf der Landkarte des postsowjetischen Raums nach Süden schaut, umso mehr bestätigt sich dieser Befund.

Der Sowjetmensch und die »kommunistischen Gene«

»Dem Sowjetmenschen geht es zu gut«,[5] titelte *Die Welt* im Jahre 2001 und bezog die Ostdeutschen gleich mit ein. Ein Autor bescheinigte den Menschen, die einst hinter dem Eisernen Vorhang lebten, »Sklavenmentalität«: »Der Sowjetmensch war zur Eigeninitiative unfähig, er passte sich den vom Staat geschaffenen Rahmenbedingungen an, von dem er vor allem ökonomische Sicherheit erwartete. Für die Loyalität gegenüber dem kommunistischen Regime konnte (...) er ein Leben führen, in dem seine ökonomische Sicherheit von der Eigenleistung weitgehend abgekoppelt war. An diesem Leben hat sich nach dem Umbruch (...) gar nicht so viel geändert.«[6] Die *Neue Zürcher*

Zeitung schrieb 2010: »Die Sowjetunion ist lange untergegangen, und doch leben ihre inneren Strukturen fort. (...) Der einfache Bürger schimpft, passt sich aber an. – Es gibt ihn nach wie vor, den ›homo sovieticus‹.«[7]

Den Begriff »Homo sovieticus« erfand der russische Schriftsteller, Logiker und Dissident Alexander Sinowjew (1922 – 2006). Sein gleichnamiger Roman, in dem Sinowjew den von kommunistischen Ideologen versprochenen »neuen Menschen« beschreibt und der in der UdSSR nicht veröffentlicht werden durfte, erschien 1978 in deutscher Übersetzung und schließlich 1982 auf Russisch in einem Exilverlag. »Sie haben es tatsächlich geschafft, einen neuen Menschen zu züchten«, so Sinowjew. »Aber was für einen? Eine feige, egoistische, verlogene und initiativlose Kreatur – das Gegenteil des Projekts neuer ›Mensch‹.«[8]

Zu Alexejs Freundeskreis gehören viele Theatermacher, Filmregisseure und Schauspieler, die den Verhältnissen während der Sowjetzeit kritisch gegenüberstanden. Einige von ihnen gehörten zur Dissidentenszene. Früher waren sie alle »Sowky«. Die Russen erdachten die Abkürzung »Sowok« (für Sowjetski tschelowek – Sowjetmensch), unter der sich all das zusammenfassen ließ, was sie mit ihrem Leben in der Sowjetunion verbanden. Das war für sie nicht nur Negatives. Es war ihre Jugend, und es war der Traum von einem »besseren« Sozialismus.

Dissident und Sowjetmensch. Im Westen, wo der Begriff »kommunistische Gene«[9] zur Metapher geworden ist, passt diese Paarung nicht in vorgegebene Klischees. Doch sie trifft den Nerv einer ganzen Generation, und sie beschreibt die Empfindungen vieler Angehöriger der einstigen sowjetischen »Intelligenzia«.

Was den Sowjetmenschen bis heute verbindet: Stalin, der »Große Vaterländische Krieg« und Afghanistan

Egal ob Este, Litauer, Russe, Ukrainer, Georgier, Armenier, Usbeke oder Tadschike: Wer in der Sowjetunion aufwuchs, ist trotz unterschiedlichster und oft auch miteinander unvereinbarer sozialer Entwicklung durch viele Bande miteinander verbunden geblieben.

Da ist zum einen die Erinnerung an die Stalin-Zeit. Stalinistischer Terror eliminierte große Teile des eigenen Volkes. Es war unerheblich, ob es sich um Vertreter der alten Gesellschaftselite

Die »Maske der Trauer« in Magadan

oder um Anhänger des Bolschewismus handelte. In den Gefängnissen und Gulags der Sowjetunion starben unter unvorstellbaren Bedingungen Arbeiter, Bauern, Intellektuelle, Soldaten und Offiziere der Roten Armee, bolschewistische Führer und schließlich selbst die treuesten Henker des Systems.

Das Schreckenswort Gulag stand als Abkürzung für Hauptverwaltung der Arbeits- und Erziehungslager der Sowjetunion. Das Gulag-System überzog die Sowjetunion in ihrer ganzen Ausdehnung: vom Polarkreis bis nach Mittelasien und von der Ukraine bis an die Küsten des Pazifik. Mit brutaler Zielstrebigkeit, und ohne vor der Zahl der Opfer zurückzuschrecken, peitschte Stalin Sowjetrussland in die industrielle Moderne.

Als er am 5. März 1953 starb, hinterließ er ein anderes Land. Insgesamt hatten Zwangskollektivierung, Hungerkatastrophen und Polizeiterror zwischen zehn und 20 Millionen Menschen das Leben gekostet.[10] 18 Millionen Menschen hatten die Lager des Gulag durchlaufen. Weitere sechs Millionen waren verbannt worden.[11]

In Magadan, einem Zentrum des stalinistischen Terrors im Fernen Osten Russlands, erinnert seit 1996 an einem Berghang die »Maske der Trauer«, ein 15 Meter hohes Monument des Bildhauers Ernst Njeiswestnyi, an die Opfer der Stalin'schen Repression. Es gibt nicht viele solcher Mahnmale in Russland, schon gar nicht im Vergleich zu der Unmenge an Lenin-Denkmälern, die man nach wie vor auf den Hauptplätzen fast aller Städte findet. Die Aufarbeitung der Geschichte des Gulag-Systems ist in Russland nach 1991 nur langsam in Gang gekommen. Wie in den meisten anderen Sowjetrepubliken auch, gab es keinen Elitenwechsel, und Verdrängungsmechanismen funktionieren gut. Der Sieg der Sowjetunion im »Großen Vaterländischen Krieg« – die übliche Bezeichnung für den Zweiten Weltkrieg – gehört zu den historischen Ereignissen, aus denen die Sowjetunion Selbstbewusstsein und Patriotismus schöpfte. Heute vereint der 9. Mai, der »Tag des Sieges über den Hitlerfaschismus«, Russland nach wie vor mit anderen vormaligen Sowjetrepubliken, aber nicht mehr mit allen. Für die baltischen Staaten bedeutet der Beginn des Zweiten Weltkrieges den Beginn der sowjetischen Besatzung; der 9. Mai ist in Estland, Lettland und Litauen kein offizieller Feiertag mehr. In Georgien wurde er unter Präsident Micheil Saakaschwili abgeschafft. In Usbekistan heißt der 9. Mai nicht mehr »Tag des Sieges«, sondern »Tag des Gedenkens«. Es gibt keine Militärparade, sondern nur eine Kranzniederlegung, die auch die Opfer des Stalinismus einschließt. In der Ukraine wurde der »Tag des Sieges« 2015 in »Tag des Gedenkens und der Versöhnung« umbenannt und zum ersten Mal in der Nachkriegsgeschichte ohne Parade begangen. Die Haltung von postsowjetischen Staaten zum »Tag des Sieges« ist gleichsam ein Gradmesser ihrer Nähe zu Russland.

Für den Kreml und die meisten Russen ist der »Tag des Sieges« ein Tag eines kollektiven Stolzes und eine Säule des russischen Nationalbewusstseins. Die Siegesparade auf dem Roten Platz zum 70. Jahrestag des Kriegsendes, am 9. Mai 2015, fand vor dem Hintergrund der schwelenden Ukraine-Krise und einer zunehmenden Entfremdung des Westens von Russland und umgekehrt statt. Die einstigen Siegermächte, mit denen die Sowjetunion alliiert war, ließen sich wegen der Situation auf der Krim und in der Ostukraine lediglich auf Botschafterebene vertreten – eine insofern umstrittene Entscheidung angesichts dessen, dass die Sowjetunion mit geschätzten 27 Millionen Toten die Hauptlast des Krieges getragen hat. Russland zelebrierte derweil die größte Militärparade seiner Geschichte und bemühte viel Heldenpathos. In den Hintergrund tritt dabei zuweilen, dass durch Stalin Millionen eigener Landsleute Repressionen ausgesetzt waren oder ihr Leben lassen mussten. Ausländer, die heute in Wolgograd, dem ehemaligen Stalingrad, das Monument »Mutter Heimat« besuchen, welches die Stadt überragt und an die gefallenen sowjetischen Soldaten in der Schlacht bei Stalingrad erinnert, wundern sich über die Kontinuität der Zurschaustellung sowjetischer Geschichte. Viele Menschen, die in der Sowjetunion groß geworden sind, haben damit kein Problem. Nach wie vor gilt Stalin nicht nur als Diktator, sondern auch als großer Kriegsherr und Modernisierer der UdSSR.

Und das, obwohl man wohl bis heute auf dem Gebiet der einstigen kommunistischen Weltmacht kaum eine Familie trifft, deren Vorfahren nicht in irgendeiner Weise von den Ereignissen dieser Schreckensperiode betroffen waren.

Nicht nur Stalin, sondern auch Hitler erfreut sich in den postsowjetischen Ländern einer gewissen Popularität. Dies zugegebenermaßen nicht bei der Generation, die den Zweiten Weltkrieg und die Verbrechen der Nationalsozialisten in der UdSSR miterlebt hat, aber bei deren Nachkommen und bei vielen jungen Menschen. Dutzende Male wurde uns gesagt, wie sehr man Hitler bewundere. Egal ob im heutigen Russland, im Kaukasus oder in Mittelasien: Eine Neigung zu autoritären Führungsfiguren ist unverkennbar.

Außer der Erinnerung an die Stalin-Epoche und ihre nachwirkenden Folgen verbindet die Sowjetmenschen ein Ereignis aus der letzten Epoche der Sowjetunion: der Afghanistan-Krieg. Zwischen 1979 und 1989 verloren 12 000 sowjetische Soldaten dort ihr Leben. Oft wurden sie in aller Heimlichkeit beigesetzt.

Im usbekischen Taschkent besuchten wir mehrmals den Städtischen Friedhof Nr. 2. Nach russisch-orthodoxem Brauch sieht man auf den Grabsteinen Bilder der Bestatteten. Auf Hunderten von ihnen schauen wir in die Gesichter blutjunger Männer, manche von ihnen hatten mit 18 Jahren ihr Leben geben müssen. Die Sterbedaten lagen alle in den 1980er Jahren. Die Jungen waren im Kampf gegen die von den USA mit Geld und Waffen ausgestatteten Mudschaheddin, aus denen später die Taliban hervorgingen, gefallen.

Der Feldzug war unpopulär gewesen. »Während des afghanischen Krieges habe ich zum ersten Mal an unseren Massenme-

Ehemaliges Straflager in Perm

dien gezweifelt«, sagte ein Afghanistanveteran. »Nicht nur ich, sondern die meisten Offiziere. Unsere Soldaten starben oder wurden verletzt, und die Zeitungen schrieben, dass wir an den Kampfhandlungen nicht teilnehmen. (...) Es war unmöglich, unseren Soldaten zu erklären, warum wir da waren.«[12] Bei einer Umfrage der populären Moskauer Zeitung *Komsomolskaja Prawda* im Jahr 1989 antworteten 46 Prozent der Befragten, der Krieg sei eine »nationale Schande« gewesen. Nur zehn Prozent antworteten: »Es war unsere internationale Pflicht.«[13]

Als der Regisseur Fjodor Bondartschuk im Jahre 2005 erstmals einen Film in die Kinos brachte, der sich mit dem sowjetischen Krieg in Afghanistan auseinandersetzte, wurde er von Tallinn über Moskau nach Taschkent zum Verkaufsschlager. Die brutalen Bilder in »9 Rota« (»Die neunte Kompanie«) handeln von einer Einheit, die am Hindukusch gegen die Mudschaheddin kämpft. Eine Gruppe junger Freiwilliger wird zunächst mit Drill und Schikanen zu Soldaten ausgebildet und schließlich nach Afghanistan entsandt. Hier erleben die jungen Männer die Grausamkeit eines blutigen Partisanenkrieges. In einer abgelegenen Stellung im Gebirge wird ihr Lager von den Mudschaheddin gestürmt. Verstärkung trifft erst ein, als nur noch ein einziger Soldat übriggeblieben ist. Der Pilot eines Kampfhubschraubers erzählt dem Überlebenden, dass der Krieg zu Ende sei.

16 Jahre nach dem Kriegsende: Besuch eines Filmtheaters in Uljanowsk, dem einstigen Simbirsk. Simbirsk war 1924 nach seinem berühmtesten Sohn, Wladimir Iljitsch Uljanow (Lenin), benannt worden. Im Kino lief bereits die sechste Woche »9 Rota«. Der Kinosaal war bis auf den letzten Platz ausverkauft. Im Zwischengang saß ein Mann Mitte 40 in einem Rollstuhl. Er hatte keine Beine mehr, und sein rechter Arm war bis zum Ellenbogen amputiert. Nach dem Film erzählte er, dass er bis 1987 als Unteroffizier der Sowjetarmee in Afghanistan im Einsatz gewesen war. Dann sprengte eine Mine sein Militärfahrzeug in die Luft. Drei seiner Kameraden verloren dabei ihr Leben, er wurde zum Krüppel. Es sei das erste Mal, dass er sich diesen Film ansehe, sagte er. Sechs Wochen habe er mit sich gekämpft, dann sei er zum Kino gefahren. Er hasste Afghanistan, doch er wollte sich beweisen, für diesen Film nicht zu schwach zu sein.

Wyssozki und Salat »Oliwje«

Neben Stalin und Afghanistan, kommunistischer Ideologie und Krieg, sind die Menschen, die heute in den Nachfolgerepubliken der Sowjetunion leben, aber auch durch Gewohnheiten und Erinnerungen aus den Nischen der Sowjetdiktatur miteinander verbunden geblieben. Von der Ukraine bis nach Kirgistan hört man die gleiche Musik, mag die gleichen Filme, pflegt die gleichen Bräuche und versteht die gleichen Witze, wobei sich die sogenannten Radio-Jerewan-Witze besonderer Beliebtheit erfreuten und erfreuen. Bei ihnen stellen interessierte Bürger einer fiktiven Rundfunkstation in Armenien Fragen, die dann scheinbar kompetent beantwortet werden: »Ist es wahr, dass es ein Wettrennen zwischen Chruschtschow und Kennedy gegeben hat?« Antwort: »Im Prinzip ja. Genosse Chruschtschow belegte einen ehrenvollen zweiten Platz, wohingegen Kennedy Vorletzter wurde.« Oder: »Ist es wahr, dass der Kapitalismus am Abgrund steht? Im Prinzip ja, aber der Sozialismus ist schon einen Schritt weiter!« Die Witze blieben bis heute erhalten, teilweise wurden sie unpolitischer, teilweise setzen sie sich mit neuen Absurditäten in den neuen Republiken auseinander: »Darf man Pilze aus Tschernobyl wieder essen? Im Prinzip ja, aber nur, wenn die Toilette nicht an die öffentliche Kanalisation angeschlossen ist.«

Aus dem kollektiven Gedächtnis der früheren Sowjetbürger nicht wegzudenken ist der Liedermacher, Regimekritiker, Schauspieler und Dichter Wladimir Wyssozki. Er starb im Sommer 1980 einen frühen und sehr russischen Tod. Jahrelanger, exzessiver Alkoholgenuss und die Überanstrengung der Stimme hatten seinem Körper die Kraft genommen. Mit nur 42 Jahren erlag er einer Kehlblutung. Seine Musik ist dagegen legendär geblieben. Wladimir Wyssozki gehörte zum Ensemble des berühmten Moskauer Taganka-Theaters. Wenn er dort auftrat, aber vor allem bei seinen Live-Konzerten, lagen ihm die Menschen zu Füßen. Das Regime hatte Angst vor seinen Liedern. Sie waren kritisch, anklagend und melancholisch zugleich. Aber es war eigenartig, selbst Funktionäre schienen sie zu lieben. Im Taganka-Theater standen Studenten rund um die Uhr, sich gegenseitig ablösend, nach Karten an. Wyssozki galt als einer von ihnen: ein Russe, ein Sowjetmensch und ein kritischer Geist mit unwahrscheinlich viel Seele und Gefühl.

Als er starb, fanden in Moskau gerade die Olympischen Spiele statt. Sie standen durch den Afghanistan-Krieg ohnehin unter einem ungünstigen Stern, die meisten westlichen Länder boykottierten sie. Am liebsten hätten die sowjetischen Behörden Wyssozkis Tod bis zum Ende der Spiele verschwiegen, doch die Nachricht verbreitete sich in der gesamten UdSSR wie ein Lauffeuer. Alexej erinnert sich: »Die Menschen weinten auf den Straßen.« Wyssozkis Beisetzung auf dem Moskauer Wagankower Friedhof geriet zur ersten nicht staatlich genehmigten Großdemonstration. Das Taganka-Theater umgab ein wahres Meer von Blumen, und in den Jahrzehnten, die nach Wyssozkis Tod vergangen sind, hat es vermutlich keinen Tag gegeben, an dem keine Blumen an seinem Grab niedergelegt worden sind.

Früher wurde Wyssozkis Musik beim Plattenverlag »Melodija« verlegt. Die wichtigste Verbreitungsquelle waren aber umständlich angefertigte Kopien von Tonbandmitschnitten seiner Live-Konzerte. Heute, über 35 Jahre nach seinem Tod, kann man seine Musik nach wie vor auf jedem der Tausenden wilden CD-Märkte erwerben, die es in den postsowjetischen Ländern gibt, oder sie aus dem Netz herunterladen. Als 2011 der biografische Film »Spasibo schto schiwoi« (»Danke für mein Leben«)

in die Kinos kam, stand die »Generation Wyssozki« an den Kinokassen der früheren Sowjetrepubliken Schlange.

Ein anderer Künstler, Jossif Kobson, auch der »russische Sinatra« genannt, wurde nicht mit regimekritischen, sondern mit patriotischen Liedern berühmt. Er konnte seine Karriere ins neue Russland retten. Wenn er heute, mit über 75 Jahren, schwarzer Perücke und vibrierendem Bass die Weite von »Mütterchen Russland« besingt oder wie seit gefühlten 60 Jahren pünktlich an jedem 9. Mai die heimliche sowjetische und russische Hymne, »Djen Pobedy« (»Tag des Sieges«), intoniert, läuft den Menschen zwischen Kiew und Taschkent ein Schauer über den Rücken, unabhängig davon, wie der »Tag des Sieges« in den jeweiligen Ländern begangen wird. Kobson wurde 1937 im Donbass in der Ostukraine geboren, dem Gebiet, das seit 2014 von Separatisten gehalten wird. Er ist ein überzeugter Anhänger der aktuellen russischen Krim- und Ukraine-Politik, was ihm eine Einreisesperre in die EU einbrachte. Doch Kobson wird von der älteren Generation in den sowjetischen Nachfolgerepubliken verehrt. Er ist ein Symbol ihrer Kindheit und Jugend. Dass gerade er auf der Sanktionsliste der EU steht, wirkt auf viele daher befremdlich.

Größter Beliebtheit erfreut sich die zur Popdiva gewordene sowjetische Schlagersängerin Alla Pugatschowa. Aber auch sowjetische Stargruppen bzw. Stars wie Yalla (Usbekistan), Pesniary (Weißrussland), Rosa Rymbajewa (Kasachstan) oder Gunesch (Aserbaidschan) füllen noch heute in jedem beliebigen Land der früheren UdSSR die größten Säle.

Regelmäßig zum Neujahrstag flimmert in Riga, St. Petersburg oder Tiflis »Ironiya sudby, ili s legkim parom!« (»Die Ironie des Schicksals oder: Genieße dein Bad!«), eine melancholische Filmkomödie von Eldar Rjasanow aus dem Jahre 1975, über die Fernsehbildschirme. Spätestens hier scheinen alljährlich Balten, Russen, Kaukasier und Mittelasiaten für einen kurzen Moment wieder vereint zu sein. Der Film genießt Kultstatus, seine Handlung aus der Sowjetzeit kennt jedes Kind: Überall in der Sowjetunion ähnelten sich die Plattenbauten, und auch die Anzahl der Kommunisten, nach denen man Straßen benennen konnte, war begrenzt. Die Komödie erzählt die tragikomische Geschichte Jewgenis, der nach Moskau fliegen will, um seiner Freundin Nadja einen Heiratsantrag zu machen.

Ein sowjetisches Urgestein: Der Sänger Jossif Kobson, 2014

Am Vorabend betrinkt er sich mit Freunden, verwechselt den Flug und landet in Leningrad, wo er schließlich in einer Straße, die den gleichen Namen trägt wie die in Moskau, ankommt. Auch das Haus sieht genauso aus wie das, was er kennt. Nur die Frau ist eine andere.

Vereint fühlt man sich in vielen postsowjetischen Staaten auch durch Feiertage, in Traditionen und Gewohnheiten. Am 23. Februar wurde einst offiziell der »Tag der Sowjetarmee« und inoffiziell der »Männertag« gefeiert. Die Sowjetarmee existiert seit 1991 nicht mehr, der »Männertag« ist geblieben. Auch der 8. März, der Internationale Frauentag, hat für die Frauen in den sowjetischen Nachfolgeländern eine besondere Bedeutung und ist viel präsenter als bei uns der Muttertag. Am 8. März ruht die Arbeit. Von Riga bis Taschkent und von St. Petersburg bis Aschgabat werden die Frauen beschenkt. Am 1. Januar, dem Neujahrstag, wird der »Jolka« (Neujahrstanne) als krönende Spitze oft heute noch ein roter Stern aufgesetzt.

Viele Essgewohnheiten haben – nicht immer im Interesse der Gesundheit – die Sowjetunion überlebt. Mayonnaise gehört zu den Grundnahrungsmitteln, und den sowjetischen Salat »Oliwje«, ein kalorienreicher Fleisch-Kartoffel-Salat, kennt vom Polarmeer bis an die afghanische Grenze und vom weißrussischen Brest bis nach Sachalin jeder Bewohner. Die bekannteste und beliebteste

Schokoladenmarke ist für Russen, Ukrainer, Usbeken und Armenier auch nach dem Ende der Sowjetzeit noch »Roter Oktober« (»Krasny Oktjabr«). Borschtsch und Soljanka, populäre Vorsuppen, mag man nicht nur in Russland, sondern überall in der ehemaligen Sowjetunion. In Moskau ist die frühere UdSSR zumindest gastronomisch noch intakt. Hier findet man Restaurants aus allen einstigen Teilrepubliken, wobei die georgische und die usbekische Küche die populärsten sind.

Wer gern im Restaurant isst und dazu Wert auf gute Tischsitten legt, sollte sich bei Reisen im postsowjetischen Raum dennoch ab und zu Enthaltsamkeit auferlegen. Natürlich gibt es heute in allen Großstädten edle Restaurants, die europäischem Standard nicht im Mindesten nachstehen. Aber gerade in den Provinzen, egal ob in Russland, der Ukraine, Weißrussland oder in Moldawien, und egal ob im Südkaukasus oder in Mittelasien, findet man eine Unmenge von »gastronomischen Einrichtungen«, in denen sich eine ganz eigene Kultur durchgesetzt hat. Sänger versuchen, mit Synthesizer und Stimme die obligatorisch laufenden Fernseher zu überstimmen. Kellner servieren mit verschwitzten Hemden zeitgleich kalt gewordene Vor- und Hauptgerichte, und die Kunden lassen es sich gut schmecken, indem sie, die Gabel in der rechten und ein Stück Brot in der linken Hand, ihr Haupt in Richtung Teller neigen und manchmal auch gut hörbar ihre Zufriedenheit zeigen. Wem durch den Besuch der sanitären Anlagen der Appetit nicht verdorben worden ist, bleibt in der Regel nur, die mittlerweile überall recht ordentlichen Biere zu genießen.

»Ein besseres Bier als Wodka gibt es nicht!«, besagt ein Sprichwort. Wodka, davon sind die meisten früheren Sowjetbürger überzeugt, hat heilsame Wirkung. Er hilft nicht nur bei Stimmungstiefs, sondern auch bei Krankheiten. Bei Erkältungen reibt man sich mit Wodka ein. Bei Magenverstimmungen trinkt man ihn mit viel Salz, und ohne Salz trinkt man ihn zur besseren Verdauung oder einfach so. Wodka ist wegen seines noch geringen Preises und der vergleichsweise großen »Wirkung« nach wie vor eines der bevorzugten Getränke auf dem Gebiet der früheren Sowjetunion.

Alexejs Eltern haben vor kurzem in Taschkent einem jungen Straßenhund das Leben gerettet. Als das Tier einmal krank wurde, riefen sie einen Tierarzt. Dessen Rezept war einfach:

Wodka. Ihm wurden die Schnauze aufgehalten und drei Esslöffel eingeflößt. Am nächsten Tag, so der Arzt, sollte man die Prozedur aber nicht wiederholen, dann sei Rotwein angebracht. Dem Tier bekam es gut!

In den muslimisch geprägten Regionen der ehemaligen UdSSR nahm man es mit dem vom Propheten Mohammed verordneten Alkoholverbot lange Zeit nicht allzu ernst. Mit einem befreundeten Imam in Mittelasien tranken wir vor einigen Jahren manchmal Wodka. Wichtig war ihm nur, dass Allah es nicht merkt. Deshalb nannte der gläubige Mann den Wodka »weißen Tee« und schenkte ihn aus einer Teekanne ein. Mit dem wachsenden Einfluss des Islams in Mittelasien nehmen solche Verhaltensweisen ab. Junge Leute trinken nach unseren Beobachtungen weniger Alkohol, dafür nimmt der Drogenkonsum zu.

Entgegen der weitverbreiteten Annahme sind heute aber weder die Russen noch die anderen Völker der GUS Weltmeister im Alkoholverbrauch. Während ein Erwachsener in Deutschland im Jahresdurchschnitt 11,8 Liter und in der Schweiz 10,1 Liter reinen Alkohols zu sich nimmt, sind es in Russland 11,0 Liter. Im postsowjetischen Vergleich liegen die Russen damit hinter Estland mit stolzen 13,8 Litern, Litauen mit 12 Litern und Weißrussland mit 11,2 Liter an vierter Stelle. Ganz am Ende der Statistik finden sich Kasachstan (6,1 Liter), Kirgistan (3,2 Liter), Turkmenistan (2,3 Liter) und Usbekistan (1,6 Liter). Tadschikistan bildet in dieser Hinsicht mit 0,4 Litern Pro-Kopf-Verbrauch das Schlusslicht.[14] Die zunehmende Islamisierung der früheren mittelasiatischen Sowjetrepubliken zeigt ihre Wirkung.

Sowjetnostalgie

Bei einer repräsentativen Umfrage, die das Gallup-Institut 2013 in elf postsowjetischen Staaten durchführte, gaben in Armenien, Aserbaidschan, Georgien, Moldawien, Kasachstan, Kirgistan, Russland, der Ukraine, Tadschikistan, Turkmenistan und Weißrussland die Mehrzahl der Befragten an, dass ihnen aus dem Zusammenbruch der Sowjetunion persönlicher Schaden entstanden sei. Dabei vertraten vor allem ältere Menschen die Meinung, dass der Zusammenbruch der Sowjetunion ihnen Nachteile gebracht habe.[15]

Sowjetnostalgie findet man überall. In Georgien, dem der damalige Präsident Micheil Saakaschwili im Jahre 2008 einen

Krieg gegen Russland aufzwang, wird das Museum in Stalins Geburtshaus in Gori betrieben wie einst in der Sowjetzeit. Änderungen in der Ausstellungskonzeption sucht man vergebens. Auch im EU-Mitgliedsland Litauen ist die Sowjetunion noch in Mode. 120 Kilometer von der litauischen Hauptstadt Vilnius (Wilna) entfernt liegt der »Grutas-Park«. Für ein paar Euro können Besucher in die Vergangenheit eintauchen. Man findet Skulpturen aus der Sowjetzeit, ein Museum mit Bildern aus der sozialistischen Epoche und ein Restaurant, in dem Kellnerinnen im Pionierhemd bedienen. Viele Menschen, die in den früheren Sowjetrepubliken groß geworden sind, vermissen heute in ihren Ländern soziale Sicherheit und Stabilität. Sie glauben, dass man in der Sowjetunion entspannter und komfortabler gelebt hätte. Nach deren Zusammenbruch traf der Kapitalismus, so sehen es die ehemaligen Bürger der UdSSR selbst, auf naive und unvorbereitete Menschen, denen Staats- und Bankenpleiten sowie der Verlust der Arbeit sozial und materiell all das nahm, was sie aus der Sowjetunion mitgebracht hatten. Nur eine schmale Schicht, mit guten Beziehungen zur alten und neuen Macht, und oft mit KGB-, Partei- bzw. Komsomol-Vergangenheit,[16] konnte sich in der neuen Gesellschaft rasch durchsetzen und bildet die neue Oberschicht der Oligarchen.

Schon vor einigen Jahren wunderten wir uns über Alexejs seltsame E-Mail-Adresse. Die Domain war weder »ru« für Russland noch war es eine der verbreiteten »com«-, »org-«, oder »info«-Domains. Seine E-Mail-Adresse endete auf »su«, und das steht für nichts anderes als »Sowjetunion«. Die »su«-Domain wurde im September 1990, gut ein Jahr vor dem Auseinanderbrechen der SU, eingerichtet. Russland bekam später die Endung »ru«, auch die anderen 14 Republiken erhielten jeweils eigene Endungen. Die Besitzer von »su« weigerten sich jedoch, die Umstellung auf die neuen Domains mitzumachen, und so blieb sie bis heute nicht nur bestehen, sondern sie ist modern geworden. Zunächst wurde die »su«-Domain nur weiter geduldet, es durften jedoch keine neuen Adressen vergeben werden. Allerdings war es technisch möglich, Unteradressen anzulegen, weshalb die Zahl der Webseiten schon in den 1990er Jahren zunahm. 2001 wurden dann alle Beschränkungen aufgehoben. Die Zahl derer, die mit der »su«-Domain entweder ihre Verbun-

In Taschkent stand bis 1992 das höchste Lenin-Denkmal der Sowjetunion. Auf dem Sockel thront heute eine Weltkugel mit den überdimensionalen Umrissen Usbekistans.

denheit mit der Sowjetunion zum Ausdruck bringen wollten, oder jener, die sich einfach einen Spaß damit machten, schoss in die Höhe.

Leninkult in der früheren Sowjetunion

Um zu erfahren, inwieweit sich die 15 ehemaligen Sowjetrepubliken 20 Jahre nach dem Zusammenbruch der Sowjetunion noch in der Tradition des einstigen kommunistischen Imperiums sehen, reicht es oft, sich auf Reisen anzusehen, wo noch Denkmäler von Wladimir Iljitsch Lenin, dem Gründervater der Sowjetunion, stehen geblieben und wo sie geschliffen worden sind.

Am schnellsten wurde Lenin im Baltikum abgeräumt, in der Ukraine ist man gerade dieser Tage eifrig dabei, Lenin zu schleifen. Im Südkaukasus blieben einige Denkmäler erhalten. In Moldawien, in Weißrussland und in Russland geht man versöhnlich mit dem Führer der Oktoberrevolution um. In den meisten Städten stehen Lenin-Denkmäler nach wie vor auf dem zentralen Platz.

Das größte Lenin-Denkmal auf dem Territorium der früheren UdSSR stand in Taschkent. 40 Meter ragte es auf dem heutigen Platz der Unabhängigkeit gen Himmel. 1991 wurde es abmontiert, nur der Sockel blieb erhalten. Auf dem thront jetzt eine

Kommunisten demonstrieren in Moskau gegen Pläne, Lenin aus dem Mausoleum umzubetten.

riesige Weltkugel mit den überdimensionierten Umrissen des unabhängigen Usbekistan. Der Name Lenins verschwand, genauso wie die anderen Namen früherer Sowjethelden, in Usbekistan auch als Straßenname. Ähnlich ist es im Nachbarland Turkmenistan. In den anderen drei mittelasiatischen Ländern, in Kasachstan, Kirgistan und Tadschikistan, war man weniger konsequent. Dort wurden nur wenige Lenin-Denkmäler abgerissen.

Das berühmteste Bauwerk der Sowjetzeit war das Lenin-Mausoleum in Moskau. Während damals Abermillionen Menschen an Lenins Leichnam vorbeidefilierten und sich die Schlange der Wartenden mäandergleich über den Roten Platz zog, ist der Andrang heute geringer. Anfang der 1990er Jahre gab es erstmals Überlegungen, Lenin, die berühmteste Mumie der Sowjetunion, auszulagern und zu bestatten. Das heutige Lenin-Mausoleum ist der dritte Bau an dieser Stelle. So wie es heute dort steht, wurde es im Jahre 1930 nach Entwürfen des Architekten Alexej W. Schtschusew errichtet. Bis dahin lag Lenin in zwei Vorgängerbauten.[17] Als in Russland Diskussionen über die Umbettung Lenins aufkamen, regte sich rasch erstaunlicher Widerstand. Mehr als die Hälfte der Bürger Russlands ist Lenin gegenüber immer noch positiv eingestellt.[18] Boris Jelzin, der 1991 die KPdSU in Russland verboten hatte, schaffte es während seiner gesamten Amtszeit nicht, Lenins Umbettung durchzusetzen. Er ließ 1993 lediglich die Ehrenwachen vor dem Gebäude abziehen. 2007 flackerte die Debatte um die Schließung des Mausoleums erneut auf. Wladimir Koschin, Leiter der Präsidialverwaltung des Kremls, schlug vor, ein Referendum über die Beerdigung Lenins durchzuführen. Die russisch-orthodoxe Kirche spricht sich seit langem für die Schließung des Mausoleums aus: »Die Aufbewahrung der Lenin-Mumie mitten in Moskau ist ›einfach ekelerregend‹.«[19] Die gleiche Meinung vertritt Russlands oberster Mufti. Er rief dazu auf, diesen gottlosen Mann den Kommunisten zu überstellen, die sollten Geld für ein eigenes Mausoleum sammeln, in dem sie den Alten dann ausstellen könnten. Es sei inakzeptabel, dass der Staat noch immer das Aufpäppeln der Leiche finanziere.[20] Bis heute wird über den Verbleib von Lenin im Moskauer Mausoleum diskutiert. Die einflussreichste russische Partei »Einiges Russland« ließ sogar eine eigene Internetseite einrichten. Auf www.goodbyelenin.ru können die Russen abstimmen, ob sie »die Idee der weiteren Aufbewahrung des Körpers von W. I. Lenin« unterstützen oder nicht. Langsam erlahmt das Interesse an der Lenin-Mumie. Das Ergebnis im Jahr 2015 lautet: 46 Prozent ja, 54 Prozent nein.

Das Lenin-Mausoleum wird noch bewacht, man kann es an drei Tagen in der Woche besuchen. Nur die Zigaretten rauchenden, gelangweilten und mit Handys telefonierenden »Milizionäre« davor, die seit einem Erlass von Russlands Präsidenten Medwedjew aus dem Jahre 2010 nun ganz europäisch »Polizisten« heißen, bieten ein höchst unsowjetisches Erscheinungsbild.

Die erste Begegnung mit Gorbatschow

Bevor Koautor Thomas Vogel und ich 2009 mit Michail Gorbatschow in München sprachen, hatte ich ihn in Moskau kennengelernt. Ich leitete dort das Büro der Konrad-Adenauer-Stiftung und wohnte in der Romanow-Gasse in einer Wohnung mit historischem Hintergrund. Bis Ende der 1920er Jahre hatte hier Lenins Bruder Dmitri Uljanow gelebt, danach zog der »zweite Mann« der Sowjetunion ein: Wjatscheslaw Molotow, Stalins langjähriger Premier und Außenminister, der unter Nikita

Chruschtschow in Ungnade fiel. Die Hausverwaltung untersteht nach wie vor einer »Kommandantin«, eine passende Bezeichnung für die resolute Dame, die einst als Verwaltungsdirektorin im Bolschoi-Theater gearbeitet hatte. Ihr wiederum unterstehen Dutzende von »Deschurnajas«: Rentnerinnen, die rund um die Uhr in den kleinen Zimmerchen sitzen, die es in jedem Hausaufgang gibt und die das Kommen und Gehen der Bewohner und ihrer Gäste beobachten. Mit meinem Wunsch, an einem der Wohnungsfenster eine Satellitenanlage anzubringen, machte ich mich von Beginn an nachhaltig verdächtig. Die Bearbeitung meines Antrages durch die »Kommandantin« nahm zwei Wochen in Anspruch, schließlich wisse man ja nicht, was ich vorhätte, und der Kreml läge nur 300 Meter entfernt. Tamara Alexandrowna, so ihr Name, beschimpfte meinen Fahrer, warum er als Russe für »einen deutschen Spion« arbeite.

Im Mai 2007 hatte sich der letzte DDR-Ministerpräsident, Lothar de Maizière, zu einem Besuch in Moskau angesagt, um den »Petersburger Dialog« vorzubereiten. An einem Abend war er bei mir zu Hause zu Gast. Ich hatte auch Gorbatschow eingeladen, und zu meiner Freude sagte er zu. Kurz vor seinem Eintreffen erschienen einige Polizisten mit Hunden, die die Wohnung abschnüffelten, aber insgesamt wurde für den Mann, der einst die Welt veränderte, wenig Aufwand getrieben. Ihm steht als ehemaligem Präsidenten noch ein Auto mit Chauffeur zu. Ansonsten genießt er keine staatlichen Privilegien, und er sucht sie auch nicht. Heute ist für ihn die »Internationale nichtstaatliche Stiftung für sozialwirtschaftliche und politische Forschung«, auch Gorbatschow-Stiftung genannt, am wichtigsten. 1992 hat er sie ins Leben gerufen. Vortragsreisen führen ihn vor allem nach Europa und in die USA, er lebt gut davon. Nach dem Tod seiner über alles geliebten Frau Raissa, die 1999 starb, begleitet ihn meist seine Tochter Irina.

Tamara Alexandrowna, die »Kommandantin«, die über seinen Besuch bei mir zu Hause über ihre »Kanäle« vorab informiert worden war, machte gute Miene zum bösen Spiel. Zwar sagte sie ihren »Deschurnajas«, dass er ein »Verräter an der Sowjetunion« sei, wenn er käme, solle man sich aber dennoch etwas besser anziehen als sonst.

Der »Antiheld«

Michail Gorbatschow hat während seiner Amtszeit als KPdSU-Generalsekretär und Staatsoberhaupt der Sowjetunion begonnen, mit den Verbrechen des Stalinismus abzurechnen. Sowjetische Geheimarchive wurden erstmals zugänglich gemacht. Die Bevölkerung dankte es ihm nicht. Im Jahr 2015, 30 Jahre nach dem Beginn der Perestroika, gaben bei einer Umfrage in Russland 55 Prozent aller Befragten an, dass die Umgestaltung dem Land mehr Schaden als Nutzen gebracht habe. Die relative Mehrheit (41 Prozent) ist vollständig oder teilweise einverstanden mit folgender Aussage: »Es wäre besser, wenn im Land alles so geblieben wäre, wie es vor Gorbatschows Amtsantritt gewesen war.« 34 Prozent sind damit nicht einverstanden, 25 Prozent konnten diese Frage nicht beantworten. Allerdings sahen diese Zahlen vor einigen Jahren noch anders aus. 2005 sprachen 70 Prozent aller Befragten von einem »Schaden«, den Gorbatschows Perestroika gebracht hätte.[21] Michail Gorbatschow ist in Russland und den meisten anderen postsowjetischen Republiken nicht beliebt. In der russischen Fernsehshow »Der Name Russlands« wählten die Zuschauer 2008 Alexander Newski, Peter den Großen und Josef Stalin zu den bedeutendsten Personen der russischen Geschichte.[22] Insgesamt waren von den Redakteuren der Fernsehshow 500 Personen nominiert worden. Der Name Michail Gorbatschow tauchte in der Liste gar nicht erst auf.[23]

Als Gorbatschow 1985 an die Macht kam, wurde der für einen kommunistischen Funktionär ungewöhnlich eloquente Politiker rasch beliebt. Durch seine Jugendlichkeit hob er sich von seiner Umgebung ab. Selbst nach den wirtschaftlich schweren Jahren wurde Gorbatschow im April 1989 von 55 Prozent der sowjetischen Bevölkerung noch als »Mann des Jahres« gefeiert.[24] Danach begann sich die öffentliche Meinung zu ändern, und seine Beliebtheit nahm in rasantem Tempo ab. Dafür ausschlaggebende Faktoren waren die immer stärker werdenden wirtschaftlichen Probleme, Spannungen zwischen ethnischen Bevölkerungsgruppen sowie ein schlechter Umgang mit den aus Afghanistan heimkehrenden Soldaten.[25] Die Kritik am Führungsstil Gorbatschows wuchs. Die Sowjetbürger vermissten eine »starke Hand«.

Heute erinnern sich in Russland, Weißrussland und der Ukraine die wenigsten gern an Gorbatschow.[26] Natürlich gibt es Ausnahmen und große Verehrer, doch wird er von den meisten als Totengräber des Sowjetimperiums, Landesverräter und Kollaborateur mit dem Westen gesehen. Dies lässt sich bis zur »Dolchstoßlegende« fortführen, wonach hinter Gorbatschow eine »hinterhältige Verschwörung des Westens« stand, der die Sowjetunion, »im Felde unbesiegt«, zum Opfer fiel.[27]

Im Westen hingegen erfreut sich Michail Gorbatschow nach wie vor großer Beliebtheit. Das Schweizer Fernsehen hatte eine überdurchschnittlich hohe Einschaltquote, als 2009 das in München gedrehte Interview mit ihm ausgestrahlt wurde. Auch ein Blick auf die Liste an Auszeichnungen, Orden und Preisen, die Gorbatschow in den letzten 30 Jahren bekommen hat, zeigt den Kontrast zum postsowjetischen Raum. Die überwiegende Mehrheit der Ehrungen kommt von westlichen bzw. internationalen Organisationen, nur einige wenige von russischer Seite.[28] Das *Time Magazine* schrieb 1989 in seiner Begründung für die Wahl Gorbatschows zum »Mann des Jahrzehnts«, dass er mit seiner »kraftvollen, zunehmenden und symbolischen Präsenz«[29] die Wahrnehmung der Weltöffentlichkeit für sich gewonnen habe. Er symbolisiert für den Westen das Ende des Ost-West-Konfliktes und die friedliche Wiedervereinigung Deutschlands. Gerade für die Deutschen ist der Name Gorbatschow mit dem Ende der Teilung Deutschlands und neuerlangter Freiheit verbunden. Sein Land jedoch liebt ihn nicht. Als Michail Gorbatschow im März 2011 seinen 80. Geburtstag beging, feierte er ihn nicht in Moskau, sondern in London. Erst jüngst versöhnten sich seine Landsleute wieder ein wenig mit ihm. Anlässlich des 25 Jahrestages des Mauerfalls in Berlin kritisierte er 2014 die vom Westen im Zusammenhang mit der Ukraine-Krise verhängten Sanktionen und mahnte eindringlich, die Grundlagen für eine neue Partnerschaft zwischen Russland, dem Westen und vor allem auch Deutschland zu legen. Damit sprach er vielen Russen, aber auch Deutschen, aus der Seele.

Von Lenin zu Manas: Neue nationale Identitäten

Die Sowjetunion war Ende 1991 von der Weltkarte verschwunden. Ihre Symbole und ihre Ideologie gab es nicht mehr. Manche Sowjetrepubliken fanden sich erstmals mit einer eigenen Staatlichkeit wieder. Um ein selbständiges Nationalbewusstsein zu begründen und ihre eigene nationale Identität zu legitimieren, griffen sie auf Personen, Volksgruppen oder Reiche zurück, die vormals auf ihrem Staatsgebiet existierten. Ihre neue Unabhängigkeit untermauern sie mit dem Verweis auf »Goldene Ären«, die es früher einmal gab. Oftmals stießen die postsowjetischen Republiken auf Schwierigkeiten, an eine frühere Identität anzuknüpfen, da die Grenzen der heutigen Staaten zumeist einzig und allein auf die Grenzziehungs- und Nationalitätenpolitik der Sowjetunion zurückzuführen sind. Zur Legitimation des neuen Nationalstaates mussten deshalb manchmal fragwürdige historische Rückgriffe vorgenommen oder einfach die nötigen Traditionen erfunden werden. Orte, Symbole und Ereignisse wurden mitunter aus dem historischen Kontext gerissen und in eine nationale Geschichte eingerückt. Doch ohne Rückgriff auf Mythen oder Legenden und ohne Zukunftsvisionen wäre es nicht möglich gewesen, ein neues Zugehörigkeitsgefühl zu einem neuen Staatsvolk zu schaffen.

Für Russland als Nachfolgestaat der Sowjetunion war die Suche nach nationaler Identität und nach dem Konzept eines neuen Staatsverständnisses besonders schwierig. Die Russische Föderation stand nicht nur innenpolitisch und ökonomisch vor enormen Transformationsaufgaben. Geopolitisch musste sich die einstige Weltmacht damit abfinden, diese Rolle auf Jahre, wenn nicht Jahrzehnte verloren zu geben, was bei russischen Eliten, aber auch bei der Mehrheit der Bevölkerung, eine Art psychologisches Trauma auslöste. Nach dem Zusammenbruch der Sowjetunion wurde bereits in der Jelzin-Ära der Ruf nach Rückerlangung verlorener Stärke und Macht laut. Viele haben Jelzin aber vor allem wegen seines Alkoholkonsums und einiger peinlicher Auftritte im Ausland in Erinnerung. Unter seiner Präsidentschaft schlitterte Russland von einer Krise in die nächste. Vom Westen als Demokrat gefeiert, betrachten die meisten Russen die 1990er Jahre unter Jelzin im Rückblick als eine Zeit, in der sie durch einen De-facto-Staatsbankrott im Jahre 1998 nicht nur ihr Hab und Gut verloren, sondern Clanwirtschaft und Oligarchentum entstanden. Jelzins Nachfolger, Wladimir Putin, schaffte es im 21. Jahrhundert, Russland ein Stück weit wieder zu konsolidieren. Unter ihm wurde das Land zu einem ernster zu nehmenden Akteur auf der Weltbühne. Die Popularität, die er in Russland genießt, verdankt er auch geschickten Rückgriffen auf die Sowjetvergangenheit. Als er für die von Jelzin verbannte Nationalhymne der Sowjetzeit 2001 einen neuen Text dichten und sie wieder zur Hymne der Russischen Föderation erheben ließ, waren ihm die meisten Russen zutiefst dankbar. Mit dieser Hymne verbanden sie nicht nur Heimat, sondern auch Größe. Sergej Michalkow, der Textdichter der letzten Sowjethymne, schrieb bereitwillig auch die neuen Verse.

Das ideologische Vakuum, das es nach dem Ende der Sowjetunion gab, wird in Russland zunehmend von der russisch-orthodoxen Kirche ausgefüllt. Der 1990 von der Heiligen Synode zum Patriarchen und damit Kirchenoberhaupt gewählte Alexej II., ein Kirchenmann mit vermuteter KGB-Vergangenheit, wurde trotz dieses Hintergrundes zu einem Symbol der Wiedergeburt der Orthodoxie und des Christentums nach der langen Zeit der inneren Diaspora während des Kommunismus. Als deutscher Stiftungsvertreter traf ich mich mehrmals mit dem Metropolit Kyrill, seinem »Außenminister«. Kyrill war nicht nur für die Außenbeziehungen des Patriarchats der russisch-orthodoxen Kirche zuständig, er war ihr intellektueller Vordenker. Während einer gemeinsamen Reise nach Berlin lernte ich ihn näher kennen: eine charismatische Persönlichkeit, genauso sehr Machtpolitiker wie Kirchenmann, und fest in der Überzeugung, dass Russland seine moralische Stärke wiedergewinnen wird und der Westen, den er mittlerweile eher für schwach hält, die Allianz mit Russland in absehbarer Zukunft braucht. Als Alexej II. im Jahr 2008 starb, wurde Kyrill sein Nachfolger. Mit ihm erlebt die russische Orthodoxie eine machtvolle neue Blüte. Kyrill bemüht sich darüber hinaus um ein besseres Verhältnis zum Islam und zur Römischen Kurie. Nicht auszuschließen, dass es in seiner Amtszeit noch zu einer ersten und damit historischen Begegnung zwischen einem russisch-orthodoxen Patriarchen und dem Papst kommen wird.

Überall im Land werden Kirchen restauriert. Das Bild russischer Städte wird heute mehr und mehr von goldenen Kirchenkuppeln geprägt. Kyrill spart aber auch nicht an Geld für Kirchen in den anderen früheren Sowjetrepubliken, deren russisch-orthodoxe Gemeinden seinem Patriarchat unterstehen. An Schulen lässt er den Religionsunterricht wieder einführen. Auf diese Weise wird eine Brücke zum vorrevolutionären Russland geschlagen und die Kontinuität der russischen Nation unter-

Kyrill (hier mit Thomas Kunze) ist seit 2008 Oberhaupt der russisch-orthodoxen Kirche.

mauert. Auf weltlicher Seite dienen historische Figuren wie Alexander Newski, Dmitri Donskoi, Peter der Große und Katharina II. diesem Ziel. Die monströse Skulptur Peters des Großen am Ufer der Moskwa, geschaffen vom georgisch-russischen Bildhauer und Maler Surab Zereteli, hätten die Moskauer aber wohl lieber nicht als Ausdruck ihrer neuen nationalen Identität haben wollen. Sie wurden jedoch nicht gefragt. Zereteli war der Lieblingskünstler des ehemaligen Moskauer Bürgermeisters Juri Luschkow. Trotz der Symbolkraft Peters des Großen für die russische Geschichtsschreibung kann zumindest dieser Versuch, ein neues Nationalbewusstsein aus Kupfer zu gießen, als gescheitert betrachtet werden.

Solche Probleme sind in Weißrussland unbekannt. Dort mussten die sowjetischen Denkmäler erst gar nicht neuen Standbildern weichen. Lenin weist nach wie vor an seinem angestammten Platz, direkt vor dem Regierungssitz, den Weg in die Zukunft. Zunächst gab es nach der Unabhängigkeit in Weißrussland Bemühungen, sich bei der nationalen Selbstfindung auf das Großfürstentum Litauen zu berufen, das bis 1791 Teile des heutigen Weißrusslands umfasste. Zwischen 1991 und 1995 führte Weißrussland die »Pahonja«, das Staatswappen dieses alten Reiches, wieder ein. Doch dann beschloss Alexander Lukaschenko, der autoritäre Präsident Weißrusslands, keine grundsätzliche Abkehr vom sowjetischen Geschichtsverständnis zuzulassen. Während in den anderen postsowjetischen Staaten die Verschiedenheit zur Sowjetzeit betont wird, knüpfte Lukaschenko direkt an die alte Symbolik an. Die in einem Referendum im Jahr 1995 eingeführte neue Staatsflagge entspricht exakt der Flagge aus der Zeit der Weißrussischen Sowjetrepublik, einzig und allein Hammer und Sichel wurden entfernt.

Die Ukraine ist kulturell in einen russlandfreundlichen Ost- und einen überwiegend ukrainischstämmigen, eher nach Europa orientierten Westteil zerrissen. Und so schwanken einige nationalistische Politiker, Journalisten, Schriftsteller und Historiker seit 1991 zwischen den Extremen. Ukrainische Nationalisten sehen in der Kiewer Rus, dem Vorläuferstaat des Russischen Imperiums, keinen russischen, sondern einen ukrainischen Staat und beschreiben damit das heutige Russland indirekt als Nachfolger eines ukrainischen Staatsgebildes. Andere wollen generell alles Russische verbannt sehen. 2014 verbot die ukrainische Regierung die Verbreitung von russischen Fernsehsendern über Kabelnetze. Notfalls sollten Störanlagen aus der Sowjetzeit zum Einsatz kommen, um die Sender zu blockieren,[30] eine absurde Aktion in einem Land, wo Russisch, im Gegensatz zur Staatssprache Ukrainisch, als Mutter- oder Zweitsprache von allen Bewohnern gesprochen und verstanden wird. Der Konflikt zwischen der Ost- und der Westukraine eskalierte immer weiter. In Kiew kam es Anfang 2014 zu Massendemonstrationen für eine stärkere Westanbindung des Landes. Im Osten und auf der Krim dagegen fühlen sich die meisten Menschen mit Russland verbunden. Der damalige ukrainische Präsident Wiktor Janukowitsch, der einem geplanten Assoziierungsabkommen zwischen der Ukraine und der EU seine Unterschrift verweigerte, wurde gestürzt, die Krim nach einem eilig durchgeführten Referendum handstreichartig an die Russische Föderation angegliedert. Zuvor war die Krim-Verwaltung mit Unterstützung Russlands aus dem Amt geputscht worden. In der Ukraine brach ein Bürgerkrieg aus. Von Russland unterstützte Separatisten auf der einen Seite und die ukrainische Armee im Verbund mit fragwürdigen Freiwilligenverbänden auf der anderen Seite liefern sich seitdem einen von brüchigen Waffenstillstandsabkommen unterbrochenen Krieg.

»Viele Länder haben sich mit ihren neuen Ideologien hoffnungslos übernommen. Man kann doch nicht von heute auf morgen eine neue Nation sein wollen«, sagte uns Alexej, als wir uns in seiner Heimatstadt Taschkent das Denkmal von Amir Timur – im Westen bekannt als Timur Lenk oder Tamerlan –, dem Nationalhelden des neuen Usbekistan, anschauten. Vorher hatten auf dem gleichen Sockel zunächst der zaristische Generalgouverneur für Turkestan, Konstantin von Kaufmann, danach Josef Stalin und dann Karl Marx gethront. Alexej berichtete, wie 1991, als in Usbekistan die marxistisch-leninistische Geschichtsschreibung verschwand, in allen Teilen des Landes Historiker gesucht wurden, die sich mit der Geschichte der Timuriden-Zeit auskannten. Derer gab es nicht viele. Tamerlan, der blutige Mongolenführer aus dem 14. Jahrhundert, der nun der Nationalheld des neuen Usbekistan werden sollte, hatte nicht zu den Arbeiterhelden der Sowjetgeschichtsschreibung gehört.

Bei einem Besuch in Turkmenistan, im Frühjahr 2005, stand dort noch die 40 Meter hohe Statue des neuen turkmenischen Nationalhelden, »Turkmenbaschi«, auf dem zentralen Platz der Hauptstadt Aschgabat. Ihr architektonisch zweifelhafter Unterbau ähnelte einer Raketenabschussrampe. Darauf drehte sich ein vergoldeter Mann sonnengottähnlich um die eigene Achse und breitete seine Hände segnend über sein geliebtes Volk. Turkmenbaschi (»Führer der Turkmenen«) war niemand Geringeres als der damals noch lebende turkmenische Präsident Saparmurat Nijasow. Als KP-Chef hatte er das Land schon zu Sowjetzeiten regiert. Mangels anderer verfügbarer turkmenischer Nationalhelden entschied er sich, diesen Platz selbst einzunehmen. Auch heute dreht er sich noch um die eigene Achse, allerdings an einem weniger prominenten Ort am Stadtrand. Sein Nachfolger, Gurbanguli Berdimuchamedow, seit 2007 an der Macht, benötigt Platz für den Kult um seine eigene Person.

In Kirgistan diente der sagenumwobene Volksheld Manas zur Neu-Identifikation. Die persischsprachigen Tadschiken betrachten sich als arisches Volk und pflegen diesen Kult. Selbst ein »Haus der Arier« ist zu besichtigen. In Georgien dreht sich alles um den heiligen Georg, den Schutzpatron des Landes. Seit 2005 zieren fünf sogenannte Georgskreuze die Nationalflagge des südkaukasischen Landes. Dort, wo solche Anknüpfungspunkte nicht möglich schienen, griff man zu neuzeitlichen Methoden.

Den größten finanziellen Aufwand zur Stärkung der nationalen Identität seines Landes trieb dabei der kasachische Präsident Nasarbajew mit der kompletten Verlegung der kasachischen Hauptstadt in die Steppe im Jahr 1999. Für mehrere Milliarden Dollar wurde die neue Metropole Astana mit futuristischer Architektur zum Zentrum Eurasiens und Mittelpunkt des kasachischen Heimatlandes stilisiert.

»Landsleute«: Die russische Diaspora

Russland verfügt aufgrund des Zerfalls der Sowjetunion heute über die weltgrößte Diaspora. Über 25 Millionen Russen leben im Ausland, die Mehrheit von ihnen, ca. 16–17 Millionen, in den GUS-Staaten. Die Russen bezeichnen ihre Diaspora mit dem schönen Wort »Landsleute« (Sootetschestweniki). Für Russland ist die Diaspora aus zwei Gründen wichtig. Innenpolitisch gilt es, einer demografischen Krise zu begegnen, und die Rückführung der Landsleute kann dabei helfen. Russlands Bevölkerung, 1992 noch 149 Millionen stark, schrumpfte bis ins Jahr 2014 auf 142 und stieg seitdem nur ganz geringfügig wieder an. Selbst wenn sich die Sterbeziffer in Russland vermindern und die Geburtenzahl steigen sollte, werden im Jahr 2025 nach demografischen Berechnungen nur noch 129 Millionen Menschen in Russland leben. Im Jahr 2050 sollen es gerade einmal noch 110 Millionen sein.[31] Auch außenpolitisch, vor allem in den Beziehungen zu den Nachfolgestaaten der Sowjetunion, kommt der Diaspora eine besondere Bedeutung zu. Sie gilt als »Ressource« im Ringen um Macht und Einfluss Moskaus im »nahen Ausland«. In den letzten Jahren bemüht sich die russische Regierung, ihre Diaspora gezielt zu unterstützen und die russische Sprache und Kultur in den ehemaligen Sowjetrepubliken zu fördern.

Zu diesem Zweck wurde eine Art russisches Goethe-Institut gegründet. Es trägt den Namen »Mir« (»Die Welt«). In den nächsten Jahren soll es den Einfluss Russlands in den ehemaligen Sowjetrepubliken wieder deutlich erhöhen und die russische Sprache fördern.

Russische Minderheiten gibt es in jedem Land der früheren UdSSR. In manchen Staaten bilden sie ein Viertel der Bevölkerung. Nach Russland leben prozentual die meisten Russen in der Ukraine, Weißrussland, Lettland und Estland.

Die russische Diaspora in der Ukraine ist mit rund elf Millionen die weltweit größte überhaupt. Die russischstämmige Bevölkerung in Weißrussland beträgt ca. eine Million Menschen, was einem Bevölkerungsanteil von knapp 15 Prozent entspricht. Darüber hinaus sind die Weißrussen selbst in ihrer Mehrheit sprachlich russifiziert.

Die in den Nachfolgestaaten der Sowjetunion ansässigen Russen erhielten nach der Unabhängigkeit die Staatsbürgerschaft der einstigen Sowjetrepublik, in der sie lebten. Sie tauschten die sowjetischen Pässe gegen die neuen tadschikischen, armenischen oder usbekischen Ausweise ein. Das ist in den meisten Ländern, mit Ausnahme des Baltikums, so gehandhabt worden. In Lettland und Estland leben Russen oft als Bürger zweiter Klasse, mit Pässen für Staatenlose.[32]

Eine doppelte Staatsbürgerschaft war lange Zeit in Turkmenistan und einigen anderen Ländern möglich, mittlerweile dulden dies die neuen Republiken aber nicht mehr.[33] Mehrheitlich von Russen bewohnt ist der Nordteil Kasachstans. Dort ist die russischstämmige Bevölkerung gut integriert.[34]

Nach dem Zerfall der UdSSR wollten viele Russen nicht mehr in den Ländern, in denen sie geboren worden sind, leben. Eine zunehmende Islamisierung wie in Mittelasien, ethnische Konflikte wie im Südkaukasus oder rechtliche Benachteiligungen wie im Baltikum führten dazu, dass allein in den 1990er Jahren sieben Millionen Russen in die Russische Föderation umsiedelten. Den Höhepunkt stellte das Jahr 1994 mit allein 1,7 Millionen Umsiedlern dar.[35] Aber auch heute wandern nach wie vor viele Russen aus Mittelasien aus, da sie in dem immer muslimischer werdenden Umfeld keine Zukunft für sich und ihre Kinder sehen.

Politische Initiativen des Mutterlandes

Ein Gesetz der Russischen Föderation aus dem Jahre 1991 bescheinigte jedem Bürger der ehemaligen Sowjetunion unabhängig von seiner Nationalität das Recht, auf Antrag die russische Staatsangehörigkeit zu erhalten. Für nichtrussischstämmige ehemalige Sowjetbürger war es jedoch in der Folgezeit schwer bis aussichtslos, einen russischen Pass zu bekommen. Die russische Diaspora in den GUS-Staaten und im Baltikum wird dagegen massiv unterstützt. Für Russland ist der Schutz der Landsleute zur Prestigefrage geworden. Moskau kritisiert die ungenügende Vertretung der Russen in Verwaltungen und Gerichten in den Nachbarländern; auch würden die Landsleute aus Leitungspositionen in den Bereichen Kultur, Wissenschaft, Bildung und Gesundheitswesen verdrängt. Die Schrumpfung des russischsprachigen Raumes ist aus russischer Sicht besorgniserregend. In Ländern wie Georgien, Armenien, der Ukraine und Tadschikistan verringere sich drastisch die Zahl der russischen Schulen und Unterrichtsstunden auf Russisch. Bereits vollständig aufgelöst ist das System der Hochschulausbildung in russischer Sprache in den baltischen Staaten. Mit einem 2006 veröffentlichten Programm zur Erleichterung der Einreise von russischen Landsleuten nach Russland versuchte die russische Regierung, mehrere Probleme zu lösen. Danach sollten die Einbürgerung in die Russische Föderation vereinfacht und die Probleme der demografischen Krise gemildert werden. Seitdem wurde dieses Programm mehrmals umgeschrieben und angepasst. 2015 erlebte es erneut eine Konjunktur. Man hofft auf Synergieeffekte für die russische Wirtschaft und vor allem darauf, dass sich Umsiedlungswillige in den Gegenden Russlands ansiedeln, wo in den letzten Jahrzehnten ein besonders großer Bevölkerungsrückgang stattgefunden hat: im hohen Norden und im Fernen Osten. Dorthin locken besondere staatliche Zuschüsse.

Doch das gesamte Programm erwies sich in der Praxis als höchst korruptionsanfällig. Wir haben nicht einen einzigen Russen aus dem »nahen Ausland« kennengelernt, der in den Genuss der Angebote der russischen Regierung, so wie sie auf dem Papier stehen, gekommen ist. Ohne Geld, in den meisten Fällen handelt es sich um mehrere Tausend Euro, ist das Übersiedeln nach Russland nur mit einem ungeheuren Kraftaufwand und einem beinahe übermenschlichen Maß an Geduld im Umgang mit den russischen Behörden sowie den russischen Botschaften in den GUS-Staaten möglich.

Das Baltikum auf dem Weg nach Europa

Sonderrolle Baltikum

Die baltischen Sowjetrepubliken genossen innerhalb der UdSSR den Ruf, etwas Besonderes zu sein. »Als ich klein war«, erzählte Alexej, »und meine Eltern über die Gewerkschaft ihre jährlichen Sommerurlaubsreisen beantragten, versuchten sie immer, einen Flug in eine der drei baltischen Republiken zu bekommen. Dort war zwar das Wetter nicht so schön wie auf der Krim, oft regnete es im Sommer sogar, aber mein Vater meinte, im Baltikum sei das Leben freier. Dort gebe es außerdem Sachen zu kaufen, die bei uns in Taschkent, aber auch in Moskau, Mangelware seien. Es sei dort eben fast wie im Westen.«

Die sowjetische Führung hatte allen Grund, dafür zu sorgen, dass es im Baltikum nicht rumorte. Seitdem Lettland, Litauen und Estland 1940 ihrer Selbständigkeit beraubt und an die Sowjetunion angeschlossen worden waren, galt das Baltikum als ein potenzieller Unruheherd. Nur durch die Ansiedlung einer starken russischen Minderheit gelang es Stalin, dort die Macht der Sowjets durchzusetzen. Parallel dazu kam es zu Massendeportationen der Balten. Die Geschichte der Litauer, Letten und Esten wurde uminterpretiert und ihre Kultur mehr und mehr zurückgedrängt. Das Verhältnis der Balten zu den Russen blieb entsprechend gespannt. Während der durch die Ukraine-Krise aufgeheizten Atmosphäre zwischen Russland und der Europäischen Union gab es 2015 in Russland sogar Stimmen, die die Rechtmäßigkeit der Unabhängigkeitserklärungen Litauens, Lettlands und Estlands überprüfen lassen wollten. Allerdings beeilte sich Putins Pressesprecher, klarzumachen, dass er sich schwer damit tue, »den Sinn solcher Initiativen« zu verstehen.[1]

Der Hitler-Stalin-Pakt als bleibende Wunde

Kein Datum ist für die Haltung der Balten zu Russland so maßgebend wie der 23. August 1939. Dieser Tag der Kooperation zwischen Stalins Union der Sozialistischen Sowjetrepubliken und Hitlers Großdeutschem Reich hat sich tief in die Geschichte eingegraben. Entgegen weitverbreiteten Annahmen sah Stalin in Deutschland lange keinen Hauptfeind. Zwar kannte er Hitlers Buch »Mein Kampf« und wusste um dessen Ziele im Osten. Doch sein ansonsten sicherer politischer Instinkt schien durch eine gewisse Faszination für Programm und Vorgehensweise des deutschen Reichskanzlers getrübt zu sein. Als in Deutschland nach dem sogenannten Röhm-Putsch 1934 die »Nacht der langen Messer« stattfand, sagte er: »Hitler, das ist ein toller Bursche! So muss man mit politischen Gegnern umgehen.«[2] Im März 1939 sprach Stalin in einer Rede vor den Delegierten des XVIII. Parteitages der KPdSU von einem bevorstehenden »Krieg zwischen den imperialistischen« Staaten, unterstellte Deutschland aber keine eigenen Aggressionsabsichten gegen die Sowjetunion. Die Gefahr sei lediglich, dass Frankreich, Großbritannien und die USA Deutschland »anstacheln wollten, weiter nach Osten vorzudringen«.[3] Vor diesem Hintergrund unterzeichneten die Sowjetunion und das Deutsche Reich am 23. August 1939 einen Nichtangriffs- und Neutralitätspakt. Die Unterzeichnung dieses Pakts durch die beiden Außenminister Joachim von Ribbentrop und Wjatscheslaw Molotow[4] schlug ein wie eine Bombe. Damit waren nicht nur die britisch-französischen Bemühungen gescheitert, die Sowjetunion in eine »große Allianz« gegen Hitler-Deutschland einzubeziehen, sondern auch die britische Appeasement-Politik gegenüber dem »Dritten Reich«.

In einem geheimen Zusatzprotokoll zum Pakt, dessen Existenz von der Sowjetunion bis zum Beginn der 1990er Jahre strikt geleugnet wurde,[5] steckten die beiden Vertragspartner ihre Interessensphären[6] ab. Danach fielen die drei baltischen Staaten, Bessarabien (das heutige Moldawien), Finnland und Teile Polens an die Sowjetunion. Hitler besaß durch den Pakt die »carte blanche« zum Überfall auf Polen. Am 1. September 1939 überschritt die deutsche Wehrmacht die polnische Westgrenze. Am 17. September 1939 überquerten sowjetische Truppen die polnische Ostgrenze. Am 22. September fand in Brest-Litowsk eine gemeinsame deutsch-sowjetische Siegesparade statt. Sechs Tage später legten Deutschland und die Sowjetunion in einem Grenz- und Freundschaftsvertrag eine gemeinsame, neue Grenze fest. Der polnische Staat existierte nicht mehr. Die baltischen Staaten wurden 1940 als Litauische, Lettische und Estnische Sowjetrepublik an die Sowjetunion angegliedert.

Die Balten waren die ersten in der sowjetischen Völkerfamilie, die 1989 den »Wind of Change«, den Gorbatschows Perestroika durch das Land blies, nutzten, um den Verbund der UdSSR in Frage zu stellen. Ein Musik-Professor, Vytautas Landsbergis, führte die litauische »Bewegung für Perestroika« (»Sajudis«) an. Er wurde zur prominentesten Figur der antisowjetischen Protestbewegung.

Am 23. August 1989, dem 50. Jahrestag des Hitler-Stalin-Paktes, waren im gesamten Baltikum Hunderttausende Menschen auf den Beinen. Sie trugen Transparente mit Forderungen wie »Red army – go home!«. Sprechchöre forderten die Unabhängigkeit Litauens, Lettlands und Estlands. Als es Abend wurde, bildeten insgesamt zwei Millionen Balten eine Menschenkette, die von Tallinn (Estland) über Riga (Lettland) bis nach Vilnius (Litauen) reichte. Die Balten sangen mit Begeisterung ihre alten Volkslieder und gaben damit ihren Revolutionen den Namen: »Singende Revolution«.

Die baltischen Staaten werden unabhängig

Im Februar 1990 fanden in Litauen die ersten freien Parlamentswahlen seit 1940 statt, aus denen die Sajudis-Bewegung als Wahlsiegerin hervorging. Vytautas Landsbergis erklärte am 11. März 1990 die Unabhängigkeit seines Landes. Auch in Estland und in Lettland konnte Moskau diesen Prozess nicht mehr aufhalten. Im Frühsommer 1990 sah sich Moskau mit drei baltischen Republiken konfrontiert, die sich nicht mehr der Sowjetunion zugehörig fühlten.

Für den Westen war das eine außerordentlich schwierige Situation. Weder der amerikanische Präsident George Bush noch Bundeskanzler Helmut Kohl wollten Gorbatschow schwächen, zumal die deutsche Einheit noch nicht endgültig geregelt war. Die Balten taten ihrerseits alles, um dem sowjetischen Präsidenten Michail Gorbatschow deutlich zu machen, dass der Kreml im Baltikum nichts mehr zu sagen habe.

Nun wurden auch die Töne aus Moskau rauer. »Die Sowjetunion ist zu mächtig, um mit sich spaßen zu lassen«,[7] drohte Anatoli Lukjanow, der Vorsitzende des Obersten Sowjets. Gorbatschow stimmte im April 1990 schließlich einer Wirtschaftsblockade gegen die baltischen Republiken zu, von der Litauen, der Vorreiter der baltischen Unabhängigkeitsbewegung, am stärksten betroffen war. Doch die Litauer gaben nicht nach. Vytautas Landsbergis, der als Präsident des litauischen Parlaments kommissarisches Staatsoberhaupt Litauens war, zeigte sich unversöhnlich.

Zum Jahreswechsel 1990/91 verschärfte sich die Lage. Es schlug die Stunde der Panzer. Auf Befehl Moskaus stürmten Spezialtruppen in der Nacht auf den 13. Januar 1991 den Wilnaer Fernsehturm. Kurz darauf besetzte eine sowjetische Sondereinheit das Innenministerium in der lettischen Hauptstadt Riga. Insgesamt kamen bei den Aktionen 18 Menschen ums Leben. Es war ein letztes Aufbäumen der Sowjetmacht. Nun regte sich auch in Moskau Widerstand gegen das Vorgehen im Baltikum. 116 namhafte Künstler und Intellektuelle, darunter der Historiker Juri Afanassjew, der Filmemacher Eldar Rjasanow, Schachweltmeister Garri Kasparow und der Moskauer Zirkusdirektor Juri Nikulin, wandten sich in einem offenen Brief an die sowjetische Öffentlichkeit. »Die im April 1985 begonnene Perestroika ist in der Nacht zum 13. Januar 1991 erschossen worden«, schrieben sie. »Eine Union der Republiken kann sich nicht auf Bajonetten und Panzern halten. Wir rufen Sie auf, sich zu einer breiten demokratischen Bewegung zusammenzuschließen, die einer heranrückenden Diktatur widerstehen kann. Wir rufen dazu auf, für einen sofortigen Abzug der Strafkommandos aus dem Baltikum zu kämpfen (...).«[8]

Kurz darauf, am 9. Februar 1991, stimmten die Balten in Referenden für die Unabhängigkeit ihrer Länder. In Litauen sprachen sich 90 Prozent, in Estland 83 Prozent und in Lettland 73 Prozent der Wahlberechtigten dafür aus, zukünftig in selbständigen Staaten zu leben.

Auf Initiative von Boris Jelzin erkannte der Staatsrat der UdSSR, der unmittelbar nach dem Augustputsch gegen Gorbatschow gegründet worden war und dem neben Gorbatschow die Präsidenten aller Sowjetrepubliken angehörten, am 6. September 1991 die Souveränität Lettlands, Estlands und Litauens an. Doch für das russische Selbstverständnis bleibt es nach wie vor schwierig, sich mit den Gebietsverlusten nach dem Untergang der UdSSR abzufinden. Die baltischen Staaten betrachtet man als künstliche Gebiete, da sie »fast 200 Jahre lang, mit einer zwanzigjährigen Unterbrechung zwischen den Weltkriegen, Teil des russischen, später des sowjetischen Imperiums waren«.[9] Noch Jahre später bestand der Kreml in offiziellen Erklärungen darauf, »dass sich die baltischen Staaten im Jahr 1940 freiwillig der Sowjetunion angeschlossen hätten«.[10]

Deutsches, dänisches und schwedisches Erbe an der Ostsee

Die drei baltischen Länder liegen an der östlichen Küste der Ostsee. Das nördlichste Land ist Estland, es grenzt südlich an Lettland und dieses wiederum an Litauen. Lettland und Estland sind protestantisch, Litauen hingegen ist eher katholisch geprägt. Litauisch und das Lettische sind indoeuropäische Sprachen, sie gehören zur Sprachengruppe der baltischen Sprachen. In ihnen haben sich Elemente der Ursprungssprache stärker überliefert als in anderen indogermanischen Sprachen. Estnisch gehört zu den finnougrischen Sprachen, die man auf dem Gebiet der früheren Sowjetunion mehrfach findet.[11] 1990 beherrschte in Lettland allerdings nur noch jeder Zweite die lettische Sprache, in der Hauptstadt Riga sogar nur noch jeder Dritte. Man verständigte sich fast ausschließlich in russischer Sprache. In Litauen und Estland war Russisch etwas weniger verbreitet.

Wir reisten 1989 und 1991 die ersten Male durchs Baltikum. Zwischen Dünen und kilometerlangen Sandstränden an der Ostsee, zwischen Mischwäldern und Flüssen fuhren wir durch beschauliche Landschaften. Auf den Dörfern sind die alten Holzhäuser oft mit Doppelgiebeln versehen. Überall ist mittelalterliche Geschichte präsent. Der dänische König Waldemar II. besetzte 1219 Estland, die Hanse fasste im Baltikum Fuß, und 1346 entstand der Livländische Staatenbund. Die Stadtkerne Wilnas, Rigas und Tallinns sind geprägt von Baudenkmälern des Hochmittelalters; sowjetisch sind nur die Plattenbauten, die überall um die historischen Stadtkerne herum entstanden sind. Die Hafenstädte an der Ostsee sind durch deutsches, dänisches und schwedisches Erbe geprägt. Zum Ende der Sowjetunion war die Bausubstanz der historischen Zentren einem ähnlichen Zerfallsprozess preisgegeben, wie wir ihn auch aus anderen osteuropäischen Ländern kannten. Bereits ein Jahrzehnt später sollten sie jedoch in neuem Glanz erstrahlen. Das einst sowjetische Baltikum befreite sich dank immenser EU-Unterstützung schnell vom Erbe der Sowjetzeit. Die Unterschiede zwischen den einzelnen baltischen Staaten, die bis 1991 von der russischen Sprache und der Sowjetideologie verdeckt worden waren, traten wieder deutlicher hervor:

Die Esten unterhielten von Beginn ihrer Unabhängigkeit an enge Beziehungen zu den skandinavischen Ländern. Die Litauer hatten aufgrund ihrer Geschichte enge Verbindungen zu Polen, und die Letten blickten auf Deutschland. Mit Stolz demonstrierten baltische Politiker nach 1991 die wiedererrungene Selbständigkeit ihrer Länder. Nicht selten paarte sich dieser Stolz aber auch mit Arroganz gegenüber den Russen. In Lettland und Estland, wo man während des Kampfes um die Unabhängigkeit den dort lebenden Russen noch gleiche Rechte in Aussicht gestellt hatte, wollte sich nun niemand mehr an derartige Versprechen erinnern. Die Sprachenpolitik und die neue Staatsangehörigkeitsgesetzgebung führten dazu, dass Parallelgesellschaften entstanden. Noch 2015 besitzen die Hälfte der russischen Minderheit in Lettland und ein Viertel aller Russen in Estland keine lettischen oder estnischen Pässe.

Schon vor der Ukraine-Krise standen die baltischen Länder Russland misstrauisch gegenüber. Als sich 2005 der Jahrestag des Endes des Zweiten Weltkrieges zum 60. Mal jährte und Russland des Ereignisses mit der alljährlichen Militärparade auf dem Roten Platz gedachte, reisten Staats- und Regierungschefs aus aller Welt an. Mit Gerhard Schröder nahm erstmals ein deutscher Bundeskanzler an den Feierlichkeiten teil. Die damaligen Präsidenten Litauens und Estlands, Valdas Adamkus und Arnold Rüütel, schlugen die Einladung des russischen Präsidenten jedoch aus. Heute sehen sich die Regierungen der baltischen Staaten in ihrer Skepsis gegenüber Russland zwar bestätigt. Doch auch Äußerungen der Balten trugen dazu bei, an der Spirale des gegenseitigen Misstrauens zu schrauben. Die Biene habe keine Angst, den (russischen) Bären zu reizen, erklärte 2013 die litauische Präsidentin Dalia Grybauskaitė.[12] Die baltischen Staaten fordern eine verstärkte militärische Präsenz der NATO in ihren Ländern.

Die Osterweiterung der NATO und der Europäischen Union

Die Balten hatten immer schon Angst, dass ihre Unabhängigkeit nicht von langer Dauer sein könnte. Niemand wusste in den 1990er Jahren, wohin sich Russland entwickeln würde. Der

Führer der nationalistischen Liberaldemokratischen Partei Russlands, Wladimir Schirinowski, meinte beispielsweise, Lettland werde bald wieder ganz zum russischen Staat gehören, während sich Litauen und Estland in »Zwerggebilde, wie etwa Liechtenstein und Andorra, verwandeln« würden. Er erklärte 1995: »Wenn meine Partei an die Macht kommt, wird alles, was mit den baltischen Staaten vereinbart wurde, im Mülleimer landen.«[13] Deshalb drängten Litauen, Lettland und Estland schon in den 1990er Jahren in Richtung NATO und Europäische Union, denen sie 2004 schließlich beitraten.

Für Russland stellt die Erweiterung der NATO nach Osteuropa generell einen eklatanten Bruch von Vereinbarungen dar, die im Zuge der Verhandlungen zur deutschen Wiedervereinigung mit dem Westen getroffen worden waren.

Nachdem die NATO 2009 auch noch Beitrittsverhandlungen mit der Ukraine und Georgien in Erwägung zog, fühlte sich die Russische Föderation endgültig betrogen.

Uns begegnete in Russland kein Politiker, der sich nicht überzeugt davon gab, dass es sich bei der NATO-Osterweiterung um einen klaren Wortbruch des Westens gehandelt habe, und 2009 veröffentlichte Dokumente scheinen dies zu belegen.[14] Deutschland, die USA und andere westliche Staaten hätten nach der deutschen Wiedervereinigung 1990 versprochen, dass die NATO sich keinen Zentimeter nach Osten bewegen würde, sagte auch Michail Gorbatschow im Jahre 2009, und er ergänzte: »Daran haben sich die Amerikaner nicht gehalten und den Deutschen war es gleichgültig. Vielleicht haben sie sich sogar die Hände gerieben, wie toll man die Russen über den Tisch gezogen hat.« Dies habe dazu geführt, »dass die Russen westlichen Versprechungen nun nicht mehr trauen«.[15]

Es ist nachvollziehbar, dass sich Russland in dieser Frage hintergangen fühlt. Die Sowjetunion hätte 1990 keine Verhandlungen über die deutsche Wiedervereinigung geführt, wenn man dort gewusst hätte, dass einige Jahre später nicht nur Länder wie Ungarn, Polen, Rumänien und Bulgarien, sondern sogar Teile des damaligen sowjetischen Staatsgebietes Mitglieder der NATO werden würden. Obwohl die Bundesrepublik Deutschland seit der Unabhängigkeit der baltischen Länder in Europa als deren Anwalt gilt, schien zumindest Helmut Kohl den Russen gegenüber so etwas wie ein schlechtes Gewissen zu plagen. Während seiner gesamten Amtszeit, also bis 1998, reiste er nicht ein einziges Mal zu einem offiziellen Staatsbesuch nach Litauen, Estland oder Lettland. Was Kohl nicht aussprach, betonte sein damaliger Außenminister Hans-Dietrich Genscher anlässlich des 25. Jahrestages des Falls der Berliner Mauer im Jahre 2014. Genscher sagte, dass aus den Chancen, die das Jahr 1989 in Bezug auf die Beziehungen zu Russland bot, nicht das gemacht wurde, was hätte gemacht werden können.[16]

Vom »Tigerstaat« über die Staatspleite zum Euro-Musterschüler
In allen drei baltischen Republiken ist heute der Euro die offizielle Landeswährung. Angesichts der fortdauernden Krise der europäischen Gemeinschaftswährung sowie der Schuldenkrise vieler Mitgliedsländer der EU bleibt die Zukunft des Euro-Projekts zwar offen, aber derzeit gelten zumindest Estland, Lettland und Litauen nicht als Problemkinder. Im Gegenteil. 2014 betrug die Staatsverschuldung im Verhältnis zum Bruttoinlandsprodukt in Estland 10,5 Prozent, in Litauen 38,3 Prozent und in Lettland 40,4 Prozent. (Zum Vergleich: in Griechenland 176 Prozent, Italien 131,8 Prozent, Frankreich 95,3 Prozent, Deutschland 74,8 Prozent)

Dabei war das Herauslösen der drei baltischen Republiken aus dem sowjetischen Wirtschaftsraum in den 1990er Jahren zunächst mit großen Problemen verbunden. Litauen, Lettland und Estland durchliefen eine tiefgehende wirtschaftliche Transformation. Die Abhängigkeit von russischen Abnehmern war hoch gewesen, doch Absatzmärkte waren nicht nur in Russland, sondern im gesamten GUS-Raum verschwunden. Die Produktion in den drei Baltenrepubliken lag am Boden. In den ersten Jahren nach den Unabhängigkeitserklärungen war das reale Bruttosozialprodukt im zweistelligen Bereich rückläufig.[17] Vor diesem Hintergrund mussten die baltischen Länder eine schnelle Umorientierung von Ost nach West vollziehen. Um konkurrenzfähig zu werden, verzichtete man darauf, die unrentable Schwerindustrie am Leben zu erhalten. Andere Industriezweige, wie Holzverarbeitung oder Telekommunikationstechnik, profitierten hingegen von den Reformen.[18] Da die Landwirtschaft in den baltischen Staaten traditionell nur einen geringen Anteil am

Bruttoinlandsprodukt ausmachte und im Vergleich zu den anderen Nachfolgestaaten der Sowjetunion einen relativ kleinen Prozentteil der Erwerbsbevölkerung beschäftigte, war zudem eine schnelle und weniger schmerzhafte Fokussierung auf erfolgversprechende Konsumindustrie und Dienstleistung möglich.[19] Bereits Mitte der neunziger Jahre konnten die baltischen Staaten wieder positive Wachstumsraten vorweisen. Sogar die schwere Wirtschaftskrise in Russland im Jahr 1998/1999 konnte das Wirtschaftswachstum nur geringfügig ausbremsen. Die EU-Staaten wurden nach und nach zu den Haupthandelspartnern des Baltikums. Das deutsche Nachrichtenmagazin *Der Spiegel* schwärmte: »Länder wie Estland, Lettland und Litauen (haben) in den vergangenen Jahren nicht nur ihre Staaten radikal umgebaut, sondern ihre einst maroden Plansoll-Ökonomien in hochflexible Boomwirtschaften verwandelt«, und nannte sie in Anlehnung an die asiatischen »Tigerstaaten« die »kleinen Tiger«.[20] Die Wachstumszahlen im Baltikum, die zwischen 2001 und 2007 Raten von durchschnittlich sieben bis acht Prozent aufwiesen,[21] überstrahlten vorhandene Probleme.

Mit der Weltfinanzkrise des Jahres 2008 kam der Einbruch. Ermutigt und angestachelt vom westlichen Lob über den Wirtschaftsboom, hatten die baltischen Länder lange über ihre Verhältnisse gelebt. Vor allem Lettland und Litauen waren überschätzt worden. Die Korruption ist verbreiteter, als das zu sowjetischen Zeiten jemals der Fall war. Vor allem die öffentliche Verwaltung, das Bildungswesen und das Gesundheitssystem sind von ihr betroffen. Die Schere zwischen Arm und Reich ist weit geöffnet. Ehemalige KP-Funktionäre, die nach der Unabhängigkeit durch Zugang zum Staatsvermögen und unlautere Geschäfte reich geworden waren, wurden zu Oligarchen.

Die »baltischen Tiger«, so viel war 2008/2009 klar, hatten auf tönernen Füßen gestanden. In allen drei baltischen Staaten ging das Bruttoinlandsprodukt deutlich zurück, und die Inflationsraten schnellten in die Höhe. »Im Baltikum werden die schlimmsten Befürchtungen wahr«,[22] titelte die *Neue Zürcher Zeitung* 2009. Der Rückgang ausländischer Kapitalströme führte in Lettland und in Litauen beinahe zum Staatsbankrott. Der wirtschaftliche Niedergang erfasste auch die Sozialsysteme. Zehntausende Menschen gingen auf die Straße und protestierten gegen die Fiskalpolitik ihrer Regierungen. Vor allem schwedische Banken hatten in den vorausgegangenen Jahren insgesamt jeweils 40 Milliarden Euro in die drei Ostseestaaten gepumpt.[23] Reichlich sorglos hatten die Menschen den Boom genossen. Jetzt kam der Kater. Stark gekürzte Durchschnittsrenten trieben Pensionäre zum Betteln auf die Märkte. Die Verluste der Spekulanten wurden hingegen sozialisiert. Junge Fachkräfte zog es mehr und mehr ins Ausland. So hatten sich die Menschen den Kapitalismus nicht vorgestellt.

Doch die harten Sparmaßnahmen der Regierungen trugen schließlich Früchte. Die baltischen Republiken schafften es, wenn auch in unterschiedlichem Ausmaß, sich wirtschaftlich zu erholen. Trotz der Finanzkrise, die sich bald zur Euro-Krise ausweitete, wurde in Estland, zum 1. Januar 2011, die europäische Gemeinschaftswährung eingeführt. Die Maastricht-Kriterien zur Euro-Einführung hatte das Land erfüllt. 2014 folgte Lettland, und seit Beginn des Jahres 2015 wird auch in Litauen mit Euro bezahlt. Diese Währung, so der damalige EU-Währungskommissar Olli Rehn bei der Euro-Einführung in Estland, werde der Wirtschaft Stabilität und Wohlstand geben.[24] Ob diese Prophezeiung eintritt, ist unsicher. Viele Balten stehen der neuen Währung skeptisch gegenüber. Knapp die Hälfte der Bürger Litauens hatte sich kurz vor der Einführung in Umfragen gegen die Gemeinschaftswährung ausgesprochen. Gegner befürchteten, dass mit dem Euro auch Preiserhöhungen kommen würden. Die Durchschnittseinkommen im Baltikum sind im Vergleich zu Westeuropa niedrig, was zu einer Fortsetzung der Auswanderungswelle führen könnte. Reichlich zehn Prozent der Einwohner haben den baltischen Republiken seit 1990 den Rücken gekehrt.[25] Die wirtschaftliche Zukunft der drei Mitglieder der Euro-Zone hängt aber nicht allein von ihnen selbst ab. Als sich 2015 die Schuldenkrise des Euro-Staates Griechenland zu einer fulminanten Krise der gesamten EU auszuweiten drohte, zeigte sich, dass möglicherweise auch die Gemeinschaftswährung auf tönernen Füßen steht, so wie einst die viel gepriesenen »baltischen Tiger«.

Litauen

Vilnius, am 23. August 1989

Als wir es im August 1989 besuchten, hieß das Land noch Litauische Sozialistische Sowjetrepublik. Uns hatte Antanas, ein litauischer Student aus Wilna, der am Leipziger Herder-Institut Deutsch gelernt hatte, eingeladen. Wir fuhren mit einem »Trabant«, dem »Volkswagen« der DDR, über Polen nach Wilna in der Sowjetunion. An der polnisch-sowjetischen Grenze gab es umständliche Kontrollen. Die Autos wurden von den sowjetischen Grenzbeamten genau begutachtet, endlose Formulare mussten ausgefüllt werden, aber nach zwei Stunden war alles überstanden. Allerorten bestaunte man unser Auto. Ein »Trabant« wurde hier nur selten gesehen. Vor allem an den Tankstellen waren wir ein Ereignis. Das für das Zweitaktfahrzeug erforderliche Öl-Benzin-Gemisch, in der DDR an jeder Tankstelle erhältlich, musste hier umständlich hergestellt werden.

Wir kamen am späten Vormittag des 23. August 1989 in Wilna an. Das Datum war purer Zufall. Uns war nicht bewusst, um welchen historischen Tag es sich für die Litauer handelte. In der Stadt spürten wir eine ungeheure Anspannung und Aufregung. Wir fuhren zunächst in die Plattenbausiedlung, in der Antanas und seine Eltern wohnten. Antanas sagte uns, dass wir gleich ins Stadtzentrum gehen müssten, es sei ein entscheidender Tag. »Sajudis«, die litauische Unabhängigkeitsbewegung, habe dazu aufgerufen, zur Erinnerung an den Tag des Hitler-Stalin-Paktes eine Kette von Menschen durch das gesamte Baltikum zu bilden. Am Abend sprach »Sajudis«-Chef Vytautas Landsbergis. Seine Rhetorik hatte wenig Überzeugendes, aber das, was uns Antanas übersetzte, besaß unvorstellbare politische Sprengkraft. Unter dem Beifall Zehntausender Demonstranten forderte Landsbergis die Herauslösung der baltischen Republiken aus dem Verbund der Sowjetunion. Selbst der litauische KP-Chef, Algirdas Brazauskas, setzte sich von Moskau ab und schlug sich auf die Seite der Befürworter der Unabhängigkeit Litauens. Antanas erzählte später: »Ich habe die Kommunisten immer gehasst, aber Brazauskas nie! Er ist selbst als KP-Chef Litauer geblieben.«

Land	Litauen
Hauptstadt	Vilnius/Wilna mit ca. 530 000 Einwohnern
Größe	65 300 km²
Bevölkerung	knapp 3 Millionen Einwohner, davon sind 85 Prozent Litauer, 5,6 Prozent Polen, 5 Prozent Russen, 1,4 Prozent Weißrussen, andere Nationalitäten unter 1 Prozent
Landessprachen	Litauisch
Religionen	Die Bevölkerung ist überwiegend katholisch, daneben protestantisch, russisch-orthodox, jüdisch
Währung	Euro (seit 1. 1. 2015)
Datum der Unabhängigkeit	11. 3. 1990
Staats-/Regierungsform	Parlamentarische Demokratie (besondere Kompetenzen des Staatspräsidenten bei der Regierungsbildung und in der Außenpolitik)
Staatsoberhaupt	Präsidentin Dalia Grybauskaitė
Staatsoberhäupter seit Unabhängigkeit	11. 3. 1990 – 25. 11. 1992 Vytautas Landsbergis 25. 11. 1992 – 25. 2. 1998 Algirdas Brazauskas 25. 2. 1998 – 26. 2. 2003 Valdas Adamkus 26. 2. 2003 – 6. 4. 2004 Rolandas Paksas 6. 4. 2004 – 12. 7. 2004 Arturas Paulauskas 12. 7. 2004 – 12. 7. 2009 Valdas Adamkus seit dem 12. 7. 2009 Dalia Grybauskaitė
Regierungschef	Ministerpräsident Algirdas Butkevicius
Regierungschefs seit Unabhängigkeit	11. 3. 1990 – 10. 1. 1991 Kasimira Prunskiene 10. 1. 1991 – 13. 1. 1991 Albertas Simenas 13. 1. 1991 – 21. 7. 1992 Gediminas Vagnorius 21. 7. 1992 – 2. 12. 1992 Alexandras Abisala 2. 12. 1992 – 10. 3. 1993 Bronislowas Lubis 10. 3. 1993 – 15. 2. 1996 Adolfas Šleževičius 15. 2. 1996 – 27. 11. 1996 Laurinas M. Stankevičius 27. 11. 1996 – 4. 5. 1999 Gediminas Vagnorius 4. 5. 1999 – 18. 5. 1999 Irena Degutiene 18. 5. 1999 – 27. 10. 1999 Rolandas Paksas 27. 10. 1999 – 3. 11. 1999 Irena Degutiene 3. 11. 1999 – 26. 10. 2000 Andrius Kubilius 26. 10. 2000 – 20. 6. 2001 Rolandas Paksas 20. 6. 2001 – 3. 7. 2001 Eugenijus Gentvilas 3. 7. 2001 – 1. 6. 2006 Algirdas Brazauskas 1. 6. 2006 – 4. 7. 2006 Zigmantas Baltschitis 4. 7. 2006 – 28. 11. 2008 Gediminas Kirkilas 28. 11. 2008 – 22. 11. 2012 Andrius Kubilius seit dem 22. 11. 2012 Algirdas Butkevicius

Parlament	Einkammerparlament mit 141 Abgeordneten
Regierungsparteien	Sozialdemokraten (38 Sitze), Arbeitspartei (29 Sitze), Ordnung und Gerechtigkeit (11 Sitze)
Opposition	Konservative (gebildet aus Vaterlandsunion und Christdemokraten, 32 Sitze), Liberale Bewegung (11 Sitze), Wahlaktion der Polen (8 Sitze) und eine sog. »gemischte Gruppe« von 12 Abgeordneten
Mitgliedschaft in internationalen Organisationen (u. a.)	UN, Europarat, NATO, EU, OSZE, UNESCO, UNIDO, Interpol, WHO, ISO, EBRD, UNDP, Baltische Versammlung, IWF, Weltbank, WTO
Bruttoinlandsprodukt	36,3 Mrd. Euro (2014)

Es überraschte nicht, dass es die stolzen Litauer waren, die den ersten »Ausbruchversuch« aus der Sowjetunion wagten. Sie blicken auf eine lange, eigenständige Geschichte zurück. Der erste litauische Staat war im 13. Jahrhundert entstanden. Er leistete dem Deutschritterorden Widerstand und bildete in Personalunion mit Polen eines der größten Reiche im damaligen Europa. Erst nach den Teilungen Polens (1772, 1793, 1795) geriet Litauen Ende des 18. Jahrhunderts unter russische Herrschaft.

Litauen grenzt an Lettland, Weißrussland, Polen und die russische Enklave Kaliningrad (Königsberg). Es ist der flächenmäßig größte und zugleich der bevölkerungsreichste der drei baltischen Staaten. Litauen ist heute ein konservatives, katholisches Land.

Abschied von der Sowjetunion

Drei Jahre später. Alles in Litauen erinnerte 1992 noch an die gerade vergangene Sowjetzeit: die schummrigen Plüschcafés, die Einheitswurst in den Metzgereien, die klapprigen Autos. Großbetriebe am Rande der Stadt hatten meist noch nicht geschlossen. Aber jeder Angestellte wusste, dass der Pleitegeier über seinem Werk kreiste. So z. B. die Magnettonbandfabrik »Garsas«. Ein staatlicher Betrieb mit ehemals 2000 Angestellten, von denen Ende 1991 gerade noch 400 übriggeblieben waren. Die Tonbandgeräte, die »Garsas« herstellte, hatten das Design der sechziger Jahre: groß, schwer und klobig. »Sagen Sie zu Hause, dass man diesen Betrieb kaufen kann«, bat der Direktor.

Gemeinsam mit Antanas besuchten wir Bekannte von ihm. Es waren ehemalige Nachbarn, um die er sich ab und zu kümmerte. Das Rentnerpaar Kazys und Vanda Stanevičius öffnete vorsichtig die Tür. Es kam selten vor, dass die beiden Besucher empfingen. Sie lebten alleine, hatten keine Kinder. Der kalte Ostwind zog durch die undichten Fenster der Zwei-Zimmer-Wohnung, wärmer als 16 Grad wurde es hier drinnen nie. Jeder von ihnen bekam umgerechnet eine Rente, die heute 20 Euro entsprechen würde. Wenn sie Strom, Wasser, Heizung, Gas und Müllabfuhr bezahlt hatten, blieb ihnen noch die Hälfte des Einkommens. Das gaben sie für Essen aus: Kohl, Kartoffeln, manchmal Speck – für mehr reichte es nicht. Im Sommer pflückte Vanda Kräuter auf den Wiesen. Damit sparte sie die Kosten für den Tee. Die Deckenlampe schimmerte schwach, der Fernseher wurde nur jeden zweiten Tag eingeschaltet. Das Geld der Rentner reichte nicht für mehr Strom. Kazys war herzkrank. Er galt als teilinvalid. Versichert waren beide nicht. Das Sozialsystem der ehemaligen Sowjetunion war zusammengebrochen, ein neues befand sich erst im Aufbau. Aber die beiden Rentner waren geduldig, sie gingen häufig zur Kirche, beteten, es möge besser werden. Für unseren Besuch stellten die beiden Kuchen auf den Tisch, dazu gab es Kaffee. Das Pulver bewahrten sie schon seit zwei Jahren im Küchenschrank auf. Bisher hatten sie es nicht übers Herz gebracht, die Dose zu öffnen. Doch für Besucher taten sie es gern.

Die litauische Regierung leitete in den frühen 1990er Jahren eine radikale Privatisierung ein. Einige Industriezweige hatten freilich keine Chance, beispielsweise die Textilindustrie. Die Strickwarenfabrik »Wilija« war bis März 1991 in staatlicher Hand, danach wurde sie zur Aktiengesellschaft. Die Beschäftigten verfügten über 52 Prozent der Aktien, den Rest behielt der Staat. Für diesen Staatsanteil wurde ein privater Interessent gesucht. Das Aktienpaket war 1991 für 2,5 Millionen US-Dollar zu kaufen. Der Haken an der Sache: Der neue private Eigentümer musste sich verpflichten, die gesamte Belegschaft zu übernehmen, und nicht einmal den Boden, auf dem eine Fabrik stand, konnte ein Ausländer kaufen. Das konnte nicht funktionieren. Die Strickwarenfabrik wurde bald geschlossen.

Die Rahmenbedingungen für ausländische Investoren änderte man später. Anders als in vielen Staaten der GUS, gewannen die marktwirtschaftlichen Reformen in Litauen schnell an Dynamik, doch vor allem ältere Leute blieben auf der Strecke. Die Litauer hatten den Abschied von der Sowjetunion lange herbeigesehnt, nun wurde es ein schmerzhafter Abschied. Die neue Freiheit machte sie arm. Während andere frühere Sowjetrepubliken wie Weißrussland, die mittelasiatischen Staaten und teilweise auch Russland bis heute versuchen, ihre Wirtschaft durch Zollbarrieren zu schützen, ist das auf dem freien europäischen Markt, dem Litauen nun angehört, nicht mehr möglich. Viele litauische Unternehmen hielten dem Konkurrenzdruck nicht stand und gingen pleite.

Die alten Nachbarn von Antanas beklagten sich damals nicht darüber: »Litauen ist ein freies Land – das ist die Hauptsache. Solange wir nicht hungern müssen, geht es uns gut.« Später wurde Vanda schwer krank, doch einen Krankenhausaufenthalt im neuen Litauen konnte sie sich nicht leisten. Sie starb 2001. Kazys wurde 94 Jahre alt, er starb 2014. Anastas besuchte den alten Mann bis zu dessen Tod regelmäßig. Bis zum Lebensende hatte Kazys, der in tiefer Armut lebte, verfolgt, was aus Litauen wurde. Obwohl es ihm selbst zu Sowjetzeiten viel besser gegangen war, hat er nie bereut, dass sein Land seit 1990 unabhängig ist.

Die neuen Präsidenten

Es gibt zwei große Namen in der litauischen Politik nach 1991. Sie heißen Landsbergis und Brazauskas. Beide Politiker waren erbitterte Konkurrenten. In den Augen der meisten Litauer haben sich aber sowohl der eine wie auch der andere bleibende Verdienste um die Unabhängigkeit ihres Landes erworben. Der konservative Vytautas Landsbergis, der die litauische Unabhängigkeitsbewegung gegründet hatte und 1990 als Parlamentspräsident kommissarisch zum ersten Staatsoberhaupt des unabhängigen Litauens gewählt wurde, hat sich Russland gegenüber stets unversöhnlich gezeigt. Seit 1992 trat er zunehmend in den Schatten seines Konkurrenten Algirdas Brazauskas, der die frühere Kommunistische Partei auf einen sozialdemokratischen Kurs gebracht hatte und Russland gegenüber eine zwar klare, aber flexiblere und in der Tonart freundlichere Politik verfolgte. 1993 wurde Brazauskas zum Präsidenten Litauens gewählt. Er führte Litauisch als Amtssprache sowie ein Mehrparteiensystem ein. Nach Ablauf der ersten Amtszeit als Staatspräsident, im Jahre 1998, kandidierte Brazauskas kein zweites Mal. Sein ausdrücklicher Wunsch war es, dass jüngere Leute ohne kommunistische Vergangenheit die Macht übernehmen sollten, eine Haltung, mit der er sich europaweit Respekt verdiente. Im Jahr 2001 kehrte der Vollblutpolitiker aber als Ministerpräsident einer linksgerichteten Koalition in die Politik zurück und führte Litauen in die Europäische Union.

Brazauskas starb im Frühsommer 2010. Als sein Sarg im Säulensaal des Wilnaer Präsidentenpalastes aufgebahrt wurde, erwiesen ihm Tausende Menschen die letzte Ehre. Der damalige EU-Kommissionspräsident José Manuel Barroso würdigte den ehemaligen Kommunisten Brazauskas als »wahren Staatsmann«, der sich »dem europäischen Projekt und seinen Werten tief verbunden« gefühlt habe. Als Präsident und Regierungschef habe Brazauskas einen »entscheidenden Beitrag« zur europäischen Integration seines Landes geleistet.[26] Nur der katholische Klerus Litauens konnte nicht über seinen Schatten springen. Der Sarg von Brazauskas durfte auf Geheiß des Erzbischofs von Wilna nicht in der Hauptkathedrale der Stadt aufgebahrt werden.

Den konservativen Gegenspieler von Brazauskas, Vytautas Landsbergis, den wir am 23. August 1989 in Wilna erstmals als Redner gehört und gesehen hatten, erlebten wir ein zweites Mal im Jahre 2006 in Berlin. Er erhielt dort eine Auszeichnung für seine europäischen Verdienste, den »Prix du Mérite Européen«. In Litauen war es zu dieser Zeit um ihn schon ruhiger geworden. Von 2004 bis 2014 saß Landsbergis für seine Partei, die »Vaterlandsunion«, im Europäischen Parlament, sein politischer Einfluss zu Hause blieb begrenzt. Doch sein Wort hat nach wie vor Gewicht. Schon 1989 hatte ihm seine unversöhnliche Haltung gegenüber Russland den Beifall vieler Litauer eingebracht. Bis heute gehört Landsbergis zu den entschiedenen Gegnern der Politik Russlands und steht in der Beurteilung der Ukraine-Krise eng an der Seite anderer antirussischer Meinungsmacher, vor allem aus Polen und den USA. Selbst das von der Ukraine, Russland, Deutschland und Frankreich 2015 ausgehandelte Minsker Abkommen, das auf eine Waffenruhe in den abtrünnigen Gebieten der Ostukraine drängt, geißelte er als viel zu russlandfreundlich. Der ehemalige litauische Präsident, so scheint es, würde am liebsten die Ukraine aufrüsten und eine militärische Lösung erzwingen.

Auf die Präsidenten Landsbergis und Brazauskas folgte Valdas Adamkus, ein Exillitauer, der einst für den US-amerikanischen militärischen Geheimdienst und dann für die amerikanische Umweltbehörde arbeitete und erst nach der Unabhängigkeit Litauens in sein Heimatland, das er 1944 verlassen hatte, zurückkehrte. Er gehörte dem rechtsliberalen Lager an. Wie Landsbergis war auch Adamkus antirussisch und proamerikanisch geprägt. Die CIA betrieb in Litauen eines ihrer Geheimgefängnisse im Kampf gegen den Terror. Rolandas Paksas, der 2003 Adamkus als Präsident ablöste, war nur 14 Monate im Amt. Dann stolperte er über eine Amtsmissbrauchs- und Korruptionsaffäre. So kehrte Adamkus 2004 ins Amt zurück und blieb bis Juli 2009 litauisches Staatsoberhaupt. Die seit 2009 amtierende Präsidentin Dalia Grybauskaitė hatte Litauen vorher als EU-Haushaltskommissarin in Brüssel vertreten. Zu Sowjetzeiten war Grybauskaitė Mitglied der KPdSU. Sie studierte in Leningrad Politische Ökonomie des Marxismus-Leninismus und verteidigte 1988 ihren Doktortitel an der Akademie für Gesellschaftswissenschaften beim ZK der KPdSU in Moskau. Nach der Unabhängigkeit wechselte sie ihre politische Überzeugung und ging 1991 für einige Monate zur Weiterbildung in die USA. Danach begann ihre politische Karriere im neuen Litauen zunächst als Außen- und Finanzpolitikerin. Allgemein anerkannt ist die konsequente Haushalts- und Sparpolitik der resoluten Präsidentin. Aber die einstige Kommunistin sieht sich in Litauen auch dem Vorwurf der Zusammenarbeit mit dem früheren sowjetischen KGB ausgesetzt.[27] Im Umgang mit Russland indes pflegt Grybauskaitė wie ihre Vorgänger einen rauen Ton. In allen Nachfolgestaaten der Sowjetunion gibt es heute solche hochrangigen Politiker mit KPdSU-Vergangenheit, die diese durch ein besonders streitbares Auftreten gegenüber dem Kreml vergessen machen wollen.

Im Vergleich zu Lettland und Estland nimmt der Präsident Litauens, der direkt vom Volk gewählt wird, verfassungsrechtlich die stärkste Position ein. Im Falle einer gescheiterten Regierungsbildung kann er das Parlament auflösen.

Das eigentliche Sagen haben aber in allen baltischen Ländern die Regierungschefs, und diese Liste ist in Litauen seit 1990 lang. Wie in den meisten osteuropäischen Transformationsländern hielten sich die jeweiligen Koalitionsregierungen oft nur kurz im Amt. Die Parteienlandschaft ist stark zerklüftet, in den 25 Jahren der litauischen Unabhängigkeit wurden Dutzende von Parteien neu gegründet, haben sich von anderen Parteien abgespalten oder sich aufgelöst. Im Parlament, dem »Seimas«, sind derzeit (Wahlperiode 2012–2016) sieben Fraktionen vertreten. Trotz der mehr als ein Dutzend Regierungschefs, die Litauen seit 1991 erlebt hat, blieben die Vektoren der Innen- und Außenpolitik recht stabil. Die Integration des Landes in die EU und in die NATO wurde von allen Regierungen gleichermaßen betrieben, auch an der weiterhin marktwirtschaftlichen Ausrichtung der früheren Sowjetrepublik bestand kein grundsätzlicher Zweifel.

Touristenziel Kurische Nehrung

Seit 2004 ist Litauen Mitglied in der Europäischen Union. Aus den Kassen der EU flossen viele Milliarden Euro nach Litauen. Viele junge Litauer nutzten aber auch die neue europäische Freizügigkeit, um auszuwandern. »In Westeuropa oder den USA gibt es viel mehr Möglichkeiten als bei uns«, sagt Antanas. Wenn man Litauen heute besucht, erinnert trotz EU-Milliarden immer noch einiges an die Sowjetunion. Im touristischen Bereich gewinnt man jedoch den Eindruck, dass das Land im Westen angekommen ist. Wir fahren an die Kurische Nehrung,[28] die das Kurische Haff von der Ostsee trennt. Sie ist eine der schönsten Landschaften Europas. Von der 98 Kilometer langen Landzunge gehören heute 52 Kilometer zu Litauen und 46 Kilometer zu Russland. Durch den häufigen Nordwestwind wurde der Ostseesand aufgeweht und türmte sich am Haff zu hohen Wanderdünen auf. Viele Dörfer in der Gegend wurden im Laufe der Jahrhunderte auf diese Weise verschüttet, nur noch einige Friedhöfe sind erhalten geblieben. Andere Dörfer, so zum Beispiel Nidden, wurden an einer anderen Stelle wieder aufgebaut. Nidden hat sich herausgeputzt. Die strohgedeckten Häuser sind blau oder rot angestrichen, und sie haben blau-weiße Fensterläden. Es gibt eine Menge Restaurants, Pensionen und Hotels. Man hat sich auf die Besucher aus dem Westen, und hier vor allem aus Deutschland, aber auch aus der Schweiz, eingestellt. Mittlerweile erfreuen sich die litauischen Tourismusmanager an jährlich knapp drei Millionen Übernachtungen von ausländischen Gästen.[29] Die meisten Besucher fahren an die Nehrung.[30] An jeder Ecke gibt es Souvenirs aus Bernstein sowie allerlei Schnickschnack zu kaufen. Auch sonst haben die Bewohner alles Erdenkliche getan, um das ehemalige Flair des Ostseedorfes wiederherzustellen. Im Ergebnis bestaunen wir liebevoll restaurierte Häuser, einen gepflegten Hafen mit kleinen Lokalen und das frühere Ferienhaus von Thomas Mann, der gern in Nidden Urlaub machte. Busse bringen Urlauber mittlerweile in Scharen herbei.

Zwischen Litauen und Polen: Die russische Exklave Kaliningrad (Königsberg)

Südlich von Nidden befindet sich der Grenzübergang zu Russland bzw. zur russischen Exklave Kaliningrad. Kaliningrad, die frühere ostpreußische Hauptstadt Königsberg, war bereits einmal zwischen 1918 und 1945 Exklave, damals allerdings eine deutsche. Infolge des Versailler Vertrages wurde Ostpreußen zwischen 1920 und 1939 durch den »polnischen Korridor« vom deutschen Kernland abgetrennt. Nach dem Zweiten Weltkrieg fiel das südliche Ostpreußen an Polen und das nördliche Ostpreußen an die Sowjetunion. Dieser Nordteil ist nun auch geteilt. Den Grenzübergang bei Nidden kann man nur mit einem gültigen Visum für die Russische Föderation passieren. Was für Litauen-Urlauber aus dem Westen letztlich nur eine Frage der guten Organisation oder des Verzichts auf einen Tagesausflug ist, bedeutet für die Bewohner des litauischen und des russischen Teils des nördlichen Ostpreußens einen einschneidenden Wandel. Zur Sowjetzeit waren die Grenzen zwischen den einzelnen Sowjetrepubliken keine Staats-, sondern nur administrative Grenzen. Wer in der UdSSR über genügend Rubel verfügte, konnte innerhalb des Landes relativ frei reisen, es sei denn, sein Ziel war eines der gesperrten Gebiete, die es in jeder Sowjetrepublik gab. Heute ist das auf dem Gebiet der früheren UdSSR anders: Während es im GUS-Raum mehr oder weniger gut funktionierende visafreie Grenzregime gibt, ist das Baltikum aus diesem System ausgeschert. Bei den Verhandlungen über den EU-Beitritt der baltischen Staaten im Jahre 2004 spielten Visafragen eine entscheidende Rolle. Wie sollten vor allem russische Staatsbürger aus der Exklave Kaliningrad ins russische Kernland reisen oder umgekehrt, wenn – wie seit 2007 der Fall – das Schengen-Regelwerk gilt? Aus Verärgerung darüber, dass Kaliningrader, die auf dem Landweg nach Russland reisen, nur mit bestimmten Zügen, für die sie eine gesonderte Transitgenehmigung brauchen, entweder in einem »versiegelten« Zug sitzen müssen oder ein litauisches Visum brauchen, entstand in Russland sogar die Idee, einen 300 Kilometer langen Tunnel nach Kaliningrad zu bauen.[31]

Baltische »Packesel«

Litauen ist seit seinem Beitritt zur Europäischen Union der »Wächter der EU-Ostgrenze«, da es an Russland und an Weißrussland grenzt. Litauische Grenzbeamte wurden im Westen geschult, und das Grenzregime hat sich mittlerweile eingespielt. Die Kritik aus Russland ist leiser geworden. Russische Staatsbürger Kaliningrads, die über Litauen nach Russland reisen wollen, können entweder einen der speziell dafür vorgesehenen Züge nutzen, in denen für die Reise ein vereinfachtes Verfahren gilt. Doch auch hier sind sie auf Transitgenehmigungen angewiesen, die von litauischen Vertretungen ausgestellt werden müssen.[32] Und der Zug darf auf litauischem Territorium nicht verlassen werden. Während für Reisen nach Litauen und in den übrigen Schengen-Raum für russische Staatsbürger eine Einladung vorliegen muss, erhalten die Bewohner der Exklave Kaliningrad ihr Visum ohne Einladungsschreiben. Kompliziert wird die Angelegenheit erst dann, wenn Kaliningrader mit dem Auto über Litauen ins russische Kernland reisen wollen. Dann sehen sie sich mit der geballten Visabürokratie der Schengen-Gemeinschaft konfrontiert. Trotz jahrelanger Diskussionen ist es bis heute nicht gelungen, die Visaschranken zwischen der EU und der Russischen Föderation zu beseitigen. Im Westen sorgten aber in den letzten Jahren weniger illegale Einwanderer aus Russland oder Weißrussland für Aufmerksamkeit, sondern vielmehr einige Litauer selbst: 2011 deckten deutsche und polnische Fahnder einen Ring von litauischen Drogenkurieren auf. Bei den baltischen »Packeseln«[33] handelte es sich um litauische Fußballprofis, die dazu engagiert worden waren, meist aus Afghanistan und Pakistan stammenden »Stoff« nach Westeuropa zu transportieren. Noch ist Fußball in Osteuropa kein so einträgliches Geschäft wie im Westen. Im litauischen Profifußball sind kaum mehr als umgerechnet 1000 Euro im Monat zu verdienen. Die Sportler suchten nach einem einträglichen Nebenverdienst. Einer der verhafteten Fußballer hatte 162 Kilogramm Haschisch im Gepäck.[34]

Umstrittene Atomkraft

Das Energienetz im Baltikum ist nach wie vor über das ehemals sowjetische Netz mit Russland und Weißrussland verbunden. Anbindungen an das europäische Stromnetz über Finnland, Schweden und Polen kommen nur langsam voran. Beim Gas beträgt die Importabhängigkeit von Russland für alle drei baltischen Staaten nach wie vor annähernd 100 Prozent.

»Ignalina«, das einzige Atomkraftwerk des Baltikums, war 1987 in Litauen fertiggestellt worden und sorgte bei der Stromversorgung für eine gewisse Eigenständigkeit des Baltikums. 2010 wurde es allerdings abgeschaltet.

Bei seiner Einweihung galt das leistungsstärkste Atomkraftwerk der UdSSR als Vorzeigeprojekt für den Weg der Sowjetunion in die Moderne.[35] Nach der Unabhängigkeit ging »Ignalina« in litauischen Besitz über und machte Litauen mit etwa 80 Prozent zum Land mit dem weltweit höchsten Anteil an Atomstrom.[36]

Das Atomkraftwerk, das von der gleichen Bauart wie das Atomkraftwerk in Tschernobyl ist, erwies sich allerdings immer wieder als störanfällig. Als Voraussetzung für den EU-Beitritt musste sich Litauen daher dazu verpflichten, das Kraftwerk »Ignalina« vom Netz zu nehmen.[37] Nach der Stilllegung des Kraftwerkes muss Litauen im Jahr 2011 den größten Teil seiner Energie importieren und ist damit nach der Slowakei an zweiter Stelle der importabhängigsten Länder der EU.

Bereits 2006 hatten die drei baltischen Staaten als Reaktion auf die von der Europäischen Union geforderte Abschaltung »Ignalinas« den gemeinsamen Plan bekundet, ein neues Atomkraftwerk direkt in der Nähe des alten Standortes zu bauen, um die Abhängigkeit von russischen Stromlieferungen zu verringern. Die Fertigstellung war für 2015 angesetzt, doch bislang wurde mit dem Bau noch nicht einmal begonnen. Möglicherweise kommt es infolge der Atomkatastrophe in Japan im März 2011 überhaupt nicht mehr dazu. Russland könnte einspringen. Seit 2012 entsteht in Kaliningrad ein »Baltisches

Atomkraftwerk«, das nach 2018 nicht nur das Kaliningrader Gebiet versorgen, sondern auch Strom an die baltischen Staaten und die EU liefern könnte. Seit 2013 baut darüber hinaus Weißrussland nahe der litauischen Grenze das Atomkraftwerk »Ostrowets«. Begeistert sind die Litauer von diesen Plänen nicht. Irgendwie, so ist ihr Gefühl, kommen sie nicht los von den Russen. Doch in den 25 Jahren der Unabhängigkeit haben die baltischen Staaten energiepolitisch nur wenig unternommen, um das zu ändern. Auch die EU-Forderungen nach der »Diversifizierung der Gasversorgung für Europa« erweisen sich als politische Lippenbekenntnisse, die sich als wirtschaftlich wenig sinnvoll herausstellen könnten. 2015 hat Litauen ein Flüssiggas-Terminal am Hafen von Klaipėda eingeweiht, durch das es von russischen Gaslieferungen unabhängiger werden will. Es wird ein teures Unterfangen werden, und es bleibt fraglich, ob die Kapazitäten ausreichend sind. Es wäre vermutlich sinnvoller, wenn die EU im Interesse einer wirtschaftlichen und sicheren Energieversorgung weiter mit den russischen Partnern zusammenarbeiten würde. Selbst in den Jahren des Kalten Krieges gab es nie von der Sowjetunion verursachte Versorgungsschwierigkeiten.

Verbot sowjetischer Symbole

Die Sehnsucht der Litauer, nach der Unabhängigkeit so schnell wie möglich Anschluss an Europa zu finden, war enorm. Während in Lettland und Estland jeweils mehr als ein Viertel der Bevölkerung russischer Abstammung ist, sind es in Litauen nur etwas mehr als fünf Prozent (Stand 2015). Im Vergleich zu den anderen beiden baltischen Republiken nahmen die Litauer »ihre« Russen mit in die Unabhängigkeit. Sie erhielten genauso wie die Angehörigen der polnischen, ukrainischen und weißrussischen Minderheiten, die u. a. noch in Litauen leben, nach dem Abschied von der Sowjetunion automatisch einen litauischen Pass. Das Verhältnis der Litauer zu den Russen ist jedoch nach wie vor eine Hassliebe. Die Litauer machen in der Mehrheit die Russen für all das verantwortlich, was sowjetisch war, und sie unternehmen teils hilflose Versuche, sich von dieser sowjetischen Vergangenheit zu verabschieden. 2010 sollten in der Stadt Ponewiesch, im Nordosten Litauens, Straßenfeger nur deshalb eine Strafe zahlen, weil ihre Schneeschaufeln aus rot gestriche-

Protestdemonstration in Vilnius im August 1989 anlässlich des 50. Jahrestages des Hitler-Stalin-Pakts

nem Sperrholz mit Hammer und Sichel verziert waren, ein Überbleibsel aus Sowjetzeiten. Die kommunalen Angestellten hatten die Schippen im Lager des Rathauses gefunden. Es gibt noch Tausende davon. Es half alles nichts. Sie wurden wegen »Öffentlichem Zeigen von nazistischer und sowjetischer Symbolik« angeklagt, was in Litauen seit 2008 strafbar ist.[38] 2014 traf die Härte des litauischen Gesetzes einen Schweizer Bürger. Er wurde in einer Bar in Wilna festgenommen, weil er eine Jacke mit sowjetischer Symbolik, Hammer und Sichel, trug. Erst nach Zahlung einer Geldstrafe kam er wieder auf freien Fuß.[39]

In vielen Bereichen unterscheidet sich das EU-Land Litauen nicht von anderen postsowjetischen Staaten. Die problematischen Themen sind die gleichen: Abwanderung von Fachkräften, Altersarmut und eine weit geöffnete Schere zwischen Armen und Reichen. Zurückgegangen ist allerdings in den letzten Jahren die Korruption, die früher vor allem im Bildungs- und Gesundheitswesen, beim Zoll, bei der Polizei sowie in den öffentlichen Verwaltungen sehr verbreitet war. Im Korruptionsindex von »Transparency International« lag Litauen im Jahr 2014 auf Platz 39 von 175 Staaten, ein im Vergleich zu den Vorjahren guter Wert.[40]

Für Antanas ist es dennoch schwer, eine Prognose über Litauens Zukunft abzugeben. Der Euro wurde eingeführt, doch nach dem, was sich auf dem europäischen Währungsmarkt in den vergangenen Jahren abgespielt hat, sieht er der Zukunft zurückhaltend entgegen. »Es hängt ja heute alles miteinander zusammen«, sagt er. »Meine Landsleute haben viel erlebt, sie wissen, dass nichts für die Ewigkeit gemacht worden ist. Und immer dann, wenn es Schwierigkeiten gibt, sehnen sich vor allem die Älteren nach Ruhe und Sicherheit und trauern alten Zeiten nach. Die Sowjetunion wird uns so noch lange erhalten bleiben.«

Lettland

Es gab schon einmal einen eigenständigen lettischen Staat. Infolge der Wirren des Ersten Weltkrieges und der russischen Oktoberrevolution erklärte Lettland 1918 seine Unabhängigkeit von Russland. Im Zentrum von Riga steht noch heute ein Denkmal für Kārlis Ulmanis. Am lettischen Außenministerium wurde 1997 eine Gedenktafel für ihn angebracht. Ulmanis, der in Zürich, Leipzig und in den USA studiert hatte, gilt als Staatsgründer und war der erste Ministerpräsident des unabhängigen Lettlands. Er ist eine der umstrittensten Persönlichkeiten der lettischen Geschichte. Mit der parlamentarischen Demokratie, die er nach dem Ersten Weltkrieg in Lettland selbst mit aus der Taufe hob, konnte sich der nationalistische Politiker nicht anfreunden. Zwischen 1934 und 1940, dem Jahr des Anschlusses Lettlands an die Sowjetunion, regierte er das Land diktatorisch. Ulmaris starb 1942 in stalinistischer Gefangenschaft.

Ulmanis spaltet die politischen Lager in Lettland nach wie vor. Während manche ihm vorwerfen, sich als Diktator den Nationalsozialismus zum Vorbild genommen zu haben, trauern andere den 1930er Jahren nach. Ihnen bleiben diese Jahre als »Periode eines gedeihenden Wohlfahrtsstaates und der wirtschaftlichen Blütezeit«[41] in Erinnerung. Dies inspirierte auch Teile der Unabhängigkeitsbewegung der achtziger Jahre.

Zentrum war die Menschenrechtsgruppe »Helsinki«, die 1986 in Erinnerung an den Helsinki-Prozess entstand. Vom 30. Juli bis 1. August 1975 waren in Helsinki 35 Außenminister europäischer Staaten sowie der Sowjetunion, der USA und Kanadas zur Konferenz über Sicherheit und Zusammenarbeit in Europa (KSZE) zusammengekommen. Sie vereinbarten damals die friedliche Regelung von Streitfragen und bekannten sich zur Achtung der Menschenrechte und Grundfreiheiten. Bürgerrechtler im gesamten Ostblock verlangten die Respektierung der auch von ihren Staaten unterzeichneten Schlussakte.

Die Unabhängigkeitsbewegung

Im Juli 1987 riefen lettische Helsinki-Aktivisten zu einer ersten großen Kundgebung in Riga auf. Am Freiheitsdenkmal, dem in den 1930er Jahren, unter Kārlis Ulmanis, ein russisches Reiter-

Land	Lettland
Hauptstadt	Riga mit ca. 713 000 Einwohnern
Größe	64 559 km²
Bevölkerung	ca. 1,98 Mio. Einwohner, davon sind 61,1 Prozent Letten, 26,2 Prozent Russen, 3,5 Prozent Weißrussen, 2,3 Prozent Ukrainer, 2,2 Prozent Polen, 1,3 Prozent Litauer und 3,4 Prozent andere Nationalitäten
Landessprachen	Amtssprache ist Lettisch, Russisch ist als Verkehrssprache noch weit verbreitet
Religionen	evangelisch-lutherisch, römisch-katholisch, russisch-orthodox, Jüdische Synagogengemeinschaft
Währung	Euro (seit 1.1.2015)
Datum der Unabhängigkeit	4.5.1990
Staats-/Regierungsform	Parlamentarische Demokratie
Staatsoberhaupt	Staatspräsident Raimonds Vējonis
Staatsoberhäupter seit Unabhängigkeit	7.7.1993 – 7.7.1999 Guntis Ulmanis 8.7.1999 – 8.7.2007 Vaira Vike-Freiberga 8.7.2007 – 8.7.2011 Valdis Zatlers 8.7.2011 – 8.7.2015 Andris Berzins seit dem 8.7.2015 Raimonds Vējonis
Regierungschef	Ministerpräsidentin Laimdota Straujuma
Regierungschefs seit Unabhängigkeit	7.5.1990 – 3.8.1993 Ivars Godmanis 3.8.1993 – 15.9.1994 Valdis Birkavs 15.9.1994 – 21.12.1995 Maris Gailis 21.12.1995 – 7.8.1997 Andris Skele 7.8.1997 – 26.11.1998 Guntars Krasts 26.11.1998 – 16.7.1999 Vilis Kristopans 16.7.1999 – 5.5.2000 Andris Skele 5.5.2000 – 7.11.2002 Andris Berzins 7.11.2002 – 9.3.2004 Einars Repse 9.3.2004 – 2.12.2004 Indulis Emsis 2.12.2004 – 20.12.2007 Aigars Kalvitis 20.12.2007 – 12.3.2009 Ivars Godmanis 12.3.2009 – 22.1.2014 Valdis Dombrovskis seit dem 22.1.2014 Laimdota Straujuma
Parlament	Eine Kammer mit 100 Sitzen
Regierungsparteien	Einheit (23 Sitze), Bündnis der Grünen und Bauern (21 Sitze), Nationale Vereinigung (17 Sitze)
Opposition	Harmoniezentrum (24 Sitze), Vereinigung der lettischen Regionen (8 Sitze), Vom Herzen für Lettland (7 Sitze)

Mitgliedschaft in internationalen Organisationen (u.a.)	UN, UNESCO, WHO, OSZE, FAO, ILO, ITU, WMO, UPU, WIPO, ICAO, IWF, EBRD, Council of the Baltic Sea States, IMO, Europarat, IBRD, IDA, IFC, MIGA, ICSID IAEA, WTO, IOM, World Tourism Organisation, NATO, EU
Bruttoinlandsprodukt	24,19 Mrd. Euro (2014)

standbild Peters des Großen weichen musste, versammelten sich 5000 Menschen, um gegen die sowjetische Besatzung zu demonstrieren. Die Letten sind, wie es heißt, ein »kleines Volk mit großer Stimme«. Sängerfeste haben seit dem 19. Jahrhundert Tradition. Bei der Kundgebung ertönten die alten lettischen Volkslieder.

Es entstand die »Lettische Volksfront« (»Latvijas Tautas Fronte«), die mit der litauischen »Sajudis«-Bewegung vergleichbar war und die rasch anschwoll. An der machtvollen Demonstration am 23. August 1989, dem 50. Jahrestag des Hitler-Stalin-Paktes, die wir im litauischen Wilna miterlebt hatten, nahmen auch in Lettland Hunderttausende Menschen teil. Allerdings lebten dort vergleichsweise viele Russen. Dem damals erfolgten Anschluss des Landes an die Sowjetunion standen sie weit weniger kritisch gegenüber als die Letten.

Im März 1990 gewann die »Lettische Volksfront« mit großer Mehrheit die Parlamentswahlen. Im Mai 1990 beschloss das Parlament die Souveränität des Landes. Als eine Sondereinheit des Moskauer Innenministeriums am 21. Januar 1991 das lettische Innenministerium stürmte, drohte die Situation noch einmal zu kippen. Fünf Menschen wurden getötet, Hunderte verletzt. Doch die Macht der Sowjets war nicht mehr zu halten, die Truppen mussten sich wieder zurückziehen. Am 3. März 1991 sprachen sich in einem Referendum 74 Prozent der lettischen Bevölkerung für die Unabhängigkeit von der Sowjetunion aus. Auch der russische Bevölkerungsanteil hatte damit mehrheitlich für einen Abschied vom Sowjetimperium plädiert. Am 21. August 1991 wurde die Eigenständigkeit Lettlands vom Staatsrat der UdSSR anerkannt. Der Kampf mit dem »großen Bruder« war gewonnen.

Die »Lettische Volksfront« verfügte über keine vergleichbare Führungspersönlichkeit wie die Litauer mit Vytautas Landsbergis. Von Beginn an bestimmten interne Streitigkeiten ihre Politik. Erstes Staatsoberhaupt des unabhängigen Lettlands wurde deshalb auch keiner der neuen Volksfrontpolitiker, sondern Parlamentspräsident Anatoli Gorbunow. Er war vorher Sekretär des Zentralkomitees der Kommunistischen Partei gewesen, hatte sich aber für die Unabhängigkeit Lettlands eingesetzt. Als Staatsoberhaupt führte er seinen Namen in lettischer Schreibweise: Anatolijs Gorbunovs. Ministerpräsident wurde Ivars Godmanis. Er kam aus der Volksfrontbewegung. Beide blieben bis 1993 in ihren Ämtern.

Die Letten stellen 60 Prozent der insgesamt zwei Millionen Einwohner Lettlands, während andere, überwiegend Russen, Weißrussen und Ukrainer, die verbleibenden 40 Prozent der Bevölkerung ausmachen.

Diese verzwickte ethnische Situation war ein Produkt von Stalins Umsiedlungspolitik: Weil der »rote Diktator« die Sowjetmacht etablieren wollte, siedelte er in Lettland wie im gesamten Baltikum nach dem Zweiten Weltkrieg große Industriebetriebe an, die er mit russischen Arbeitern füllte. Gleichzeitig wurden Zehntausende von Balten ermordet, inhaftiert oder verschleppt. Allein bis 1953 ereilte dieses Schicksal 120000 Letten.[42] Lettland wurde sowjetisiert und der Anteil an Russen wuchs von Jahr zu Jahr. In vielen Städten gab es bald russische Bevölkerungsmehrheiten, so auch in der Hauptstadt Riga, wo Russen bis heute noch die Hälfte der Einwohner ausmachen. Stalins Rechnung schien aufzugehen: Lettlands Umgangssprache wurde Russisch, die Kultur des kleinen Ostseelandes verlor an Bedeutung. In der Regierung, in den Amtsstuben, in den Chefetagen der Großbetriebe – überall saßen Russen. Die Letten waren zu Fremden im eigenen Land geworden.

Start in die Privatwirtschaft

Alexej, unser in Kabul geborener und in Taschkent aufgewachsener russischer Freund, versuchte im Jahr 1993, in Lettland Fuß zu fassen. Usbekistan, so schien es ihm, bot für Russen keine Zukunft mehr. Der Exodus, der in den kommenden Jahren zur massenhaften Abwanderung der russischen Minderheit aus Mittelasien führen sollte, hatte bereits eingesetzt. In Riga lebte ein ehemaliger Nachbar Alexejs aus Taschkent. Dieser Nachbar, Jegor Wassiljewitsch, war 1983 als Offizier erst nach

Leningrad und 1988 dann nach Riga versetzt worden, wo er zum Hauptmann befördert wurde. Trotz der Größe des ehemaligen Riesenreiches unterhalten frühere »Sowjetbürger« über Verwandtschaften, einstige Nachbarschaften und freundschaftliche Bindungen ein Beziehungsgeflecht, das von der Ostseeküste bis nach Mittelasien und von Brest bis nach Wladiwostok reicht. Auch Alexej und Jegor fanden rasch wieder zueinander. Gemeinsam gründeten sie eine Druckerei, wobei ihnen vor allem die Militärkontakte Jegors halfen.

Die in Lettland stationierten ehemaligen sowjetischen und nun russischen Truppen standen kurz vor dem Abzug und mussten 1994 das Land endgültig verlassen. Die Druckmaschine stammte aus der Druckerei von Jegors Einheit. »Damals«, so erinnert sich Alexej, »ließ sich alles kaufen. Kalaschnikows, Handgranaten, Uniformen, was immer man wollte, konnte man mit den Kommandanten der Einheiten aushandeln. Sie standen ja sowieso vor dem Nichts. Jelzins Russland war korrupt, um die ehemaligen Soldaten kümmerte man sich kaum.« Alexejs Bekannter saß also »an der Quelle«. Er ließ die Druckmaschine, mit der früher sowjetisches Propagandamaterial und Dienstanweisungen gedruckt worden waren, von Soldaten abmontieren, das Monstrum auf einen Armee-Lastkraftwagen vom Typ »Ural 375 D« verladen und zu einer von ihm angemieteten kleinen Halle am Stadtrand von Riga bringen, die zur Sowjetzeit der Armee als Lager gedient hatte. Druckmaschine, Transport und Montage waren beim Vorgesetzten, einem trinkfreudigen Oberst, der kurz vor der Pensionierung stand, zu bezahlen. Der Rest bestand aus dem Versprechen, dessen Enkelin in Moskau beim Bestehen der Aufnahmeprüfung für das Medizinstudium zu helfen, sowie einer Einladung in ein gerade eröffnetes Rigaer Edelrestaurant.

Das sowjetische Beziehungsgeflecht funktionierte erneut: In Moskau war Jegors Cousine, einst Parteisekretärin an einer Universität, in eine verantwortliche Position im neuen russischen Gesundheitsministerium aufgerückt. Ein Jahr später studierte die Enkelin des Obersts in der russischen Hauptstadt mit einem Staatsstipendium Medizin. Sie war die einzige Nutznießerin des Geschäfts. Ihr Großvater starb kurz nach ihrer Immatrikulierung an Leberzirrhose. Die beiden russischstämmigen neuen Rigaer Unternehmer, Alexej und Jegor, betrieben ihre

Blick auf Riga

Druckerei allerdings nicht lange. Das Geschäft lief zunächst gut an, sie druckten Hochzeitseinladungen, Werbeplakate und Informationsmaterial westlicher Organisationen, die sich mehr und mehr in Lettland niederließen. Die Gewinne flossen steuerfrei, die lettischen Steuerbehörden waren käuflich und ihre Beamten wollten nicht dem Staat, sondern sich selbst etwas Gutes tun. Jegor und seine Familie, er hatte eine Frau und zwei Töchter im Alter von sieben und zehn Jahren, und Alexej beschlossen nach einigem Überlegen, in Lettland zu bleiben. Die Baltenrepublik wollte Mitglied in der EU werden, ein lettischer Pass erschien verlockend. Beide hatten das Gebiet der früheren Sowjetunion noch nie verlassen. Sie träumten davon, bald Paris, Rom, Berlin und London zu sehen. Nach kurzer Zeit, die Alexej als die »erniedrigendste Periode seines Lebens« beschreibt, gaben sie das Vorhaben jedoch auf. Alexej hatte nach dem Zusammenbruch der Sowjetunion automatisch die Staatsbürgerschaft Usbekistans erhalten. Jegor und seine Familie besaßen noch ihre sowjetischen Pässe, die sie durch einen neuen Stempel als Staatsbürger der Russischen Föderation auswiesen. In Riga machte man ihnen schnell klar, dass sie nicht dazugehörten. Zwar könnten sie in Lettland bleiben, einen lettischen Pass bekämen sie jedoch nicht. Lettland ließ die Russen spüren, dass der Wind sich nun gedreht hatte. Alexej und Jegor waren damals 32 und

35 Jahre alt. Der Arroganz des neuen lettischen Staates wollten sie sich nicht für alle Zukunft aussetzen. Jegor verkaufte die Druckerei, blieb im Dienst der Armee, ist heute Oberst und lebt in St. Petersburg. Ins Baltikum ist er nie wieder gefahren. Alexej, auf der Suche nach Glück und Geld, sprang ins kalte Wasser. Während es die meisten Russen aus ehemaligen Sowjetrepubliken in die Hauptstadt der Russischen Föderation oder nach St. Petersburg zog, entschloss sich Alexej zu einem weiten Schritt. Er siedelte nach Wladiwostok im Fernen Osten Russlands über. Dort sollte er bald eine neue geschäftliche Erfahrung machen, wie sie typischer für das Russland der 1990er Jahre nicht sein konnte.

Wären die beiden 1994 in Lettland geblieben, hätten sie zunächst die wilden Jahre des wirtschaftlichen Aufstieg Lettlands erleben können, dann eine Krise, die 2009 beinahe zur Staatspleite führte, und schließlich eine Sparpolitik, die Lettland 2014 den Weg in die Euro-Währungszone ebnete.

Lettische SS-Verbände und der Umgang mit der Vergangenheit

Als wir 1994 nach Lettland reisten, kamen wir in ein graues Land. Es bedurfte viel Fantasie, um sich vorzustellen, dass Riga einst eine Hansestadt und Zentrum des Deutschen Ordens im Baltikum gewesen war. In Riga lag gerade Schnee, die Häuser und Straßen erschienen in schäbigem Zustand. Die Stimmung war gereizt, denn die Russen, die bis ein Jahr zuvor die Macht im Lande hatten, waren inzwischen ohne Rechte. In Lettland entbrannte damals eine Debatte, was mit ihnen zu tun sei. Die meisten von ihnen wollten, anders als Jegor und Alexej, im Baltikum bleiben. Am Freiheitsdenkmal, an dem 1987 die erste Demonstration für die lettische Unabhängigkeit stattgefunden hatte, lagen Kränze. Eine Handvoll dick vermummter Gestalten demonstrierte mit Schildern, die sie sich um den Hals gehängt hatten. »Russen raus«, stand auf den Plakaten, »Ihr seid lange genug unsere Besatzer gewesen – jetzt ist Schluss damit!« Einer der Protestler stand damals jedes Wochenende hier. »Zwölf Jahre saß ich in Sibirien im Gefängnis. Die Russen haben mein Leben zerstört«, sagte er. Sein einziger Wunsch sei es nun, dass diese Fremden alle abziehen. Jeder Lette denke so wie er, »nur trauen sich die Menschen in diesem Land immer noch nicht, den Mund aufzumachen«. Ein älterer Mann mit Bärenfellmütze ging auf das Häuflein Demonstranten zu, schrie sie auf Russisch an und ballte die Faust. »Faschisten! Faschisten!«, rief er immer wieder.

Dieses Totschlagargument wird von Russen immer wieder verwendet, wenn sie sich von den Letten ungerecht behandelt fühlen. Denn 1941 hatte die lettische Bevölkerung den Einmarsch der Deutschen Wehrmacht mehrheitlich begrüßt. In Riga hatte danach das »Reichskommissariat für das Ostland« (RKO) seinen Sitz, das für das gesamte Baltikum sowie für einen Teil des heutigen Weißrusslands zuständig war. Bis zum Herbst 1943 existierte in Riga das größte von Deutschen eingerichtete jüdische Ghetto. Deutsche und Letten kooperierten. Die Nazis ermordeten mit lettischen Kollaborateuren zwischen 70000 und 80000 lettische Juden.[43] Innerhalb der Waffen-SS gab es lettische Verbände, darunter auch lettische SS-Freiwilligen-Divisionen. 1998 ließ das lettische Parlament in Erinnerung an den 16. März diesen Tag zum Gedenktag erklären. An diesem Tage hatten sich 1944 lettische SS-Einheiten am Wilikaja-Fluss eine Schlacht mit der Roten Armee geliefert. Erst nach massiven Protesten aus dem In- und Ausland wurde dieser Gedenktag wieder gestrichen. Doch bis heute marschieren lettische Veteranen der Waffen-SS an diesem Tag in Riga auf. Nicht nur für Russen ist das ein Schlag ins Gesicht. Das Problem, das die Letten mit den Russen hatten, spürten wir bei unserer Reise 1994 an jeder Straßenecke, an jedem Arbeitsplatz, an jeder Biertheke. Die Einwohner aller anderen früheren Sowjetrepubliken erhielten nach dem Untergang der UdSSR automatisch die Staatsangehörigkeit des neuen Landes, in Lettland nicht. Die Diskriminierung der Russen hat auch heute noch Bestand: Nur, wenn die Vorfahren bereits vor 1940 in Lettland gewohnt hatten oder die Nicht-Letten nachwiesen, dass sie die lettische Sprache beherrschten, bekamen sie einen lettischen Pass. Ansonsten blieben sie staatenlos.

Reisen ohne Pass

Wassili und Jelena, die wir 1994 kennenlernten, gehörten zu den Hunderttausenden Staatenlosen. Die jungen Russen waren in Riga geboren worden und fühlten sich dort zu Hause. An Wahlen durften sie aber nicht teilnehmen. Beide besaßen lediglich einen alten Sowjetpass – ein Reisedokument von einem Staat, der nicht mehr existierte. Ihre Arbeit hatten sie verloren. Von den neuen politischen Verhältnissen in Lettland war Wassili wenig begeistert: »Die Letten reden ständig von Freiheit und Demokratie. Aber ich sehe davon nichts. Heute werden hier die Kommunisten verfolgt, früher war es einfach umgekehrt.« Wassili kommt aus einer ehemals privilegierten Funktionärsfamilie. Sein Vater war KGB-Offizier. Die Kehrtwende in Lettland hatte ihn völlig schockiert. Er zog es vor zu flüchten und lebt heute auf der Krim. Der Kehrtwende dort begegnet er heute entspannt. Jetzt fühlt er sich wieder »als Russe zu Hause«.

Das junge Ehepaar jedoch wollte in Riga bleiben. Es wohnte mit seinem Kind in einer Drei-Zimmer-Wohnung mitten in Riga. Allerdings nicht allein. Sie mussten ihr Zuhause mit zwei anderen russischen Familien teilen. An jedem Kühlschrank hing ein Vorhängeschloss. An der Badezimmertür war eine Klingel angebracht. Bevor jemand eintrat, prüfte er, ob das Bad frei war. Die Wohnung befand sich in erbärmlichem Zustand. Über der Toilette klaffte ein großes Loch in der Decke. Wenn Wassili und Jelena sie benutzten, setzten sie sich einen Helm auf, weil sie befürchteten, dass ihnen ein Steinbrocken auf den Kopf fallen könnte.

Parallelgesellschaft im neuen Lettland

Eines war nach der Unabhängigkeit schnell sicher: Die lettische Regierung duldet offiziell keine Zweisprachigkeit im Lande. Lettisch wurde zur alleinigen Staatssprache erhoben. Schon 1992 wurden auf den Straßenschildern die kyrillischen Buchstaben überschrieben. Der russische Präsident Boris Jelzin empörte sich öffentlich über die schlechte Behandlung der russischen Minderheiten im Baltikum.[44]

1993 erlitt die »Lettische Volksfront« eine verheerende Wahlniederlage. Nicht einmal drei Prozent der Letten stimmten für die einstige Unabhängigkeitsbewegung. Dem schmerzhaften Abschied von der Planwirtschaft, einer rasant ansteigenden Korruption und der Herausbildung einer Oligarchen-Klasse hatten die Volksfrontpolitiker nicht nur wenig entgegenzusetzen gehabt, sondern sie hatten selbst davon profitiert. Ferner traute ihnen niemand zu, das gespannte Verhältnis zu Russland und zur russischen Minderheit im eigenen Land auch nur einigermaßen kitten zu können.

Der neue lettische Staatspräsident, Guntis Ulmanis, gehörte dem Bauernverband an. Wir trafen uns mit ihm. Versöhnlich klangen seine Worte in Bezug auf die in Lettland lebenden Russen auch nicht. Auf die Frage, warum Lettland nicht zwei gleichberechtigte Kulturen – die lettische und die russische – zulasse, antwortete der Präsident 1994: »In unserem Land leben lediglich 52 Prozent Letten. 48 Prozent der Einwohner sind Russen, Weißrussen, Moldawier und so weiter. Um unsere Kultur zu retten, müssen wir den Anteil der Letten erhöhen. Das ist für uns überlebenswichtig. Falls Russland ein demokratischer Staat werden wird, hoffen wir, dass viele Russen freiwillig zurückgehen. Das wird die freie Entscheidung dieser Menschen sein. Wir schicken niemanden weg. Beim Arbeitslohn oder in der Erziehung ist jeder Russe gleichberechtigt. Nur darf er kein politisches Amt bekleiden oder lettischen Boden erwerben. Eine absolute Gleichberechtigung dieser beiden Kulturen würde die Existenz unseres Volkes vernichten.«[45]

Im neuen lettischen Parlament gab es von Anfang an keine Interessenvertretung der Russen. Einer ihrer wenigen Fürsprecher in der Öffentlichkeit war Anfang der 1990er Jahre Sergej Dimanis, der sich selbst als »Hüter der Menschenrechte« bezeichnete. Dimanis trug uns gegenüber dick auf. »Was wir in Lettland erleben, ist reine Apartheid«, behauptete er. »Es gibt hier zwei Klassen von Bürgern mit unterschiedlichen Rechten. Dies birgt sozialen Sprengstoff in sich.« Der ehemalige Wirtschaftsprofessor vermutete, dass rund 40 Prozent der Russen Lettland verlassen würden. Dimanis sagte dazu spöttisch: »Die lettische Regierung wird sich darüber freuen.«[46] Mit seiner Prognose sollte Dimanis nicht recht behalten: Der Anteil der Russen ging von 1989 bis 2015 nur geringfügig zurück.

Die meisten Russen, die in Lettland leben, sind aber nicht willens, die lettische Sprache zu lernen. »Mir fehlt das Geld für einen Sprachkurs«, druckste Wassili bei unserem Besuch herum, und seine Frau redete sich damit heraus, dass sie auf ihren Sohn aufpassen müsse und deshalb keine Sprachschule besuchen könne. 2015 ist Wassilis und Jelenas Sohn 25 Jahre alt geworden. Wirtschaftlich geht es ihnen mittlerweile viel besser als vor zwei Jahrzehnten, vom EU-Beitritt Lettlands haben auch die staatenlosen Russen profitiert. Lettisch spricht jedoch bis heute niemand aus der Familie. Mit den Verhältnissen haben sie sich

In der Rigaer Altstadt

allerdings arrangiert. Zwar stört es sie, bei Behörden Anträge nur auf Lettisch stellen zu können, selbst wenn der Bearbeiter ein Russe ist. Aber zumindest können Russen mit ihren Pässen, die sie als Staatenlose ausweisen, seit 2007 ohne Visum in die EU reisen. Und im Unterschied zu den Letten benötigen sie auch kein Visum für Russland. Vielen in Lettland lebenden Russen ist es deshalb heute gleichgültig, ob sie in ihrer Heimat Wahlrecht besitzen oder nicht. Ihr Idol heißt ohnehin Putin. Mit Stolz hängen sie russische Fahnen in die Fenster.

Die stille Weigerung der Russen, die lettische Sprache zu lernen, ist aber mehr als ein Überheblichkeitsreflex des Volkes, das einst die Sowjetunion dominierte. Sie ist auch eine Reaktion auf die nationalistische Sprachenpolitik der bisherigen Regierungen des kleinen Lettlands. Ob Geschäftsmann, Marktfrau oder Taxifahrer, niemand bekommt ohne ausreichende Lettischkenntnisse einen Gewerbeschein. Darüber wacht das staatliche Sprachzentrum (»Valsts valodas centrs«), eine Art Sprachenpolizei. Das Zentrum untersagte zwischen 2009 und 2013 u.a. die Verteilung von Flugblättern in russischer Sprache, mit denen die weibliche Bevölkerung aufgefordert wurde, sich einer staatlich finanzierten Brustkrebsvorsorgeuntersuchung zu unterziehen.[47] 2012 gab es ein Volksbegehren, um Russisch als zweite Amtssprache einzuführen. Es war von Beginn an zum Scheitern verurteilt, die betroffenen staatenlosen Russen, Ukrainer oder Weißrussen waren zur Abstimmung nicht zugelassen. Sie dürfen sich auch um keine öffentlichen Ämter bewerben. Mit Beginn der Ukraine-Krise im Jahr 2014 verschärfte sich die Situation für die russische Minderheit weiter. Der russische Fernsehsender RTR wurde für drei Monate in Lettland gesperrt. Zur Begründung hieß es, der Kreml betreibe über den Sender russische Propaganda. Das ist nicht von der Hand zu weisen, aber in einem Land der Europäischen Union sollten Pressefreiheit und ein notwendiges Maß an Minderheitenrechten gelten, zumal die Sprachenpolitik im deutlichen Gegensatz zur Lebenswirklichkeit in Lettland steht. Immer wieder hagelte es deshalb in den vergangenen Jahren Kritik des Europäischen Gerichtshofes für Menschenrechte. Es war nur eine Frage der Zeit, bis es die Russen in Lettland geschafft hatten, sich eine eigene, ernstzunehmende Interessenvertretung zu schaffen. Das »Harmoniezentrum« (»Saskaņas Centrs«), im Jahre 2005 aus dem Zusammenschluss zweier linker Parteien entstanden, ist mittlerweile zu einer wichtigen politischen Bewegung in Lettland geworden. Seit 2009 ist dessen Vorsitzender Nils Ušakovs (russisch: Nil Uschakow), ein Angehöriger der russischen Minderheit, Bürgermeister von Riga. Bei den Parlamentswahlen im Jahre 2014 wurde die aus dem »Harmoniezentrum« hervorgegangene »Sozialdemokratische Partei Harmonie« zur stärksten politischen Kraft. Zwar gelang es dem Mitte-Rechts-Parteienbündnis, an der Macht zu bleiben und mit Laimdota Straujuma die Ministerpräsidentin zu stellen, doch auf die Russen wird man sich in Zukunft einstellen müssen.

Die Altstadt von Riga ist heute ein Juwel. Die Armut, der Verfall, die grauen Häuser und Straßen, die wir noch 1994 gesehen hatten, sind verschwunden. Es ist Sommer. Am Domplatz haben zahlreiche Restaurants Tische und Stühle im Freien aufgestellt. Die Straßen sind voller junger Menschen. Die meisten von ihnen interessieren sich aber nicht für Politik. Die lettische Innenpolitik der vergangenen 25 Jahre erscheint vielen Bewohnern Lettlands chaotisch, egal ob es sich um Letten, Russen oder Angehörige anderer Nationalitäten handelt. Das Parteienspektrum befand sich in ständiger Bewegung. Häufige Regierungswechsel waren die Regel und nicht die Ausnahme.

Bei Betrachtung der Wirtschaftszahlen ging es dem Land allerdings bis 2008 relativ gut. Dank günstiger pauschaler Steuersätze wurde Lettland ein bevorzugter Ort für ausländische Investitionen. Auch aus Russland floss viel Geld. Russische und lettische Oligarchen verstanden sich immer dann, wenn es um gute Geschäfte ging. Und die lettische Regierung war meistens dabei. Das Geld in Lettland saß locker, es gab genug Kredite aus dem Ausland. Doch 2009 platzte auch in Lettland die Blase. Die Landeswährung Lats, die seit 2005 an den Euro gebunden ist, geriet unter starken Druck. Lettland suchte um internationale Finanzhilfe nach und leitete einen Sparkurs ein. In Riga kam es zu Ausschreitungen, Plünderungen und Straßenschlachten mit der Polizei. Mittlerweile geht es wieder aufwärts. 2010 gewann das bürgerliche Bündnis »Einheit« (»Vienotība«) die Parlamentswahlen. 2014 wurde das Bündnis trotz der starken Zuwächse der Partei »Harmonie« wiedergewählt. Die Parteien, die es bilden, haben den lettischen Haushalt gründlich konsolidiert. Auch der Eintritt in die Schengen-Visa-Zone von 2007 und der damit verbundene umstrittene De-facto-Verkauf von Aufenthaltsgenehmigungen für Nicht-EU-Ausländer trugen dazu bei: Wer nämlich in Lettland investiert oder Immobilien erwirbt, bekommt eine Aufenthaltsgenehmigung für den EU-Staat. Viele wohlhabende Chinesen, aber auch Russen und Mittelasiaten, nahmen das »Angebot« bisher schon an. Auch wenn die Käufer die Immobilien kaum nutzen, stellen diese eine günstige Eintrittskarte nach Europa dar.

Andris Bērziņš, Staatspräsident Lettlands zwischen 2011 und 2015, wusste mit Geld umzugehen. Der Multimillionär ist einer der erfolgreichsten Geschäftsleute des Landes. In seine Regierungszeit fällt der Beitritt Lettlands zur Euro-Währungszone 2014. Schon zur Sowjetzeit war Bērziņš Vizeminister für kommunale Dienstleistungen in der letzten Regierung der Lettischen Sozialistischen Sowjetrepublik. 2015 löste ihn der konservative Raimonds Vējonis als Staatspräsident ab.

Estland

Gorbatschows Abschiedsgeschenk

In Estland, wo wir während unserer ersten Baltikum-Reise im Jahre 1994 einen letzten Stopp einlegten, wollten wir der Ursache für den privaten Wohnungsbesitz in der einstigen Sowjetunion auf den Grund gehen. In Tallinn besuchten wir Toivo und Urma. Wir hatten die beiden Freunde im Vorjahr in Berlin kennengelernt. Urma war ein ehemaliger Leistungssportler, früher hatte er Eishockey gespielt, jetzt verdiente er sich mit Gelegenheitsjobs sein Geld. Toivo arbeitete als Englischlehrer in einem Gymnasium.

Die Freunde lebten gemeinsam in Toivos Wohnung. Der Lehrerberuf lohnte sich finanziell nach dem Zusammenbruch der UdSSR nirgendwo. Estland machte dabei keine Ausnahme. 1994 verdiente Toivo, wenn man die damalige Landeswährung Estnische Krone in Euro umgerechnet hätte, monatlich 120 Euro. Damit lag er im Durchschnitt eines estnischen Monatseinkommens. Ohne Nachhilfeunterricht, den er seinen Schülern in Englisch gab, um sie auf die Prüfungen vorzubereiten, wäre es für Toivo schwierig gewesen, zu überleben und eine Wohnung zu mieten.

Doch wie die meisten der früheren Sowjetbürger besaß Toivo eine Eigentumswohnung. Er hatte sie von seiner Mutter geerbt. »Unter Gorbatschow wurden überall in der Sowjetunion die Wohnungen privatisiert«, erzählte er. Die Mieter konnten das »Volkseigentum« zu einem fast symbolischen Preis erwerben. Es schien beinahe eine Art Abschiedsgeschenk Gorbatschows an die Sowjetbürger zu sein. »Ohne diese Privatisierung säßen wir auf der Straße«, berichteten Toivo und Urma. »Uns machen schon die Unterhaltskosten, kommunale Abgaben und der Strom jeden Monat große Sorgen.« Bis heute sorgt Gorbatschows »Geschenk« vom Baltikum über Russland bis nach Mittelasien dafür, dass die Wohnraumsituation nicht zu sozialen Unruhen geführt hat. Meistens handelt es sich bei den privatisierten Wohnungen um die übliche »Sowjetplatte«: genormte Standardbauten, wie es sie allerorten in der früheren UdSSR in ähnlicher Ausführung gibt. Beliebt sind bei den Bewohnern allerdings die Ziegelhäuser, die bis in die 1960er Jahre gebaut wurden. Sie sind solider und haben einen besseren Dämmschutz. Bei Gorbatschows Privatisierungsprogramm wurden freilich nur die Wohnungen an deren Mieter verkauft. Grundstück und Haushülle, also das, was man in Deutschland oder der Schweiz als »Gemeinschaftseigentum« bezeichnet, wurden nicht privatisiert und befinden sich bis heute im Besitz des Staates oder der Kommune, die sich in der Regel kaum darum kümmern. So stößt man in den einstigen Sowjetrepubliken überall auf den gleichen Anblick: Plattenbauten, in denen sich die Wohnungseigentümer ihre Wohnungen teilweise mit europäischem Chic ausgebaut haben. Treppenhäuser und Außenansicht aber bieten einen erschreckenden Anblick, da sie de facto niemandem gehören.

Im Plattenbau von Toivo und Urma war das nicht anders. Im Treppenhaus lebten streunende Hunde. Die Hauswände waren auf einer Etage beschmiert, auf der nächsten wieder nicht – je nachdem, ob ein Wohnungsbesitzer Lust und Geld hatte, »seinen« Treppenabsatz auf eigene Kosten zu renovieren. In der Wohnung bot sich aber ein anders Bild. Toivos Mutter hatte mit etwas Liebe zum Kitsch kräftig investiert. Lüster beleuchteten eine puppenstubenähnliche Pracht.

Heute ist es für die meisten jungen Leute in den postsowjetischen Ländern schwieriger geworden, an bezahlbare eigene Wohnungen zu kommen. In den Toplagen der Altstädte werden unrenovierte Altbauwohnungen mittlerweile für mehr als 5000 Euro je Quadratmeter gehandelt. Selbst Plattenbauwohnungen in den tristen, scheinbar endlosen Vorstädten kosten inzwischen über 1000 Euro je Quadratmeter. Der Durchschnittspreis für Wohnungen pro Quadratmeter beträgt im Tallinn des Jahres 2015 über 1300 Euro. Selbständige Häuser oder gar Villen erreichen überall im Baltikum Millionenpreise.

Bezahlen kann sie nur, wer in den 1990er Jahren, in der Zeit des Turbokapitalismus, reich geworden ist. Am besten waren jene beraten, die nicht auf die Hilfe des Staates warteten, sondern auf eigene Faust Geschäfte machten. Urma gehörte dazu. Regelmäßig fuhr er in den 1990er Jahren nach Deutschland oder in die Schweiz, kaufte dort gebrauchte Autos und brachte sie nach Estland. Dort verkaufte er sie für das doppelte Geld. »In diesem Gewerbe konnte man leicht ein paar Tausend Euro im Monat verdienen«, erzählt er. »Viele meiner Freunde machten das so. Sie alle sind mittlerweile reicher geworden als die eigenen Eltern.«

Land	Estland
Hauptstadt	Tallinn (Reval) mit 430 594 Einwohnern
Größe	45 227 km^2
Bevölkerung	1,315 Mio. Menschen, davon sind 69,8 Prozent ethnische Esten, 25,2 Prozent Russen, 1,7 Prozent Ukrainer, 0,9 Prozent Weißrussen, 0,6 Prozent Finnen, 1,8 Prozent andere Nationalitäten
Landessprachen	Amtssprache ist Estnisch, Russisch dient in einigen Regionen als Verkehrssprache
Religionen	evangelisch-lutherisch und orthodox, beim nichtestnischen Bevölkerungsteil dominiert russisch-orthodox
Währung	Euro (seit 1. 1. 2011)
Datum der Unabhängigkeit	20. 8. 1991
Staats-/Regierungsform	Parlamentarische Demokratie
Staatsoberhaupt	Präsident der Republik Toomas Hendrik Ilves
Staatsoberhäupter seit Unabhängigkeit	6. 10. 1992 – 8. 10. 2001 Lennart Meri 8. 10. 2001 – 9. 10. 2006 Arnold Rüütel seit dem 9. 10. 2006 Toomas Hendrik Ilves
Regierungschef	Ministerpräsident Taavi Rõivas
Regierungschefs seit Unabhängigkeit	20. 8. 1991 – 29. 1. 1992 Edgar Savisaar 29. 1. 1992 – 21. 10. 1992 Tiit Wahi 21. 10. 1992 – 8. 11. 1994 Mart Laar 8. 11. 1994 – 17. 4. 1995 Andres Tarand 17. 4. 1995 – 17. 3. 1997 Tiit Wahi 17. 3. 1997 – 25. 3. 1999 Mart Siimann 25. 3. 1999 – 28. 1. 2002 Mart Laar 28. 1. 2002 – 10. 4. 2003 Siim Kallas 10. 4. 2003 – 12. 4. 2005 Juhan Parts 12. 4. 2005 – 26. 3. 2014 Andrus Ansip seit dem 26. 3. 2014 Taavi Rõivas
Parlament	Einkammerparlament mit 101 Abgeordneten
Regierungsparteien	Estnische Reformpartei (wirtschaftsliberal, 30 Sitze), Sozialdemokraten (15 Sitze) und IRL (nationalkonservativ, 14 Sitze
Opposition	Zentrumspartei (27 Sitze), Freiheitspartei (8 Sitze), Konservative Volkspartei (7 Sitze)
Mitgliedschaft in internationalen Organisationen (u.a.)	EU, NATO, UNO, EBRD, Euro-Atlantischer Partnerschaftsrat, Wirtschaftskommission für Europa, Europäische Verteidigungsagentur, Europarat, FAO, IAEA, IBRD, ICAO, Internationaler Gerichtshof,

	IHO, ILO, IWF, IMO, Interpol, Internationale Organisation der Obersten Rechnungskontrollbehörden, IPU, ISO, ITU, Multilaterale Investitions-Garantie-Agentur, OECD, Ostseerat, OSZE, UNCTAD, UNDP, UNESCO, UPU, Westeuropäische Union, WHO, WIPO, WMO, WTO
Bruttoinlandsprodukt	18,7 Mrd. Euro (2013)

Schwieriger Start in die Unabhängigkeit

Wie in Litauen und Lettland hatte sich in der zweiten Hälfte der 1980er Jahre auch in Estland eine Bewegung von Dissidenten formiert, die gegen die sowjetische Besetzung des Baltikums im Jahre 1940 Partei ergriff. Aus ihr entstand die »Estnische Volksfront zur Unterstützung der Perestroika« (»Rahvarinne«), die sich während der »Singenden Revolution« im Baltikum für die Unabhängigkeit Estlands stark machte. Die erste Massendemonstration fand in Tallinn am 17. Juni 1988 statt. 150 000 Menschen sangen gemeinsam ihre alte Nationalhymne. Die Bewegung schwoll an, und nach der großen Demonstration in den baltischen Sowjetrepubliken am 23. August 1989 war auch in Estland das Ende der Sowjetzeit absehbar. Estland war zwischen 1918 und 1940 eine unabhängige Republik, dann wurde es, wie auch die anderen baltischen Staaten, an die Sowjetunion angeschlossen. Nachdem in Estland im März 1990 die ersten freien Wahlen seit den 1930er Jahren stattgefunden hatten, wurde Edgar Savisaar, eine Führungsfigur der estnischen Volksfront, zum Vorsitzenden des Ministerrates und damit zum Regierungschef der Estnischen Sozialistischen Sowjetrepublik. Kurz darauf, im Mai 1990, benannte das estnische Parlament die Estnische SSR offiziell in Republik Estland um. In einem Referendum sprachen sich im März 1991 dann über zwei Drittel der Bewohner Estlands für die Unabhängigkeit von der Sowjetunion aus. Am 20. August 1991 wurde das nördlichste Land des Baltikums selbständig. Estland, ein Staat mit weniger als 1,5 Millionen Einwohnern, war vorher in besonderer Weise von der Unterstützung aus dem restlichen Sowjetgebiet abhängig gewesen. Die Aufgaben, die vor dem kleinen Land lagen, waren immens.

Wirtschaftlich plagten Estland zunächst die gleichen Probleme wie die anderen ehemaligen Sowjetrepubliken. Das Bruttoinlandsprodukt sank deutlich. Hatte es 1989 umgerechnet noch über fünf Millionen US-Dollar betragen, lag es 1993 nur noch bei 3,8 Millionen US-Dollar.[48] Viele Unternehmen gingen Bankrott. Andere, so das Tallinner Kraftwerk »Iru«, kämpften noch Jahre mit dem Erbe der Sowjetzeit.

Der Rauch, der aus »Iru« kam, verteilte sich Ende November 1994 am blassgrauen Himmel der estnischen Hauptstadt. Er roch kaum, er schimmerte auch nicht giftgelb, selbst der Schnee auf den Feldern vor dem Betriebsgelände war immer noch weiß. Doch der Schein trog. Jeden Tag jagte das Kraftwerk 14 Tonnen Schwefeldioxid durch den Kamin. »Wir sind der größte Luftverschmutzer von Tallinn«, gab der Kraftwerksdirektor unumwunden zu. Und mit einem Achselzucken fügt er an: »Was sollen wir denn tun? Gegenwärtig fehlt uns das Geld, um einen Filter in den Schornstein einzubauen. Es gibt nur zwei Möglichkeiten: Das Werk abschalten oder die Luft verpesten.«

»Iru« wurde 1979 fertiggestellt, als Energieträger aus dem fernen Sibirien in rauen Mengen zur Verfügung standen. Ursprünglich sollte mit Gas geheizt werden, doch als der Bau beendet war, fehlte die entsprechende Pipeline. Also verwendete man billiges russisches Schweröl mit drei Prozent Schwefelgehalt – einen Brennstoff, den die Umweltgesetze in Westeuropa schon längst verboten hätten. »Heute haben wir Probleme mit dem Öl aus Russland«, sagte der Kraftwerksdirektor. »Kurz nach unserem Unabhängigkeitsreferendum hatte Russland seine Lieferungen sogar einmal ganz gestoppt. Sie wollten uns damit in die Knie zwingen. Zwar schickten Finnland und Schweden Öltanker, aber die Menge reichte kaum zum Heizen.«

Als das Kraftwerk in den siebziger Jahren gebaut worden war, hielten es die Planwirtschaftler des Sowjetstaates für überflüssig, einen Schwefeldioxidfilter in den Schornstein einzubauen. Schließlich war die Ölheizung ja nur als Übergangslösung gedacht. Doch es blieb beim Provisorium: Bis Ende der 1990er Jahre gab es weder eine Gaspipeline noch einen Filter. »Für den Dreck, den wir in die Luft pusten, müssen wir zwar eine Buße beim Staat entrichten«, sagte uns der Direktor, »aber die ist wesentlich billiger als eine komplette Filteranlage.«

In Estland wurde in der Sowjetzeit viel ökologisches Unheil angerichtet. Auf den Militärflugplätzen wurde der Treibstoff aus Nachlässigkeit danebengegossen, oft waren auch die Lei-

Verkaufsstände an der historischen Stadtmauer in Tallinn

tungen undicht. Die Folge: Das Wasser in den umliegenden Gemeinden war teilweise so verseucht, dass man es mit einem Streichholz hätte entzünden können. »Die ökologischen Verluste, die uns die Sowjetarmee zugefügt hat, sind dreimal so hoch wie unser gesamtes Staatsbudget«, rechnete Estlands Umweltminister Andres Tarand vor. »Russland wird sich wohl kaum bemühen, uns dieses Geld zurückzuzahlen.«[49]

Zu den Erbschaften, die die Armee hinterlassen hat, gehören auch die zwei Atomreaktoren auf der Marinebasis Paldiski. Die Anwohner verloren dort noch jahrelang büschelweise ihre Haare und erkrankten, weil der stillgelegte Atommeiler bis zur Jahrtausendwende immer noch heftig strahlte. »Es gibt einen Unterschied in der Mentalität zwischen den Russen und den Esten«, sagte Tarand und sponn eine gewagte Theorie: »Die Russen sind Nomaden auf einem riesigen Territorium. Wenn sie ein Gebiet unbewohnbar gemacht haben, ziehen sie einfach weiter. Wir Esten haben aber nur dieses kleine Land. Wir dürfen es nicht zerstören, denn wir können uns nicht woanders ansiedeln.«[50]

Zur Jahrtausendwende nahte zumindest Hilfe für das Tallinner Wärmekraftwerk »Iro«. Die Finnen butterten 2,3 Millionen Estnische Kronen, das entsprach damals einem Gegenwert von 400 000 Euro, in das Kraftwerk, um dort einen Gaskessel zu installieren. Damit konnte man auf ein Drittel des schädlichen Öls beim Heizen verzichten. Diese Modernisierungshilfe leisteten die skandinavischen Nachbarn nicht ganz uneigennützig. Helsinki liegt auf der anderen Seite des Finnischen Meerbusens, nur gerade 70 Kilometer von Tallinn entfernt. Wehte der Wind aus Süd, bekamen die Finnen die verdreckte Luft aus Estland ab. Was immer aber auch der Grund für die finnische Hilfe gewesen sein mag: Das Kraftwerk »Iru« ist mittlerweile weitgehend modernisiert, über die Schwierigkeiten nach der Unabhängigkeit können die Esten heute nur noch schmunzeln.

»Die Esten werden die Ersten sein«

Wenn ein Land im Baltikum den Namen »baltischer Tiger« verdient hat, dann sind es die Esten. Estland ist der Musterschüler des Baltikums. Sie gelten als »vorbildliches Nordlicht«.[51]

Am 28. Juni 1992 sprachen sich die estnischen Wähler für eine neue Verfassung aus, die aus Estland eine parlamentarische Republik machte. Von nun an gab es ein gesetzgebendes Einkammerparlament, einen Präsidenten als Staatsoberhaupt sowie eine vom Ministerpräsidenten geleitete Regierung. Im September 1992 wurden die ersten Parlaments- und Präsidentschaftswahlen des unabhängigen Estlands durchgeführt. Präsident wurde Lennart Meri, der früher bereits als Außenminister fungiert und zu den Anführern der Unabhängigkeitsbewegung gehört hatte; das Amt des Ministerpräsidenten übernahm der Gründer der Christdemokratischen Partei, Mart Laar.

Bereits Ende der 1990er Jahre ging es mit der estnischen Wirtschaft wieder bergauf. Im Jahr 2000 war das Bruttoinlandsprodukt auf über 5,6 Milliarden US-Dollar angestiegen, 2008 betrug es sogar 18,1 Milliarden US-Dollar,[52] was, verglichen mit der Zahl von 1993, einen Anstieg von mehr als 500 Prozent bedeutete. Nach der starken weltweiten Rezession der Jahre 2008 und 2009 infolge der globalen Finanz- und Wirtschaftskrise, die auch das Baltikum nicht verschonte, hat die estnische Wirtschaft die Krisenjahre heute hinter sich gelassen. 2014 kletterte das BIP auf 19,6 Milliarden US-Dollar.[53]

In den ersten Jahren nach der Unabhängigkeit gab es in Estland mehrere Regierungswechsel. Während der Amtszeit Lennart Meris von 1992 bis 2001 hatte Estland fünf verschiedene Regierungen. Im Herbst 2001 bekam Estland dann einen neuen

Das neue Nationaldenkmal Estlands in Tallinn

Präsidenten, Arnold Rüütel von der Estnischen Volksunion. Seine Amtszeit brachte dem Land zwei entscheidende außenpolitische Einschnitte: 2003 besiegelte eine Volksabstimmung den Beitritt Estlands zur NATO, über den seit 1998 verhandelt worden war, und 2004 trat Estland der EU bei. Arnold Rüütel wurde 2006 als Staatsoberhaupt von Toomas Hendrik Ilves abgelöst, der 2011 für eine zweite Amtsperiode bis 2016 wiedergewählt worden ist. Eine Besonderheit Estlands im Vergleich zu den anderen baltischen Staaten ist die relative politische Stabilität in den letzten Jahren. Zwischen 2005 und 2014, fast zehn Jahre lang, war Andrus Ansip Premierminister und gleichzeitig Vorsitzender der Estnischen Reformpartei, einer klassischen liberalen Partei.

Nach der Wirtschaftskrise der Jahre 2008 und 2009 und in Vorbereitung auf den Beitritt zur Euro-Zone schlug Estland einen rigiden Sparkurs ein. Dadurch gelang es der Regierung, die Staatsfinanzen zu stabilisieren und Schulden abzubauen. 2011 führte Estland als erster der baltischen Staaten den Euro ein. Bis heute wird das Land als Vorbild für Euro-Krisenländer wie Griechenland gehandelt. Estland ist aber auch in anderer Hinsicht Spitzenreiter. Als erstes EU-Land führte es eine Einheitssteuer für die Einkommen, die »flat tax«, ein, das heißt, es gibt keine Progression. Alle, ob Arm oder Reich, zahlen 21 Prozent Steuern. Im Weltwirtschaftsforum-Ranking der wettbewerbsfähigsten Länder 2013/2014 belegt Estland immerhin den 32. Platz.[54] Auch gesellschaftspolitisch ist Estland liberaler Vorreiter. Ab 2016 ist die sogenannte Homo-Ehe, einschließlich Adoptionsrecht, in Estland erlaubt. Die Baltenrepublik ist damit der erste postsowjetische Staat überhaupt, der diesen Schritt gegangen ist.

e-Estonia

Der Liberale Andrus Ansip, bis 2014 estnischer Ministerpräsident, ist seitdem Vizepräsident der Europäischen Kommission und als Kommissar für den digitalen Binnenmarkt verantwortlich. Eine folgerichtige Amtsbesetzung, denn nichts machte Estland so berühmt wie seine elektronische Revolution. Das Land wirbt mit dem Logo »e-Estonia« für sich.[55] Der weltweite Siegeszug des Internettelefondienstes Skype begann in Tallinn. Zwei estnische Tüftler erfanden das Programm und revolutionierten die Telefonwelt. Die estnische Verfassung garantiert ihren Bürgern seit 2000 Zugang zum Internet. Heute ist kostenloses WLAN in Estland allgegenwärtig. Wer keinen eignen Rechner hat, kann gratis an einem von Hunderten öffentlichen Terminals in Dorfläden, Poststellen oder Bibliotheken ins Netz gehen. Die estnische Regierung arbeitet papierlos, Grundschüler lernen das Programmieren von Computern, und bei Wahlen kann per Mausklick abgestimmt werden. Estland war 2005 weltweit das erste Land, welches die elektronische Stimmabgabe bei einer landesweiten Wahl zuließ. Die meisten Einwohner Estlands erledigen ihre Bankgeschäfte ausschließlich online. Mit einigen Mausklicks bekommt man Einblick in seine Krankendatei. Wer eine Firma gründen will, profitiert von der in Europa bislang einmaligen Digitalisierung des Staates. »Eine GmbH lässt sich durchaus an einem Tag gründen«, berichtet ein IT-Manager aus Tallinn. »Alle Unterlagen von Banken und Behörden gehen ohne den üblichen Papierkram im Internet per elektronischer Unterschrift, die in Estland rechtskräftig ist, direkt ans zuständige Amtsgericht.«[56] 2016 soll in Estland als einem der ersten Länder überhaupt der rasend schnelle Mobilfunkstandard 5G eingeführt werden. Das alles gefällt den Investoren. Wie kaum ein anderes Land hat Estland ausländische Kapitalgeber angezogen, vor allem aus dem gutnachbarlichen Schweden und aus Finnland. Immer mehr nähert sich Estland an die skandinavischen Länder an. Das ist politisch so gewollt.

Estland und die Russen

Die Beziehungen Estlands zu Russland sind ähnlich problematisch wie die lettisch-russischen Beziehungen. Ein Viertel der Bevölkerung Estlands gehört der russischen Minderheit an. Wie in Lettland sind auch in Estland noch viele Russen ohne jede Staatsangehörigkeit. Würden alle Angehörigen der russischen Minderheit in Estland über die gleichen Bürgerrechte wie die Esten verfügen, wären die letzten Parlamentswahlen, im März 2015, womöglich anders ausgegangen. Die Zentrumspartei, die sich für bessere Beziehungen zu Russland ausspricht und deren Wähler als russlandfreundlich gelten, hätte nur 17000 Stimmen mehr gebraucht, um die liberale Reformpartei in der Wählergunst vom ersten Platz zu verdrängen.[57] Doch viele Russen verfügen in Estland wie auch in Lettland nur über einen sogenannten Fremdenpass und haben kein Wahlrecht. Es ist an der Zeit, dass die baltischen Staaten ihr Verhältnis zu den russischen Minderheiten, zu »ihren« Russen überdenken und verbessern. Die schwelende Ukraine-Krise und die Politik Russlands erleichtern gegenwärtig diesen Prozess nicht. Dennoch ist die staatliche Diskriminierung der russischen Minderheit, zumal in einem Land der EU, nicht nachvollziehbar. Bis heute haben weder Estland noch Lettland die Europäische Charta für Regional- und Minderheitensprachen unterzeichnet. 2006 warf man in Estland Fernsehprogramme aus Russland aus dem nationalen Kabelnetz. Ein Streit zwischen Russland und Estland um den Abbau eines sowjetischen Denkmals in Tallinn, den »Bronze-Soldaten«, der an den sowjetischen Sieg im Zweiten Weltkrieg erinnerte, zeigte 2007 der europäischen Öffentlichkeit, wie unversöhnlich das Geschichtsverständnis der Russen und der Balten nach wie vor ist. Proteste der russischen Minderheit in Estland, die sich durch die Versetzung des Denkmals um einen Teil ihrer Geschichte gebracht sahen, forderten über 160 Verletzte und einen Toten. Ein Teil des Denkmals wurde schließlich auf einen Soldatenfriedhof verlegt.

Die estnischen Euro-Münzen zeigen auf ihrer Rückseite die estnischen Landesgrenzen. Der abgebildete Verlauf führte zum erbitterten Streit mit Russland, denn es sind auch Gebiete zu sehen, die heute zu Russland und nicht zu Estland gehören. Offiziell wurde versucht, das als künstlerische Freiheit des Gestalters zu rechtfertigen. Es klang wenig überzeugend.

Die Diskriminierung der russischen Minderheit reicht bis ins Privatleben hinein. Russen müssen ihre Namen der Staatssprache anpassen. Das Bildungssystem benachteiligt sie, sie verfügen weder über das Wahlrecht, noch können sie Beamte werden. All das lässt sich auch nicht mit der aktuellen russischen Politik begründen. Es gab die Diskriminierung schon vor der Ukraine-Krise, und das sich daraus ergebende Konfliktpotenzial scheint von der Regierung Estlands wie auch der Regierung Lettlands in Kauf genommen zu werden. Gerade für Estland, das liberale Vorreiterland, besteht hier Nachholbedarf.

Von der UdSSR zu neuen Staatenverbänden
Bündnispolitik und Geopolitik

Die früheren 15 Sowjetrepubliken waren und sind Mitglieder in verschiedenen Staatenbündnissen oder Programmen, die teilweise miteinander konkurrierten oder konkurrieren. Einige davon existieren noch, andere haben sich bereits überlebt: Gemeinschaft Unabhängiger Staaten (GUS), Europäische Union (EU), GUUAM-Verband (Georgien, Usbekistan, die Ukraine, Aserbaidschan, Moldawien), Europäische Nachbarschaftspolitik (ENP), Östliche Partnerschaft, Organisation des Vertrags über kollektive Sicherheit (OVKS), Eurasische Wirtschaftsgemeinschaft (EAWG), Nordatlantisches Verteidigungsbündnis (NATO), Schanghaier Organisation für Zusammenarbeit (SOZ) und so weiter. Nach dem Fall des Eisernen Vorhanges im Jahre 1989 lebt im Mit- oder Gegeneinander dieser Bündnisse und Interessenverbände auch ein Stück Geschichte der zweiten Hälfte des 20. Jahrhunderts fort. Das Denken in Blöcken ist noch nicht überwunden. Die wichtigsten Beteiligten, das wurde 2014/2015 im Zuge der Ukraine-Krise besonders sichtbar, sind die USA und als Nachfolgerin der UdSSR die Russische Föderation geblieben.

Die Notgeburt und der Totentanz der GUS

Wäre es 1991 noch nach dem Willen von Michail Gorbatschow gegangen, hätte es eine Nachfolge-Union der UdSSR gegeben, in der alle ehemaligen Sowjetrepubliken, einschließlich der baltischen Länder, vertreten gewesen wären. Doch sein Wille spielte im Dezember 1991 keine Rolle mehr. Boris Jelzin, der neue russische Präsident, hatte zusammen mit seinen Kollegen aus Weißrussland und der Ukraine einen neuen Staatenbund, die »Gemeinschaft Unabhängiger Staaten« (GUS), gegründet. Die Frage der Mitgliedschaft der baltischen Länder in dieser Gemeinschaft stellte sich dabei nicht.

Anders als die Sowjetunion ist die Gemeinschaft Unabhängiger Staaten ein loser Zusammenschluss ehemaliger Teilrepubliken der UdSSR, in dem Russland als größtes Land die Führungsrolle übernahm. Jelzin wollte keine neue Sowjetunion aus der Taufe heben. Für ihn kam es darauf an, Russland zu konsolidieren. Die Entstehung der GUS war eine Notgeburt. In den Wirren der untergehenden Sowjetunion hatten die neuen Führer der unabhängig werdenden Republiken, die oft deren alte KP-Chefs waren, alle Hände voll zu tun, aus dem Nichts ein eigenes Staatsgebilde zu schaffen. Nach neuen, engen Bündnissen stand ihnen nicht der Sinn. Die GUS wurde zum losen Zusammenschluss einstiger Sowjetrepubliken. Schon im Namen der neuen Organisation vermied man das Wort »Union« (»Sojus«). Gemeinschaft« (»Sodruschestwo«) klingt unverbindlicher.

In zwei Gründungsakten, der Erklärung von Beloweschsk vom 8. Dezember 1991 und dem Vertrag von Alma-Ata vom 23. Dezember 1993, legten die Mitgliedsstaaten Wert auf ihre Unabhängigkeit. Der Vorsitz der GUS wechselt im Jahresrhythmus. Minsk, und nicht Moskau, wurde Sitz der neuen Gemeinschaft. Hier befindet sich das Exekutivkomitee der GUS. Organisationsstruktur und Satzung der Gemeinschaft lesen sich wie aus einem Lehrbuch für Staatenbündnisse. Es gibt einen Rat der GUS-Staatsoberhäupter, einen Rat der GUS-Regierungschefs, einen Rat der Außen- und Verteidigungsminister, eine zwischenparlamentarische Versammlung, einen Rat der Grenztruppenbefehlshaber, einen Wirtschaftsrat und sogar ein gemeinsames Wirtschaftsgericht. Die Satzung schreibt der Gemeinschaft u. a. die »allgemeine und ausgewogene wirtschaftliche und gesellschaftliche Entwicklung der Mitgliedsstaaten im Rahmen eines gemeinsamen Wirtschaftsraumes« und die »Unterstützung von Bürgern der Mitgliedsstaaten bei freiem Austausch, freier Begegnung und freier Fortbewegung in der Gemeinschaft«[1] vor.

Zwischen Anspruch und Wirklichkeit klafft häufig eine große Lücke. Wir überquerten während vieler Reisen in den vergangenen Jahren oft die Grenzen, welche die GUS-Staaten voneinander trennen. Visaregime und Korruption der Zollbehörden haben die Freizügigkeit, die es während der Sowjetzeit zwischen den einzelnen Sowjetrepubliken gab, abgelöst. Die vielen Erlasse und Verträge, welche die Mitgliedsstaaten im Verlaufe des mittlerweile 25-jährigen Bestehens der Gemeinschaft Unabhän-

GUS-Gipfeltreffen 2007 in St. Petersburg, v. l. n. r.: Ilcham Alijew (Aserbaidschan), Robert Kotscharjan (Armenien), Alexander Lukaschenko (Weißrussland), Micheil Saakaschwili (Georgien), Nursultan Nasarbajew (Kasachstan), Kurmanbek Bakijew (Kirgistan), Wladimir Woronin (Moldawien), Wladimir Putin (Russland), Emomali Rachmon (Tadschikistan), Gurbanguli Berdimuchamedow (Turkmenistan), Islam Karimow (Usbekistan), Wiktor Juschtschenko (Ukraine). Georgien hat die GUS 2008 verlassen, die Ukraine ist seit 2015 de facto nur noch passives Mitglied.

giger Staaten erließen, sind Papiertiger geblieben. Auch die Wirtschaftsentwicklung und das monatliche Einkommen der Bewohner sind in den Mitgliedsstaaten der GUS sehr unterschiedlich. Mit einem durchschnittlichen Monatseinkommen von 650 Euro verdienen die Russen am besten. Das Schlusslicht bildet mit 120 Euro Tadschikistan.

Seit Beginn ihres Bestehens kämpfte die GUS mit Auflösungstendenzen. Zwar traten bis 1994, mit Ausnahme der baltischen Staaten, alle anderen zwölf früheren Sowjetrepubliken der Gemeinschaft bei, aber die Gipfeltreffen der GUS-Staatschefs endeten nicht nur einmal im Streit. Im Jahr 1997 beispielsweise, bei einem Gipfeltreffen der UdSSR-Erbengemeinschaft in der moldawischen Hauptstadt Chişinău, behandelten die Staatschefs keinen einzigen der vorgesehenen Tagesordnungspunkte. Ihr Zusammentreffen gipfelte in lautstarken, gegenseitigen Vorwürfen, der jeweils andere würde einen gemeinsamen Markt verhindern und Konflikte innerhalb der GUS fördern. Zur abschließenden Pressekonferenz der Staatsoberhäupter erschienen lediglich zwei der zwölf Delegationsleiter: Boris Jelzin und ein gequält aussehender moldawischer Präsident. Aus einem anderen Gipfeltreffen, im Jahr 2005 in Kasan, wäre beinahe der Totentanz der Gemeinschaft geworden. Georgien, die Ukraine und Turkmenistan betrachteten sich in der Folge als »assoziierte Staaten«, nicht mehr als Vollmitglieder. Georgien verließ die GUS drei Jahre später, im Jahr 2008, vollständig. Die Ukraine kündigte 2014 an, sich aus den Strukturen der GUS zurückziehen zu wollen. Heute ist die Ukraine passives Mitglied der GUS, ein vollständiger Austritt ist wohl eher nicht zu erwarten.

Für Russland war von Beginn an klar, dass mit der GUS »kein Staat« zu machen ist. Wladimir Putin, ein Freund der deutlichen Worte, brachte es 2005 auf den Punkt und sagte: »Die GUS wurde gebildet, um einen zivilisierten Scheidungsprozess zu ermöglichen. Alles andere ist Beiwerk.«[2]

Der Zusammenbruch der Sowjetunion vollzog sich vor dem Hintergrund der gewaltigen inneren Probleme des riesigen Vielvölkerreiches unblutiger, als viele damals befürchtet hatten. Es ergab trotz aller Unzulänglichkeiten, die der GUS innewohnen, Sinn, dass die Staatenführer der einstigen Sowjetrepubliken nur einen losen Staatenverbund ins Leben gerufen hatten. So waren die einzelnen Republiken darauf angewiesen, ihre Probleme weitgehend selbst zu lösen. Es existierten 1991 enorme Fliehkräfte. Russland hätte nicht die Kraft gehabt, eine neue Union zusammenzuhalten. Bürgerkriege, die zu Beginn der 1990er Jahre in manchen Ecken der ehemaligen UdSSR ausbrachen, hätten zum Flächenbrand werden können.

GUUAM und die »Gemeinschaft für demokratische Wahl«

Georgien, die Ukraine, Aserbaidschan und Moldawien versuchten 1997, eine Gegenallianz zur GUS zu gründen, um sich damit dem dominierenden russischen Einfluss zu entziehen. Usbekistan trat 1999 als fünfter Staat dem Bündnis bei. Die Organisation nannte sich nach den Anfangsbuchstaben ihrer Mitgliedsstaaten GUUAM. 2002 erklärte Usbekistan wieder seinen Austritt aus der GUUAM, weshalb aus ihr die GUAM wurde. Die USA förderten das Bündnis, wo immer sie nur konnten. Alles, was antirussisch war, schien westlichen Interessen zu entsprechen, und die Gründung der GUUAM wurde als klare Abkehr einiger früherer Sowjetrepubliken von Russland hin zum Westen gefeiert.

Aber der amerikanische Versuch, Russland geopolitisch zurückzudrängen, scheiterte am Experiment, westliche Demokratievorstellungen in den postsowjetischen Raum zu übertragen. Die meisten unserer Gesprächspartner in diesen Ländern verwundert es, mit welcher Blauäugigkeit die westliche Gemeinschaft immer wieder versucht hat, ihr Demokratiemodell in andere Weltgegenden zu exportieren. »Natürlich würden wir gern genauso leben wie ihr«, sagte uns unser langjähriger Begleiter Alexej. »Aber wir wissen, wo wir stehen. Alles braucht seine Zeit. Und ihr versucht ja sogar, die westliche Moderne nach Afghanistan, in den Irak, nach Libyen oder nach Syrien zu exportieren. So ein Wahnsinn! Das kann doch nur schiefgehen.«

Vor allem das mittelasiatische Usbekistan, das latent vom islamischen Fundamentalismus bedroht ist, befürchtete, durch eine Liberalisierung Islamisten Zulauf zu verschaffen. Zwar hatte der usbekische Präsident, Islam Karimow, den USA nach dem Terrorakt vom 11. September 2001 Militärbasen zur Verfügung gestellt, von wo aus sie Nachschub für ihre Truppen im Nachbarland Afghanistan sicherstellen konnten. Doch 2005 beendete Karimow diese Allianz. Die amerikanischen Militärs mussten das Land verlassen. Zu dieser Zeit unterstützten die Vereinigten Staaten bereits finanziell die Oppositionsbewegungen in Georgien, der Ukraine und Kirgistan, wo bald »Farbige Revolutionen« ausbrachen: In Georgien löste Micheil Saakaschwili während der »Rosenrevolution« 2003 den ehemaligen sowjetischen Außenminister Eduard Schewardnadse als Präsident ab. In der Ukraine wurde Wiktor Juschtschenko während der »Orangenen Revolution« im Jahre 2004 zum neuen Hoffnungsträger. Während der »Tulpenrevolution« im Jahre 2005 gelang es Kurmanbek Bakijew schließlich, den kirgisischen Präsidenten Askar Akajew zur Abdankung zwingen.

Ende 2005 beschlossen Juschtschenko und Saakaschwili die Gründung der »Gemeinschaft für demokratische Wahl«.[3] Farbige Träume sollten den gesamten postsowjetischen Raum verändern. Doch es veränderten sich vor allem die einstigen Hoffnungsträger selbst. 2007 ließ Saakaschwili in Tiflis Proteste gegen seinen immer selbstherrlicher werdenden Regierungsstil niederknüppeln, und 2008 verursachte er durch den Einmarsch georgischer Truppen in die abtrünnige Provinz Südossetien Hunderte Todesopfer und eine handfeste internationale Krise.

Wachablösung; sowjetische Technik wird ersetzt.

Unmittelbar nach dem Ende seiner Präsidentschaft im November 2013 verließ Saakaschwili Georgien und ging zunächst in die USA, heute lebt er in der Ukraine. In Georgien wird er per Haftbefehl wegen Amtsmissbrauch, Unterschlagung und der gewaltsamen Niederschlagung von Demonstrationen während seiner Präsidentschaft gesucht.

In Kirgistan erwies sich Bakijew seinem Vorgänger Akajew nicht nur ebenbürtig, was Misswirtschaft und Korruption anbelangt. Sein Regime war noch autoritärer als das frühere. 2010 wurde Kurmanbek Bakijew aus Kirgistan vertrieben. Der neue kirgisische Präsident, Almasbek Atambajew, ließ 2014 den amerikanischen Luftwaffenstützpunkt Mansas, nahe der Hauptstadt Bischkek, schließen.

Der ukrainische Präsident Juschtschenko hatte 2010 so sehr abgewirtschaftet, dass ihm bei den Präsidentschaftswahlen gerade einmal fünf Prozent der Ukrainer erneut ihre Stimme gaben – für einen Amtsinhaber eine im internationalen Vergleich seltene Schmach. Juschtschenkos Nachfolger, Wiktor Janukowitsch, führte die Ukraine 2014 in die schlimmste Krise ihrer Existenz. Er selbst wurde aus dem Amt gejagt, sein Land ist vom Auseinanderbrechen bedroht. Russland verleibte sich die Halbinsel Krim ein und verletzte damit das Völkerrecht. Ein Krieg zwischen ukrainischen Verbänden, paramilitärischen Einheiten und von Russland unterstützten Separatisten in der Ostukraine droht zum Stellvertreterkrieg zwischen den USA und

Russland zu werden. In dieser Gemengelage fand auch der in Georgien zur Fahndung ausgeschriebene Saakaschwili eine neue Rolle. Der neue proamerikanische ukrainische Präsident Petro Poroschenko ernannte den einstigen georgischen Präsidenten 2015 zum Regierungsberater und zum Gouverneur der Provinz Odessa.

EU-Russland-Beziehungen, »Europäische Nachbarschaftspolitik« (ENP) und »Östliche Partnerschaft«

»Fuck the EU«, sagte die US-amerikanische Spitzendiplomatin Victoria Nuland Anfang 2014 in einem abgehörten Telefonat mit dem Botschafter der Vereinigten Staaten in der Ukraine. Es ging in dem Gespräch um amerikanische Wünsche bei der Besetzung von Regierungsposten in der neuen ukrainischen Regierung und um die nach Meinung der USA zu lasche Haltung der Europäischen Union in Bezug auf Russland.

Die Beziehungen zwischen der EU und der Russischen Föderation erlebten die vergangenen 25 Jahre ein ständiges Auf und Ab. In den 1990er Jahren hatte Russlands Präsident Boris Jelzin versucht, demokratische und marktwirtschaftliche Strukturen nach westlichem Vorbild im Eiltempo, aber ohne ausreichende Rücksichtnahme auf soziale Belange der eigenen Bevölkerung einzuführen. Oligarchen erhielten freie Hand. Kriminalität machte sich in jedem Winkel des Landes breit.

Der Westen hatte Jelzins Politik dennoch unterstützt. Ernstzunehmende Initiativen in Bezug auf ein gemeinsames Bündnis gab es hingegen nicht. Kohls und Gorbatschows Vision des gemeinsamen Europäischen Hauses war in weite Ferne gerückt. Die Europäer schienen mit einem Nachbarn Russland, der mit seinen eigenen Problemen beschäftigt, kein strategischer Gegner und darüber hinaus ein großer Absatzmarkt ist, weitgehend zufrieden zu sein. Die USA sahen das ähnlich. Den Kalten Krieg hatten sie nun endgültig gewonnen.

Das unsanfte Erwachen erfolgte 1998, als Russland vor dem Staatsbankrott stand. Hätte sich das flächengrößte Land der Welt nicht wieder stabilisiert, hätte dies weitreichende Auswirkungen über den GUS-Raum hinaus gehabt. Als Wladimir Putin 2000 zum Präsidenten Russlands gewählt worden war, gewann die russisch-europäische Zusammenarbeit an Dynamik. Putin sprach am 25. September 2001 als erstes russisches Staatsoberhaupt vor dem Deutschen Bundestag. Er sprach auf Deutsch. Seine Rede war ein einziges Werben für eine engere Zusammenarbeit Deutschlands und der Europäischen Union mit Russland. »Niemand bezweifelt den großen Wert der Beziehungen Europas zu den Vereinigten Staaten«, sagte er. »Aber ich bin der Meinung, dass Europa seinen Ruf als mächtiger und selbständiger Partner der Weltpolitik nur festigen wird, wenn es seine eigenen Möglichkeiten mit den russischen menschlichen, territorialen und Naturressourcen sowie mit den Wirtschafts-, Natur- und Verteidigungspotenzialen Russlands vereinigen wird.«[4] Angesichts der weltweiten Terrorgefahr nach dem 9. September 2001 warb Putin außerdem für eine gemeinsame Sicherheitsarchitektur.

Das Jahr 2003 markierte den Höhepunkt europäisch-russischer Annäherung. Auf einem EU-Russland-Gipfeltreffen in Rom wurde ein Konzept für einen gemeinsamen Wirtschaftsraum entwickelt. Es war eine Art Verlobung, zur Hochzeit ist es nie gekommen. Dazu trugen viele Faktoren bei.

Die Vereinigten Staaten, mehr oder weniger stark flankiert von den Europäern, versuchen seit etwa 2000 in verschiedenen GUS-Staaten Einfluss in der Region zu gewinnen – nicht nur durch die Unterstützung von Oppositionskräften. Die USA planten außerdem, ein Raketenabwehrsystem in Polen und der Tschechischen Republik, also vor der Haustür der Russischen Föderation, zu errichten. Den ehemaligen Sowjetrepubliken Georgien und Ukraine machten die Amerikaner Hoffnungen, in die NATO aufgenommen zu werden. In einigen postsowjetischen Ländern kam es zu den »farbigen Revolutionen«, die die russische Führung fürchtete. Innenpolitisch verhärteten sich deshalb in Russland die Fronten. Die Russen fühlten sich im »Zangengriff«.[5]

Während der Münchner Sicherheitskonferenz im Jahre 2007 ließ Putin seinem Unwillen über diese Entwicklungen freien Lauf und sorgte für einen handfesten Eklat. »Was ist aus jenen Versicherungen geworden, die uns die westlichen Partner nach dem Zerfall des Warschauer Vertrages gegeben haben?«, fragte er. »Wo sind jetzt diese Erklärungen? (...) Die Steine und Betonblocks der Berliner Mauer sind schon längst zu Souvenirs geworden. Aber man darf nicht vergessen, dass ihr Fall auch möglich wurde dank der historischen Wahl, auch unseres Volkes, des Volkes Russlands (…).«[6] Putin forderte erneut eine Erneuerung der »gesamten Architektur der globalen Sicherheit«.[7]

Ich arbeitete damals als Korrespondent des Schweizer Fernsehens in Deutschland. Solche deutlichen Worte hatte man im Westen lange nicht gehört. »Putin schockiert Europa«, kommentierte ich am Abend in der »Tagesschau«.[8] Mein Freund und Koautor Thomas Kunze, der zu dem Zeitpunkt die deutsche Außenpolitik für die Konrad-Adenauer-Stiftung in Russland begleitete, erlebte, wie Putins Äußerungen in Deutschland und Europa hinter vorgehaltener Hand viel Zustimmung fanden.

Doch an der westlichen Russland-Politik änderte sich wenig. Seit 2004 besteht das EU-Programm »Europäische Nachbarschaftspolitik« (ENP), das sich an die Ukraine, Weißrussland, Moldawien sowie die Südkaukasusrepubliken Georgien, Armenien und Aserbaidschan richtet. Das Ziel des Programms ist es, um die EU herum einen »Ring stabiler, befreundeter Staaten« entstehen zu lassen. Russland fühlte sich zum Junior-Partner degradiert und nahm daran nicht teil. Das ENP-Programm wurde ausgebaut, seit 2009 wird es als »Östliche Partnerschaft« bezeichnet. Die Ausgrenzung Russlands blieb bestehen. Ein Partnerschaftsabkommen, das die EU 1997 mit Russland geschlossen hatte, lief 2007 aus. Die Verlängerung liegt seitdem auf Eis. Horst Teltschik, als sicherheitspolitischer Berater von Helmut Kohl einst maßgeblich an den Verhandlungen mit der Sowjetunion zur deutschen Einheit beteiligt, sagte 2014: »Die EU hätte parallel auch ein neues Partnerschaftsabkommen mit Russland verhandeln können. (…) Der Kreativität der Vereinbarungen mit Russland sind keine Grenzen gesetzt. Der Dilettantismus der Europäer ist himmelschreiend.«[9]

Die Europäer gehen mit Russland besonders moralisierend um. Immer wieder werden Menschenrechtsfragen auffällig betont. Für China hingegen, wo die Menschenrechtslage kritischer ist, gelten andere Maßstäbe. Doch hier betreiben sowohl europäische Staaten als auch die USA Realpolitik. Seit Jahren beklagt Russland »doppelte Standards« des Westens.

Präsident Dmitri Medwedjew versuchte 2008 in einer Rede in Berlin, an Putins Rede des Jahres 2001 anzuknüpfen. »Durch die Beendigung des Kalten Krieges wurden Bedingungen geschaffen, die eine wirklich gleichberechtigte Zusammenarbeit von Russland, der Europäischen Union und Nordamerika als den drei Pfeilern der europäischen Zivilisation ermöglichen. Ich bin überzeugt, dass der Atlantismus als einziges Prinzip historisch veraltet ist – heute geht es um einen einheitlichen euro-atlantischen Raum von Vancouver bis Wladiwostok.«[10] Seine Worte verklangen, ohne dass sie als Aufruf verstanden wurden. Die USA, aber auch osteuropäische Mitgliedsstaaten der EU wie Polen, Lettland, Litauen und Estland, hatten kein Interesse an neuen Partnerschaftsstrukturen mit Russland. In den USA wirkten Reflexe des Kalten Krieges nach, in Osteuropa erinnerte man sich der sowjetischen Unterdrückung. Und so stolperten die EU und Russland von einer Krise in die nächste. Es fehlte an Empathie für die Errichtung eines gemeinsamen Europäischen Hauses, und es fehlte auf beiden Seiten an Gefühl für den Umgang miteinander. Vorläufiger Höhepunkt der gegenseitigen Entfremdung ist die Ukraine-Krise. Doch seit dieser Krise merkt auch die EU, dass die Staaten der Östlichen Partnerschaft nicht ohne weiteres zu integrieren sind. Auf einem EU-Gipfeltreffen 2015 in Riga wurden die Hoffnungen der Kandidaten gedämpft. Die deutsche Bundeskanzlerin Angela Merkel erklärte vor dem Gipfeltreffen: »Wir dürfen keine falschen Erwartungen wecken, die wir dann später nicht erfüllen können.« Die EU-Partnerschaften mit der Ukraine und fünf anderen Ex-Sowjetrepubliken seien »kein Instrument der Erweiterungspolitik«.[11]

Die unbekannte »Ost-NATO«

Putin glaubt, verstanden zu haben, dass die Europäer und die Amerikaner Russland als Partner am liebsten am »Katzentisch« hätten. Und so forciert er eigene Bündnisprojekte.

In Moskau lernten wir 2005 den damals gerade in Ungnade des Kremls gefallenen ehemaligen Vorsitzenden der russischen Partei »Rodina« (»Heimat«), Dmitri Rogosin, kennen, der sich später wieder mit Putin versöhnte und heute stellvertretender russischer Premierminister mit Zuständigkeit für Rüstung und Militär ist. Rogosin beklagte, dass Russland von der NATO nicht ein einziges Mal gefragt worden sei, welche Strategie man angesichts der verheerenden Erfahrungen, die die Russen einst gemacht hatten, im Afghanistan-Krieg anwenden sollte. In Russland überwiegt ohnehin die Meinung, dass die NATO kein ernsthaftes Interesse an einer Kooperation mit Russland habe. Seit 2002 gibt es zwar einen NATO-Russland-Rat. Aber gerade während der zwei gefährlichsten Krisen der westlichen Russland-Beziehungen, im Georgien-Krieg 2008 sowie in der Ukraine-Krise seit 2014, beschlossen die NATO-Staaten, die Arbeit in dem Gremium auszusetzen.

Russland konzentriert sich derweil auf die »Organisation des Vertrages über kollektive Sicherheit« (OVKS), die oft als »Ost-NATO« bezeichnet wird. Die OVKS wurde 1992, kurz nach dem Zerfall der Sowjetunion, gegründet. Russland, Weißrussland, Armenien, Kasachstan, Usbekistan, Kirgistan und Tadschikistan vereinbarten damals eine militärpolitische Zusammenarbeit.[12] Das Bündnis wird von Russland dominiert. Russland und China gemeinsam dominieren außerdem die 2001 gegründete »Schanghaier Organisation für Zusammenarbeit«[13] (SOZ). Neben Russland gehören dem Staatenbündnis die mittelasiatischen früheren Sowjetrepubliken (außer Turkmenistan) sowie seit 2015 auch Indien und Pakistan an. Der Iran, Afghanistan, die Mongolei und Weißrussland haben Beobachterstatus. Die SOZ-Staaten unterhalten ein gemeinsames Anti-Terror-Zentrum in Taschkent. Doch sie kooperieren mittlerweile nicht nur bei der Terrorismusbekämpfung und im sicherheitspolitischen Bereich, sondern auch in Energie- und Handelsfragen. Das Bündnis hat sich, vom Westen beinahe unbemerkt, zu einem geopolitischen Akteur entwickelt.[14]

Die Eurasische Wirtschaftsunion

Russland will nun die GUS durch ein Geflecht neuer politischer und wirtschaftlicher Beziehungen ersetzen, bei denen Russland eine zentrale Position einnimmt und versucht, einzelne Staaten stärker an sich zu binden. 2014 ging aus der vormaligen Eurasischen Wirtschaftsgemeinschaft die Eurasische Wirtschaftsunion hervor. Derzeit gehören ihr Russland, Kasachstan, Weißrussland, Kirgistan und Armenien an. Diese früheren Sowjetrepubliken planen mit dieser Organisation einen einheitlichen Wirtschaftsraum, der in vielen Bereichen die EU zum Vorbild hat. Zollkontrollen werden abgeschafft, Ziel ist eine gemeinsame Währung. Die Union beschäftigt bereits über 1000 Beamte. Die Frage, ob die Ukraine sich der von Russland dominierten Eurasischen Wirtschaftsunion anschließen oder ein Assoziierungsabkommen mit der EU unterzeichnen sollte, führte letztlich zur aktuellen Ukraine-Krise.

Von der Rubel-Zone zum »Hasenrubel«

Für die ehemaligen Sowjetbürger sind die verschiedenen Organisationen, die nach 1991 mehr oder weniger erfolgreich versuchten, die Zusammenarbeit der einstigen Sowjetrepubliken zu regeln, kaum präsent. Das Einzige, was nach dem Zusammenbruch der UdSSR unmittelbar ihren Alltag berührte, war die Zukunft der gemeinsamen Währung, des sowjetischen Rubels. 1991 blieb der Rubel zunächst gültiges Zahlungsmittel in allen unabhängig gewordenen Sowjetrepubliken. Vor allem Russland, Kasachstan und Armenien befürworteten damals den Fortbestand der Rubel-Zone. Die baltischen Staaten waren Vorreiter einer vollständigen Eigenständigkeit und setzten sich für einen schnellstmöglichen Übergang zu eigenen nationalen Währungen ein. Viele Ökonomen warnten 1991 vor den gravierenden Folgen eines Zusammenbruchs des Rubel-Raums.[15] Doch wie hätten 15 unabhängig gewordene Staaten mit der Währung eines Landes, das es nicht mehr gab, überleben sollen?

Russland begann 1991, neue Rubel zu drucken. Der Abschied von der sowjetischen Währung blieb nicht ohne Hindernisse. Zeitweise verlor Moskau sogar das staatliche Monopol auf die Herausgabe einer nationalen Währung, da einzelne Teilrepubliken der Russischen Föderation eigene Banknoten einführten.[16] Selbst Unternehmen druckten ihr eigenes Geld. Das System von Tauschgeschäften für Waren, das es bereits zu Sowjetzeiten aufgrund der Knappheit an Produkten gegeben hatte, erlebte im neuen Russland eine Renaissance. Als der russische Rubel im Juli 1992 frei konvertierbar wurde, glich der Wechselkurs zum US-Dollar in den darauffolgenden Monaten und Jahren einer steilen Berg-und-Tal-Fahrt.

Die erste Austrittswelle aus der Rubel-Zone fand 1992 statt. Zuerst führte Estland im Juni 1992 die Estnische Krone als nationale Währung ein, was mit einem eigenen »Kroon Ball« in Tallinn gewürdigt wurde. Toivo und Urma, unsere estnischen Bekannten, erzählten uns, dass sie sich, wie viele ihrer Landsleute auch, für das neue Geld sogar neue Geldbeutel gekauft hatten. Die Letten führten im Juli 1992 zunächst eine Übergangswährung, den lettischen Rubel, ein. Er wurde im März 1993 vom Lats abgelöst. Zu dieser Zeit versuchte unser Freund Alexej gerade, mit seinem ehemaligen Nachbarn aus Taschkent eine Druckerei in Riga zu gründen. »Es war ein chaotisches

Jahr«, erinnerte er sich. Das alte Geld war plötzlich gar nichts mehr wert, einen geregelten Umtausch in den neuen Lats gab es praktisch nicht.« Litauen ging einen anderen Weg. Dort gab die Regierung im Oktober 1992 zunächst Coupons aus, sogenannte Talonas. Den Litauern wurde 20 Prozent des Monatseinkommens bzw. der Renten in diesen Coupons ausgezahlt. »Für den Kauf von Waren«, so berichtete uns unser litauischer Bekannter Antanas, »mussten wir für jeden Rubel, den wir ausgaben, gleichzeitig einen Coupon abgeben. Rubel hatten wir ausreichend, aber diese Coupons reichten nicht. Wir konnten also nur für ein Fünftel unseres Einkommens Sachen kaufen. Das restliche Geld verfiel. In den Läden blieben die Waren einfach liegen, obwohl die Kunden genug Rubel zum Einkauf gehabt hätten.« Im Juni 1993 gab die Nationalbank schließlich die neue litauische Nationalwährung, den Litas, heraus.[17] Die drei baltischen Währungen wurden an unterschiedliche ausländische Währungen gekoppelt. Während die estnische Krone anfangs an die D-Mark gebunden war, setzten die Litauer auf den US-Dollar. Der lettische Lats orientierte sich an den sogenannten SZR,[18] einer nicht handelbaren künstlichen Währungseinheit des Internationalen Währungsfonds.[19] Die drei baltischen Staaten haben mittlerweile alle ihre eigenen Währungen aufgegeben und den Euro eingeführt.

Die Ukrainer bezahlten ab November 1992 mit einem Coupon-Karbowanez. »Karbowanez« hieß die ukrainische Währung schon einmal in der Zeit der politischen Wirren unmittelbar nach der Oktoberrevolution des Jahres 1917. Der Coupon-Karbowanez war instabil, eine extreme Inflation ließ auch die meisten Bewohner der Ukraine noch das Geld verlieren, was ihnen die Pawlow'sche Geldreform des Vorjahres übrig gelassen hatte. 1996 wurde die Coupon-Übergangswährung durch den Griwna abgelöst.

Weißrussland führte 1992 eher widerwillig eine eigene Währung, den weißrussischen Rubel, ein, welcher aufgrund der abgebildeten Tiere im Volksmund als »Hasenrubel« bezeichnet wurde. Bis 1994 hoffte die weißrussische Regierung auf das Zustandekommen einer Währungsunion mit Russland. Daher konnte auch nach dem Übergang zur eigenen weißrussischen Währung für einige Zeit noch mit sowjetischen bzw. russischen Rubeln bezahlt werden.[20]

Die letzte Etappe des Austritts aus der Rubel-Zone begann im Sommer 1993 mit der Einführung eigener Banknoten und Münzen in Moldawien (Leu) und Georgien (Lari). Es folgten die anderen südkaukasischen und die mittelasiatischen Republiken. Tadschikistan führte aufgrund eines Bürgerkrieges als letzte der früheren Sowjetrepubliken, im Mai 1995, eine eigene Währung, den Somoni, ein.[21]

Im Rahmen der Eurasischen Wirtschaftsunion plant Russland in Zukunft einen gemeinsamen Währungsmarkt mit einem neuen Rubel. Ob das gelingen wird, ist aber noch offen.

Russland

Geschlossene Städte

Wladiwostok im März 1993. Der Winter war bitterkalt, an manchen Tagen zeigte das Thermometer minus 50 Grad, und der Winter war im östlichsten Zipfel Russlands noch lange nicht vorbei. Alexej bereute, hierhergekommen zu sein. Die Stadt erschien ihm grau, trist und verfallen. Auch wenn die Druckerei in Riga nicht den gewünschten Erfolg gebracht hatte und man im Baltikum Russen wie ihm gegenüber immer unfreundlicher wurde, so schlimm wie hier, in Wladiwostok, war es dort bei weitem nicht gewesen.

Alexejs Eltern stammten aus der Stadt, deren Name »Herrscher des Ostens« bedeutet. Doch schon 1962, Alexej war damals noch nicht geboren, hatten sie den russischen Fernen Osten verlassen und waren nie wieder in ihre Heimatstadt zurückgekehrt. Alexej hatte Verwandte hier, von denen er die meisten nicht kannte. Nur mit einem Onkel war ein Briefkontakt erhalten geblieben. Als der Onkel im Sommer 1992 starb, hinterließ er seinem Neffen eine Wohnung. 30 Jahre alt und schon Wohnungsbesitzer! Deshalb war Alexej die Entscheidung, in den Fernen Osten Russlands zu gehen und dort sein Glück zu versuchen, zunächst nicht schwergefallen.

Bis 1991 war Wladiwostok eine »geschlossene Stadt«, das heißt, weder sowjetischen Staatsbürgern noch Ausländern war der Zutritt ohne Sondergenehmigung erlaubt. Die Tradition solcher Sperrgebiete wurde in der Stalin-Zeit begründet. Städte, die als besonders geheim eingestuft worden waren, bekamen außerdem falsche oder erfundene Namen bzw. Code-Bezeichnungen. Sperrgebiete waren in der Stalin-Ära vor allem die Regionen mit Lagerkomplexen des sowjetischen Gulag-Systems. Ferner brauchte man Sondergenehmigungen für die Regionen, in die ganze Volksgruppen deportiert worden waren. Ende der 1940er Jahre entstanden dann in der Sowjetunion die ersten geheimen Städte. Hierbei handelte es sich um wichtige Militärstandorte, Ansiedlungen von Rüstungsfabriken und Forschungseinrichtungen. Diese Städte waren auf keiner Karte verzeichnet und strengstens abgeschirmt. Insgesamt existierten etwa 20 davon.[1] Heute gibt es in Russland Sperrgebiete nur noch für Ausländer.[2]

Land	Russische Föderation
Hauptstadt	Moskau mit ca. 12,2 Millionen Einwohnern
Größe	17 098 200 km²
Bevölkerung	144,1 Millionen Menschen, 160 ethnische Gruppen, davon sind 80,9 Prozent Russen, 3,9 Prozent Tataren, 1,4 Prozent Ukrainer, 1,2 Prozent Baschkiren, 1,1 Prozent Tschuwaschen, 0,8 Prozent Armenier, 0,4 Prozent Russlanddeutsche
Landessprachen	Russisch
Religionen	Christentum (russisch-orthodox), Islam, Judentum, Buddhismus
Währung	Russischer Rubel (1 EUR = ca. 69,3 RUB, Kurs vom 10.11.2015)
Datum der Unabhängigkeit	12.6.1990
Staats-/Regierungsform	Präsidialdemokratie mit föderativem Staatsaufbau
Staatsoberhaupt	Präsident Wladimir Putin
Staatsoberhäupter seit Unabhängigkeit	10.7.1991 – 31.12.1999 Boris Jelzin 31.12. 1999 – 7.5.2008 Wladimir Putin 7.5.2008 – 7.5.2012 Dmitri Medwedjew seit dem 7.5.2012 Wladimir Putin
Regierungschef	Vorsitzender der Regierung Dmitri Medwedjew
Regierungschefs seit Unabhängigkeit	25.12.1991 – 15.6.1992 Boris Jelzin 15.6.1992 – 14.12.1992 Jegor Gaidar 14.12.1992 – 23.3.1998 Wiktor Tschernomyrdin 23.3.1998 – 23.8.1998 Sergej Kirijenko 23.8.1998 – 11.9.1998 Wiktor Tschernomyrdin 11.9.1998 – 12.5.1999 Jewgenij Primakow 12.5.1999 – 9.8.1999 Sergej Stepaschin 9.8.1999 – 7.5.2000 Wladimir Putin 7.5.2000 – 24.2.2004 Michail Kassjanow 24.2.2004 – 5.3.2004 Wiktor Christenko 5.3.2004 – 14.9.2007 Michail Fradkow 14.9.2007 – 8.5.2008 Wiktor Subkow 8.5.2008 – 7.5.2012 Wladimir Putin seit dem 7.5.2012 Dmitri Medwedjew
Parlament	Zweikammersystem: Staatsduma mit 450 Abgeordneten und Föderationsrat mit 169 Senatoren
Regierungsparteien	Einiges Russland (238 Sitze in der Duma)
Opposition	Kommunistische Partei Russlands (92 Sitze in der Duma), Gerechtes Russland (64 Sitze), Liberaldemokratische Partei Russlands (56 Sitze)

Mitgliedschaft in internationalen Organisationen (u.a.)	UN, IWF, IBRD, Weltbank, IDA, Euro-Atlantischer Partnerschaftsrat, GUS, OSZE, Ostseerat, Europarat, Asiatisch-Pazifische Wirtschaftskooperation, Shanghaier Organisation für Zusammenarbeit, Organisation des Vertrags für kollektive Sicherheit, Euro-Asiatische Wirtschaftsgemeinschaft
Bruttoinlandsprodukt	1415 Mrd. Euro (2014)

Seit den 1920er Jahren wurden in der Sowjetunion zudem über 100 Städte nach kommunistischen Führern benannt.[3] Moskau selbst sollte den Namen »Stalinodar« erhalten, doch der Tod Stalins kam dem zuvor. Dafür hieß die tadschikische Hauptstadt Duschanbe von 1929 bis 1961 Stalinabad. Die meisten der Städte wurden nach 1991 zwar rückbenannt, aber bei den Menschen, die in der Sowjetunion geboren wurden, sind auch die alten Namen nach wie vor präsent. Außerdem ist man bei den Rückbenennungen nach 1991 nicht konsequent vorgegangen. Zwar heißt Leningrad heute wieder St. Petersburg, das um St. Petersburg herum liegende Gebiet heißt aber nach wie vor »Leningradski Oblast« (»Leningrader Gebiet«). In Tadschikistan erhielt die nahe der usbekischen Grenze liegende Stadt Leninabad wieder ihren historischen Namen Chodschand. Das »Gebiet Leninabad« gibt es jedoch bis heute.

In der Sowjetunion gab es drastische Zuzugsbeschränkungen für Großstädte. Als Erstes wurden sie für Moskau, Leningrad und Charkow (Ukraine) eingeführt. Der Zuzug in diese Städte war nur mit Sondergenehmigung möglich. Ehemaligen Häftlingen sowie »asozialen Elementen« blieb eine Wohnung dort grundsätzlich verwehrt. Gleichfalls gesperrt waren alle Grenzgebiete. Wenn ein Sowjetbürger aus einem solchen Gebiet wegzog, verlor er in der Regel für immer das Recht zur Rückkehr. Auch für Alexejs Eltern, die das am Japanischen Meer gelegene Wladiwostok in den 1960er Jahren verließen, hat diese Regelung gegolten.

Der Wilde Osten

1993 war in Russland alles möglich. Es gab nichts, mit dem nicht gehandelt wurde. Die Strukturen der Sowjetzeit waren zusammengebrochen, neue, funktionierende Gesetze gab es noch nicht, und an die wenigen, die es gab, hielt sich niemand. Die einstigen kommunistischen Provinzfürsten versuchten, an neue Pfründe zu gelangen. Alexej hatte zunächst vor, in Wladiwostok zu bleiben, obwohl er das Klima schrecklich fand. Schließlich war er in Mittelasien groß geworden, dort dauern die Sommer über ein halbes Jahr. Doch er wollte selbständig werden. Er bezog die geerbte Wohnung, die aus vier Zimmern im Erdgeschoss bestand. Genehmigungen brauchte man zu der Zeit für nichts, ein Türdurchbruch zur Straße war rasch gemacht, und Alexej eröffnete eine Bar. Ein paar einfache Tische und Stühle, eine Theke, ein Herd – das war die gesamte Ausstattung. Kühlschränke gab es damals in Wladiwostok gerade nicht zu kaufen, aber es war ja Winter. Der Wodka kühlte von selbst.

Irgendwie funktionierte das Geschäft. Es gab viele Studenten, die gerade noch ein paar Rubel für eine billige Kneipe in der Tasche hatten. Alexej spielte Gitarre, ab und zu lud er abends junge Jazzmusiker ein, eine Freundin grillte Fisch, und seine Bar-Wohnung begann zu florieren. Es hatte sich herumgesprochen, dass man bei Alexej gute Musik hören kann und der Wodka nicht gepanscht ist. Der Umsatz, den Alexej machte, war nicht groß, aber nach ein paar Monaten warf die Kneipe zumindest ein paar Hundert Dollar im Monat ab. Im März 1993 erschienen mehrmals zwei muskelbepackte Männer, die nichts tranken. Einer der beiden hatte eine Tätowierung im Gesicht. Sie kamen in seine Bar, starrten ihn ein paar Minuten reglos an und verschwanden wieder. Eines Abends, Alexej hatte seine Wohnung gerade aufgeschlossen, und es waren noch keine Gäste da, kamen die zwei Typen erneut. Ohne Vorankündigung packte einer Alexej mit einem Würgegriff von hinten am Hals. Der andere schlug ihm mehrmals mit voller Kraft in den Magen und ins Gesicht. Alexej ging zu Boden, dort traten sie gnadenlos auf ihn ein. Ob er nicht wüsste, in wessen Revier er sei, stießen sie hervor. Gäste fanden Alexej, aus dem Mund blutend und mit zwei verlorenen Zähnen, vor seinem Tresen liegend. In seinen Mund hatte man eine zerschlagene Wodkaflasche gesteckt.

Die Hemmschwelle, jemanden sogar für wenig Geld umzubringen, war in den 1990er Jahren in Russland gering. Hoffnungslosigkeit paarte sich mit Kriminalität und enthemmter Brutalität, der Staat funktionierte nicht. Polizei und Justiz arbeiteten entweder gar nicht oder sie waren käuflich. Alexej verließ

Wladiwostok drei Wochen später in Richtung Moskau. Seine Abenteuerlust ging nicht so weit, dass er sich auf ein weiteres Risiko einlassen wollte. Die Wohnung vermietete er an Verwandte.

Schutzgelderpressungen gehörten in der Jelzin-Zeit in Russland zum Alltag von Geschäftsleuten, gleichgültig, ob diese ein paar Hundert Dollar Umsatz oder Millionengewinne machten. Waren es kleine Summen, um die es sich handelte, stellten sich meist Banden ein, die die Deckung örtlicher Funktionäre oder Polizisten besaßen. Handelte es sich um Unternehmen mit großen Umsätzen, war das System komplizierter, da mehrere Zwischenvermittler mitverdienten, bis der Hauptteil des Schmiergeldes an einen »Paten« in irgendeiner wichtigen Regierungsfunktion floss.

Rote Direktoren, Oligarchen, der Komsomol und Jelzins Schocktherapie

Boris Jelzin, der 1931 in einem Dorf im Ural geboren worden war, begann in den 1960er Jahren, eine Karriere in der KPdSU zu machen. Er wurde 1976 Parteichef des Gebietes von Swerdlowsk (Jekaterinburg), 1981 Mitglied des Zentralkomitees der KPdSU, 1985 KP-Chef von Moskau und gleichzeitig Kandidat des Politbüros, also des höchsten Gremiums der Kommunistischen Partei. Das Verständnis, das Jelzin nach 1991 als russischer Präsident von wirtschaftlicher Demokratie hatte, war von amerikanischen neoliberalen Transformationsberatern geprägt, die vor allem auf Entstaatlichung und die Selbstheilungskräfte des Marktes setzten.[4] Nutznießer der Privatisierung wurden Jungfunktionäre des ehemaligen Komsomol, darunter der spätere prominenteste Häftling Russlands, Michail Chodorkowski, Wladimir Gussinski, der zum Medien-Oligarchen aufstieg, und andere Mitglieder aus Jelzins Clan.[5] Eine Handvoll Personen schaffte es, sich innerhalb weniger Jahre einen milliardenschweren Reichtum zuzulegen, wie er weltweit innerhalb einer so kurzen Zeit niemals zuvor verteilt worden war.

Wie funktionierte dieses System? Die Geschichte der Oligarchen begann bereits vor dem Zusammenbruch der Sowjetunion. Anfang 1987, in der Perestroika-Zeit, schufen neue Gesetze die Möglichkeit, kleine Unternehmen zu gründen, sogenannte Kooperativen. Diese sollten den Menschen die Möglichkeit geben, mit etwas Engagement und Kreativität Kleinstbetriebe aufzubauen, die all das anboten, was die großen Staatskombinate innerhalb der festgefahrenen Planwirtschaft nicht zuwege brachten. Tatsächlich entstanden überall in der Sowjetunion kleine private Werkstätten, Läden und Restaurants.

Die Möglichkeiten, die die Kooperativen boten, wurden schnell von Chefs der Staatsbetriebe und Ministerien entdeckt, die seit Jahren und Jahrzehnten Waren abzweigten, um damit Gewinne auf dem Schwarzmarkt zu erzielen. Ein Teil der Kooperativen wurde daher von Staatsfirmen selbst gegründet, denn auf diesem Wege ließen sich Teile der Unternehmen legal privatisieren. Viele Funktionäre des Komsomol, der Jugendorganisation der KPdSU, besorgten sich zudem über ihre Parteikontakte staatliche Subventionen und gründeten selbst solche Firmen. 1990 wurde alles noch einfacher, denn nun konnten auch GmbHs und Aktiengesellschaften entstehen. Alsbald setzte die Umwandlung von Staatsunternehmen in derartige Kapitalgesellschaften ein, wobei die alten Direktoren oft die neuen Eigentümer wurden. Hand in Hand mit Funktionären der Kommunistischen Partei, des Geheimdienstes KGB und des sowjetischen Außenhandelsministeriums wurden zudem Millionenbeträge aus den Staatsbetrieben auf sichere Auslandskonten transferiert, wo sie in Depots gelangten, auf die nur einzelne Privatpersonen Zugriff hatten.

Weiter ging es mit der Bereicherung, als Boris Jelzin und sein Regierungschef Jegor Gaidar[6] Russland 1992 eine marktwirtschaftliche Schocktherapie verordneten. Subventionen, die den Menschen während der sowjetischen Planwirtschaft das Überleben gesichert hatten, verschwanden. Zum Ausgleich erhielten die Bürger Anteilsscheine, sogenannte Vouchers, die ihnen das Recht gaben, bevorzugt Aktien von Staatsbetrieben zu günstigen Ausgabepreisen zu erwerben, sobald diese privatisiert würden. Doch die ehemaligen Sowjetbürger hatten in der Umbruchsituation kaum genug Geld für Nahrungsmittel und das Allernötigste, so dass sie nicht auf vage Aktiengewinne in der Zukunft hoffen wollten. Daher verkauften viele ihre Anteilsscheine, deren Wert zudem in der chaotischen Übergangszeit zu sinken begann. Da ausländische Investoren kein Recht hatten, die Scheine zu erwerben, war die Bahn frei für bereits reich gewordene Unternehmer aus der Kooperativen-Zeit, für Direktoren der Staatsunternehmen und leitende Funktionäre mit Zugriff auf größere Konten, aber auch für Schwarzmarkthändler und Großkriminelle. Sie kauften zu Spottpreisen große Mengen an Aktien der privatisierten Staatsunternehmen. Ein Paradebeispiel für diese Vorgänge ist das ehemalige sowjetische Ministerium für Öl- und Gaswirtschaft, aus dem der Konzern Gazprom ausgegliedert und für den lächerlichen Preis von 22,8 Mio. US-Dollar[7] von seinen eigenen Managern erworben wurde. Sie alle pflegten beste Beziehungen zum neuen russischen Präsidenten Jelzin.

Die sozialen Konflikte spitzten sich indes zu. Russland stand im Herbst 1993 kurz vor einem Bürgerkrieg. Jelzin löste den noch aus Sowjetzeiten stammenden Kongress der Volksdeputierten und dessen Obersten Sowjet der Russischen Föderation auf, da die Mehrheit der Abgeordneten seinen Marktreformen die Gefolgschaft verweigerte. Auf den Straßen Moskaus kam es zu Demonstrationen gegen Jelzin. Der Vorsitzende des Obersten Sowjets, Ruslan Chasbulatow, und die Volksdeputierten verbarrikadierten sich im Moskauer Weißen Haus, dem damaligen Parlamentssitz, und bestimmten Jelzins Vizepräsidenten Alexander Ruzkoi zum neuen Staatspräsidenten. Um das Gebäude scharten sich Tausende von Jelzin-Gegnern. Zwei Jahre zuvor hatte Boris Jelzin an diesem Platz Gorbatschows Perestroika gerettet. Jetzt, als es um sein politisches Überleben und die Zukunft seiner Reformen ging, ordnete er die »Entwaffnung der Banditen« an. Die Gegen-Regierung verfügte über leichte Waffen und einen erbeuteten Granatwerfer. Boris Jelzins Panzer rollten ins Moskauer Stadtzentrum. Einige Kommandeure verweigerten den Dienst, doch Jelzin behielt die Kontrolle über die Armee. Das Weiße Haus wurde sturmreif geschossen. Bei dem Aufruhr kamen über 150 Menschen ums Leben.[8] Die Volksdeputierten mussten sich geschlagen geben. Da sich die Unruhen nicht auf die Provinzen ausdehnten, konnte Jelzin schließlich triumphieren.

Russland erhielt 1993 eine neue Verfassung. Der Präsident blieb die entscheidende politische Figur. Der Kongress der Volksdeputierten wurde zugunsten der Staatsduma, die sich aus der Gesetzgebenden Versammlung, einer Art Unterhaus, und dem Föderationsrat zusammensetzt, abgeschafft. Die Russische Föderation besteht laut der Verfassung von 1993 aus 89 Gliedstaaten, die entweder die Bezeichnung »Republik« oder »Gebiet« tragen. Jelzin räumte deren Präsidenten bzw. Gouverneuren relativ weitgehende Befugnisse ein. Er erhoffte, sich damit Ruhe und Stabilität erkaufen zu können. Doch es kam anders. Einige Gliedstaaten, so z. B. Tatarstan und Tschetschenien, strebten weitergehende Autonomie an und stellten die Föderation als Ganzes in Frage. Mit Tatarstan konnte ein Ausgleich erreicht werden, mit Tschetschenien nicht. Die Folge war der erste Tschetschenienkrieg ab 1994.

Boris Jelzins Popularität schwand in den 1990er Jahren zunehmend. 1996 standen Präsidentschaftswahlen an, und Jelzins Chancen standen schlecht. In Umfragen lag sein kommunistischer Herausforderer Gennadi Sjuganow vorn. Den neuen Oligarchen war bewusst, dass nur Jelzin die Sicherheit ihrer gerade entstandenen Wirtschaftsimperien garantieren konnte, und setzten sich für ihn ein. Inzwischen waren fast alle russischen Banken und die Medien unter der Kontrolle der Oligarchen, so dass sie vergleichsweise leichtes Spiel hatten. Um Jelzins Wahlkampf zu unterstützen, boten sie dem Staat einen Kredit von ca. 1,8 Milliarden US-Dollar an. Als Sicherung für den Kredit dienten Anteile an staatlichen Konzernen, die bisher nicht privatisiert worden waren. Als der russische Staat den Kredit nach einer Laufzeit von einem Jahr nicht zurückzahlen konnte, gingen weitere Unternehmensanteile von enormem Wert in den Besitz der Oligarchen über bzw. wurden in manipulierten Auktionen zu Schleuderpreisen an ausgewählte Bieter vergeben.

Die Jelzin-Jahre brachten den Bewohnern Russlands zwar mehr persönliche Freiheit, als es je zuvor in der 1000-jährigen Geschichte des russischen Imperiums gegeben hatte. Doch die wenigsten Russen verbanden Freiheit mit dem Gefühl einer sicheren Zukunft. Alexej, der in Moskau begann, eine Werbeagentur aufzubauen, erinnert sich: »Für uns bedeuteten die neunziger Jahre einfach nur das endgültige Aus einer berechenbaren gesellschaftlichen und wirtschaftlichen Ordnung. Auch wenn wir die Schizophrenie des Lebens im sowjetischen System gehasst haben, wir hatten uns darin eingerichtet.« Die Haushalts- und Finanzpolitik der Jelzin-Ära führte Russland direkt an den Abgrund. Die Inflation wuchs ins Unermessliche, und 1998 stand das Riesenreich vor dem Staatsbankrott. Wiktor Tschernomyrdin, der 1993 Gaidar als Ministerpräsidenten ab-

Dorf bei Moskau

gelöst hatte, übte sich später in trockenem Humor: »Wir hatten nicht nur Fantasiehaushalte, sondern auch reale«, sagte er, »aber auch damit sind wir mit Pauken und Trompeten durchgefallen.«[9]

Später wurde offensichtlich, welche Reichtümer sich Jelzins Familie und deren engste Vertraute in dieser turbulenten Übergangszeit angeeignet hatten. Moskwa-City, ein Wolkenkratzer-Milliardenprojekt mitten in der russischen Hauptstadt, gehört zu großen Teilen ihnen.[10]

Außenpolitik und Wodka

Als ernstzunehmende Großmacht spielte Jelzins Russland kaum noch eine Rolle. Die GUS-Staaten gingen ihrer eigenen Wege und entfremdeten sich zunehmend von Russland. Für die USA war die Russische Föderation in den 1990er Jahren eine Art »Kongo mit Atomwaffen«.[11]

Boris Jelzins Präsidentschaft war von gesundheits- und alkoholbedingten Ausfällen gekennzeichnet. Manchmal wusste Jelzin nicht mehr, wo er sich befand, manchmal musste er gestützt werden. Während einer Schiffsfahrt auf dem Jenissej im Sommer 1994 ließ er vor den Augen einer bereits betrunkenen Gesellschaft seinen Pressesprecher über Bord werfen. Bei einem Staatsbesuch in Deutschland entriss Jelzin im August 1994 dem

Dirigenten des Berliner Polizeiorchesters den Dirigentenstab und gab selbst den Rhythmus vor. Dem kirgisischen Präsidenten Askar Akajew trommelte der angetrunkene Jelzin bei einem Abendessen mit zwei Holzlöffeln auf der Glatze herum. Fototermine verwechselte er mit Pressekonferenzen und fragte die verdutzten Fotografen, ob sie noch Fragen hätten. Normale Pressekonferenzen brach Jelzin gern vorzeitig ab, so z. B. während eines Staatsbesuches in Usbekistan im Jahre 1998, nicht allerdings, ohne dort die letzte Frage eines Reporters mit »bubububu« beantwortet zu haben.

Die Welt machte sich lustig über den Mann im Kreml. Als die englische Königin Elisabeth II. im Oktober 1994 Moskau besuchte und Jelzin ihr aus irgendeinem Grund an ihrer Kostümjacke herumnestelte, schrieb der englische *Daily Mirror:* »Nein, Boris, sie hat keinen Flachmann bei sich.«[12]

Russland schaffte es unter Präsident Boris Jelzin nach 1991 nicht, Anschluss an den zügiger verlaufenden Demokratisierungs- und Transformationsprozess in Osteuropa zu finden. Seine Wirtschaftspolitik, das von ihm geförderte Entstehen krimineller Clans und eine ausufernde Staatsverschuldung steuerten das Land an den Rand des finanziellen Bankrotts, der mit dem Crash von 1998 enorme Auswirkungen auf die Weltfinanzmärkte hatte. Die Schere zwischen Arm und Reich öffnete sich immer weiter, und die Politik korrupter Eliten, die der Jelzin-Familie ergeben waren, sorgte dafür, dass sich ein Mittelstand kaum entwickeln konnte.

Das Ende der Jelzin-Ära

Boris Jelzin gab am Silvestermorgen des Jahres 2000 seinen Rücktritt bekannt. »Ich hatte den Eindruck, dass die ganze Nation aufatmet«, erinnert sich Alexej. Unmittelbar nach dem Ende der Jelzin-Ära wurde der in Russland nach 1991 eingeleitete Politikwandel von ungefähr der Hälfte der russischen Bevölkerung missbilligt.[13]

Obwohl Boris Jelzin in den letzten Monaten seiner Amtszeit selbst nur noch mit großer Anstrengung in der Lage war, krakelige Unterschriften unter Dokumente zu setzen, ihm die Macht zunehmend entglitt und die Staatsduma auf Betreiben der Kommunistischen Fraktion sogar ein Amtsenthebungsverfahren gegen ihn in Gang setzte, hatte er sich mit dem Rücktritt schwer-

Jelzins Grab auf dem Moskauer Neujungfrauen-Friedhof

getan. Sein Clan musste zunächst noch mit dem bereits erkorenen Nachfolger, Wladimir Putin, Immunität aushandeln. Putin hielt sich später weitestgehend an seine Zusagen. Mit Ausnahme einiger Oligarchen, die neben ihrem Milliardenvermögen auch noch politische Macht erlangen wollten, blieben Jelzin und seine Umgebung unbehelligt.

Boris Jelzin starb im Jahre 2007. Damals hatten sich Russland und vor allem die Hauptstadt Moskau bereits verändert. Deutsche Großstädte wirken im Vergleich zu Russlands Metropole beschaulich und bescheiden. Moskau ist vital und kommt nie zur Ruhe. Am Tag bestimmen endlose Staus das Bild. Mittlerweile gibt es in Moskau über 5,5 Millionen[14] registrierte Autos, bei einer Einwohnerzahl von geschätzten 16 Millionen in Stadt und Umland ein stolzer Schnitt.

In der Nacht erwacht die Stadt zu einem ganz eigenen Leben. Die Prachtboulevards sind zugeparkt mit den Ferraris, Porsches und Maibachs der Superreichen. Unter Wladimir Putin, der seit 2000, mit einer Auszeit von 2008 bis 2012, Präsident der Russischen Föderation ist, konnte sich Russland zunächst wirtschaftlich erholen. Im Jahr 2007, während der Trauerfeierlichkeiten für Boris Jelzin, demonstrierte die russische Führung neues Selbstbewusstsein und Bereitschaft zur Versöhnung. Wladimir Putin würdigte seinen Vorgänger in einer Fernsehansprache als einen Menschen, dank dem für Russland eine völlig neue Epoche angebrochen sei. Die USA waren durch ihre beiden früheren Präsidenten Bill Clinton und George Bush vertreten. Michail Gorbatschow, von Jelzin gedemütigt und aus dem Amt gedrängt, kondolierte der trauernden Familie.

Putin und Medwedjew

Der 1952 in Leningrad geborene Wladimir Putin war von 1998 bis 2000 Boris Jelzins letzter Ministerpräsident. Auf Vorschlag Jelzins wurde er 2000 zum russischen Präsidenten gewählt. Von 1985 bis 1990 hatte Putin, der perfekt Deutsch spricht, als KGB-Offizier in Dresden gewohnt, anschließend machte er Karriere in der St. Petersburger Verwaltung. Jelzin holte ihn schließlich nach Moskau. Putins Vergangenheit im sowjetischen KGB und sein im Vergleich zu Lebemann Jelzin zurückhaltendes Auftreten ließen viele Russen, aber vor allem das Ausland, zunächst an ihm zweifeln. Würde gerade er es schaffen, eigenes Charisma zu entwickeln und das lädierte Riesenreich zusammenzuhalten? Doch schon als Ministerpräsident machte er deutlich, dass mit ihm nicht zu spaßen ist: Im zweiten Tschetschenienkrieg ging er schonungslos gegen die Aufständischen vor.

Putin löste sich rasch von Jelzins Clan. Der neue Präsident setzte auf Freunde aus dem Geheimdienst FSB sowie aus seiner Heimatstadt St. Petersburg. Die Staatsduma, zu Zeiten Jelzins ein Ort von Tumult und Diskussionen, war für Wladimir Putin und seine Regierung bald kein Gegenspieler mehr. Putin zog die Zügel an. Die Oligarchen nahm er an eine kürzere Leine. Von den Milliarden, die der Verkauf von Öl und Gas in die Kassen spülte, profitierte nun auch der Staat stärker. Gouverneuren russischer Teilrepubliken, die unter Jelzin zu mächtig geworden waren, nahm er einen Teil ihrer Macht wieder ab. Unterstützt wurde Putin dabei von der Partei »Einiges Russland«, die er zu einer Art neuen Staatspartei umbaute. Der 2010 verstorbene frühere Ministerpräsident Wiktor Tschernomyrdin bemerkte dazu: »Egal, welche Partei oder gesellschaftliche Organisation wir gründen, es kommt immer so etwas wie die KPdSU dabei heraus.«[15] Bei den Parlamentswahlen 2003, 2007 und 2011 lag die Partei »Einiges Russland« jeweils an erster Stelle der Wählergunst und verfügt bis heute unangefochten über die Stimmenmehrheit in der Duma. Die nächsten Duma-Wahlen finden 2016 statt.

Putin genießt in Russland Kultstatus. Er präsentiert sich als starker Führer.

Putin ist ein populärer Präsident. Aus Sicht der Mehrheit der Bevölkerung hat er das Chaos der Jelzin-Ära beseitigt und dem Land Selbstbewusstsein zurückgegeben. Unter ihm entwickelten sich ein Mittelstand sowie eine gewisse soziale Absicherung für die Bürger. Die Ölpreisentwicklung half dabei kräftig mit. Während der Ölpreis in den 1990er Jahren selten über 20 US-Dollar pro Barrel kletterte, stieg er in den Jahren 2000 bis 2008 kontinuierlich bis auf 90 US-Dollar an. Allerdings ist den Eliten klar, dass sie ihr Land allein durch den Verkauf von Rohstoffen nicht zukunftsfähig machen können. Schon 2006 stellte die Partei »Einiges Russland« auf einem Parteitag fest, dass »eine komplexe Modernisierung des Staates und der Gesellschaft«[16] erforderlich seien, doch ist dies ein langer Weg.

Laut der russischen Verfassung durfte Putin im Jahre 2008, nach Ablauf seiner zweiten Amtsperiode, kein drittes Mal in Folge als Präsident kandidieren. Er trat, zumindest formal, in die zweite Reihe zurück. Dmitri Medwedjew wurde sein Platzhalter. Putin hatte den 1965 geborenen Leningrader seit den 1990er Jahren gefördert und schlug ihn schließlich für das Präsidentenamt vor. Medwedjew amtierte von 2008 bis 2012 als Präsident. Bereits einen Tag nach seiner Vereidigung ernannte er Wladimir

Putin zum Ministerpräsidenten. Das Amt des Ministerpräsidenten ist nach der russischen Verfassung mit weit weniger Macht verbunden als das des Präsidenten. Dennoch hielt Putin die wichtigsten Fäden in der Hand. 2012 kandidierte er auf Vorschlag Medwedjews erneut für das Präsidentenamt und wurde im ersten Wahlgang mit über 64 Prozent der Stimmen gewählt.

Den Höhepunkt seiner Popularität erreichte Putin im Zuge der Krim-Annexion und der Ukraine-Krise nach 2014. Die Zustimmungsraten für seine Politik liegen seitdem stabil bei über 80 Prozent.[17]

Seit das Nachbarland Ukraine vor dem Auseinanderbrechen steht und ein Bürgerkrieg zwischen prorussischen Separatisten im Osten und regierungstreuen Truppen aus dem Westen des Landes tobt, unterstützt Russland massiv die Rebellen im Osten der Ukraine. Die Schwarzmeerhalbinsel Krim, seit 1954 Teil der Ukrainischen Sozialistischen Sowjetrepublik (bis 1991) bzw. der unabhängigen Ukraine, wurde 2014 an Russland angegliedert. Aufständische sowie irreguläre bewaffnete russische Einheiten hatten zuvor auf der Halbinsel die Lokalregierung entmachtet und ein Referendum über den Status der Krim auf den Weg gebracht. Nach russischen Angaben stimmten dabei über 96 Prozent für den Anschluss an Russland. Das Referendum wird international mehrheitlich nicht anerkannt. Der Vorwurf des Westens: Russland habe damit Völkerrecht gebrochen und die territoriale Integrität der Ukraine verletzt. Groß war auf einmal die Angst im Baltikum, dass Putin Appetit auf weitere Gebiete, die einst zur Sowjetunion gehörten, bekommen würde. Die Europäische Union und die USA verhängten Konten- und Einreisesperren gegen mehr als 100 Personen aus Russland, der Ostukraine und von der Krim. Ferner wurden Wirtschafts- und Finanzsanktionen gegen Russland ausgesprochen. Putins Popularität scheint das aber eher zu beflügeln. Die meisten Russen haben das Gefühl, durch die Angliederung der Krim werde wieder »historische Gerechtigkeit« hergestellt, ein Trostpflaster für die 1991 verlorene Position als Weltmacht. Sie vergessen dabei aber die Risiken. Auch im russischen Nordkaukasus gibt es Abspaltungstendenzen. Nach der von Russland betriebenen Krim-Abspaltung von der Ukraine wird es dem Kreml in Zukunft schwerer fallen, in den Fällen gute Argumente zu finden, in denen Sezessionsbestrebungen nicht im eigenen Interesse liegen.

Blick auf den Roten Platz

Der Konflikt in der Ukraine wird in Russland von einer effektiven Propagandamaschinerie begleitet. Ziel ist es, die Popularität Putins weiter auf höchstem Niveau zu halten und Russland wieder zur einflussreichen Großmacht werden zu lassen.

Die lahmende Opposition

Viel Gegendruck gibt es nicht. Das oppositionelle Lager ist seit vielen Jahren gespalten. Im Vorfeld der Präsidentschaftswahlen des Jahres 2008 profilierten sich der ehemalige Schachweltmeister Garri Kasparow und der ehemalige russische Finanzminister (1999–2000) und Ministerpräsident (2000–2004) Michail Kasjanow als mögliche Oppositionskandidaten. Kasparow war nicht nur ein politisches »Greenhorn«, ihm bereitete auch sein Wohnsitz in den USA Probleme. Schon im Vorfeld der Wahl spürte er, das er chancenlos sein wird. Er zog seine Kandidatur zurück. Heute ist er kroatischer Staatsbürger. Kasjanow hingegen litt vom Beginn seiner Präsidentschaftsambitionen an unter dem Vorwurf der Bestechlichkeit. Sein Spitzname in Russland lautet »Mister Zwei Prozent«; er weist auf die Jahre zurück, in denen Kasjanow in Regierungsverantwortung stand. Zur Präsidentschaftswahl 2008 wurde er wegen angeblich gefälschter Wahllisten nicht zugelassen.

Zur Präsidentschaftswahl 2012 präsentierte sich der Multimilliardär Michail Prochorow als oppositioneller Kandidat der sogenannten »Bürgerplattform«. Er erreichte knapp acht Prozent der Wählerstimmen. Bis heute halten sich Gerüchte, dass seine Kandidatur eine mit dem Kreml abgesprochene Feigenblattaktion gewesen sein könnte.

Nach den Parlamentswahlen von 2011 sowie den Kommunal- und Präsidentschaftswahlen von 2012 kam es zu Protesten gegen Putin. Ihm wurde Wahlfälschung vorgeworfen. In Moskau versammelten sich Zehntausende Putin-Gegner auf dem Bolotnaja-Platz am Ufer der Moskwa. Zu den Anführern der Protestbewegung zählten Alexej Nawalny, ein Anwalt und prominenter Blogger, und Boris Nemzow, einst Vizeministerpräsident unter Boris Jelzin. Doch auch dubiose Figuren gehörten dazu.[18]

Die Ukraine-Krise führte schließlich zum Abebben des oppositionellen Aufbegehrens. Die Nation vereinte sich überwiegend hinter Putin. Boris Nemzow wurde 2015 in Moskau auf offener Straße niedergeschossen. Nach Angaben russischer Sicherheitsbehörden weist die Spur des Mordes nach Tschetschenien, Oppositionelle zweifeln diese Version allerdings an.

Islamistischer Terror in Russland und der Krieg in Tschetschenien

Die Präsidentschaften aller drei bisherigen russischen Präsidenten überschattete die Lage in den islamisch geprägten russischen Nordkaukasus-Republiken. In den Jahren der Sowjetherrschaft hatten die Völker der Sowjetunion jenseits staatlicher Bevormundung weitgehend friedlich zusammengelebt. Nach dem Untergang der UdSSR sollte es nicht lange dauern, bis sich Islamisten auch auf dem Gebiet der früheren Sowjetunion radikalisierten. Eduard Schewardnadse, der 2014 verstorbene frühere sowjetische Außenminister und spätere Präsident Georgiens, sah einen »Krieg der Zivilisationen« ausbrechen.[19]

Kein anderer Konflikt hielt Russland so in Atem wie die Auseinandersetzungen in Tschetschenien, die nach und nach auch auf die Nachbarrepubliken mit muslimischer Bevölkerungsmehrheit übergriffen.

Hätte Tschetschenien 1991 den Status einer Sowjetrepublik besessen, wären nach dem Kollaps der UdSSR in Moskau kaum

Stimmen gegen dessen Unabhängigkeit laut geworden. Doch Tschetschenien verfügte lediglich über den Status einer Autonomen Republik innerhalb der Russischen Sozialistischen Sowjetrepublik. Boris Jelzin wollte deshalb unter keinen Umständen eine Abspaltung zulassen, die zweifellos eine Signalwirkung für andere Gebiete gehabt hätte. In Tschetschenien bildete sich daraufhin eine Opposition, die die Zugehörigkeit zu Russland nicht mehr anerkannte. Dschochar Dudajew, ein früherer sowjetischer General, ließ sich im Oktober 1991 zum Präsidenten eines unabhängigen Tschetscheniens wählen. Er leistete den Amtseid auf den Koran. Boris Jelzin suchte zunächst den Weg der Verständigung und bot einen modifizierten Föderationsvertrag an. Doch Dudajews Antwort bestand in der »Tschetschenisierung« des Alltags, was den Exodus von mehr als 50000 Russen aus der Kaukasus-Republik zur Folge hatte. In Tschetschenien entstand ein fast freier Waffen- und Drogenmarkt, riesige Mengen an Schwarzgeldern wurden umgesetzt, Überfälle und Raubzüge auf Passagier- und Güterzüge gehörten zur Tagesordnung.[20] 1994 gab Jelzin den russischen Truppen den Befehl zum Intervenieren.

Der erste russisch-tschetschenische Krieg dauerte von Dezember 1994 bis August 1996. Die tschetschenischen Kämpfer führten einen Partisanenkrieg, dem die Russen nicht gewachsen waren. Darüber hinaus wurden sie durch Terrorakte und Geiselnahmen immer wieder zu Kompromissen gezwungen. 1996 handelte Russland unter OSZE-Beteiligung einen Waffenstillstand aus, der praktisch die Unabhängigkeit Tschetscheniens bedeutet hätte. Der neue tschetschenische Präsident, Aslan Maschadow, verspielte aber die Möglichkeit, seinem Volk eine Zukunft in einer unabhängigen Republik zu geben. In den Zwischenkriegsjahren, 1996 bis 1999, entwickelte sich die in »Itschkeria« umbenannte Republik von einer nach Unabhängigkeit strebenden Provinz zu einem kriminellen Staatswesen. Die Kaukasus-Republik versank weitgehend in einem Sumpf von blutigen Clanauseinandersetzungen. Die De-facto-Unabhängigkeit führte zum wirtschaftlichen Kollaps und zur Zerstörung des gewohnten sozialen Lebens. Maschadow erklärte Tschetschenien zur »Islamischen Republik« und führte die Scharia ein. Wie im Mittelalter wurden Verurteilte auf öffentlichen Plätzen hingerichtet. Im August 1999 überfielen Islamisten die benachbarte russische Teilrepublik Dagestan. Kurz darauf kam es zu Bombenanschlägen auf Wohnhäuser sowie auf ein Einkaufszentrum in Moskau, bei denen über 300 Menschen ihr Leben verloren. Wladimir Putin wurde in der verunsicherten russischen Bevölkerung durch seine Entscheidung populär, mit aller Härte gegen den Terror vorzugehen und erneut in Tschetschenien einzumarschieren. Der Kreml setzte nun auf eine »Tschetschenisierung« des Konfliktes sowie parallel dazu auf »antiterroristische Operationen«. Dokumentiert sind zahlreiche Übergriffe russischer Sicherheitskräfte.

2003 wurde der Moskau-treue Großmufti Tschetscheniens, Achmed Kadyrow, zum tschetschenischen Präsidenten gewählt. Er fiel 2004 einem Attentat zum Opfer. Nachfolger wurde sein Sohn Ramsan. Putin räumt dem tschetschenischen Oberhaupt große Freiräume ein. Aus dem russischen Haushalt flossen Milliardensummen in den Wiederaufbau Tschetscheniens. Ramsan Kadyrow herrscht mit harter Hand. Die tschetschenische Hauptstadt Grosny ist mittlerweile wieder eine funktionierende Metropole.

Islamistischer Terror traf die Russische Föderation nicht nur einmal. Im Juni 1995 nahmen bewaffnete Tschetschenen in Budjonnowsk (Dagestan) über 1000 Geiseln und verschanzten sich mit ihnen in einem Krankenhaus. Mehr als 200 Menschen kamen bei den anschließenden Kämpfen ums Leben. Im Januar 1996 wurden bei einer Geiselnahme in Kisljar (Dagestan) 3000 Menschen festgehalten, über 100 von ihnen starben. Im Oktober 2002 besetzten tschetschenische Kämpfer ein Moskauer Theater. Über 130 Menschen überlebten die Tragödie nicht. Im Juli 2003 sprengten sich Rebellen während eines Rockfestivals in Moskau in die Luft und rissen 14 Besucher mit in den Tod. Bei Bombenanschlägen auf zwei Flugzeuge verloren im August 2004 90 Menschen ihr Leben. Im September 2004 starben bei einer Geiselnahme in einer Schule in Beslan 330 Menschen. Im Oktober 2005 griffen tschetschenische Rebellen die Hauptstadt der russischen Teilrepublik Kabardino-Balkarien, Naltschik, an. Ende 2009 ereignete sich ein Terroranschlag auf einen Schnellzug zwischen Moskau und St. Petersburg. 26 Menschen kamen ums Leben. Im Januar 2011 detonierte eine Bombe in der Wartehalle des Moskauer Flughafens Domodedowo und tötete 31 Menschen. Immer wieder war es in den vergangenen

Jahren außerdem zu Anschlägen auf die Moskauer Metro gekommen.

In den westlichen Staaten bestand die Tendenz, solche Anschläge als »Antwort« auf die russische Unterjochung zu sehen. Die Gesellschaft für bedrohte Völker berichtete vom »Verfolgungs- und Vernichtungskrieg gegen das Volk der Tschetschenen« sowie gar von »Völkermord«[21]. Human Rights Watch warf Russland »Menschheitsverbrechen«[22] vor. Amnesty International sprach von einer »Menschenrechtskatastrophe«.[23] Die Ermordung des russlandtreuen tschetschenischen Ministerpräsidenten Achmed Kadyrow, bei der am 9. Mai 2004 in Grosny weitere 24 Personen ums Leben kamen, beschrieb die *Welt* als einen »Akt des antiterroristischen Widerstandes«.[24]

Im Laufe der Zeit, auch durch die eigenen Erfahrungen mit islamistischem Terror, die einige westliche Länder machen mussten, änderte sich der Ton. Auf den Anschlag auf dem Moskauer Flughafen Domodedowo reagierte man 2011 bestürzt, betroffen und ohne erhobenen Zeigefinger. Islamistischer Terror ist mittlerweile eine weltweite Bedrohung geworden. Im russischen Nordkaukasus ist heute die Gruppe »Nordkaukasus-Kalifat« aktiv, die sich mit der Terrororganisation »Islamischer Staat« verbunden fühlt. Ungefähr 2000 Personen mit einem russischen Pass, überwiegend Tschetschenen, sollen bereits für den »Islamischen Staat« in Syrien, Libyen und dem Irak kämpfen. 2015 begann Russland, sich zur Abwehr terroristischer Bedrohungen militärisch in Syrien zu engagieren. Es versucht, durch Luftschläge sowie durch die Unterstützung des syrischen Präsidenten Assad, die Terrormiliz »IS« zurückzudrängen und zu schlagen.

Russland kämpft indes mit einer zunehmenden Islamfeindlichkeit. Das Gros der russischen Bevölkerung möchte Nordkaukasier heute am liebsten nicht mehr als Mitbürger haben.[25] Andrej Kusnezow, einer der Begründer der nationalistischen »Bewegung gegen illegale Einwanderung«, sagte: »Der Krieg im Kaukasus ist in unseren Städten angekommen. Wir schicken denen Geld, die schicken uns Terroristen (...). Die Erfahrungen in Deutschland und Frankreich zeigten, dass sich Muslime nicht assimilieren. Wir müssen ihnen den Zugang verbieten.«[26] Wladimir Schirinowski, wortgewaltiger Populist, Führer der Liberaldemokratischen Partei Russlands und Duma-Vizepräsident, erklärte drastisch: »Wir scheißen auf den Kaukasus. Er hängt uns schon lange zum Hals raus.«[27] Als zum Ende des Fastenmonats Ramadan im Juli 2015 das Moskauer Zentrum gesperrt wurde und Zehntausende dort gemeinsam das Fastenbrechen begingen, waren die sozialen Netzwerke voller Hetztiraden gegen die Muslime.

Zu Besuch in Dagestan

Die russische Führung bemüht sich, die muslimischen Mitbürger nicht zu verprellen und zu demonstrieren, dass Normalität im Nordkaukasus eingekehrt ist. Doch der Konflikt ist nicht befriedet, er hat sich auf die Nachbarrepubliken Tschetscheniens ausgedehnt. Trotz vieler Hilfsprogramme gehört der Nordkaukasus zum Armenhaus der Russischen Föderation.

2010 flogen wir nach Machatschkala, der Hauptstadt Dagestans. Nach dem Auseinanderbrechen der Sowjetunion haben sich viele der Teilrepubliken eigene Fluglinien zugelegt, so auch die Republik Dagestan. Der Flug in einer »Tupolew 134« dauerte von Moskau aus zwei Stunden. Das Flugzeug war 30 Jahre alt, die Innenausstattung verschlissen, die Sitze durchgesessen. Ein Steward in einem durchgeschwitzten Hemd forderte die Fluggäste gemäß den internationalen Flugregeln pflichtgetreu auf, sich anzuschnallen. An unseren Sitzen fehlten jedoch die Gurte. Während des Fluges öffneten sich immer wieder die übervollen Fächer für das Handgepäck. Ab und zu fielen Gepäckstücke heraus. Die Schlösser funktionierten seit langem nicht mehr. Eine Gruppe junger Männer, gleich vor mir, hatte sich reichlich mit Wodka eingedeckt, sie begannen, laut zu streiten. Den schwitzenden Steward störte es nicht.

Ali Muchamedow, ein dagestanischer Geschäftsmann, hatte uns eingeladen. Er holte uns vom Flughafen ab, und wir fuhren ins Stadtzentrum von Machatschkala. Die Situation sei nicht einfach, berichtete Ali. Erst vor wenigen Tagen habe es ein Attentat auf den dagestanischen Minister für religiöse und nationale Angelegenheiten gegeben. »Dessen Fahrer hat es dabei erwischt«, sagte Ali, »der Minister selbst hat Glück gehabt!« Religionsminister in Dagestan zu sein, ist ein undankbarer Job. Zu sowjetischen Zeiten lebten die Völkerschaften hier weitestgehend friedlich miteinander. Es spielte keine Rolle, ob sie Muslime, Juden oder russisch-orthodoxe Christen waren. Ohnehin war der Atheismus die »Staatsreligion«. Heute hat sich vor allem der Islam politisiert.

Ali tat alles, was in seiner Macht stand, um dafür zu werben, dass mehr ausländische Investoren und Touristen nach Dagestan kommen. Das Klima hier am westlichen Ufer des Kaspischen Meeres sei hervorragend, es gebe einen großen Hafen, der Iran, Turkmenistan und Aserbaidschan seien nahe. Wir haben uns dann tatsächlich wohlgefühlt in Dagestan, und das vor allem aufgrund der überwältigenden Gastfreundschaft und der grandiosen Berglandschaft. Gleichzeitig hatten wir aber das Gefühl, dass die Region vor einem Kollaps steht. Überall trifft man auf junge Leute, die keine Arbeit haben, ein Sammelbecken für Unzufriedenheit und Kriminalität. Am Freitag versammelte sich vor der neu errichteten Hauptmoschee der Stadt eine unüberschaubare Menschenmenge. Die Moschee bietet Platz für über 1000 Gläubige, aber auch der Platz vor dem Gebetshaus war überfüllt. »Es werden von Woche zu Woche mehr, die das Freitagsgebet besuchen«, sagte Ali. »Vor allem junge Leute, die früher nicht gekommen sind, gehen heute in die Moschee. Sie wollen den Russen damit zeigen, dass sie nicht zu Russland gehören.« Der Islam wird sich in Russland weiter ausbreiten. Tschetschenien und Dagestan weisen heute schon die höchsten Geburtenraten aller russischen Provinzen auf. Wie Europa steht auch Russland vor einem gewaltigen demografischen Wandel. Bis 2050 könnte der Islam in Russland so zur Religion mit der größten Anzahl an Anhängern werden.[28]

Der Ferne Osten und die Demografie

Mit Ausnahme der Regionen, wo es eine muslimische Bevölkerungsmehrheit gibt, gehen die Einwohnerzahlen in Russland drastisch zurück. Bereits heute fehlen gut ausgebildete Arbeitskräfte in Forschung, Bildung und Medizin. Die Arbeitsmärkte schrumpfen, soziale Systeme mit entsprechender Infrastruktur zerfallen. Nirgendwo ist das in Russland sichtbarer als in Sibirien und im Fernen Osten.

Zwei Eisenbahnstrecken verbinden Moskau mit Russisch-Fernost, die Transsibirische Eisenbahn und, nördlicher verlaufend, die Baikal-Amur-Magistrale. Unsere erste Fahrt mit der Transsibirischen Eisenbahn war unsere längste Bahnfahrt überhaupt. Nachdem der Zug den Bahnhof in Moskau verlassen hatte, brauchte er eine Woche, bevor er in Wladiwostok, am anderen Ende Russlands, ankam. Der Bahnhof von Wladiwostok ist ein Kleinod. Aufwendig restauriert, bildet er den Mittelpunkt der Stadt. Obwohl Wladiwostok 9259 Kilometer von Moskau und nur 100 Kilometer von der chinesischen Grenze entfernt liegt, ist es eine europäische Stadt. Und doch scheint etwas anders zu sein. Wir standen auf dem Bahnhofsvorplatz und konnten uns das Fremdheitsgefühl zunächst nicht erklären. Erst als wir in ein Taxi stiegen, wurde es uns klar. Die meisten Autos in Wladiwostok haben das Steuer auf der rechten Seite. Zehntausende von Gebrauchtwagen aus Japan bestimmen das Stadtbild. Jeden Tag legen Schiffe aus dem Land der aufgehenden Sonne an, die den schier unendlichen Bedarf der Russen an westlichen Autos bedienen. Selbst die Reaktorkatastrophe im japanischen Fukushima, im März 2011, unterbrach die Lieferungen nur kurz.

Wo immer wir in Sibirien und im Fernen Osten unterwegs waren, bot sich ein ähnliches Bild. Großstädte wie Wladiwostok, Krasnojarsk oder Nowosibirsk boomen. Hier lassen sich Geschäfte machen, es gibt einen neuen Mittelstand, und mancherorts denkt man, man sei irgendwo in Osteuropa, nicht aber im asiatischen Teil Russlands. Doch abseits der großen Städte, wo während der Zeit der Sowjetunion Arbeitersiedlungen um Industriebetriebe, Kraftwerke oder Bergwerke angelegt worden waren, ist die Tristesse kaum zu überbieten: Die Fabriken arbeiten seit 20 Jahren nicht mehr, aber die Menschen blieben zurück. Heute braucht sie niemand mehr. Ihre Siedlungen verfallen, die Alten sterben, die Jungen wandern in Russlands Großstädte ab.

Einer der Vizegouverneure Wladiwostoks berichtete von dem Druck aus China. Zunehmend kommen chinesische Gastarbeiter in die Region. Auch chinesische Firmen drängen auf den Markt. Im Fernen Osten und in Sibirien leben nicht mehr genug Russen, um den enormen Ressourcenreichtum der Region nutzbar zu machen. Nach Berechnungen von UN-Experten könnte die Bevölkerung Russlands bis zum Jahr 2050 von heute 143 Millionen um ein Viertel auf 109 Millionen, und bis 2100 auf knapp 62 Millionen schrumpfen.[29] Im flächenmäßig größten Staat der Erde würde dann weniger als ein Prozent der Weltbevölkerung leben. Die Bevölkerung im Nachbarstaat China wird hingegen weiter wachsen.

Vor der »Lubjanka«, dem einstigen Sitz des KGB, erinnert heute ein Denkmal an die Opfer des Stalinismus.

Russland und der Stalinismus

Bis 1991 war der fernöstliche Bezirk Magadan Sperrgebiet. Er ist fast halb so groß wie Europa und war in der Stalin-Ära das einzige Gebiet der Sowjetunion, in dem es keine Räte (Sowjets) als Kommunalverwaltung gab. Die gesamte Region bestand ausschließlich aus Straflagern. Der Archipel Gulag hatte sich unter Stalin bis in den letzten Winkel der Sowjetunion ausgebreitet. Wir machten Halt an einem ungewöhnlichen Denkmal. Seit 1996 erinnert die »Maske der Trauer«, ein 15 Meter hohes Monument des Bildhauers Ernst Neiswestny, auf einem Berghang über Magadan, an die Opfer der Stalin'schen Repression.

Als Stalin 1953 starb, hatten Zwangskollektivierung, Hungerkatastrophen und roter Terror zwischen zehn und 20 Millionen Menschen das Leben gekostet.[30] 18 Millionen Menschen hatten die Arbeits- und Straflager durchlaufen. Weitere sechs Millionen waren verbannt worden.[31]

Es gibt in Russland nicht viele solcher Mahnmale wie die »Maske der Trauer«. Die Aufarbeitung der Geschichte des Gulag-Systems ist in Russland nach 1991 nur langsam in Gang gekommen. Putin hat ein verhältnismäßig unverkrampftes Verhältnis zu Stalin. Das Land habe sich unter Stalin, dem Sieger im Weltkrieg, grundlegend geändert und sei vom Agrar- zum Industrieland geworden. »Keiner darf einen Stein auf diejenigen werfen, die an der Spitze des Sieges standen und ihn organisiert haben«,[32] sagte er. Dmitri Medwedjew grenzte sich eindeutiger von Stalin ab und nannte dessen Massenverbrechen beim Namen. Zwar habe es Erfolge unter Stalins Herrschaft gegeben, »was seinem eigenen Volk angetan wurde, kann aber nicht verziehen werden«.[33] Film und Fernsehen widmeten sich in den vergangenen Jahren ausführlich dem Stalinismus. Kritische Dokumentarfilme und Reportagen sind populär und werden im russischen Staatsfernsehen zur besten Sendezeit ausgestrahlt. 2004 erschien eine siebenbändige Dokumentensammlung zur Geschichte des Gulag, die Forschern die wichtigsten verfügbaren Quellen zu dem Thema zugänglich macht.[34] Der »Archipel Gulag« von Alexander Solschenizyn gehört heute zur Pflichtlektüre in allen russischen Schulen. Allerdings kommen zunehmend auch wieder Kriegsfilme in Mode, die die Rolle Stalins und der Roten Armee im Zweiten Weltkrieg heroisieren.

Russland in der Welt

Die dennoch nur langsam in Gang gekommene Aufarbeitung der schwärzesten Periode sowjetischer Geschichte hängt viel damit zusammen, dass Stalin die Sowjetunion aus der Sicht vieler ehemaliger Sowjetbürger zu einer Weltmacht gemacht hatte. Nach dem Untergang der Sowjetunion musste sich Russland geopolitisch damit abfinden, diese Rolle verloren zu geben, was eine Art psychologisches Trauma auslöste.

Seit der Jahrhundertwende ist der russische Einfluss auf die Weltpolitik wieder gewachsen. Russland suchte zunächst den Schulterschluss mit dem Westen, und man suchte ihn auf Augenhöhe. Deutschland sollte dabei der wichtigste Partner in Europa sein. 2001 sprach mit Wladimir Putin zum ersten Mal ein russischer Präsident vor dem Deutschen Bundestag. Nur wenige Tage nach dem Terroranschlag von New York betonte er die russische Bereitschaft zur engen Kooperation in Sicherheitsfragen.[35]

Für den Westen ist vieles, was sich in den vergangenen 25 Jahren in Russland entwickelte, schwer zu verstehen. Nach dem Ende des Eisernen Vorhanges ging man davon aus, dass sich das Reich ähnlich wie die neuen Demokratien in Osteuropa gestalten und mehr oder weniger problemlos in das Wertesystem der liberal-demokratischen Staaten einordnen werde. Doch Russland verfügte über keinerlei Erfahrungen mit Demokratie.

Die westliche Presse spitzte ihre Kritik zunehmend zu und berichtete vornehmlich über Themen wie Kriminalität, mangelnde Meinungsfreiheit, autoritäre Strukturen, undurchsichtige Energiepolitik. Das wurde selbst Michail Gorbatschow zu viel, der ansonsten Putins Politik durchaus kritisierte. 2007 verfasste er einen offenen Brief und forderte die Medienmacher im Westen auf, auch das Leben jenseits dieser Klischees zu behandeln. In den Jahren danach wurde der ehemalige sowjetische Staatspräsident noch deutlicher. Während der 2014 ausgebrochenen Ukraine-Krise warnte er vor einem neuen Kalten Krieg. Ein Krieg der Propaganda ist schon ausgebrochen. Schwarz-Weiß-Bilder kommen wieder in Mode. Im deutschen Nachrichtenmagazin *Der Spiegel* konnte man 2015 lesen: »Im Westen das geeinte Europa mit Demokratie und dem Versprechen von Wohlstand für fast alle; im Osten Putins Russland, korrupt, kriegerisch, in der Hand von Oligarchen und Geheimdienstlern.«[36]

Putin seinerseits hatte seit längerem das Interesse verloren, ständig über Werte- und Demokratiefragen zu diskutieren. Er machte klar, dass sein Land auch andere Optionen als die einer Kooperation mit dem Westen hat. 2006 war Putin mit einer knapp 1000 Mitglieder zählenden Delegation nach Peking gereist und dort wie ein Zar empfangen worden. Auch das zunehmende Engagement Russlands in der Gruppe der BRICS-Staaten – die Abkürzung steht für die Anfangsbuchstaben der Länder Brasilien, Russland, Indien, China und Südafrika – zeigt, dass man sich auch noch anders orientieren kann.

Bis 2014 hatten Russland und der Westen versucht, gebaute Brücken nicht abzureißen. Russland war Mitglied in der »G8«-Gruppe der führenden Industrienationen. Die sicherheitspolitische Zusammenarbeit fand innerhalb des NATO-Russland-Rates statt. Die Ukraine-Krise änderte alles. Anschaulich wurde das am 9. Mai 2015 bei der Militärparade anlässlich des 70. Jahrestages des Endes des Zweiten Weltkrieges auf dem Roten Platz. Wladimir Putin saß einträchtig neben dem chinesischen Präsidenten, die westlichen Staatschefs waren abwesend. Die Eiszeit in den Beziehungen des Westens zu Russland kann aber nicht von Dauer sein. Die USA, die Europäische Union und Russland stehen vor den gleichen Bedrohungen. Unübersehbar wurde dies im November 2015. Islamistische Terroristen brachten über Ägypten zunächst ein russisches Passagierflugzeug zum Absturz, mit dem Touristen vom Roten Meer nach St. Petersburg zurückkehren wollten. Von den 224 Passagieren und Besatzungsmitgliedern überlebte niemand die Katastrophe. In Paris verübten wenig später Mitglieder der Terrororganisation »Islamischer Staat« bereits zum zweiten Mal innerhalb des Jahres 2015 koordinierte Anschläge. 130 Menschen verloren dabei ihr Leben. Seit diesen tragischen Ereignissen bemühen sich Russland, die USA und die Europäische Union, zu einer sicherheitspolitischen Allianz im Kampf gegen Islamismus und Terror zu finden. Es wird dabei Rückschläge geben, wie der Abschuss eines sich im türkischen Luftraum befindlichen russischen Kampfflugzeugs durch die türkische Luftwaffe im November 2015 vor Augen führte. Die Lage im Nahen und Mittleren Osten ist von schwierigen Interessenskonflikten geprägt. Doch in der Konsequenz geht es um nichts Geringeres als die erforderliche Herstellung einer neuen Sicherheitsstruktur für das 21. Jahrhundert. Putin kann sich bestätigt fühlen. Durch den in den vergangenen Jahren aufgekommenen Islamismus dürften die Divergenzen zwischen Russland und dem Westen in den Hintergrund treten. Durch den gemeinsamen Feind finden beide wieder zusammen. Der Westen ist auf ein stabiles Russland zur Abwehr islamistischer Gefahren angewiesen und kann auch aus wirtschaftlichen Gründen auf den großen Markt schlecht verzichten. Für Russland hingegen kamen Modernisierungsschübe schon immer aus Europa. Insofern ist es nicht ausgeschlossen, dass sich Europa und Russland in einigen Jahren in einer neuen europäischen Partnerschaftsstruktur wiederfinden, welche dann auch die transatlantischen Beziehungen neu definiert.

Weißrussland

Sowjetische Vergangenheit im Wald von Kurapaty

Das Ende der Sowjetunion wurde in Weißrussland herbeigetrunken. So kolportierte die Presse das Treffen zwischen den Staatsoberhäuptern der Noch-Sowjetrepubliken Russland, Ukraine und Weißrussland am 8. Dezember 1991 in einem weißrussischen Regierungserholungsheim in Beloweschsk bei Minsk.[1] Hier hatten sich Boris Jelzin, sein ukrainischer Kollege Leonid Krawtschuk und der Vorsitzende des Obersten Sowjets Weißrusslands, Stanislaw Schuschkewitsch, getroffen, um in einer gemeinsamen Erklärung die Gründung der GUS zu besiegeln. Schuschkewitsch erinnert sich an das historische Ereignis: »Unser Treffen war sehr sowjetisch organisiert. Also besorgte mein Premier, der es vorbereitete, viel Wodka und anderen Alkohol, ließ die Sauna anheizen, bestellte Masseure. Er dachte, wir trinken nur.«[2] Doch dieses Saunagelage besiegelte das Ende der Sowjetunion.

Wie überall in der UdSSR gärte es seit Ende der 1980er Jahre auch in der Weißrussischen Sozialistischen Sowjetrepublik. Die wirtschaftliche Lage war trostlos. Die Bevölkerung verlangte unter anderem Aufklärung über die Folgen des Reaktorunglückes von Tschernobyl, von dem Weißrussland besonders betroffen war. Zudem forderten im Zeitalter von Glasnost viele eine ehrliche Beschäftigung mit der Geschichte.

Die sowjetische Vergangenheit lag für viele Weißrussen in Kurapaty, einem Waldgelände, nicht weit von Minsk entfernt. Dort hatte der sowjetische Geheimdienst NKWD in den Jahren der »Säuberungen« ab 1937 Zehntausende Menschen erschießen und verscharren lassen. Ähnlich wie im Fall von Katyn (Russland), wo die sowjetische Geheimpolizei im Mai 1940 ein Massaker an Tausenden Polen verübt hatte, behauptete die Sowjetpropaganda auch für Kurapaty, dass es sich bei den Begrabenen um Opfer des deutschen Überfalls auf die Sowjetunion und somit ein Verbrechen Hitlerdeutschlands handelte.

Als der weißrussische Historiker Sjanon Pasnjak 1988 seine Forschungsarbeiten zu Kurapaty publizierte und der Öffentlichkeit bekannt wurde, wer für die Zehntausenden Toten in dem Waldgelände tatsächlich verantwortlich war, ging ein Aufschrei

Land	Weißrussland/Belarus
Hauptstadt	Minsk mit ca. 1,9 Millionen Einwohnern
Größe	207 600 km²
Bevölkerung	9,48 Millionen (Stand 2015)
Landessprachen	Amtssprachen sind Belarussisch und Russisch, Verkehrssprache ist Russisch
Religionen	russisch-orthodox (überwiegend), römisch-katholisch (circa 20 Prozent), vereinzelt jüdische und islamische (tatarische) Gemeinden
Währung	Belarussischer Rubel (1 EUR = ca. 18952 BYR, Kurs vom 10. 11. 2015)
Datum der Unabhängigkeit	27. 7. 1990
Staats-/Regierungsform	Präsidialrepublik
Staatsoberhaupt	Alexander Lukaschenko, Präsident der Republik
Staatsoberhäupter seit Unabhängigkeit	25. 8. 1991 – 26. 1. 1994 Stanislaw Schuschkewitsch 26. 1. 1994 – 28. 1. 1994 Wjatscheslaw Kusnezow 28. 1. 1994 – 20. 7. 1994 Mjatscheslaw Gryb seit dem 20. 7. 1994 Alexander Lukaschenko
Regierungschef	Andrej Kobjakow
Regierungschefs seit Unabhängigkeit	19. 9. 1991 – 21. 7. 1994 Wjatscheslaw Kebitsch 21. 7. 1994 – 18. 11. 1996 Michail Tschigir 18. 11. 1996 – 18. 2. 2000 Sergej Ling 18. 2. 2000 – 1. 10. 2001 Wladimir Jermoschin 1. 10. 2001 – 10. 7. 2003 Chenaz Nawizki 10. 7. 2003 – 28. 12. 2010 Sergej Sidorski 28. 12. 2010 – 27. 12. 2014 Michail Mjasnikowitsch seit dem 27. 12. 2014 Andrej Kobjakow
Parlament	Nationalversammlung mit 110 Abgeordneten in der Repräsentantenkammer und 64 Deputierten im Rat der Republik
Regierungsparteien	(in diesem Fall der Regierung nahestehend) Agrarpartei, Belarussische Sozial-Sportliche Partei, Kommunistische Partei von Belarus, Liberaldemokratische Partei von Belarus, Republikanische Partei für Arbeit und Gerechtigkeit, Belarussische Patriotische Partei, Republikanische Partei
Opposition	(nicht im Parlament vertreten): Partei der Belarussischen Volksfront, Vereinigte Bürgerpartei, Belarussische Partei der Linken »Gerechte Welt«, Belarussische Sozialdemokratische Partei, Konservativ-Christliche Partei Belarussischen Volksfront, Sozialdemokratische

	Partei der Volkseintracht, Belarussische Partei Die Grünen
Mitgliedschaft in internationalen Organisationen (u. a.)	UNO, Europäische Bank für Wiederaufbau und Entwicklung, Internationale Arbeitsorganisation, IAEO, IWF, OSZE, Euro-Atlantischer Partnerschaftsrat, NATO-Partnerschaft für den Frieden, UNESCO, UNICEF, Weltbank, WHO
Bruttoinlandsprodukt	57,34 Mrd. Euro (2014, Berechnung von Eurostat)

des Entsetzens und der Empörung durchs Land. Im Juni 1988 versammelten sich Tausende von Demonstranten in Kurapaty, um gegen die Sowjetherrschaft zu demonstrieren. Sie stellten einfache Holzkreuze im Wald auf, die zu Denkmälern für die Freiheit wurden. Aus der Protestbewegung um Kurapaty entstand eine Unabhängigkeitsbewegung, die »Weißrussische Volksfront«, zu deren Begründern Sjanon Pasnjak und der Schriftsteller Wassil Bykau gehörten. Die antirussisch geprägte Volksfront hatte zunächst enormen Zulauf.

Pasnjak, Bykau und andere setzten sich für eine Renaissance der weißrussischen Sprache ein, die im Januar 1990, neben dem Russischen, Amtssprache in Weißrussland wurde. Deklination und Konjugation der weißrussischen Sprache entsprechen zum größten Teil dem Russischen. Unterschiede gibt es im Wortschatz. In der weißrussischen Sprache finden sich viele Vokabeln, die dem Ukrainischen und dem Polnischen nahe sind. Russisch und Weißrussisch werden von den jeweiligen Muttersprachlern aber gegenseitig zu 70 bis 80 Prozent verstanden.

Allerdings dominiert bis heute Russisch das Alltagsleben in der früheren Sowjetrepublik. Dialekte des Weißrussischen sind vor allem auf dem Land verbreitet, wo außerdem oft auch »Trasjanka« gesprochen wird, eine Mischung aus Russisch und Weißrussisch. Die ursprüngliche Bezeichnung von »Transjanka« bedeutet »Viehfutter« und zeigt die negative Assoziation damit. Wer den Sprachmix verwendet, gilt als ungebildet und dörflich. Weißrussland, wo heute knapp zehn Millionen Menschen zu Hause sind, besaß, mit einer kurzen Ausnahme im Jahre 1918, niemals eine eigene Staatlichkeit. Im frühen Mittelalter gehörte das Gebiet zur Kiewer Rus, im 14. Jahrhundert wurde es Teil des Doppelstaates Polen-Litauen, und 1795 geriet es unter zaristische Herrschaft. Im Jahre 1917 gelang Weißrussland im Zuge des Verlaufes des Ersten Weltkrieges und der Ereignisse um die Oktoberrevolution die Loslösung von Russland. Anfang 1918 marschierte die deutsche Armee in Minsk ein. Infolgedessen wurde im März 1918 die Weißrussische Volksrepublik ausgerufen, die aber nur ein halbes Jahr existierte. Die Weißrussische Volksfront erreichte 1990, dass die rot-weiße Fahne und das Wappen dieser Kurzzeitrepublik, ein Ritter auf einem silbernen Pferd, die Hoheitssymbole des neuen Weißrusslands wurden.

Erste Schritte in die Unabhängigkeit

Wie im Baltikum herrschte während der Perestroika auch in Weißrussland Aufbruchstimmung. Antol, der Vater unseres litauischen Freundes Antanas, hat dort einen Bekannten, mit dem er sich seit Sowjetzeiten regelmäßig zum Angeln, einer Art Volkssport in der gesamten früheren Sowjetunion, trifft. Alesch Sidaruk wurde in einem Dorf 60 Kilometer von Minsk entfernt geboren. Er hatte in Moskau Mathematik studiert und arbeitete danach als Professor an der Staatlichen Universität in Minsk. Wir trafen ihn zum ersten Mal 2006, 15 Jahre nachdem Weißrussland seine Unabhängigkeit erlangt hatte. »Die Leute der damaligen Volksfront waren guten Willens, aber zu weit weg von der Realität in unserem Land. Sie waren alles: Künstler, Intellektuelle, Nationalisten und Patrioten, nur keine guten Politiker. Sie wollten, dass wir uns vollkommen von Russland lossagen. Wie hätte das gehen sollen?«

Unmittelbar nach der Niederschlagung des Putsches gegen Michail Gorbatschow erklärte der Oberste Sowjet Weißrusslands am 26. August 1991 die Gründung der Republik Weißrussland. Erstes Staatsoberhaupt des unabhängigen Weißrusslands wurde Stanislaw Schuschkewitsch, bis dahin weißrussischer Abgeordneter im sowjetischen Parlament in Moskau und zu Hause in Minsk ein angesehener Physiker und Mathematiker. Schuschkewitsch gehörte bis 1991 der KPdSU an. Seine Regierung wurde von früheren kommunistischen Kadern mit Ministerpräsident Wjatscheslaw Kebitsch an der Spitze dominiert, die nur zögerlich einen marktwirtschaftlichen Kurs einschlugen und keine Abkehr von Russland wollten. Pasnjaks Volksfront blieb die Rolle der Opposition. Sie schaffte es nicht, ihre Kräfte zu bündeln und die Macht in Weißrussland zu übernehmen, sondern blieb ausschließlich auf die Rolle eines Kritikers beschränkt. Die neue weißrussische Führung, so wetterte Sjanon Pasnjak 1992, kette »die Republik an die kranke russische Wirtschaft«.[3]

Unser Freund Alesch kannte den neuen weißrussischen Staatschef Schuschkewitsch noch aus Studienzeiten: »Er hatte nie zu den Hardlinern unter den Kommunisten gehört. Er wusste, dass die Planwirtschaft abgewirtschaftet hat. Aber ihm war auch klar, dass Weißrussland ohne Moskau verloren wäre. Woher sollten wir denn unsere Energie und unseren Strom beziehen, wenn nicht aus Russland? Im Westen hat sich damals niemand für uns interessiert.«

Aber nach drei Jahren an der Macht drohte Schuschkewitsch zu scheitern. Die beibehaltene straffe staatliche Lenkung der Wirtschaft ließ sich nicht mit den versprochenen marktwirtschaftlichen Reformen in Einklang bringen. Es kam zu Engpässen in der Rohstoffversorgung und regelmäßigen Stromabschaltungen. Die Regierung versuchte, die Beschäftigung in den Staatsbetrieben durch die Vergabe billiger Kredite aufrechtzuerhalten, ohne diese indirekten Subventionen im Staatsbudget zu erfassen.[4] Doch die Staatsbetriebe produzierten nichts mehr, was sich exportieren ließ. Früher hatte die weißrussische Sowjetrepublik die anderen Republiken der UdSSR mit begehrten Industriegütern wie Traktoren und Lastkraftwagen versorgt. Fernseher der Marke »Horizont« oder Kühlschränke der Marke »Minsk«, die aus Weißrussland stammten, waren in der gesamten UdSSR begehrt und deshalb Mangelware. Dieser Markt war zusammengebrochen. Weißrussland musste jedoch nach wie vor alle Rohstoffe, vor allem Öl und Gas, aus Russland importieren. Schuschkewitsch fühlte, dass sein Land in nicht vorhersehbare Turbulenzen geraten könnte, wenn man sich von der russischen Währung abkoppelte. Er versuchte, in der Rubel-Zone zu bleiben. Parallel dazu führte Weißrussland 1992 eigenes Geld ein. Es kam zu einer paradoxen Situation. Zwischen 1992 und 1993 konnte man in Weißrussland offiziell sowohl mit dem neuen weißrussischen wie auch mit dem russischen Rubel zahlen. Allerdings gab es keine Koordination zwischen der russischen und der weißrussischen Geldpolitik. Die Regierung in Minsk wurde von Moskau vorab nicht einmal über die Geldreform und die damit verbundenen Umtauschaktionen, die im

Sommer 1993 in Russland stattfanden, informiert. Das neue weißrussische Geld, im Volksmund wegen der auf den Banknoten abgebildeten Tiermotive als »Hasenrubel« verspottet, entwickelte sich innerhalb weniger Monate hochinflationär. 1993 lag die Inflation in Weißrussland bereits bei über 1000 Prozent. 1994 überstieg sie sogar die 1200-Prozent-Marke. Erst 1995 sank sie deutlich, 1996 betrug sie »nur« noch 52,7 Prozent.[5] Das lag allerdings allein daran, dass der Wert von der inzwischen unter staatlicher Kontrolle stehenden Nationalbank festgesetzt wurde, auf dem Schwarzmarkt wertete der weißrussische Rubel weiterhin stark ab.

Ein Privatisierungsprogramm für die maroden Staatsunternehmen lief nur schleppend an. Wenn überhaupt, kauften ehemalige Kader der Kommunistischen Partei, die in der Regel als Direktoren in den Betrieben verblieben waren, die Unternehmen für einen Bruchteil ihres Wertes, oder sie verkauften auf eigene Rechnung alles, was in dem Staatsunternehmen nicht niet- und nagelfest war. Staatsbeamte verdienten daran kräftig mit, Schuschkewitschs Führungsriege war korrupt.

Lukaschenko an der Macht

Es brauchte deshalb nicht lange, bis sich jemand fand, der es mit populistischer Begabung verstand, innerhalb weniger Monate eine Bedrohung für die Macht des amtierenden Präsidenten Stanislaw Schuschkewitsch zu werden. Ein 39-jähriger Mann, Alexander Lukaschenko, wurde zu seinem ärgsten Widersacher. Lukaschenko gehörte dem Parlament Weißrusslands an und leitete 1993 dessen Anti-Korruptions-Komitee. Geschickt nutzte er die Unterstützung von Pasnjaks Volksfront, um gegen den Staatschef vorzugehen und sich selbst als neuer »starker Mann« zu profilieren. Schließlich sollten 1994 die ersten demokratischen Präsidentschaftswahlen in Weißrussland stattfinden, und Lukaschenko plante seine Kandidatur. Er bezichtigte den amtierenden Präsidenten Schuschkewitsch der Korruption, woraufhin dieser eine Vertrauensabstimmung im Parlament und damit sein Amt verlor. Für ein halbes Jahr, zwischen Januar und Juli 1994, amtierte der Altkommunist Mjatscheslaw Gryb als weißrussisches Staatsoberhaupt.

Bei den Präsidentschaftswahlen am 23. Juni 1994 unterlagen der ehemalige Staatschef Stanislaw Schuschkewitsch sowie der gleichfalls kandidierende Ministerpräsident Wjatscheslaw Kebitsch dem dynamisch und wortgewaltig auftretenden Herausforderer deutlich. Lukaschenko wurde zum neuen Präsidenten gewählt, und seitdem hat er das Amt nicht wieder hergegeben.

Bei den folgenden Präsidentschaftswahlen erzielte der zunehmend autoritärer regierende Lukaschenko nach offiziellen Angaben jeweils 75,6 Prozent (2001), 82,6 Prozent (2006), 79,65 Prozent (2010) und 83,5 Prozent (2015). Internationale Beobachter bezeichneten die Wahlen jedoch überwiegend als unfrei. Der Vorwurf der Wahlfälschung stand nach jeder Wiederwahl im Raum. Im Vorfeld der Wahlen kam es immer wieder zu Einschüchterungsversuchen oder polizeilicher Gewalt gegen Kandidaten der Opposition, Proteste und Kundgebungen wurden stets gewaltsam beendet. Lukaschenko sei »brutal und kaum gebildet«,[6] sagt dessen Amtsvorgänger Schuschkewitsch.

Lukaschenko selbst gab übrigens zu, die Wahlen 2006 gefälscht zu haben. Allerdings, so sagte er auf einer Pressekonferenz, habe er das Ergebnis nach unten korrigiert, um es »europäischer erscheinen zu lassen«.[7]

Der 1954 im weißrussischen Kopys geborene Lukaschenko ist ein Kind der Sowjetunion und ihrer Ideologie. Zur Sowjetzeit arbeitete er u.a. als Polit-Instrukteur bei der Armee sowie als Direktor eines Landwirtschaftsbetriebes, weshalb er auch als »schlauer Bauer« bezeichnet wird.

Eine der ersten Amtshandlungen Lukaschenkos war die Abschaffung der auf Betreiben der Weißrussischen Volksfront 1990 eingeführten neuen Staatssymbole Weißrusslands. Zwar hatte er die mittlerweile zersplitterte und zerstrittene Volksfront-Opposition genutzt, um gegen seinen Vorgänger Schuschkewitsch zu intrigieren, doch ihn verband herzlich wenig mit Intellektuellen wie Pasnjak. Er verachtete sie wegen ihrer Unfähigkeit, selbst Macht zu übernehmen und zu gestalten.

Weißrussland, das von Lukaschenko seit 1994 mit harter Hand geführt wird, entwickelte sich unter ihm in den Augen seiner Landsleute zunächst politisch und wirtschaftlich zufriedenstellend. Seit Mitte der 1990er Jahre verzeichnete man ein stetiges Wirtschaftswachstum, und das, obwohl von marktwirtschaftlichen Reformen, die zu Beginn der 1990er Jahre eingeführt worden waren, so gut wie nichts mehr übriggeblieben ist. Lukaschenko setzt auf Planwirtschaft, die Landwirtschaft wird staatlich subventioniert. Es gibt Fünf-Jahres-Wirtschaftspläne.

Der Export, vor allem nach Russland, nahm an Fahrt auf. Die Russen und andere frühere Sowjetrepubliken kauften wieder weißrussische Lastwagen der Marke »MAS«.[8] Die ehemaligen Kühlschränke der Marke »Minsk« fanden unter dem neuen Markennamen »Atlant« guten Absatz in den GUS-Staaten. Doch der Ukraine-Konflikt macht auch Weißrussland zu schaffen. Die Wirtschaftskrise in Russland lässt die Exporte dorthin einbrechen. Die weißrussische Nationalbank prognostiziert für 2016 eine Inflationsrate von 16 Prozent.

Ein stabiler Pfeiler der Wirtschaft ist allerdings nach wie vor die Rüstungsindustrie. Sie hat bei Interessenten einen guten Ruf. Bei einer Waffenmesse im Jahre 2011 in Abu Dhabi präsentierte Weißrussland einen eigenen mobilen Luftabwehrkomplex, eigene Raketenentwicklungen sowie ein neues Mehrzweck-Waffensystem.[9] 2015 kündigte Lukaschenko zudem an, auch mit der Produktion von Hubschraubern, Flugzeugen und Panzertechnik beginnen zu wollen.

Lenin und »McDonald's«

In Weißrussland hat man oft das Gefühl, die Sowjetunion sei nie untergegangen. Lediglich »McDonald's« auf der Minsker Straße der Unabhängigkeit stört dieses Bild etwas. Lukaschenko hat sich ein eigenes, kleines Sowjetreich geschaffen und sich, soweit es ging, von der zusammenwachsenden Welt abgeschottet. Alles, was die Globalisierung an Verwerfungen mit sich brachte, ging recht lange an Weißrussland vorbei. Es ist das einzige Land des früheren Sowjetreiches, das ein beinahe ungebrochenes Verhältnis zur alten Sowjetunion pflegt. Lenin-Denkmäler gehören zu den Stadtbildern, die Uniformen der Armee ähneln den sowjetischen Uniformen fast eins zu eins. Lukaschenko liebt Militärparaden, Sportfeste und Schulolympiaden.

Aber in der Hauptstadt Minsk sowie in den größeren Städten des Landes, wie Gomel oder Mogiljow, gibt es auch Kontrastprogramme zu sehen. Moderne Restaurants, Klubs, weißrussische Bands und eine lebendige Subkultur gehören heute genauso dazu. Allerdings beschränkt sich die Wahrnehmung im übrigen Europa überwiegend auf Lukaschenko und die Auswüchse seiner autoritären Politik.

Blick auf Minsk

Aleschs Sohn Feliks, der als Journalist bei einer Minsker Tageszeitung arbeitet, meinte uns gegenüber: »Ich denke manchmal, dass Ihr aus dem Westen nur die Dinge seht, die in Eure vorgefasste Schablone passen. Ich kann freier schreiben, als Ihr denkt. Es gibt eine ›rote Linie‹, die kann niemand hier übertreten. Die Linie heißt Lukaschenko. Ansonsten ist Kritik in Maßen durchaus erlaubt.«

Unsere Wahrnehmung ist allerdings eine andere. Eine Stunde weißrussische Nachrichten genügten, und wir fühlen uns in die Sowjetunion zurückversetzt. Der Nachrichtensprecher berichtet von Ernteeinsätzen und Plansolls, danach sieht man Lukaschenko eine Fabrik besichtigen. Ein Jugendchor, das Kulturensemble des Werks, singt zu diesem Anlass patriotische Lieder.

Minsk ist eine der saubersten Städte Osteuropas, die Grünanlagen sind gepflegt, die Menschen schienen lange Zeit zufrieden mit ihrem Leben zu sein. Bei einem direkten Vergleich des Lebensniveaus in Russland und in Weißrussland schneidet Alexander Lukaschenkos Reich besser ab. Eine russische Internetzeitung kommentierte: »Es gibt – erstaunlich aber wahr – ein Wohlstandsgefälle zugunsten von Weißrussland. Bescheiden, aber trotzdem deutlich, besonders, wenn man auf der russischen Landstraße an Kolchosruinen und zerfallenen Dörfern vorbei nach Weißrussland hinein fährt, wo sogar die Kantsteine schön weiß gekalkt und die Zäune frisch gestrichen sind (...). Und für die Menschen auf der weißrussischen Insel ist es offensichtlich ziemlich wichtig, was sie mit eigenen Augen um sich herum sehen können. Es spricht mehr für die Insel.«

Die meisten Weißrussen, so unser Eindruck, wollen diese »Insellösung« beibehalten, auch wenn das Land seit 2014 Mitglied der von Russland dominierten Eurasischen Wirtschaftsunion ist.

Russen wie Weißrussen nennen Alexander Lukaschenko, der im Westen als »letzter Diktator Europas« gilt, manchmal liebevoll, manchmal ironisch »Batka« – das »Väterchen«. In vielen Ländern der GUS genießt er einen zweifelhaften Kultstatus. Dazu tragen nicht zuletzt die markigen Sprüche bei, für die er bekannt ist. »Besser Diktator als schwul«, sagte Lukaschenko einmal an die Adresse des früheren deutschen Außenministers Guido Westerwelle gerichtet.[10]

»Ziegenböcke, Schurken und Tunten«

Der Popularität Lukaschenkos tat es lange Zeit keinen Abbruch, dass er sich zunehmend autokratisch gebärdete und dass sich das Gerücht, er hätte psychische Probleme, immer mehr verdichtete. »Zu Hause bewunderten wir manchmal, wie er mit euch im Westen und mit den Russen zugleich spielte«, berichtete Alesch. Die Europäische Union hatte Lukaschenko und seinen inneren Zirkel nach den unfreien Präsidentschaftswahlen des Jahres 2006 zu »unerwünschten Personen« erklärt und eine Einreisesperre verhängt. Doch sobald sich Lukaschenko anschickte, EU-Projekte wie die 2008 ins Leben gerufene »Östliche Partnerschaft« zu begrüßen, wurde man in der EU wieder schwach.

Die auf Anregung Polens und Schwedens 2008 begründete »Östliche Partnerschaft« soll die ehemaligen Sowjetrepubliken Armenien, Aserbaidschan, Georgien, Moldawien, die Ukraine und Weißrussland näher an die Europäische Union heranführen. Russland, das sich ausgegrenzt sah, war von Beginn an Gegner dieses Projektes. Bei der Gründung der »Östlichen Partnerschaft« hatten sich jedoch die Staaten in der Europäischen Union durchgesetzt, die eine kritische Position gegenüber Russland befürworten.

Nachdem Alexander Lukaschenko seine Sympathie gegenüber der »Östlichen Partnerschaft« erklärt hatte, wurde er – obwohl eigentlich Persona non grata – vom tschechischen Außenminister 2009 sogar zu einem Gipfeltreffen nach Prag eingeladen.[11] Während der Ukraine-Krise durfte Lukaschenko sogar die Rolle eines Vermittlers einnehmen. In Minsk empfing der einst vom Westen verachtete Autokrat 2015 die Staatsoberhäupter Russlands, der Ukraine, Frankreichs sowie die deutsche Kanzlerin. Seitdem bezeichnet das sogenannte Minsker Abkommen einen brüchigen Waffenstillstandsvertrag zwischen den prorussischen Separatisten in der Ostukraine und der Kiewer Führung. Bei der Begrüßung seiner Gäste überreichte der »letzte Diktator Europas« Bundeskanzlerin Angela Merkel galant einen Blumenstrauß. Für Putin gab es neben einer Umarmung ein freundschaftliches Schulterklopfen.

Doch in Lukaschenko, der westliche Politiker schon mal als »Ziegenböcke«, »Läuse«, »Schurken« oder »Tunten« titulierte und russischen Politikern vorwirft, nur an ihre persönlichen Interessen zu denken, haben weder die Europäische Union noch Russland einen verlässlichen Partner.

Das Verhältnis zu Russland ist seit Jahren ambivalent und angespannt. Lukaschenko hatte mit Boris Jelzin 1997 Verträge über die Gründung eines Russisch-Weißrussischen Föderationsstaates ausgehandelt. Dieser existiert aber de facto nur auf dem Papier. Putin ist zwar daran interessiert, Weißrussland enger an Russland zu binden, allerdings zu russischen Bedingungen. Lukaschenko, der damit geliebäugelt hatte, Präsident einer Russisch-Weißrussischen Föderation zu werden, ist ihm nicht nur zu unberechenbar, sondern auch zu populär. Mehrfach versuchte der Kreml, ihn zu zähmen. 2006 und 2010 kam es jeweils zu einem erbitterten Streit um russische Gaslieferungen, da Russland von den GUS-Ländern Ukraine und Weißrussland Gaspreise verlangte, die nicht mehr subventioniert, sondern dem Weltmarkt angepasst waren. Bis dahin hatte es Preiserlässe gegeben, die es Lukaschenko ermöglichten, der Bevölkerung einen bescheidenen Wohlstand zu sichern und außerdem seinen großen Sicherheitsapparat zu finanzieren. Infolge des Gasstreites war selbst die Gasversorgung der russischen Exklave Kaliningrad bedroht.

Nachdem Russland 2014 die vom Westen verhängten Sanktionen mit Gegensanktionen beantwortete und die Einfuhr von Lebensmitteln aus der EU beschränkt hatte, machte sich

Lukaschenko bei Putin erneut unbeliebt. Auf dem russischen Markt tauchen seit 2014 Lachsfische, Muscheln, Krabben, Oliven, Zitronen oder Orangen »Made in Belarus« auf. Eine erstaunliche Produktpalette für das klimatisch unwirtliche Binnenland. Europäische Produzenten umgehen mit Minsker Hilfe die russischen Importverbote. Seit der Ukraine-Krise gelten Lukaschenkos kritische Äußerungen nun auch vermehrt Russland. So sagte Lukaschenko 2015 auf einer Pressekonferenz: »Ich werde niemals gegen den Westen kämpfen, um Russland zu gefallen.«

Lukaschenko und die Opposition

Zu den Präsidentschaftswahlen im Dezember 2010 hatte Lukaschenkos Administration auch Oppositionskandidaten zugelassen. Von der weißrussischen Opposition, das wusste Lukaschenko, geht keine wirkliche Gefahr aus. Sie ist seit Jahren zerstritten. In den Augen vieler Weißrussen diskreditiert sie sich außerdem dadurch, dass sie die Unterstützung amerikanischer, westeuropäischer und polnischer Organisationen akzeptiert und dass viele Oppositionspolitiker Katholiken sind. Die russisch-orthodoxe Bevölkerungsmehrheit in Weißrussland, immerhin über zwei Drittel der Einwohner, fühlt sich durch sie nicht repräsentiert. Nach offiziellen Angaben aus Minsk gewann Alexander Lukaschenko die Wahlen mit einem Ergebnis von knapp 80 Prozent, eine offensichtlich geschönte Zahl. Zwar genießt Lukaschenko nach wie vor Sympathien, und ein nicht unerheblicher Anteil der Bevölkerung dürfte für ihn gestimmt haben. Unabhängige Umfragen gehen aber von lediglich 35 bis 45 Prozent aus.[12] Würde Alexander Lukaschenko faire und freie Wahlen zulassen, hätte er wahrscheinlich sogar gute Chancen, wiedergewählt zu werden. Doch Lukaschenko war offensichtlich über das Ergebnis so schockiert, dass er die Zulassung oppositioneller Kandidaten bereute. »Es gab so viel Demokratie (vor der Präsidentschaftswahl 2010) – einfach ekelerregend«,[13] sagte er. Indirekt machte er demokratische Tendenzen sogar für einen Terroranschlag verantwortlich, der im April 2011 auf die Metro in Minsk verübt wurde und zwölf Menschenleben forderte. Nach den Präsidentschaftswahlen 2010 ließ Lukaschenko seine Gegenkandidaten und viele Sympathisanten, die zu Protesten aufgerufen hatten, verhaften.

Bei Lukaschenko lagen die Nerven nach der Wahl von 2010 blank. Zudem schlitterte Weißrussland in eine Wirtschaftskrise. Die Bewohner waren 2011 erstmals seit mehreren Jahren mit einer erheblichen Teuerungswelle sowie einer Abwertung des weißrussischen Rubels konfrontiert. Der Devisenmarkt geriet durch Panikkäufe der Bevölkerung massiv unter Druck. Dies war der Beginn einer Versorgungskrise. Importierte Konsumgüter, aber auch Babynahrung wurden knapp. Weißrussland bat den Internationalen Währungsfonds und die Eurasische Wirtschaftsunion um Hilfe. Lukaschenko und seine autokratische Planwirtschaft, so schien es, standen am Anfang vom Ende. Seine Popularität schwand.

Die Ukraine-Krise 2014 kam für Lukaschenko wie gerufen. Geschickt verstand er es, sich als Stabilitätsgarant in Szene zu setzen. »Ukrainische Verhältnisse« in Weißrussland, so beschwor er seine Landsleute, seien mit ihm undenkbar. Nachdem die deutsche Bundeskanzlerin und der französische Präsident, der Not gehorchend, 2015 zu Verhandlungen über die Ukraine-Krise nach Minsk gereist waren, empfand Lukaschenko dies wie eine Art Ritterschlag.

Aus den Präsidentschaftswahlen im Oktober 2015 ging er als unumstrittener Sieger hervor, mit seinem bislang besten Ergebnis: 83,5 Prozent. Die weißrussische Opposition ist traditionell schwach und zerstritten. Lukaschenko gab sich im Vorfeld der Wahl deshalb großzügig. Das Staatsfernsehen durfte neutral über andere Präsidentschaftskandidaten berichten. So hat auch die EU beschlossen, aufgrund des weniger fragwürdig als je zuvor abgelaufenen Wahlkampfes 2015 und der Abstimmung selbst, die Sanktionen ab November 2015 für vorerst vier Monate auszusetzen. Doch inwieweit das »System Lukaschenko« auch in Zukunft funktionieren wird, steht in den Sternen. Weißrussland ist weltweit Spitzenreiter bei ausgestellten Schengen-Visa pro Kopf der Bevölkerung. Die Einflüsse, die von außen kommen, nehmen zu. Das wiederum könnte für Lukaschenkos Machtgefüge früher oder später gefährlich werden.

Ukraine

Geteilt in Ost und West

Als das sowjetische Imperium zusammenbrach, dachten viele, das sei das Ende des Ost-West-Konfliktes in Europa. Doch in einem Land schwelt der Konflikt zwischen Ost und West besonders stark weiter: in der Ukraine. Und es ist nicht einfach ein ideologischer Krieg wie vor 1990, sondern ein Krieg mit Waffen. In der Ukraine sterben seit 2014 Menschen durch Gewehrkugeln und Raketenangriffe, weil das Land unendlich zerrissen ist. Die einen wollen es an den Westen binden, die anderen an den Osten. Kompromissbereit ist keine der beiden Seiten. Dabei gab es nach der Unabhängigkeit der Ukraine Grund zur Hoffnung.

Leonid Krawtschuk war 1991 Vorsitzender des Obersten Sowjets der Ukrainischen Sozialistischen Sowjetrepublik. Er gehörte zu den drei Männern, die im weißrussischen Beloweschsk das Ende der UdSSR besiegelten. Reformbewegungen hatten es vorher in der Sowjet-Ukraine nicht leicht. In Kiew hielten jene Kommunisten die Zügel in der Hand, die als Hardliner innerhalb der KPdSU galten. Bei Leonid Krawtschuk blieb die Macht in der Ukraine zunächst in Funktionärshand. Er war im Parteiapparat der KPdSU groß geworden. Am 1. Dezember 1991 ließ er sich zum ukrainischen Präsidenten wählen. Die alte Verfassung der Sowjet-Ukraine blieb unter ihm nach wie vor in Kraft.

Krawtschuk musste einen Staat mit 46 Millionen Einwohnern zusammenhalten, der historisch nie ein Staat gewesen war. »Ukraina« bedeutet so viel wie »Grenzland«. Ursprünglich handelte es sich dabei nicht um einen ethnischen Begriff. Die Ukraine ist ein Kind der sowjetischen Nationalitätenpolitik. Sie besteht aus zwei verschiedenen Teilen. Der westliche Teil der heutigen Ukraine geriet im 16. Jahrhundert unter polnischen und litauischen Einfluss, während die Ostukraine, die Südukraine und die Schwarzmeerhalbinsel Krim zu Russland gehörten. 1762 errichtete Russland in Sewastopol seinen Schwarzmeer-Kriegshafen. Die heutigen Auseinandersetzungen sind eine Folge der Politik Lenins, Stalins und Chruschtschows. Im Jahre 1954 wurde die Krim von Sowjetführer Nikita Chruschtschow der Ukrainischen Sozialistischen Sowjetrepublik zugeteilt.

Der Osten, wo der russisch-orthodoxe Glaube dominiert, die Krim sowie weite Teile im Süden des Landes sind überwiegend russisch besiedelt und bis heute russischsprachig. Die geografische Grenze bildet der Dnepr. Östlich des Flusses liegen die Industriegebiete und Kohlengruben von Donezk, Dnepropetrowsk und der Stadt Charkow. Dieses Zentrum der Ostukraine war zwischen 1918 und 1934 Hauptstadt der Sowjet-Ukraine. Dann ließ Stalin die Hauptstadt nach Kiew verlegen.

Das Zentrum der Westukraine ist Lemberg (ukrainisch: Lwiw, russisch: Lwow). Lemberg war bis 1918 Hauptstadt des Königreiches Galizien und Lodomerien. Hier ist der katholische Glaube weit verbreitet und der polnische Einfluss, der sich auch in der ukrainischen Sprache wiederfindet, stark. Galizien und Lodomerien umfasste jene Gebiete am Rande der österreichisch-ungarischen Doppelmonarchie, die infolge der ersten polnischen Teilung im Jahre 1772 an die Habsburger gefallen waren. Hier lebten vor allem Polen, Juden und Ruthenen – so nannte man während der Habsburger Periode die Ukrainer –, aber auch ein Völkergemisch aus Griechen, Tschechen, Slowaken, Tataren, Armeniern, Türken und Zigeunern, wie es damals hieß. Nach dem Ende des Ersten Weltkrieges wurde das Gebiet an Polen angegliedert. Infolge des Hitler-Stalin-Paktes von 1939 geriet es in den sowjetischen Herrschaftsbereich und wurde Teil der Ukrainischen Sozialistischen Sowjetrepublik. Als die deutsche Wehrmacht 1941 die Sowjetunion überfiel, begrüßten viele Ukrainer die Deutschen als »Befreier«. Tausende meldeten sich zur berüchtigten SS-Division »Galizien« und beteiligten sich an der Ermordung von Juden. Als Präsident entschuldigte sich Leonid Krawtschuk 1992 für die Beteiligung der Ukrainer am Holocaust.[1]

In der Westukraine spricht man größtenteils Ukrainisch, wobei es ein starkes Stadt-Land-Gefälle gibt. Ukrainisch wird eher auf dem Lande, Russisch stärker in den Städten gesprochen. Die slawischen Sprachen haben sich spät differenziert, ihr gemeinsamer Wortschatz ist groß. Wer Ukrainisch oder Russisch als Muttersprache spricht, kann die jeweils andere Sprache einigermaßen verstehen, wenn er ein paar Besonderheiten und die Regeln der Lautverschiebungen kennt. Seit 1991 ist Ukrainisch, entgegen der sprachlichen Realität, offiziell die einzige Amtssprache des Landes. Russisch wurde 2012 in der Ost- und Südukraine zumindest als regionale Amtssprache wieder zugelas-

Land	Ukraine
Hauptstadt	Kiew mit ca. 2,7 Millionen Einwohnern
Größe	603 700 km^2
Bevölkerung	45,6 Millionen Menschen, davon 78 Prozent Ukrainer, 17 Prozent Russen, 0,6 Prozent Weißrussen und 0,5 Prozent Krimtataren, insgesamt über 130 Nationalitäten (Volkszählung 2001)
Landessprachen	Staatssprache Ukrainisch, Verkehrssprache auch Russisch (im Süden und Osten überwiegend)
Religionen	ukrainisch-orthodox (Moskauer Patriarchat), ukrainisch-orthodox (Kiewer Patriarchat), ukrainisch-orthodox (autokephal), griechisch-katholisch (uniert mit Rom); kleinere jüdische, römisch-katholische und protestantische Gemeinden (insbesondere Baptisten) und islamische Gemeinden (vor allem Krimtataren)
Währung	Ukrainischer Hrywnja (1 EUR = 24,07 UAH, Kurs vom 11.11.2015)
Datum der Unabhängigkeit	24.8.1991
Staats-/Regierungsform	Parlamentarisch-präsidiale Republik
Staatsoberhaupt	Präsident Petro Poroschenko
Staatsoberhäupter seit Unabhängigkeit	5.12.1991 – 19.7.1994 Leonid Krawtschuk 19.7.1994 – 23.1.2005 Leonid Kutschma 23.1.2005 – 25.2.2010 Wiktor Juschtschenko 25.2.2010 – 22.2.2014 Wiktor Janukowitsch 22.2.2014 – 7.6.2014 Alexander Turchinow seit dem 7.6.2014 Petro Poroschenko
Regierungschef	Ministerpräsident Arseni Jazenjuk
Regierungschefs seit Unabhängigkeit	23.10.1990 – 2.10.1992 Witold Fokin 2.10.1992 – 13.10.1992 Walentin Simonenko 13.10.1992 – 22.9.1993 Leonid Kutschma 22.9.1993 – 16.6.1994 Juchim Zwiachilski 16.6.1994 – 1.3.1995 Witalij Masol 1.3.1995 – 28.5.1996 Jewgen Martschuk 28.5.1996 – 2.7.1997 Pawlo Lasarenko 2.7.1997 – 30.7.1997 Wasil Durdinez 30.7.1997 – 22.12.1999 Waleri Pustowoitenko 22.12.1999 – 29.5.2001 Wiktor Juschtschenko 29.5.2001 – 21.11.2002 Anatolij Kinach 21.11.2002 – 7.12.2004 Wiktor Janukowitsch 7.12.2004 – 28.12.2004 Mikola Asarow 28.12.2004 – 5.1.2005 Wiktor Janukowitsch 5.1.2005 – 24.1.2005 Mikola Asarow

	24.1.2005 – 8.9.2005 Julia Timoschenko 8.9.2005 – 4.8.2006 Jurij Jechanurow 4.8.2006 – 18.12.2007 Wiktor Janukowitsch 18.12.2007 – 4.3.2010 Julia Timoschenko 4.3.2010 – 11.3.2010 Alexander Turchinow 11.3.2010 – 28.1.2014 Mikola Asarow 28.1.2014 – 27.2.2014 Sergej Arbusow seit dem 27.2.2014 Arseni Jazenjuk
Parlament	Einkammerparlament mit derzeit 422 Abgeordneten
Im Parlament vertretene Parteien	Block von Petro Poroschenko (145 Sitze), Volksfront (82 Sitze), Oppositionsblock (42 Sitze), Selbsthilfe (30 Sitze), Radikale Partei von Oleh Ljaschko (21 Sitze), Gruppe Widrodshennja (21 Sitze), Vaterlandspartei (19 Sitze), Gruppe Wolja Narodu (19 Sitze), fraktionslose Abgeordnete (42 Sitze)
Mitgliedschaft in internationalen Organisationen (u.a.)	UN, UNESCO, IAEO, ILO, ITU, UPU, OSZE, GUS, IWF, Weltbank, Interpol, EBWE, ICAO, WHO, Europarat, GUAM, Zentraleuropäische Initiative, Schwarzmeer-Kooperationsrat, WTO
Bruttoinlandsprodukt	99,69 Mrd. Euro (2014, Berechnung von Eurostat)

sen. 2014 unternahm die durch die Euro-Maidan-Bewegung an die Macht gekommene neue ukrainische Regierung einen Vorstoß, selbst dieses Gesetz wieder abzuschaffen und damit die Förderung aller Minderheitensprachen in der Ukraine (neben Russisch u.a. auch Polnisch und Rumänisch) einzustellen. Ein entsprechender Antrag wurde im Parlament mit einer knappen Mehrheit angenommen. Nach Kritik aus Russland, Polen, Rumänien, der EU und von der OSZE musste er durch ein präsidiales Veto wieder zurückgenommen werden.[2] Der Schaden war da aber schon beträchtlich: Die ostukrainischen, mehrheitlich russischsprachigen Gebiete standen längst nicht mehr unter der Kontrolle der Zentralregierung.

Kiew: Die »Mutter der russischen Städte«

Als 1991 die Sowjetunion zerbrach, schmerzte Russland der Verlust der Ukraine besonders. Kiew gilt als »Mutter der russischen Städte«. Sie ist für die Russen bis heute mindestens genauso wichtig wie Moskau oder St. Petersburg. Hier, am Dnepr, schlug vor rund tausend Jahren – fast zeitgleich mit der Herausbildung des Heiligen Römischen Reiches Deutscher Nation –

die Geburtsstunde des ersten russischen Staates, der Kiewer Rus. Ein Kiewer Großfürst christianisierte die Rus.

Das Kiewer Höhlenkloster, einer der heiligsten Orte der Russen, liegt heute in der Ukraine. Im Jahr 1020 soll ein griechischer Eremit, Illarion mit Namen, die erste Höhle in einem Wald unweit von Kiew gegraben haben, in der er fortan lebte. In den darauffolgenden Jahren der Einsiedelei gelangte er zu immer größerer Popularität. Menschen aus der Umgebung pilgerten zu ihm und baten um seinen Segen. Ihm wurde die Fähigkeit zugesprochen, Wunder bewirken zu können. Fürst Jaroslaw der Weise (978 –1054), unter dem das Kiewer Reich seine Blütezeit erlebte, erhob Illarion im Jahr 1051 in den Rang eines Metropoliten (Bischof). Aus der Höhle wurde ein Kloster, das sich zum führenden Kloster der Rus entwickelte. Mönche bauten unter der Erde Korridore und eine Verkündigungskirche. In den nachfolgenden Jahrhunderten wurde dieses unterirdische Labyrinth ständig erweitert. Hier lebten die Mönche, und hier starben sie. Von weißgetünchten niedrigen Gängen führen Nischen und kleine Kapellen ab. In einfachen Schreinen liegen verstorbene Mönche, deren Körper bis heute nicht der Verwesung anheimgefallen sind. Nach der Oktoberrevolution und den anschließenden Bürgerkriegswirren wurde das Kiewer Höhlenkloster 1926 zunächst in ein »Museum des Atheismus« umgewandelt und die Höhlen geschlossen. 1941 durfte es seinen Betrieb wiederaufnehmen, Mönche, die den Stalin'schen Repressalien nicht zum Opfer gefallen waren, kehrten zurück. 1961, in den Jahren einer Kirchenverfolgung durch den KPdSU-Chef Nikita Chruschtschow, wurde das Kiewer Höhlenkloster erneut geschlossen und 1965 in ein Museum umgewandelt. Erst seit 1991 gehört es wieder der russisch-orthodoxen Kirche und ist heute erneut ein funktionierendes Mönchskloster.

Leonid Krawtschuk, der erste ukrainische Präsident, der das Land autoritär per Dekret regierte, betrieb im Interesse der Nationalstaatsbildung und der eigenen Machtsicherung eine entsprechende Sprachen- und Geschichtspolitik. Er versuchte, das Russische zu verdrängen – selbst aus den Behörden der Hauptstadt. Doch viele Beamte aus sowjetischer Zeit waren der neuen Staatssprache Ukrainisch nicht mächtig.

Ukrainische Historiker beschrieben nach der Unabhängigkeit eine 1000-jährige Staatlichkeit ihres Landes, was jedoch proble-

Das Kiewer Höhlenkloster ist einer der heiligsten Orte der russisch-orthodoxen Kirche.

matisch ist. Das mittelalterliche Großreich der Kiewer Rus umfasste das Gebiet des heutigen Westrusslands, der Ukraine und Weißrusslands. Bei einer Umfrage 1994 meinten drei Viertel aller Befragten in Russland, dass die Ukrainer kein eigenständiges Volk seien und ihnen daher kein unabhängiger Staat zustehe.[3] Die Ukrainer sehen das anders. Mit der Unabhängigkeit setzte eine deutliche Ukrainisierung ein, die bis zu gesetzlichen Regelungen über die Beurteilung von Geschichtsereignissen reicht.

2014 führten die Auseinandersetzungen darüber, ob die Ukraine sich eher nach Russland oder nach Europa orientieren soll, das Land in einen Bürgerkrieg. Die Ukraine hatte 20 Jahre zuvor, im Jahr 1994, auf ihre aus der Sowjetzeit stammenden Atomwaffen verzichtet.[4] Russland und die USA erklärten daraufhin, im sogenannten Memorandum von Budapest, in Zukunft die Sicherheit der Ukraine schützen zu wollen. Russland hat diese Zusage nicht eingehalten, und heute leisten sich die beiden »Schutzmächte« in der Ukraine eine Stellvertreter-Auseinandersetzung, die das Staatsgefüge der Ukraine als Ganzes bedroht.

Schwierige Übergangsjahre

Ein Aufenthalt in Kiew im Jahre 1992 ist uns unvergesslich geblieben. Die Ukraine gehörte zu Beginn der 1990er Jahre zu den ehemaligen Sowjetrepubliken mit den größten wirtschaftlichen Problemen, der größten Armut und der höchsten Kriminalitätsrate. Vor dem Hotel, in dem wir 1992 wohnten und das zur früheren sowjetischen »Intourist«-Kette gehörte, weckte uns nachts ein vielstimmiger Lärm. Schüsse fielen, dann herrschte schlagartig Ruhe. Als wir etwas später vorsichtig aus dem Fenster schauten, sahen wir einen zugedeckten Leichnam. Vor dem Hotel hatten sich Angehörige zweier Banden, die um die Vorherrschaft in der Kiewer Unterwelt kämpften, eine Schießerei geliefert. Das Hotelpersonal reagierte resigniert: »Kiew ist zur Mafiastadt verkommen«, sagte die Frau an der Rezeption, »das wäre unter Scherbitzki nicht möglich gewesen.« Wladimir Scherbitzki hieß der frühere ukrainische KP-Chef, der bereits unter Breschnew an die Macht gekommen war und bis 1989 mit harter Hand das Land für Moskau verwaltete. Für sowjetnostalgische Ukrainer steht sein Name heute noch für Sowjetmacht und Ordnung.

Die Ukraine erlebte in der ersten Hälfte der 1990er Jahre chaotische Zustände, die denen in Russland nicht nachstanden. Es herrschte Hyperinflation, die Produktion lag am Boden, die sozialistische Planwirtschaft existierte nicht mehr, etwas Neues war noch nicht an ihre Stelle getreten, die Einkommen vieler Menschen sanken gen null und das Gesundheitswesen war zusammengebrochen. Krawtschuk wurde 1994 abgewählt.

Ihm folgte Leonid Kutschma als Präsident, ein 1938 geborener Ingenieur, der Raketentechnik studiert und dann Karriere im Parteiapparat der KPdSU gemacht hatte. Anders als sein Vorgänger erkannte Kutschma die dringende Notwendigkeit einschneidender Wirtschaftsreformen. Ihm war klar, dass die Ukraine, die bereits am Abgrund stand und sich zu einem kriminellen Staatswesen zu entwickeln drohte, sonst scheitern würde. Der neue Präsident löste sich nach und nach von der Sowjetvergangenheit. Sowjetische Gesetze, das Räte-Modell (Sowjets), die Rubel-Währung: all das fiel in der Ukraine erst relativ spät und nach einem langen Todeskampf des Sozialismus mit der neuen Ordnung. In den anderen einstigen Sowjetrepubliken war diese Schlacht Mitte der 1990er Jahre bereits geschlagen. Als letzter Staat der GUS verabschiedete sich die Ukraine im Jahre 1996 schließlich von der Sowjetverfassung.

Von Kutschma zur »Orangenen Revolution«

Parallel dazu bildete sich ein ukrainisches Oligarchensystem heraus, das dem russischen System der Durchdringung von Wirtschaft und Politik in der Jelzin-Ära ähnelte. Kutschmas Ukraine

Die Orangene Revolution fand im Wesentlichen in der Westukraine statt: Zwei Wochen hielten Demonstranten im Dezember 2004 den Zentralplatz von Czernowitz besetzt und forderten einen Regierungswechsel in Kiew.

bestand aus Clans. Ihre Zentren lagen in Dnepropetrowsk, Donezk und Kiew. Die drei Clans teilten unter Aufsicht und Kontrolle des Staatschefs die Reichtümer des Landes untereinander auf. Die neu entstandene Oligarchie wurde zu einem der wichtigsten innenpolitischen Faktoren.

Die Ukraine ist fast zweimal so groß wie Deutschland. Dank fruchtbarer Schwarzerdeböden galt sie einst als Europas Kornkammer. Nach wie vor ist die Ukraine der drittgrößte Getreideexporteur der Welt. Große Granit-, Graphit- und Salzvorkommen bilden eine reiche Quelle für die Metall-, Porzellan- und chemische Industrie.

Im Umgang mit Gegnern war Leonid Kutschma nicht zimperlich. Die Kiewer Staatsanwaltschaft ermittelt seit 2011 gegen ihn wegen des Verdachts, er habe u. a. einen Mord an einem Journalisten in Auftrag gegeben.

Kutschma regierte die Ukraine bis 2004, dann lief seine zweite Amtszeit ab. Ein weiteres Mal durfte er laut ukrainischer Verfassung nicht kandidieren. Bereits 2002 hatte Kutschma den zum Donezker Clan gehörenden Wiktor Janukowitsch zum

Ministerpräsidenten ernannt. Beide waren gute Bekannte. Das Donezk-Becken ist die bevölkerungsreichste Region der Ukraine sowie das Zentrum der Kohle- und Stahlindustrie. Hier befinden sich die größten Bergwerke des Landes. Janukowitsch hatte als Leiter der Administration des Donbass dafür gesorgt, dass die Verbindung zwischen Politik und Wirtschaft gut geschmiert lief.

Im Herbst 2004 sollte Wiktor Janukowitsch schließlich Kutschma als Präsidenten beerben. Doch die Wahlen wurden für ihn zu einem Fiasko. Der Kandidat des Oppositionsbündnisses »Unsere Ukraine«, Wiktor Juschtschenko, schnitt unerwartet gut ab. Nun musste sich Kutschmas Wunschkandidat Janukowitsch einer Stichwahl um die ukrainische Präsidentschaft stellen. In den Umfragen vor der Stichwahl lag der Oppositionskandidat vor ihm. Am Wahltag berichteten Medien über versuchte Wahlfälschung der Janukowitsch-Fraktion. Daraufhin soll ihnen der Strom abgestellt und sollen Mitarbeiter bedroht worden sein. Im Land kursierten zahlreiche Gerüchte über die verschiedensten Methoden, die Janukowitsch und seine Helfer angewandt haben sollen, um die Wahl für sich zu entscheiden. Viele Menschen erzählten, ihnen sei Geld angeboten worden, damit sie für Janukowitsch stimmten.

Am Morgen nach der Wahl erklärte die Zentrale Wahlkommission Wiktor Janukowitsch zum Wahlsieger, was in der Öffentlichkeit zunächst auf Erstaunen, dann auf Ärger traf. Laut Wahlkommission hatte Janukowitsch 49,42 Prozent, Juschtschenko nur 46,69 Prozent aller Stimmen bekommen.[5] Nur neun von 15 Mitgliedern der Wahlkommission unterzeichneten aber das Wahlergebnis, die anderen sechs verweigerten die Unterschrift.

In Kiew gingen daraufhin vor allem jungen Menschen auf die Straße. Die »Orangene Revolution« nahm ihren Lauf. Orange war die Farbe, die Juschtschenko für seinen Wahlkampf verwendet hatte. Im Scheinwerferlicht Hunderter Kamerateams verbrachten Tausende Menschen Tage und Nächte auf dem Maidan, dem zentralen Platz Kiews. Die Welt verfolgte die Ereignisse via Fernsehbildschirm. Die Demonstrationen ebbten nicht ab. Musikbands ließen sie zunehmend zum Event werden. Schließlich ordnete das Oberste Gericht der Ukraine Nachwahlen an, aus denen Wiktor Juschtschenko am 26. Dezember 2004 als Sieger hervorging.

Organisationen aus den USA, Polen sowie anderen Staaten der EU hatten Juschtschenko unterstützt. Er galt als westorientiert und russlandkritisch. Janukowitsch hingegen stand wie sein Vorgänger Kutschma für eine enge Kooperation der Ukraine mit Russland.

Russland wurde durch die »Orangene Revolution« des Jahres 2004 bis ins Mark getroffen. Viele Russen empfanden damals: Je mehr sich die Ukraine heute dem Westen zuwendet, desto mehr verliert Russland von seiner Geschichte.

Das Versagen der »orangenen« Hoffnungsträger

Juschtschenko, der neue Präsident, prägte sich der Öffentlichkeit in aller Welt vor allem durch viele Narben im Gesicht ein. Sie rühren von einer Dioxinvergiftung her, an der Juschtschenko 2004 gelitten hatte und bei der bis heute nicht geklärt ist, ob sie das Resultat eines gezielten Mordversuchs gewesen war. Nach seinem Sieg war man in Europa und in den USA erleichtert. Die *New York Times* schrieb: »Die Ukraine hat ein neues demokratisches Gesicht.«[6] Nach Georgien, wo 2003 Präsident Eduard Schewardnadse während der sogenannten »Rosenrevolution« durch Micheil Saakaschwili, der in den USA studiert hatte, abgelöst worden war, schien die Ukraine nun das zweite Land zu sein, das sich der russischen Einflusssphäre entziehen wollte.

Kaum waren die Fernsehkameras auf dem Kiewer Maidan abgebaut, zog Alltag in die ukrainische Politik ein. Juschtschenko und seine engste Mitstreiterin, die telegene und stets mit perfekt sitzender Zopffrisur auftretende spätere Ministerpräsidentin Julia Timoschenko, lieferten sich in den Folgejahren erbitterte Streitigkeiten um Macht und Einfluss, die das dringend notwendige politische Tagesgeschäft in der Ukraine weitgehend zum Erliegen brachten. Zwar wurden die Verhältnisse in der Ukraine demokratischer als sie es vorher waren, doch innenpolitisch manövrierten die orangenen Hoffnungsträger von Krise zu Krise. Außenpolitisch trugen sie mit Russland Konflikte aus, die sie nicht gewinnen konnten. Wirtschaftspolitisch konnten weder sie noch die Nachfolgeregierung die seit vielen Jahren anhaltende Talfahrt stoppen. Das Bruttoinlandsprodukt sank zwischen 1991 und 2013 auf 70 Prozent, die Stromproduktion auf 65 Prozent, die Stahlproduktion auf 43 Prozent. Immer mehr Menschen wanderten aus der Ukraine ab.[7]

Zufahrt für atomgetriebene U-Boote in den Hangar im Taurisberg (bei Sewastopol, Krim)

Nicht nur einmal kam es zwischen der Ukraine und Russland zum Streit um Gaslieferungen, unter denen auch die Europäische Union zu leiden hatte. Die Ukraine ist nicht nur größter Abnehmer russischen Gases, sie ist auch Gastransitland. Russland benötigt das ukrainische Pipelinenetz, um Gas in die Länder der Europäischen Union exportieren zu können. Im Streit um Preise wurde die Durchleitung mehrfach unterbrochen. Mittlerweile gibt es eine alternative Route, um russisches Gas durch die Ostsee nach Europa zu pumpen. Die Ostseepipeline (offiziell »North Stream«) ging 2011 in Betrieb. Zwei Erdgashochdruckleitungen verbinden das russische Vyborg mit dem deutschen Anlandungspunkt bei Lubmin. Die Bedeutung der Ukraine als Transitland für Gas hat damit deutlich abgenommen.

Juschtschenko hatte seit 2005 eine engere Anbindung an die Europäische Union gesucht. Doch als die Zelte der jugendlichen Revolutionäre auf den Kiewer Maidan verschwunden waren, ließ im Westen das Interesse an der Ukraine spürbar nach. An Versprechen, das Land zu unterstützen, fehlte es in der Europäischen Union zwar nicht, aber viele Ukrainer, die nach der Wahl Juschtschenkos gehofft hatten, möglichst schon morgen unkompliziert in die Europäische Union reisen zu können, um am dortigen Wohlstand zu partizipieren, sahen sich enttäuscht. Ein schneller Beitritt war ohnehin außer Reichweite. Den Schlüssel zu mehr Wohlstand zu finden war die Hausaufgabe für Kiew. Doch diese Hausaufgabe, so beschieden die Ukrainer fünf Jahre später, hatten die 2005 ins Amt gekommenen orangenen Revolutionäre nicht erledigt. Unter Juschtschenko hatte die ukrainische Politik einer Theaterveranstaltung geglichen, bei der zweitklassige Darsteller versuchten, neben dem Theaterspiel so viele Nebenjobs wie möglich zu haben. Der in Kiew aufgewachsene Bestsellerautor Andrej Kurkow, der den ukrainischen Alltag in Büchern wie »Pinguine frieren nicht« oder »Der Milchmann in der Nacht« pointiert beschrieb, antwortete auf die Frage, was Juschtschenko falsch gemacht habe: »Praktisch alles (...). Die russischsprachige Bevölkerung hat ihn nie akzeptiert, aber er hat auch die Unterstützung in der West- und Zentralukraine verloren, weil er die Korruption trotz seiner Versprechen nicht bekämpft hat.«[8]

Als Wiktor Juschtschenko im Jahr 2010 erneut zu den Wahlen antrat, erhielt er gerade einmal 5,4 Prozent der Wählerstimmen. Für einen amtierenden Präsidenten ist das eine furchtbare Demütigung. Julia Timoschenko, die Verbündete von einst, war unter anderen gegen ihn angetreten. Sie schaffte es immerhin, in die Stichwahl gegen den alten, gemeinsamen Feind, Wiktor Janukowitsch, zu kommen. Janukowitsch entschied die Wahl schließlich mit knapp 49 Prozent der Stimmen für sich.[9]

Juschtschenkos Verdienst wird es bleiben, für demokratischere Verhältnisse in der Ukraine gesorgt zu haben. Doch er war zu schwach, um das Land zu regieren, die Ost- mit der Westukraine zu versöhnen, die Wirtschaft anzukurbeln, seiner Politik eine klare Richtung zu geben und entschlossen machtpolitisch zu agieren.

Zwischen den Fronten

Wiktor Janukowitsch, der späte Sieger, war da aus anderem Holz geschnitzt. Er verspürte Genugtuung darüber, dass die »Orangene Revolution«, die seine Übernahme der Macht fünf Jahre zuvor verhindert hatte, gescheitert war, und kämpfte mit harten Bandagen gegen seine einstigen Gegner. Julia Timoschenko wurde wegen Amtsmissbrauchs angeklagt und wanderte ins Gefängnis. Der innenpolitische Ton wurde deutlich rauer, der Politikstil autoritärer.

Außenpolitisch hatte sich die neue ukrainische Administration zunächst wieder klarer Russland zugewandt. Eines der für Russland wichtigsten Themen, die Zukunft des Flottenstützpunktes auf der Krim, brachte sie zügig aus den Schlagzeilen.

Nach dem Untergang der Sowjetunion hatte der Verlust der Krim, die nun zur Ukraine gehörte, Russland besonders schwer getroffen. Die Halbinsel war nicht nur ein begehrter Erholungsort der »Sowjetbürger«, in der Hafenstadt Sewastopol befand sich der südlichste Flottenstützpunkt der Sowjetunion. Im Taurisberg von Balaklawa, einer 15 Kilometer von Sewastopol entfernt liegenden Bucht im Südwesten der Krim, verbarg sich ein geheimer, unterirdischer Hangar für Atom-U-Boote. Bis heute unterhält die Russische Föderation in Sewastopol ihren wichtigsten Flottenstützpunkt im Schwarzen Meer.

Nach dem Zusammenbruch der Sowjetunion hatten die Ukraine und Russland einen Vertrag ausgehandelt, welcher es der russischen Schwarzmeerflotte erlaubte, diesen Stützpunkt bis 2017 zu nutzen. Nach der »Orangenen Revolution« machte die ukrainische Regierung unter Juschtschenko mehr als einmal deutlich, dass sie diesen Vertrag als endlich betrachtete und eine Verlängerung nicht automatisch in Erwägung zog. In Moskau schuf sie sich damit erbitterte Feinde. Nachfolger Janukowitsch hingegen verlängerte den Stationierungsvertrag um zunächst 25 Jahre mit der Option auf eine weitere Verlängerung.

Auch der Beitritt der Ukraine zur Eurasischen Wirtschaftsunion stand im Raum. Parallel dazu führte Janukowitsch jedoch Verhandlungen über ein Assoziierungs- und Freihandelsabkommen mit der EU weiter, die von der Vorgängerregierung bereits 2008 aufgenommen worden waren. Die Ukraine, ohnehin in Ost und West gespalten, sollte sich zwischen zwei »Lagern« entscheiden. Russland gab klar zu verstehen, dass es das Nachbarland als »nahes Ausland« betrachte, für das es besondere Spielregeln gebe. Ein Freihandelsabkommen der Ukraine mit der EU und eine Mitgliedschaft in der Eurasischen Wirtschaftsunion, die ihrerseits auch ein Freihandelsabkommen beinhaltet hätte, kamen für den Kreml nicht in Frage. Janukowitsch lavierte hin und her. Die wirtschaftliche Lage in der Ukraine verschlechterte sich indes immer weiter. Der ukrainische Präsident verbündete sich schließlich mit dem Partner, von dem er sich den größeren Mehrwert versprach. Während die EU über gemeinsame Werte redete und vor allem die Freilassung von Julia Timoschenko forderte, drohte Moskau und betrieb eine Politik der harten Bandagen. Wenn sich die Ukraine dem Westen zuwende, so der Kreml, werde es keine bevorzugte Behandlung mehr geben. Im entgegengesetzten Fall versprach Moskau Milliardenkredite und subventionierte Gaspreise.

Janukowitsch sagte im November 2013 die bereits vereinbarte Unterzeichnung des Abkommens mit der EU ab. Brüssel stand vor dem Scherbenhaufen seiner Politik. Nun rächte sich, dass die EU ihre Beziehungen zu Russland nicht mit dem gleichen Eifer gepflegt hatte wie die zur Ukraine und anderen Ländern der »östlichen Partnerschaft«.

Die zweite Revolution

Janukowitsch erwies sich während seiner zweiten Präsidentschaft vor allem als Kleptomane. Befreundete Oligarchen erhielten neue Pfründe, die Korruption erreichte enorme Ausmaße. Besonders junge Menschen in Kiew und der Westukraine hatten mit dem Assoziierungsabkommen mit der EU große Hoffnungen verbunden. Nun, da es gescheitert war, entlud sich der Hass gegen Janukowitsch und dessen Regierung. Tausende Demonstranten eroberten erneut den Kiewer Maidan, aber auch Straßen und Plätze vieler westukrainischer Städte. Unter ihnen befanden sich auch Gruppierungen mit eigenen Interessen: linke Anarchisten und rechtsextreme Nationalisten. Politprominenz aus dem Westen gab sich dennoch in Kiew die Klinke in die Hand. Vor den Demonstranten sprachen der frühere US-amerikanische Präsidentschaftskandidat John McCain, der frühere georgische Präsident Micheil Saakaschwili, der einstige polnische Ministerpräsident Jarosław Kaczinski, aber auch der amtierende deutsche Außenminister Guido Westerwelle. Alle setzten sich für eine Westanbindung der Ukraine ein.

Die Demonstrationen entwickelten sich zum Aufstand gegen Präsident Janukowitsch. Doch nach und nach verloren die Führer der demokratischen Opposition die Kontrolle über die Ereignisse. Auf beiden Seiten der Barrikaden fielen Schüsse. Dutzende Menschen verloren so im Februar 2014 ihr Leben. Vermittlungsbemühungen der EU unter Einbeziehung Russ-

Der Aufstand auf dem Maidan-Platz in Kiew im Januar 2014

lands scheiterten. Janukowitsch floh daraufhin in die Ostukraine und schließlich nach Russland. In Kiew herrschte Chaos. Eine Übergangsregierung übernahm die Macht.

Nun wurde Russland aktiv. Die Halbinsel Krim geriet zum Schauplatz eines Politkrimis. Auf der Krim leben mehrheitlich Russen. Zudem waren dort aufgrund eines Abkommens über den Schwarzmeer-Flottenstützpunkt Sewastopol Tausende russischer Soldaten stationiert. Die ukrainischen Armeeposten wurden mit deren Unterstützung handstreichartig entwaffnet, das Krim-Parlament und weitere Verwaltungsgebäude besetzt. In einem international nicht anerkannten Referendum sprachen sich am 16. März 2014 nach russischen Angaben über 96 Prozent der Krim-Bevölkerung für die Zugehörigkeit der Krim zu Russland aus. Zwei Tage darauf stellte die neue Regionalregierung der Krim einen Antrag auf Beitritt zur Russischen Föderation. Seine Bewilligung durch den russischen Föderationsrat am 21. März führte zu einer handfesten internationalen Krise und die Welt an den Rand eines neuen Kalten Krieges. Der Westen versteht die Angliederung der Krim an Russland als eine völkerrechtswidrige Annexion. Besonders die baltischen Länder sind beunruhigt: Wenn Russland sich ein Gebiet so einfach einverleiben konnte, was kommt dann als Nächstes? Sie forderten von der NATO zusätzlichen Schutz in Form fest stationierter Truppen ein. Die USA und die EU verhängten Einreisesperren und Sanktionen gegenüber Russland, das seinerseits mit Sanktionen antwortete und die Einfuhr einer Vielzahl von Produkten aus den USA und der EU untersagte.

In der Ostukraine übernahmen im April 2014 in den Regionen Donezk und Luhansk prorussische Separatisten die Macht und riefen ihre Gebiete zu »Volksrepubliken« aus. Sie können dabei auf politische und militärische Unterstützung aus Moskau zählen.

Im Juni 2014 wurde Petro Poroschenko zum neuen ukrainischen Präsidenten gewählt. Er gehört zur Garde der ukrainischen Oligarchen, gilt aber als amerikafreundlich. Der milliardenschwere neue Präsident hatte sein Geld mit Schokoladenfabriken, Medienunternehmen sowie in der Rüstungsindustrie verdient. Seine Regierung beantwortet die von Russland unterstützten Abspaltungstendenzen in der Ostukraine mit einem »Antiterroreinsatz«. Seitdem befindet sich die Ukraine in einem von brüchigen Waffenruhen unterbrochenen Bürgerkrieg, der bis 2015 bereits über 6000 Todesopfer forderte. Tragischer Höhepunkt der Ereignisse war der Abschuss eines aus den Niederlanden kommenden malaysischen Passagierflugzeuges, das im Juli 2014 ukrainischen Luftraum überquerte. Dabei verloren 298 Menschen ihr Leben. Beide Konfliktparteien geben sich seither gegenseitig die Schuld an dem Abschuss. Der niederländische Untersuchungsbericht dazu beurteilt die Schuldfrage nicht, allerdings legen andere Untersuchungen die Vermutung nahe, dass die BUK-Rakete aus dem von prorussischen Separatisten kontrollierten Gebiet abgefeuert wurde. Festgestellt wird im Bericht jedoch auch, dass die Ukraine den Luftraum für zivile Flugzeuge hätte sperren sollen.

Den Konflikt begleitet ein Propagandakrieg zwischen Russland sowie dem Westen und der Ukraine, der an die Zeit des Kalten Krieges erinnert. Verfolgt man die Berichterstattung in den russischen und westlichen Medien, fühlt man sich in zwei verschiedene Welten versetzt. Es tobt eine Medienschlacht, in der die Wahrheit oftmals der Verlierer ist und – besonders auf russischer Seite – eine manipulative Berichterstattung betrieben wird. Nur ein Beispiel: Das russische Fernsehen zeigte ein weinendes Mädchen in der Ostukraine neben seiner toten Mutter, die von ukrainischen Soldaten getötet worden sei. Eine ergreifende Szene. Doch tatsächlich entstand das Bild bei Dreharbeiten für einen Kriegsfilm aus dem Jahr 2010. In Russland ist man es gewohnt, dass sich das staatlich kontrollierte Fernsehen, der Rundfunk und die Presse auf Befehl in den Dienst der Politik stellen.

Doch seit Beginn des Ukraine-Konfliktes fällt es auch den Menschen im Westen schwer, sich aus Medien ein ausgewogenes Bild über die Lage in der Ukraine und in Russland zu verschaffen. Zu einem westlichen »Medien-Gau« kam es, nachdem im Mai 2014 über 40 Menschen in Odessa ums Leben gekommen waren. Ein pro-ukrainischer Lynchmob hatte das Gewerkschaftshaus der Stadt, in das sich prorussische Aktivisten nach einer Demonstration und nach Ausschreitungen zurückgezogen hatten, durch Molotow-Cocktails in Brand gesteckt. Die Menschen verbrannten, erstickten oder stürzten sich in den Tod. Die ukrainische Polizei schritt nicht oder zu spät ein. Die westliche Presse, einschließlich vieler deutscher Medien, berichtete entweder gar nicht oder wahrheitswidrig. Über die Identität von Opfern und Tätern fiel oft kein Wort. Nur wenige Presseorgane zeigten angesichts dieser Art von Journalismus Scham. So zum Beispiel die deutsche Wochenzeitung Der Freitag. Dort hieß es: »Die falschen Toten, die falschen Täter... Was macht der deutsche Qualitätsjournalist in einem solchen Fall? [...] Er vertuscht, verschweigt, spielt runter... Die deutschen Leitmedien [legten] einen Info-Gau hin, der den Vergleich mit der vielgeschmähten Berichterstattung russischer Medien in keiner Weise zu scheuen braucht.«

Das Beispiel aus Odessa steht nicht allein. Auch die öffentlich-rechtlichen Medien lieferten bei der Ukraine-Krise keine journalistischen Glanzlichter. Nach harscher Publikumskritik bescheinigte selbst der ARD-Programmbeirat 2014 seinem Sender, fragmentarisch, tendenziös, mangelhaft, einseitig und tendenziell anti-russisch zu berichten.So wird auf beiden Seiten Stimmungsmache betrieben und werden Ängste und Vorurteile geschürt.

Der Ausgang des Konfliktes in der Ukraine ist offen. Im besten Fall werden die Auseinandersetzungen im Osten des Landes zu einem sogenannten »eingefrorenen Konflikt« werden, wie es ihn in den postsowjetischen Staaten schon in Moldawien (Transnistrien), in Armenien und Aserbaidschan (Berg-Karabach) sowie in Georgien (Abchasien und Südossetien) und auf der Krim gibt. Die Ukraine, so wie es sie zwischen 1991 und 2013 gab, dürfte indes in dieser Form wohl nie wieder existieren.

Moldawien

Europas Armenhaus

Aus Lemberg in der Ukraine kommend, fuhren wir an einem Frühlingstag mit der Eisenbahn in die moldawische Hauptstadt Chişinău (Kischinjow). Moldawien ist etwas kleiner als die Schweiz und hat 3,5 Millionen Einwohner. Es ist ein idyllisches Land am Rande der Karpaten. Ab und zu durchquerte der Zug kleine Dörfer mit malerischen Holzhäusern. Hühner, Gänse, Ziegen und Schafe liefen auf Feldwegen und Dorfstraßen entlang. Manchmal wurde die Idylle abrupt durch einen verrotteten Industriekomplex aus sowjetischer Zeit unterbrochen. Wir waren in den 1990er Jahren schon einmal in Moldawien gewesen. Die Uhren schienen hier stehengeblieben zu sein.

Am frühen Nachmittag kamen wir in Chişinău an. Wir hatten uns mit Radu, einem Germanisten, vor der Kathedrale der Stadt verabredet.

Wie überall in der früheren Sowjetunion funktioniert auch in Moldawien das Schwarztaxi-System. Man steht mit ausgestrecktem Arm am Rand des Bürgersteiges und macht wippende Bewegungen mit Zeige- und Mittelfinger. Es dauert in der Regel nur einige Minuten, dann hält entweder ein ältliches Gefährt sowjetischer Bauart oder eine teure Luxuslimousine an. Der Fahrer des sowjetischen Modells benutzt sein eigenes Auto, um für einen Zuverdienst zu sorgen. Der Chauffeur der westlichen Limousine nutzt lediglich die Abwesenheit seines Chefs, eines höheren Staatsbeamten oder eines neureichen Unternehmers, um sein Gehalt etwas aufzubessern. Ein alter Moskwitsch brachte uns zum Treffpunkt.

Radu liebt seine Heimatstadt. Chişinău, das im Zweiten Weltkrieg stark zerstört wurde, ist heute lebendig, grün und pulsierend. Es gibt viele Parks, eine Unmenge Bars, Kaffees und Restaurants im Freien, und es gibt viele junge Leute. Moldawien gilt als das ärmste Land Europas. Schätzungsweise 300 Euro beträgt das durchschnittliche Pro-Kopf-Einkommen.[1] In der Hauptstadt spürt man es nicht sofort.

Vor der Kathedrale steht ein Triumphbogen. Er ist etwas kleiner, ansonsten gleicht er seinen Vorbildern in Bukarest und Paris. »Irgendwann werden wir wieder zu Europa gehören«, sagte

Land	Moldawien/Republik Moldau
Hauptstadt	Chişinău mit ca. 810 000 Einwohnern
Größe	33 700 km²
Bevölkerung	ca. 3,58 Millionen Menschen (plus 329 000 Auslandsmoldauer), davon ca. 79,4 Prozent Moldauer, 8,4 Prozent Ukrainer, 5,9 Prozent Russen, 4,4 Prozent Gagausen, 1,9 Prozent Bulgaren
Landessprachen	Amtssprache ist Rumänisch, Russisch ist als Verkehrssprache weit verbreitet, in Gagausien im Süden des Landes wird auch Gagausisch (Turksprache) gesprochen
Religionen	überwiegend russisch-orthodox, griechisch-orthodox, katholische und jüdische Minderheiten; zunehmend auch Baptisten und Zeugen Jehovas
Währung	Moldawischer Leu (1 EUR = ca. 21,38 MDL, Kurs vom 11. 11. 2015)
Datum der Unabhängigkeit	27. 8. 1991
Staats-/Regierungsform	Parlamentarische Demokratie
Staatsoberhaupt	Präsident Nicolae Timofti
Staatsoberhäupter seit Unabhängigkeit	3. 11. 1990 – 15. 1. 1997 Mircea Snegur 15. 1. 1997 – 7. 4. 2001 Petru Lucinschi 7. 4. 2001 – 11. 9. 2009 Wladimir Woronin 11. 9. 2009 – 28. 12. 2010 Mihai Gimpu 28. 12. 2010 – 30. 12. 2010 Vlad Filat 30. 12. 2010 – 23. 3. 2012 Marian Lupu seit dem 23. 3. 2012 Nicolae Timofti
Regierungschef	Premierminister Valeriu Strelet
Regierungschefs seit Unabhängigkeit	26. 5. 1990 – 28. 5. 1991 Mircea Druz 28. 5. 1991 – 1. 7. 1992 Valeriu Murawschi 1. 7. 1992 – 24. 1. 1997 Andrej Sangeli 24. 1. 1997 – 12. 3. 1999 Jon Ziubuz 12. 3. 1999 – 21. 12. 1999 Jon Sturza 21. 12. 1999 – 19. 4. 2001 Dumitru Bragis 19. 4. 2001 – 31. 3. 2008 Vasile Tarlew 31. 3. 2008 – 14. 9. 2009 Sinaida Grezeanij 14. 9. 2009 – 25. 9. 2009 Vitalie Pirlog 25. 9. 2009 – 25. 4. 2013 Vlad Filat 25. 4. 2013 – 18. 2. 2015 Iurie Leanca 18. 2. 2015 – 22. 6. 2015 Chiril Gaburici 22. 6. 2015 – 30. 7. 2015 Natalia Gherman seit dem 30. 7. 2015 Valeriu Strelet
Parlament	Eine Kammer mit 101 Sitzen

Regierungsparteien	Allianz für Europäische Integration III, bestehend aus der Liberal-Demokratischen Partei (20 Sitze), der Demokratischen Partei (19 Sitze) und der Liberalen Partei (13 Sitze)
Opposition	Partei der Kommunisten der Republik Moldau (21 Sitze), Partei der Sozialisten (24 Sitze), unabhängige Abgeordnete (4 Sitze)
Mitgliedschaft in internationalen Organisationen (u. a.)	Black Sea Economic Cooperation, Central European Initiative, Donau-Konferenz, EBRD, ECT, Euro-Atlantischer Partnerschaftsrat, Europarat, FAO, Francophonie, GUAM, GUS, IATA, ICAO, IBRD, IDA, IFAD, IFC, Internationale Fernmeldeunion, ILO, IWF, Mitteleuropäisches Freihandelsabkommen, Weltbank, OSZE, KSE, Lateinische Union, NATO-Partnerschaft für den Frieden, SECI, Transport Corridor Europe-Caucasus-Asia, UN, UNCTAD, UNDP, UNESCO, UNICEF, UNIDO, WHO, WTO, Interpol, Partnerschafts- und Kooperationsabkommen mit der EU (1995 unterzeichnet, seit 1998 in Kraft), Südosteuropäischer Kooperationsprozess
Bruttoinlandsprodukt	5,99 Mrd. Euro (2014, Berechnung von Eurostat)

Radu. Moldawien gehört geografisch zu Europa, doch Radu meinte die Europäische Union. Mit der früheren Sowjetunion oder mit Russland verbindet ihn wenig. Radu versteht nicht, warum sich fast die Hälfte der Bevölkerung in die Sowjetzeit zurücksehnt. Für ihn gehören Moldawien und Rumänien zusammen. Knapp 80 Prozent der Einwohner Moldawiens sprechen rumänisch. Und Rumänien ist schließlich ein Mitglied der EU.

Das heutige Moldawien, das ein Teil der historischen Landschaft Bessarabien ist, fiel 1812 an Russland. Nach der Oktoberrevolution proklamierte der westliche Teil des Landes seine Unabhängigkeit. Die Bevölkerung entschied sich 1918 für die Vereinigung mit Rumänien. Im östlichen Teil installierte Stalin 1924 die Moldauische Autonome Sozialistische Sowjetrepublik (Moldauische ASSR). Sie war nicht identisch mit der späteren Moldawischen Sozialistischen Sowjetrepublik, sondern umfasste Transnistrien sowie einen Teil der Ukraine. Infolge des Hitler-Stalin-Paktes fielen 1940 die seit 1918 zu Rumänien ge-

Moldawien galt einst als Obstgarten der Sowjetunion; Markt in Chişinău

hörenden Gebiete Moldawiens an die Sowjetunion. 1940 wurde die Moldawische Sozialistische Sowjetrepublik mit der Hauptstadt Chişinău gegründet.[2] 1989 lebten dort ca. 65 Prozent Moldawier. Der übrige Teil der Bevölkerung setzte sich überwiegend aus Russen und Ukrainern zusammen.[3]

Erste Unabhängigkeitsbestrebungen

In Moldawien gab es ab 1988 die ersten Unabhängigkeitsbestrebungen. Die Moldawische Nationalbewegung »Frontul Popular« (»Volksfront«) entstand. Eine ihrer herausragenden Figuren war Mircea Druc, der 1990 in den Obersten Sowjet der Moldawischen Sozialistischen Sowjetrepublik gewählt und letzter Regierungschef des sowjetischen Moldawiens wurde. Ziel seiner Volksfront war es, den russischen Einfluss zu mindern und sich langfristig Rumänien zuzuwenden, mit dem Moldawien seine Geschichte, Sprache und Kultur teilt. Am Ende sollte die Wiedervereinigung mit Rumänien stehen. 1989 wurde Rumänisch zur neuen Amtssprache Moldawiens. Russisch war fortan nur noch die »Sprache für interethnische Kommunikation«.

Drucs Volksfront besaß großen Rückhalt in der Bevölkerung. In Chişinău fanden erste Großdemonstrationen gegen die russische Vorherrschaft statt. Sowohl in der Nationalbewegung als auch in der Regierung unter Druc wurden zunehmend auch nationalistische Töne laut. Menschen, die kein Rumänisch, sondern Russisch sprachen, erlebten eine klare Benachteiligung. Dies verstärkte unter anderem die Spannungen zwischen der Regierung in Chişinău und den nordöstlichen Gebieten Transnistrien und Gagausien, die ihrerseits bestrebt waren, sich von Moldawien abzutrennen. In Gagausien lebt eine türkischstämmige Bevölkerungsmehrheit, die Gagausen. Sie waren um 1800 eingewandert und sind heute überwiegend russisch-orthodoxen Glaubens. Transnistrien ist vor allem von Russen bzw. Ukrainern bewohnt.

Allmählich bildeten sich auch innerhalb der moldawischen Volksfront Gruppen, die den radikalen Kurs von Mircea Druc missbilligten und sich von der Forderung nach der Vereinigung mit Rumänien distanzierten. Man fürchtete inzwischen, dass ein solcher Zusammenschluss eher eine Annexion Moldawiens durch Rumänien sein würde, aber keine Vereinigung zu gleichberechtigten Bedingungen. Die gemäßigten Kräfte, zu denen auch der Chef des Obersten Sowjets der Republik Mircea Snegor stieß, befürworteten ein sowohl von Russland als auch von Rumänien unabhängiges Moldawien. Sie setzten sich schließlich durch.

Nach dem Putsch gegen Michail Gorbatschow erklärte Moldawien am 27. August 1991 seine Unabhängigkeit. Mircea Snegur, der bereits durch seine Unterstützung für die Einführung des Rumänischen als Amtssprache populär geworden war, wurde erster Präsident der Republik.

Die Volksfront von Mircea Druc brach danach in sich zusammen. Ihre führenden Köpfe gingen überwiegend nach Rumänien. Druc selbst kandidierte 1992 sogar für das Amt des rumänischen Präsidenten.

Moldawien pendelt seit seiner Unabhängigkeit zwischen einer Kontinuität der kommunistischen Ideologie aus Sowjetzeiten sowie Versuchen, aus der rumänischen eine eigene moldawische Geschichte und Sprache zu entwickeln. 1994 wurde die Staatssprache Rumänisch offiziell in »Moldawisch« umbenannt. Obwohl sich die Sprache in Rumänien und Moldawien kaum unterscheidet, stellte man künstlich einen Unterschied her. Moldawien lag bei seiner Suche nach einer eigenen nationalen Identität in einem besonderen Spannungsfeld. Bereits die

Transparent zum Tag der Unabhängigkeit Moldawiens am 27. August; Eingang zum Zentralmarkt der Hauptstadt, 2010

Sowjets hatten versucht, die ethnische Verbindung zu den Rumänen zu relativieren und »slawische Wurzeln« der rumänisch sprechenden Moldawier hervorzuheben.

Gagausien und Transnistrien

Der Konflikt mit dem separatistischen Gagausien konnte friedlich gelöst werden. Gaugasien liegt im Süden Moldawiens, an der Grenze zur Ukraine. Dort leben ungefähr 150 000 Menschen. 1994 schloss Moldawien mit Gagausien ein Autonomieabkommen. Die Region gehört seitdem formal zu Moldawien, verwaltet sich aber selbst.

Offiziell nennt sich die Region »Unitate teritorială autonomă Găgăuzia«: »Autonome Territoriale Einheit Gagausien«. Viele bezeichnen es auch als »Moldawiens russische Seele«. 2014 kam es im Zuge der Ukraine-Krise zu neuen separatistischen Bestrebungen in Gagausien. In einem nicht anerkannten Referendum stimmten 98,5 Prozent der Bewohner für die Mitgliedschaft in der Zollunion Russlands, Weißrusslands und Kasachstans, aus der kurz darauf die Eurasische Wirtschaftsunion hervorging. 2015 wählten die Gagausen eine prorussische Gouverneurin. Der Konflikt mit der Zentralregierung in Chişinău scheint vorprogrammiert.

Das »Staatswappen« Transnistriens erinnert deutlich an sowjetische Symbolik; Hauptstraße in Tiraspol mit Lenin-Denkmal

Nach dem Zusammenbruch der Sowjetunion bot die damalige neue moldawische Führung auch einem zweiten separatistischen Problemfall, der Region Transnistrien, einen Autonomiestatus an. Der dortige selbsternannte Präsident, Igor Smirnow, lehnte das Angebot jedoch ab. Der Konflikt eskalierte 1992. Bei bewaffneten Auseinandersetzungen zwischen moldawischen und transnistrischen Einheiten verloren Hunderte Menschen das Leben. Schließlich griff Russland in die Auseinandersetzungen ein und stationierte in Transnistrien seine Truppen als sogenannte friedenserhaltende Kraft. Seitdem ist Transnistrien de facto von Moldawien unabhängig, eine Unabhängigkeit, die aber international nicht anerkannt wird.

2014 fuhren wir nach Transnistrien. Die Botschaften Deutschlands und der Schweiz warnen vor Reisen in dieses Land. Denn offiziell existiert es nicht, und es gibt keinen diplomatischen Schutz. An der Grenze warteten wir lange, bis unsere Papiere kontrolliert worden waren. In der Hauptstadt Tiraspol fühlten wir uns in die alte Sowjetunion zurückversetzt. Auf vielen Plätzen stehen sowjetische Denkmäler. Überall weht die transnistrische Flagge, auf der die Symbole Hammer und Sichel prangen.

Buchautor Thomas Vogel in Transnistrien (2014); Gespräch mit Vizeaußenminister Witali Ignatjew

97 Prozent der Transnistrier haben sich 2014 in einem Referendum für den Anschluss an Russland ausgesprochen.

Wir saßen bei der jungen Lehrerin Tatjana in der Küche. Sie machte für uns Tee und bot selbstgebackenen Kuchen an. »Ich hoffe, dass wir nach Osten gehen, dass sich unser Land slawisch zeigt«, sagt sie unmissverständlich. »Russland ist ein großes, schönes Land.« Am gleichen Tag waren wir mit dem Vizeaußenminister verabredet. Er benutzte die Formel der »zivilisierten Scheidung« von Moldawien, die er sich für sein Land wünscht, so wie es bei Tschechien und der Slowakei der Fall gewesen war. »Unsere Leute sind müde«, sagt er. »Es fehlt die internationale Anerkennung. Darunter leiden die Wirtschaft und das soziale Leben. Nur Russland kann uns helfen.«

Das Schicksal der fehlenden internationalen Anerkennung teilt die Regierung in der transnistrischen Hauptstadt Tiraspol mit den Regierungen anderer separatistischer Gebiete auf dem Gebiet der früheren Sowjetunion: Berg-Karabach, Abchasien und Südossetien sowie neuerdings den »Volksrepubliken« in der Ostukraine.

Neben dem Export von Stahl und Spirituosen sind die Einnahmen des abtrünnigen Transnistriens weitgehend auf illegale Machenschaften wie den Re-Export landwirtschaftlicher Produkte und Drogenhandel zurückzuführen. Ohne russischen Beistand könnte die Region nicht überleben. Die aktuellen Ereignisse in der Ukraine könnten Transnistrien zum neuen Konfliktherd werden lassen. Säbelrasseln gibt es auf beiden Seiten. Russland spielt sich als Schutzmacht der von Moldawien abtrünnigen Republik auf. Die Ukraine verweigert den russischen Truppen in Transnistrien die Versorgung auf dem Landwege.

Zwischen Rumänien und Russland

Moldawien selbst blieb nach der Unabhängigkeit ein gespaltenes Land. Radu, mit dem wir einige Tage in Chişinău und Bălţi, der zweiten großen Stadt Moldawiens, unterwegs sind, ist überzeugt: »Wir hätten uns 1991 gleich für den Anschluss an Rumänien entscheiden sollen. Die Ostdeutschen haben es uns doch vorgemacht. Ihr seid weit gekommen nach der Wiedervereinigung. Und wir Moldawier sind das Schlusslicht in Europa geblieben!«

Wir besuchten den Parlamentspräsidenten Moldawiens in seinem überdimensionierten Büro, das uns an die Sowjetzeiten erinnerte. Dort fragten wir ihn, ob er Angst habe, dass sein strikter Westkurs die Russen verärgern könnte. Er antwortete selbstbewusst: »Es ist unser gutes Recht zu entscheiden, wo die Zukunft Moldawiens liegt. Wir können den europäischen Weg nicht stoppen, auch wenn es den Russen nicht gefällt.«

25 Jahre Unabhängigkeit haben den Moldawiern wenig gebracht. Die Jugend verlässt das Land gen Westen oder nach Russland. Für die Einreise in die Europäische Union benötigen Einwohner Moldawiens seit 2014 keine Visa mehr, für die Einreise nach Russland brauchten sie nie welche.

Zu sowjetischer Zeit machte man in Chişinău vor allem gute Geschäfte mit Wein. Moskaus Planwirtschaftler legten fest, dass in der klimatisch von der Nähe zur Schwarzmeerregion begünstigten Moldawischen Sowjetrepublik die größte Menge an Wein innerhalb der gesamten UdSSR produziert werden sollte.

Übrig geblieben ist davon einer der größten Weinkeller der Welt. Er befindet sich in Cricova, etwa 20 Kilometer von der moldawischen Hauptstadt entfernt. In labyrinthartigen Gewölben lagern nicht nur Weine aus Moldawien, sondern aus der ganzen Welt. Unter ihnen befindet sich fast die komplette Weinsammlung von Hermann Göring. Die Rote Armee hatte sie 1947 nach Moldawien gebracht.

In Osteuropa, und vor allem in Rumänien, verkaufen sich moldawische Weine heute noch gut, in Westeuropa haben sie es schwerer. Der russische Absatzmarkt aber ist fast völlig zusammengebrochen. Die dortige Administration hatte 2006 entschieden, dass moldawischer Wein ungesund sei, und ihn aus russischen Geschäften verbannt. Politischer Hintergrund der Strafaktion war ein neues Zollabkommen zwischen der moldawischen und der ukrainischen Regierung, das die von Russland unterstützte Enklave Transnistrien benachteiligte. Das Einfuhrverbot wurde 2007 zunächst wieder aufgehoben, dann aber in den Jahren 2010 sowie 2013 erneuert. Hintergrund der letzten Einfuhrverbote ist die EU-Annäherung Moldawiens.

Die ersten Jahre der Transformation Moldawiens in Richtung Marktwirtschaft und Demokratie verliefen schmerzhaft und schwierig. Die politische Klasse blieb gespalten. Eine Gruppe suchte nach wie vor den Anschluss an Rumänien, auch in der Annahme, dass komplizierte Reformen dadurch zunächst unnötig würden und erst nach der Vereinigung durchgeführt werden müssten. Die andere Gruppe, um Präsident Mircea Snegur, die sich überwiegend aus der alten sowjetischen Garde rekrutiert hatte, bemühte sich, das Land unabhängig zu halten und zu modernisieren. Dieser Zweikampf lähmte Reformen jedoch für lange Zeit. 1994 gewannen Snegur und seine Leute zwar endgültig die Kontrolle über die entscheidenden politischen Institutionen, scheiterten aber an Misswirtschaft, Missmanagement und Skandalen. Reformieren konnten sie Moldawien nicht.

Petru Lucinschi, der Snegur 1997 als Präsident beerbte, gewann die Wahlen mit dem Versprechen, Moldawien wieder mit Transnistrien zu vereinen. Außerdem versprach er, den Übergang zur Marktwirtschaft endgültig zu vollziehen, ohne dass die Bevölkerung darunter leiden müsse. Weder das eine noch das andere gelang ihm, so dass sich die moldawischen Wähler 2001 für ein gegenteiliges Modell entschieden.

Wladimir Woronin, der Kandidat der Kommunistischen Partei, gewann die Präsidentschaftswahlen und sollte bis 2009 an der Macht bleiben. Woronin stand zunächst für eine Annäherung an Russland, er wollte Privatisierungen einschränken und die um sich greifende Korruption bekämpfen. Seine Vision war die einer modernen sozialistischen Gesellschaft. Trotzdem hatte er kein Problem damit, Teile der moldawischen Wirtschaft unter die Kontrolle seiner Familie zu bringen. Außerdem kehrte er zu sowjetischen Methoden zurück. Ein »Dienst für Information und Sicherheit« kontrollierte in seinem Auftrag das Land und sammelte fleißig Informationen. Bei der Parlamentswahl im Jahr 2005 wurde die Kommunistische Partei zwar erneut stärkste Kraft, im Parlament hatte sie aber nicht genügend Sitze, um Woronin allein wiederwählen zu können. Die Kommunisten waren auf die Opposition angewiesen. Erst diverse inhaltliche Zugeständnisse ermöglichten seine Wiederwahl.

Woronins Kurs wurde nun eher prorumänisch, die Beziehungen zwischen den beiden Ländern waren so gut wie nie zuvor. Moldawien näherte sich unter einem kommunistischen Präsidenten der Europäischen Union an, was die durch den Transnistrien-Konflikt ohnehin angespannten Beziehungen zu Russland zusätzlich belastete. Auch innenpolitisch vollzog Woronin eine Kehrtwende. Sein Ziel war nicht mehr »eine sozialistische Gesellschaft«, sondern die freie Marktwirtschaft. 2007 strich er unter anderem die Gewinnsteuer für Unternehmen, um damit die moldawische Wirtschaft anzukurbeln. Die Armut, die die Bevölkerung vor allem auf dem Land plagt, konnte er in acht Jahren an der Macht nur etwas mindern. Dafür schaffte er es, seine Familienmitglieder gut zu versorgen. Sein Sohn Oleg wurde einer der reichsten Geschäftsleute in Moldawien.

917 Tage ohne Präsident

Bei den Wahlen im Jahre 2009 erzielte die Kommunistische Partei ein Ergebnis von knapp unter 50 Prozent. Da die moldawische Verfassung für die Wahl eines Staatspräsidenten eine Dreifünftelmehrheit im Parlament vorsieht, reichte das Ergebnis nicht aus. Zudem kam es zu Straßenprotesten, da die Opposition das gute Ergebnis der Kommunistischen Partei anzweifelte. Auch in der Bevölkerung wurde der Vorwurf der Wahlfälschung laut. Die Demonstrationen endeten in Straßenschlachten mit der Polizei. Demonstranten stürmten und verwüsteten das Parlamentsgebäude. Präsident Woronin sprach von einem Staatsstreich. Es kam schließlich zur Wahlwiederholung. Diese Wahl verloren die Kommunisten deutlich. Die bürgerliche Opposition übernahm die Macht. Doch Querelen zwischen den nun oppositionellen Kommunisten und der neuen Regierungskoalition verhinderten die Wahl eines neuen Staatspräsidenten. 2010 fanden Neuwahlen statt, es gewann die bürgerliche »Allianz für die Europäische Integration«. Man wollte sich von Russland ab- und Europa zuwenden. Doch die Streitigkeiten setzten sich fort. Moldawien blieb insgesamt 917 Tage ohne gewähltes Staatsoberhaupt.

Erst 2012 gelang es dem parteilosen Nicolae Timofti, im Parlament die nötige Stimmenmehrheit auf sich zu vereinigen. Der neue Präsident ist Spross einer Familie, deren Angehörige in der Sowjetzeit Repressalien ausgesetzt und in Lagerhaft gewesen waren. Unter ihm setzte sich die prowestliche Ausrichtung Moldawiens fort. Auch bei den Parlamentswahlen 2014 gewann die bürgerliche Koalition, die sich für die EU-Annäherung des kleinen Landes einsetzt. Noch im selben Jahr kam es zum Assoziierungsabkommen mit der EU. Damit wurden auch die Stimmen derer leise, die sich für die Vereinigung mit Rumänien zu einem »Großrumänien« in den Grenzen von 1940 aussprechen.

Dennoch ist der weitere Weg Moldawiens ungewiss. Rund 37 Prozent der Wahlberechtigten stimmten bei der Wahl von 2014 für die Sozialdemokraten und die Kommunisten. Beide Parteien gelten als prorussisch. Die Bevölkerung in Moldawien ist genauso wie in der Ukraine und Weißrussland zwischen der Hinwendung zur EU oder nach Russland gespalten. Vor allem ist sie aber der vielen Affären ihrer Politiker müde, die in rascher Abfolge bekannt werden. 2015 musste Ministerpräsident Chiril Gaburici zurücktreten. Er hatte sein Abiturzeugnis gefälscht. Wegen der anhaltenden Korruption im Land kam es außerdem zu Massenprotesten gegen Präsident Timofti. Zehntausende Demonstranten forderten seinen Rücktritt und skandierten: »Gebt uns die Milliarden zurück.«

Radu versteht nicht, warum sich die Europäer nicht endlich mit den Russen verständigen. »Ihr im Westen und die Russen betreibt Spiele, die in einen Kindergarten gehören«, sagt er und ergänzt mit Blick auf das Nachbarland Ukraine: »Schlimm, dass so viele Menschen darunter leiden müssen. Einigt Euch endlich.« Dabei hat sich Radu selbst schon längst entschieden. Wie so viele Moldawier hat er sich in Europa integriert, ohne dass seine Heimat zur EU gelangt wäre. Rumänien verteilt nämlich großzügig EU-Pässe an die Bewohner des Nachbarlandes. Sie müssen lediglich nachweisen, dass sie rumänischstämmig sind. Auch Radu zeigt uns stolz seinen rumänischen Pass.

Die Kaukasus-Republiken

Aserbaidschan

James Bond in Baku

Vom moldawischen Chişinău aus gibt es keine Flugverbindung direkt nach Baku. Die Hauptstädte der früheren Sowjetrepubliken sind nach wie vor meist nur über das »Drehkreuz« Moskau zu erreichen, Direktverbindungen zwischen den einzelnen GUS-Republiken gehören zur Ausnahme. Die Hauptstadt Aserbaidschans, dicht am Kaspischen Meer, zählt zum UNESCO-Weltkulturerbe.

Nirgendwo in der früheren Sowjetunion liegen Tradition und Moderne so nahe beieinander wie hier im Südkaukasus. Der Öl- und Gasreichtum macht es möglich. Als wir im Mai 2011 wieder einmal in Baku landeten, hatte das aserbaidschanische Duo Ell & Nikki gerade den »Eurovision Song Contest« gewonnen. 2012 sollte der Wettbewerb dann in Baku stattfinden. Beide Male herrschte Volksfeststimmung. Im Jahr 2004 ging der Sieg in dem Wettbewerb schon einmal an eine ehemalige Sowjetrepublik, die Ukraine. Damit war eine Öffnung gen Westen verbunden. Seit 2005 benötigen Schweizer und EU-Bürger für die Ukraine keine Einreisevisa mehr.

In Aserbaidschan weht politisch ein etwas rauerer Wind. Von den ca. neun Millionen Einwohnern sind 90 Prozent Aseris, und diese sind in ihrer Mehrzahl schiitische Muslime, nur 25 Prozent von ihnen sind Sunniten. Seitdem das Land am 18. Oktober 1991 von der Sowjetunion unabhängig geworden ist, verfolgt es eine streng laizistische Politik, wie sie bis vor kurzem auch in der Türkei praktiziert wurde, zu der Aserbaidschan beste Kontakte pflegt. Beide Staaten und Völker fühlen sich verbunden. Sowohl Türken wie auch Aseris, deren Sprachen eng verwandt sind, pflegen ihre Beziehungen nach dem Modell »eine Nation, zwei Staaten«. Allerdings wird Aserbaidschan autoritärer regiert als die Türkei, obwohl sich die heutige Erdoğan-Türkei einem derartigen Regierungsstil mehr und mehr an-

Land	Aserbaidschan
Hauptstadt	Baku mit offiziell ca. 2 Millionen Einwohnern (inoffiziell 3,8 Millionen)
Größe	86 600 km²
Bevölkerung	9,48 Millionen Einwohner, davon ca. 90 Prozent Aseris (Turkvolk); andere Nationalitäten: Russen, Talyschen, Lesginen, Awaren, Tataren, Kurden, Armenier
Landessprachen	Aserbaidschanisch, 1992 Wechsel von kyrillischer zu lateinischer Schrift, die Bedeutung des Russischen nimmt ab
Religionen	93,4 Prozent der Bevölkerung sind Muslime, 2,5 Prozent russisch-orthodoxe Christen, 2,3 Prozent armenisch-apostolische Christen, 1,8 Prozent gehören anderen (auch christlichen Konfessionen) an; größere jüdische Gemeinden
Währung	Aserbaidschan Manat (1 EUR = ca. 1,126 AZN, Kurs vom 11.11.2015)
Datum der Unabhängigkeit	18.10.1991
Staats-/Regierungsform	Republik, Präsidialdemokratie mit Einkammerparlament
Staatsoberhaupt	Präsident Ilcham Alijew
Staatsoberhäupter seit Unabhängigkeit	30.8.1991 – 6.3.1992 Ajas Mutalibow 6.3.1992 – 14.5.1992 Jagub Mamedow 14.5.1992 – 16.5.1992 Ajas Mutalibow 16.5.1992 – 18.5.1992 Jagub Mamedow 18.5.1992 – 16.6.1992 Isa Gambarow 16.6.1992 – 1.9.1993 Abulfes Elchibej 24.6.1993 – 31.10.2003 Haydar Alijew seit dem 31.10.2003 Ilcham Alijew
Regierungschef	Premierminister Artur Rasisade
Regierungschefs seit Unabhängigkeit	7.2.1991 – 7.4.1992 Hasan Hasanow 7.4.1992 – 18.5.1992 Firus Mustafajew 18.5.1992 – 26.1.1993 Rahim Huseinow 26.1.1993 – 28.4.1993 Ali Masimow 28.4.1993 – 7.6.1993 Panach Huseinow 27.6.1993 – 6.10.1994 Suret Huseinow 6.10.1994 – 20.7.1996 Fuad Gulijew 20.7.1996 – 4.8.2003 Artur Rasisade 4.8.2003 – 4.11.2003 Ilcham Alijew seit dem 4.11.2003 Artur Rasisade
Parlament	Nationalversammlung, per Mehrheitswahlrecht gewähltes Einkammerparlament, 125 Sitze

Regierungsparteien	Partei Neues Aserbaidschan
Opposition	Volksfront-Partei (nicht im Parlament), Ümid-Partei, außerdem zahlreiche Splitterparteien, die zum Teil die Regierungspolitik unterstützen (»konstruktive Opposition«)
Mitgliedschaft in internationalen Organisationen (u.a.)	UNO, Europarat, OSZE, IWF, Islamische Konferenz, Europäische Bank für Wiederaufbau und Entwicklung, Schwarzmeer-Kooperationsrat, Zentral- und Westasiatische Organisation für wirtschaftliche Zusammenarbeit, GUS, GUAM, Euro-Atlantischer Partnerschaftsrat, NATO-Partnerschaft für den Frieden, Kooperationsabkommen im Rahmen der Europäischen Nachbarschaftspolitik, EU-Östliche Partnerschaft
Bruttoinlandsprodukt	56,54 Mrd. Euro (2014, Berechnung von Eurostat)

genähert hat. In Aserbaidschan wirkt das sowjetische Modell nach, zumal die Führungsfiguren der sowjetischen Kaderschule entstammen. Außerdem existiert eine verbreitete Angst, dass sich der schiitische Glaube, so wie im Iran, radikalisieren könnte. Hintergrund dieser Befürchtungen ist die Tatsache, dass im Norden des Irans 20 bis 30 Millionen ethnische Aserbaidschaner leben. Die Aktivitäten iranischer Imame und iranischer Medien werden in Baku deshalb aufmerksam beobachtet.

Jedes Mal, wenn wir in Baku sind, erinnern wir uns an den James-Bond-Film »Die Welt ist nicht genug«, der 1999 in die Kinos kam und der u.a. in Aserbaidschan spielt. Der Thriller zeigt neben viel Action und Ölpumpen vor allem das Nachtleben Bakus. Es gehört nach Moskaus zu den aufregendsten in der früheren UdSSR. Auffällig ist, wie wenig junge Leute in Baku, der mit zwei Millionen Einwohnern mit Abstand größten Stadt des Landes, Russisch sprechen. In den Schulen hat Englisch Russisch als erste Fremdsprache abgelöst. Baku versprüht südländisches Flair. Die 150 Kilometer Sandstrände am Kaspischen Meer entwickeln sich mittlerweile zu einem Geheimtipp für Touristen.

Wegen des aserbaidschanischen Triumphs ein Jahr zuvor fand 2012 der »Eurovision Song Contest« in Baku statt. Er glich einer perfekten Inszenierung. Aserbaidschan wollte sich als herausragender Gastgeber für die Gäste aus aller Welt präsentieren. Das Eurovisions-Finale ist unter anderem als alljährliche

Blick auf die Altstadt von Baku

Party für Teile der Homosexuellen-Community bekannt. Die aus Baku stammende Vorjahressiegerin, Nigar »Nikki« Camal, die heute allerdings in England lebt, war sich sicher: »Aserbaidschan wird zeigen, dass es ein modernes und freundliches Land ist, in dem alle Gäste aus Europa willkommen sind – unabhängig von ihrer sexuellen Orientierung, Religion oder ihren politischen Ansichten.«[1] Aserbaidschan wollte sich für ein paar Tage als weltoffener, liberaler Staat präsentieren. Doch als die Party vorbei war, zog wieder Alltag ein. Aserbaidschan bleibt ein Land, das konservativen Traditionen und seiner muslimischen Kultur verpflichtet bleibt. Das ist schwerlich mit Europas liberaler Moderne zu verbinden.

Enklaven, autonome Gebiete und Konflikte

Das islamisch geprägte Aserbaidschan gehört gemeinsam mit den beiden Republiken Armenien und Georgien, die überwiegend von Christen bewohnt sind, zum Südkaukasus. Er umfasst den Teil Kaukasiens, der südlich der Hauptkette des Großen Kaukasus liegt. Vor dem Ende der Sowjetunion waren die Verhältnisse für Europäer insofern überschaubar, als der gesamte Kaukasus auf dem Gebiet der UdSSR lag. Die nordkaukasischen Regionen bzw. Republiken Tschetschenien, Dagestan, Adygeja,

Krasnodar, Stawropol, Inguschetien, Kabardino-Balkarien, Karatschai-Tscherkessien und Nordossetien-Alanien waren während der Sowjetperiode verwaltungspolitisch Teile der Russischen Sozialistischen Sowjetrepublik. Heute gehören sie zur Russischen Föderation.

Der Südkaukasus ist mit seinen drei unabhängig gewordenen Staaten Armenien, Georgien und Aserbaidschan sowie Sezessionsgebilden wie Berg-Karabach, Südossetien und Abchasien die komplizierteste Konfliktregion der untergegangenen Sowjetunion. Von alters her nennt man den Kaukasus den »Berg der Sprachen«. In der Region werden annähernd 50 verschiedene Sprachen gesprochen. Einige Völker stehen sich seit Jahrhunderten feindselig gegenüber.

In der Sowjetunion gab es verschiedene verwaltungsrechtliche Gebilde. Neben den pro forma selbständigen Sowjetrepubliken wie Aserbaidschan existierten sogenannte Autonome Sozialistische Sowjetrepubliken (ASSR). Auch innerhalb Aserbaidschans gab es eine solche Republik: die ASSR Nachitschewan. Sie behielt nach der Unabhängigkeit Aserbaidschans ihren Autonomiestatus und bildet eine Enklave, die von Armenien, dem Iran sowie einem elf Kilometer langen Grenzabschnitt zur Türkei umschlossen wird. Die christlichen armenischen Bewohner wanderten aufgrund von Repressionen nach 1991 aus. Heute leben in Nachitschewan größtenteils Aseri, die dem schiitischen Islam angehören. Wer von ihnen ins Kernland, also nach Aserbaidschan, reisen möchte, muss den Umweg über den Iran nehmen. Die Grenzen zu Armenien sind geschlossen.

Neben den Autonomen Sozialistischen Sowjetrepubliken kannte die sowjetische Verfassung als weitere Abstufung »Autonome Gebiete«, wie zum Beispiel das überwiegend armenisch besiedelte Berg-Karabach in Aserbaidschan. Zum Herrschaftsprinzip der Sowjetdiktatur gehörte es, ganze Völkerschaften zu verschieben und gegeneinander auszuspielen. Grenzziehungen erfolgten willkürlich, die autonomen Rechte der kleinen Völker beschränkten sich darauf, von KPdSU-Funktionären vertreten zu werden, die keine Russen, sondern Aseri, Georgier, Armenier, Ukrainer, Tadschiken oder Usbeken waren – eine reine Alibifunktion. Wirkliche Autonomie gab es im zentralistisch gelenkten Sowjetsystem nicht. Die bis heute bestehenden Nationalitätenkonflikte liegen teilweise in der rücksichtslosen Nationalitätenpolitik Stalins begründet, die seine Nachfolger fortsetzten.

Nach dem Zusammenbruch des Sowjetreiches entluden sich die Konflikte in Kriegen um Gebiete, in denen sich Völkerschaften unversöhnlich gegenüberstanden und in denen Russland heute gern als Ordnungsmacht auftritt. Berg-Karabach, um das sich Aserbaidschan und Armenien seit ihrer Unabhängigkeit erbittert streiten, gehört dazu. Der gegenwärtige Zustand in Berg-Karabach wie auch die Lage in Nachitschewan gleichen einer eingefrorenen Stabilität, die ab und zu von aufflammenden Unruhen unterbrochen wird. Die Konflikte selbst blieben ungelöst.

Eine zweite Golfregion

Die kritische Situation wurde damals durch die angespannte wirtschaftliche Lage noch verstärkt. Wie überall in der ehemaligen Sowjetunion führten in den 1990er Jahren die Transformationsprozesse auch im Südkaukasus zu einer Verarmung breiter Bevölkerungsschichten. Die Industrieproduktion war praktisch zusammengebrochen, das zentralistische Planwirtschaftssystem der Sowjetunion hatte viele Produktionsruinen hinterlassen. Nationalistische Alleingänge führten ferner zu einer Zersplitterung des ehemals gemeinsamen Marktes bzw. Wirtschaftsraumes.

Das Bruttoinlandsprodukt pro Kopf stürzte 1992 in Aserbaidschan auf 676 US-Dollar ab, im Jahr zuvor hatte es noch 1209 US-Dollar betragen.[2] 1995 erreichte es seinen Tiefstwert mit 397 US-Dollar. Dafür boomte die Schattenwirtschaft. Korruption durchdrang alle Bereiche der Gesellschaft, die Schere zwischen Arm und Reich begann sich weit zu öffnen, und Anarchie machte sich breit. Die Mittelschicht, zu der die einstige »sowjetische Intelligenz« gehörte, verschwand, da vor allem die Russen auswanderten.

Hoffnung schöpfte Aserbaidschan aus seiner strategischen Lage. »Pipeline statt Seidenstraße« hieß das Schlagwort. Über Jahrhunderte hinweg war man als Anlieger eines Netzes von Karawanenstraßen, welches Ostasien mit dem Mittelmeer und Europa verband, direkt mit der Hauptschlagader der Zeit verbunden gewesen. Als die Bedeutung dieses Handelsweges im 17. Jahrhundert durch die Schifffahrt abnahm, versank der Kaukasus in der wirtschaftlichen Bedeutungslosigkeit.

Seit dem Ende der Sowjetunion sind die Staaten der Region nicht nur als Durchgangsländer interessant. Im Kaspischen Raum werden 2,2 Prozent der Weltreserven an Erdöl und 14 Prozent der Weltreserven an Erdgas vermutet.[3] Im Westen spricht man von einer »zweiten Golfregion«.[4]

Berg-Karabach

Aserbaidschan erlangte am 18. Oktober 1991 seine Unabhängigkeit von der Sowjetunion. Doch ins internationale Bewusstsein rückten die selbständig gewordenen Südkaukasus-Republiken nach 1989 zunächst fast ausschließlich durch Konflikte zwischen den Völkerschaften. Eine Region stand dabei immer wieder besonders im Fokus: Berg-Karabach. »Der blutige Kampf zwischen Armenien und Aserbaidschan will kein Ende nehmen«[5], schrieb die *Zeit* 1992.

Berg-Karabach war ein autonomes Gebiet innerhalb der Aserbaidschanischen Sowjetrepublik, das sowohl von Aserbaidschanern als auch Armeniern besiedelt war, wobei die Armenier die Mehrheit bildeten. 1988 kam es zum ersten Mal zu bürgerkriegsähnlichen Zuständen mit Hunderten von Toten in den Bergregionen und damit zum ersten Konflikt zwischen zwei Unionsrepubliken der UdSSR. Die Moskauer Zentralmacht war bereits zu schwach, um den Konflikt im Zaum zu halten. 1991 eskalierte er ein weiteres Mal. Die Armenier, die in Berg-Karabach lebten, wollten die Abspaltung des Gebietes von Aserbaidschan erreichen. Im darauffolgenden Krieg verloren rund 25 000 Menschen ihr Leben. Bis zu einer Million Menschen wurden vertrieben.

Armenische Truppen besetzten im Kriegsverlauf Berg-Karabach sowie weitere aserbaidschanische Bezirke. Heute leben schätzungsweise 130 000 Armenier in Berg-Karabach, Aseri leben dort nicht mehr. Aus völkerrechtlicher Sicht ist Berg-Karabach aber weiterhin ein Teil Aserbaidschans. Nach wie vor fordert Aserbaidschan die Wiederherstellung seiner territorialen Integrität sowie Rückkehrrechte für die Zehntausenden Flüchtlinge. Die Armenier, die in Berg-Karabach leben, beharren auf der Anerkennung ihrer Unabhängigkeit sowie einer Anbindung an Armenien. Der Konflikt um Berg-Karabach ist ungelöst, allerdings existiert ein im Mai 1994 zwischen Armenien und Aserbaidschan durch russische Vermittlung geschlossener brüchiger

Promenade entlang des Kaspischen Meeres (Baku)

Waffenstillstand. Der Status des Konfliktes ist jedoch labil. Seit 2014 kam es nach einer Periode relativer Ruhe immer wieder zu Feuergefechten, bei denen Tote und Verletzte zu beklagen waren.

Stabilität unter Haydar Alijew

In den ersten Jahren der Unabhängigkeit stürzten in Aserbaidschan mehrere Präsidenten über die Ereignisse in Berg-Karabach: Jagub Mamedow, Ajas Mutalibow, Isa Gambarow und Abulfes Elchibej. Die Haltung anderer Staaten zu diesem Konflikt ist für die aserbaidschanische Regierung bis heute die Messlatte für die jeweiligen bilateralen Beziehungen. Entsprechend privilegiert sind die Beziehungen zur Türkei, die als »Bruderstaat« angesehen wird.

Stabiler wurde Aserbaidschan erst unter dem im Oktober 1993 zum Staatspräsidenten gewählten Haydar Alijew. Alijew, der 1922 geboren wurde, hatte seit 1944 in verschiedenen Funktionen im sowjetischen Geheimdienst KGB gearbeitet und war ein enger Freund von Leonid Breschnew. 1967 wurde er Chef des KGB und zwei Jahre später KP-Chef in der Aserbaidschanischen Sowjetrepublik. Als einer von wenigen Provinzfürsten stieg er 1982 sogar ins höchste Gremium der KPdSU, das Politbüro, auf und war bis 1987 gleichzeitig Erster Stellvertretender Vorsitzender des Ministerrates der UdSSR. Unter Gorbatschow fiel Alijew in Ungnade, da er dessen Perestroika-Kurs nicht unterstützte.

In den Wirren der untergehenden Sowjetunion vollzog Alijew, ein Opportunist und Polit-Fuchs zugleich, eine Kehrtwende. Er trat aus der Kommunistischen Partei aus, um kurz darauf Vorsitzender der aus der KP hervorgegangenen Partei »Neues Aserbaidschan« (»Yeni«) zu werden. Er profilierte sich als Nationalist. Russisch verschwand als zweite Amtssprache. Unter Alijew wurde Aserbaidschan zu einer autoritär regierten, aber einigermaßen stabilen Republik. Das Land privatisierte er für seine Familien, schaffte es aber parallel, den Ausgleich zwischen den rivalisierenden Clans zu erreichen.

Die Außenpolitik Alijews war ausgewogen. Aserbaidschan entwickelte eine Partnerschaft zur NATO und erreichte die Aufnahme in den Europarat. Nachdem das geschafft war, widmete sich Alijew wieder der Verbesserung der Beziehungen zu Russland, das inzwischen wieder ein wichtiger Partner des Kaukasuslandes ist.

Haydar Alijew überlebte mehrere Putschversuche, die Macht gab er nicht mehr aus den Händen. Er starb 2003 in einer amerikanischen Klinik an Herzversagen. Bereits schwer krank, drehte er einen letzten politischen Coup: Er kandidierte 2003 noch einmal als Präsident, zog aber kurz vor der Wahl seine Kandidatur zugunsten seines Sohnes Ilcham Alijew zurück, der die Wahlen prompt gewann. Die Herrschaft in Aserbaidschan blieb also in der Familienhand der Alijews.

Der Sohn übernimmt das Ruder

Mahmet, mit dem wir uns bei unseren Besuchen in Aserbaidschan regelmäßig treffen, ist ein hoher Beamter in der Präsidialverwaltung. Er arbeitete schon unter Alijews Vater. »Ilcham hat die vergangenen Jahre zwar eine gute Politik gemacht, wir sind wirtschaftlich stabil geworden«, lobt er den Präsidenten. »Doch das Charisma seines Vaters hat er nicht! Haydar Alijew haben die Aserbaidschaner geliebt. Ilcham ist geachtet und gefürchtet, aber er ist keine Vaterfigur für das Volk.«

Wir fuhren mit Mahmet entlang der Küste des Kaspischen Meeres zu seiner »Datscha«. Das Wort stammt aus dem Russischen. Es war nicht nur in der gesamten Sowjetunion gebräuchlich, sondern auch in anderen Ländern des früheren Ostblocks, und bedeutet so viel wie Wochenend- oder Gartenhaus. Wir verstanden, warum Mahmet mit der wirtschaftlichen Entwicklung des Landes zufrieden war. Er hat sich einen Mercedes der besseren Klasse geleistet. Seine »Datscha« ist eine von hohen Mauern umgebene Villa, die einige Hunderttausend US-Dollar gekostet hat. Sein Personal servierte frisch gefangenen Stör mit Granatapfelsoße, eine köstliche Spezialität der Region. Mahmets Frau hielt sich gerade zu einem Wochenendausflug in Paris auf. In der Nachbarschaft wohnen Geschäftsleute, die mit dem Alijew-Clan verbunden sind, und hohe Regierungsbeamte. Allein von den Beamtengehältern haben sie sich ihre prächtigen Häuser nicht leisten können. Aserbaidschan rangiert in der Korruptionsrangliste von Transparency International 2014 auf Position 49 der korruptesten Staaten der Welt.[6]

Pipeline-Politik

Wirtschaftlich ging es unter Ilcham Alijew in Aserbaidschan steil aufwärts, vor allem dank der Öl- und Gasreserven.

Es gibt drei Wege, das kaspische Öl in den Westen zu transportieren. Der erste Weg führt vom Kaspischen zum Schwarzen Meer. Er wird von Russland favorisiert, hat aber den Nachteil, dass die Pipelineführungen regionale Konfliktherde (zum Beispiel Tschetschenien) umgehen müssen. Eine russische Pipeline über Grosny wurde bereits Opfer des Tschetschenienkrieges. Die derzeit wichtigste Trasse führt – an Tschetschenien vorbei – von Baku (Aserbaidschan) nach Noworossisk (Russland) am Schwarzen Meer. Eine weitere Leitung geht von Baku durch Georgien nach Supsa ans Schwarze Meer. Seit 2001 gibt es außerdem eine Pipeline, die vom kasachischen Aktau nach Noworossisk führt.

Ein zweiter Weg könnte zukünftig von Aserbaidschan über seinen südlichen Nachbarn Iran zum Persischen Golf führen. Eine solche Variante wäre wirtschaftlich sinnvoll, doch die USA wollen dem Iran den damit verbundenen Einfluss nicht gewähren. Infolgedessen kontrolliert bislang Russland mit einer Ausnahme – der durch Georgien – alle wichtigen Pipelines.

Das wird sich ändern. Seit 2015 befindet sich die Trans-Adria-Pipeline (TAP) im Bau, die durch Griechenland und Albanien

Ölpumpe am Stadtrand von Baku

nach Süditalien führen wird. Sie soll mit der Transanatolischen Pipeline (TANAP) verbunden werden, die gleichfalls seit 2015 im Bau ist und nach ihrer Fertigstellung Erdgas aus dem kaspischen Raum über die Türkei nach Westen transportieren soll.

Es ist ferner schwer vorstellbar, auf Dauer eine Infrastruktur zu schaffen, die den Iran ausklammert, obwohl die USA eine dritte Trassenführung befürworteten und sich damit zunächst auch durchsetzten: Seit 2005 transportiert die Baku-Tiflis-Ceyhan-Pipeline kaspisches Öl an die türkische Mittelmeerküste, von wo aus es weiterverschifft wird. Der aserbaidschanische Teil der Pipeline heißt Haydar-Alijew-Pipeline, da es der erste Alijew war, der 1999 die Absichtserklärung zum Bau der Pipeline unterschrieb.

Allerdings hat der Iran selbst ein wachsendes Ölpipeline-Netz, das von Neka am Kaspischen Meer an den Persischen Golf führt und auch eine Raffinierie in der Nähe der türkischen Grenze bedient. Die Infrastruktur für eine Beteiligung Irans an internationalen Pipeline-Projekten wäre also zum Teil schon vorhanden, auch wenn es bisher aus politischen Gründen keine ernsthaften Bemühungen in dieser Richtung geben durfte. Das jedoch wird sich nach dem 2015 abgeschlossenen Atom-Abkommen mit dem Iran sicherlich ändern.[7]

»Raus mit dem Diktator«

Auf den Einnahmen aus der Erdölproduktion kann sich Aserbaidschan allerdings nicht ausruhen. Die Produktion lässt sich kaum noch steigern. Alijew muss etwas gegen die Arbeitslosigkeit der Jugend tun, wenn er sich an der Macht halten will. Das Durchschnittsalter beträgt 27 Jahre, und die Bevölkerung wächst.[8] Die Situation ähnelt in vielem der Lage in den arabischen Staaten: Die Politik wird von einer Familiendynastie bestimmt, die Einnahmen aus der Öl- und Gasproduktion kommen nicht mehrheitlich bei der Bevölkerung an, sondern verschwinden in undurchsichtigen Kanälen. Es fehlt an beruflichen Perspektiven. Deshalb kam es in Aserbaidschan 2011 zu Protesten gegen die Regierung, ganz ähnlich wie in den arabischen Staaten. Der Ort dafür war symbolträchtig gewählt: Vor einer Statue des am 11. Februar 2011 in Kairo gestürzten ägyptischen Präsidenten Hosni Mubarak, die bei Baku in einem Park stand, riefen junge Leute Parolen wie »Raus mit dem Diktator«.[9] Zur Ruhe gekommen ist der aserbaidschanische Präsident seitdem nicht mehr. Immer wieder flammen Proteste gegen ihn auf. Sie erreichten aber nicht nochmals die Intensität von 2011. Die Aseris sehen täglich in den Nachrichten, zu welchem Chaos und zu welchen Verwerfungen die Entwicklungen nach dem »Arabischen Frühling« in Nahen und Mittleren Osten geführt haben. Daher scheinen sie sich mit ihrer Führung dann doch lieber arrangieren zu wollen.

Alijew ist seit den Unruhen in der arabischen Welt zudem bemüht, sein Image zu verbessern. Er kündigte Maßnahmen gegen die allgegenwärtige Korruption an und versprach weiteren wirtschaftlichen Aufschwung. Die Mubarak-Statue ließ er vorsorglich entfernen.

Im Oktober 2013 wurde Präsident Alijew mit offiziell 84,4 Prozent der Stimmen in seinem Amt bestätigt. Doch ganz ohne Kontrolle wollte er die Wahl nicht ablaufen lassen, das Ergebnis ließ er schon vorab festlegen. Ein Technikfehler brachte es ans Licht: Alijew wurde bereits einen Tag vor der Wahl durch eine offizielle Wahl-App als Gewinner ausgewiesen. Um den peinlichen Fehler auszubügeln, wurde im Nachgang von einem »Softwaretest« gesprochen.

Georgien

Heiliger Georg und Jerusalemkreuz

Zwischen der aserbaidschanischen Hauptstadt Baku und der georgischen Hauptstadt Tiflis gibt es eine Flugverbindung. Und so dauert es nur eine reichliche Stunde, bis wir uns in einer völlig anderen Kultur befinden. In der Rückschau kommt es einem Wunder gleich, dass die religiös und kulturell so unterschiedlichen Völker der Sowjetunion weitgehend friedlich in einem Staat zusammenlebten. Nirgends wird deren Verschiedenheit auf engstem geografischem Raum so deutlich wie im Kaukasus. Mahmet, unser Bekannter in Baku, hatte uns kurz vor dem Abflug nach Tiflis noch die Bibi-Heybat-Moschee gezeigt, die im 13. Jahrhundert nach der Schwester eines schiitischen Imams benannt worden ist. Georgien, das Nachbarland Aserbaidschans, gehört hingegen zu den ältesten christlichen Staaten der Welt, genau wie Armenien.

Die Geschichte Georgiens reicht bis in das 4. Jahrhundert v. Chr. zurück. Kaukasische Iberier (Ost-Georgier) errichteten damals einen eigenen Staat. Die Georgier betrachten eine Syrerin namens Nino als Glaubensbringerin. Sie war aus römischer Gefangenschaft geflohen und hatte sich in Mzcheta, der Hauptstadt der heutigen Region Mzcheta-Mtianeti, niedergelassen. Mzcheta war damals das Zentrum des Iberischen Reiches, das neben dem Königreich Kolchis als einer der Vorgängerstaaten des heutigen Georgiens gilt. Die Syrerin Nino soll mit Gottes Hilfe Kranke geheilt haben, darunter auch die Frau des iberischen Königs, der daraufhin das Christentum annahm. Diese Entscheidung im 3. Jahrhundert hatte bleibenden Einfluss und spielte bei der Nationenbildung eine entscheidende Rolle.

Zwei Drittel der Georgier fühlen sich heute der georgisch-orthodoxen Kirche[10] zugehörig. Der mit dem Zerfall der UdSSR 1991 unabhängig gewordene georgische Staat ist eng mit seiner Kirche verbunden, deren Oberhaupt, Patriarch Ilia II., großen Einfluss hat. Die Kirche zahlt in Georgien keine Steuern. Seit 2005 sind auf der Staatsfahne das Jerusalemkreuz und auf dem Staatswappen der heilige Georg als Schutzpatron zu sehen.

In Tiflis leben über eine Million Menschen, fast ein Viertel der

Land	Georgien
Hauptstadt	Tiflis (Tbilissi) mit ca. 1,2 Millionen Einwohnern
Größe	69 700 km²
Bevölkerung	4,93 Millionen Menschen, davon 84 Prozent Georgier; 6,5 Prozent Aseris, 6 Prozent Armenier, 1,5 Prozent Russen, 2 Prozent andere
Landessprachen	Georgisch ist Amtssprache, Minderheitensprachen sind Abchasisch, Armenisch, Aserisch und Ossetisch
Religionen	georgisch-orthodoxe Apostelkirche, ferner Religionsgemeinschaften der Armenier, Muslime, Katholiken, Protestanten, Juden
Währung	Georgischer Lari (1 EUR = ca. 2,57 GEL, Kurs vom 11.11.2015)
Datum der Unabhängigkeit	9.4.1991
Staats-/Regierungsform	Demokratische Republik
Staatsoberhaupt	Staatspräsident Giorgi Margwelaschwili
Staatsoberhäupter seit Unabhängigkeit	14.4.1991 – 10.3.1992 Swiad Gamsachurdia (gestürzt) 10.3.1992 – 26.11.1995 Eduard Schewardnadse (als Übergangspräsident) 26.11.1995 – 23.11.2003 Eduard Schewardnadse 23.11.2003 – 25.1.2004 Nino Burjanadse 25.1.2004 – 25.11.2007 Micheil Saakaschwili 25.11.2007 – 20.1.2008 Nino Burjanadse 20.1.2008 – 17.11.2013 Micheil Saakaschwili seit dem 17.11.2013 Giorgi Margwelaschwili
Regierungschef	Premierminister Irakli Garibaschwili
Regierungschefs seit Unabhängigkeit	18.8.1991 – 23.8.1991 Murman Omanidse 23.8.1991 – 6.1.1992 Bessarion Guguschwili 6.1.1992 – 6.8.1993 Tengis Sigua 6.8.1993 – 20.8.1993 Eduard Schewardnadse 20.8.1993 – 5.10.1995 Otar Patsatsia 5.10.1995 – 26.7.1998 Nikolos Lekischwili 31.7.1998 – 11.5.2000 Watzha Lortkipanidse 11.5.2000 – 21.12.2001 Giorgi Arsenischwili 21.12.2001 – 27.11.2003 Awtandil Jorbenadse 27.11.2003 – 3.2.2005 Surab Schwania 3.2.2005 – 17.2.2005 Giorgi Baramidse 17.2.2005 – 16.11.2007 Surab Nogaideli 22.11.2007 – 1.11.2008 Wladimir Gurgenidse 1.11.2008 – 6.2.2009 Grigol Mgaloblischwili 6.2.2009 – 30.6.2012 Nikolos Gilauri

	30.6.2012 – 25.10.2012 Iwane Merabischwili 25.10.2012 – 20.11.2013 Bidsina Iwanischwili seit dem 20.11.2013 Irakli Garibaschwili
Parlament	Einkammerparlament mit 150 Sitzen (77 Listenplätze und 73 Direktmandate)
Regierungsparteien	Koalition Georgischer Traum (87 Sitze), ein Bündnis von fünf Parteien (Georgischer Traum, Republikaner, Nationales Forum, Konservative, Industriellenpartei) und zwölf ursprünglich fraktionslosen Abgeordneten. 4 fraktionslose Abgeordnete, von denen aktuell 2 in der Regel der parlamentarischen Mehrheit zugerechnet werden.
Opposition	Die Vereinte Nationale Bewegung des ehemaligen Staatspräsidenten Saakaschwili (51 Sitze). Seit ihrem Austritt aus der Regierungskoalition im November 2014 sind die 8 Abgeordneten der Freien Demokraten ebenfalls in der Opposition.
Mitgliedschaft in internationalen Organisationen (u.a.)	Euro-Atlantischer Partnerschaftsrat, Schwarzmeer-Kooperationsrat, OSZE, IWF, UN, Vertrag über die Nichtverbreitung von Kernwaffen, GUAM, Europarat, WTO, NATO-Partnerschaft für den Frieden, Partnerschafts- und Kooperationsabkommen mit der EU, Aktionsplan im Rahmen der Europäischen Nachbarschaftspolitik; Austritt aus der GUS im August 2008
Bruttoinlands-produkt	12,44 Mrd. Euro (2014, Berechnung von Eurostat)

gesamten Einwohner Georgiens. Die Altstadt ist bekannt für ihre heißen Schwefelquellen. Sie liegt unterhalb des Berges Mtatsminda, der als heiliger Berg verehrt wird. Tiflis wirkt nicht so belebt wie Baku. Georgien hat im Gegensatz zu Aserbaidschan ein demografisches Problem. Eduard Schewardnadse, der von 1992 bis 2003 georgischer Präsident war, hatte das schon klar benannt: »Nach den letzten Angaben beträgt die Bevölkerung Georgiens vier Millionen Einwohner. In der Zeit der Sowjetunion lag die Zahl bei mehr als fünf Millionen. Nach der Prognose der WHO wird im Jahr 2025 die Bevölkerung Georgiens 3,75 Millionen betragen, und im Jahr 2050 nur noch 2,76 Millionen. Und was wird im Jahr 3000 sein? Wird es uns dann überhaupt noch geben?«[11]

In Swanetien

Sewarion, ein Politikwissenschaftler aus Tiflis, der die letzten Jahre eine steile Karriere als Talkmaster im georgischen Fernsehen gemacht hat, lernten wir 2004 kennen. Er drängte uns danach bei jedem Besuch, in die Provinz zu fahren. Georgien, so seine Überzeugung, sei eines der schönsten und vielfältigsten Länder der Welt.

In der Tat findet man nicht so schnell ein Land, das so vieles vereint. Der Kaukasus ist wild, in weiten Teilen noch unberührt und bis zu 5200 Meter hoch. Die Georgier bezeichnen ihr Land als »Balkon Europas«. Im Westen grenzt Georgien ans Schwarze Meer. Hier herrscht subtropisches Klima. In Georgien leben annähernd 30 Volksgruppen: Georgier, Aserbaidschaner, Armenier, Swanen, Abchasen, Aramäer, Juden, Russen, Kurden, Metscheten etc., etc. Das Land gliedert sich in neun Regionen und zwei Autonome Republiken. Südossetien und Abchasien haben 2008 jedoch ihre Unabhängigkeit erklärt und gehören de facto nicht mehr zum georgischen Staatsverbund.

Gleichgültig, wo man sich in Georgien aufhält, die Gastfreundschaft, gutes Essen und die Qualität des georgischen Weines sind sprichwörtlich. Früher waren die Georgier auch stolz auf ihren Tee, die Plantagen haben aber die Sowjetzeit größtenteils nicht überlebt. »Wir produzieren fast nur noch für den Eigenbedarf«, erklärt uns Lado, der Onkel von Sewarion, der Direktor einer Teeplantage bei Kutaissi im westlichen Teil von Georgien ist. »Einst haben wir die meisten Unionsrepubliken mit unserem schwarzen Tee beliefert«, berichtet er. Die Produktionsanlagen, die er uns dann zeigt, sind allerdings heruntergekommen. Man verwaltet hier nur noch den Verfall.

Lado bringt uns von hier aus in seine Heimatstadt Mestia, das Verwaltungszentrum der Region Swanetien. Deutschsprachige Spezialreiseanbieter preisen einen Besuch Swanetiens als eines der letzten Abenteuer in Europa. »Die höchsten Berge des Kaukasus, alle über 4000 Meter, ohne einen Skilift, ohne Luxushotels und ohne Werbung können besichtigt werden. Was Ihnen dafür geboten wird, sind aufregende und atemberaubende Aussichten, unberührte Berge, tiefe Schluchten, schäumende Flüsse – und Straßen, die nicht für nervöse Fahrer geeignet sind! (...) Sie führen zu verborgenen Dörfern, gespickt mit mittelalterli-

Mittelalterliche Wehrtürme in Swanetien

chen Wehrtürmen. Man fühlt sich in dieser Region, als ob die Zeit um sich herum stehengeblieben wäre.«

Wir fahren mit einem russischen Jeep der Marke »Lada Niwa« ins Gebirge hinein. Unser Fahrer sagte, dieser Autotyp sei am geeignetsten für die Fahrt nach Mestia, die großen Jeeps, mit denen manchmal die Ausländer herumfahren, wären zu breit für die Straßen dort. Das erleben wir wenig später, als uns diese Wagen entgegenkommen und die Fahrer gezwungen sind, entlang des Abgrundes gefährliche Ausweichmanöver zu machen. In Mestia erwartet uns eine Überraschung. Die Verwandten Lados wohnen in keinem umgerüsteten Wehrturm, sondern in einer Plattenbauwohnung, in der gerade die Heizung schlecht funktioniert. Da es schon Ende November ist und die Temperaturen in der Nacht bei minus 15 Grad liegen, wird uns ein Zimmer im Haus des Arztes von Mestia vermittelt. In dem zweistöckigen Gebäude, direkt im Zentrum, lebte der 62-jährige Doktor zusammen mit seiner Frau, Tochter und Schwiegersohn, vier Enkeln sowie seinen knapp 90 Jahre alten Eltern. In der Küche wird kräftig Feuer im Herd gemacht, nach dem Abendessen sitzen wir lange zusammen. Seine Tochter, die als Biologielehrerin an der örtlichen Schule arbeitet, berichtete vom dortigen Lehrermangel. »Wir haben kaum Nachwuchs«, sagte sie. Wer aus Swanetien stammt und einmal in Tiflis, Kutaissi oder anderswo studiert hat, kommt selten zurück. »Hier gibt es nichts, was für junge Leute interessant ist.« Zu Sowjetzeiten war das anders.

Stalin, der berühmteste Georgier, hatte dafür gesorgt, dass es »seiner« Sowjetrepublik gut ging, und auch nach Stalins Tod hatte Georgien im Vergleich zu anderen Sowjetrepubliken wirtschaftlich eine Spitzenposition inne. Das kulturelle und wissenschaftliche Leben Georgiens blühte. Am Ende des Abends fragen unsere Gastgeber, ob wir mit ihnen in der Küche schlafen wollen oder allein in der zweiten Etage. Die Frage verwundert uns, wir entscheiden uns gegen die Küche. Es wird eine der kältesten Nächte unseres Lebens. Das Haus ist schlecht isoliert, und seine einzige funktionierende Wärmequelle besteht aus dem Küchenherd. Im Gästezimmer herrschen Frosttemperaturen. Der Rotwein, den wir zum Abendessen reichlich konsumiert haben, lässt uns noch einschlafen, doch halten wir es irgendwann nicht mehr aus und ziehen mit unseren Matratzen in die Küche hinunter.

Die ersten Jahre der Unabhängigkeit

Bereits vor der Auflösung der Sowjetunion war die damalige Georgische Sozialistische Sowjetrepublik von ungelösten ethnischen Konflikten bedroht. Das setzte sich nach der Unabhängigkeitserklärung im Jahre 1991 fort. Eine spannungsgeladene Situation bestand vor allem in der Grenzregion zu Tschetschenien, wo die tschetschenische Minderheit Georgiens siedelt. Außerdem gab es in den georgischen Provinzen Adscharien, Abchasien und Südossetien Abspaltungstendenzen.

Die ethnischen Konflikte polarisierten Georgien noch verstärkt nach der Machtübernahme des nationalistisch orientierten Präsidenten Swiad Gamsachurdia. Der 1939 in Tiflis geborene Schriftsteller hatte 1976 zusammen mit anderen Gegnern des Sowjetregimes die »Helsinki-Gruppe« ins Leben gerufen.[12] 1989 gründete er die Partei »Runder Tisch – Freies Georgien«. Gamsachurdia gehörte zu jenen sowjetischen Intellektuellen, die zur Zeit der Perestroika die einzige Chance für einen tiefgreifenden Wandel in der Unabhängigkeit ihrer Republiken von Moskau sahen. Die meisten dieser Dissidenten schafften es nach der Unabhängigkeit nicht, daraus politisches Kapital zu schlagen. Ob in Russland, Weißrussland, der Ukraine oder in Mittelasien: die Macht übernahmen frühere Funktionäre der KPdSU, die zwar formal der kommunistischen Ideologie abgeschworen hatten, jedoch den »Stallgeruch« nicht verleugnen konnten.

In Georgien war das anders. Swiad Gamsachurdia entschied 1990 den Machtkampf für sich und seine neu gegründete Partei. Im Mai 1991 wurde er mit 86 Prozent zum Präsidenten Georgiens gewählt. Doch es folgten erbitterte Auseinandersetzungen im eigenen politischen Lager, wirtschaftliches Chaos und ethnische Konflikte breiteten sich aus. Paramilitärische Einheiten, die sogenannten Mchedrioni, begannen, ganze Landstriche zu kontrollieren. Anführer dieser mafiaähnlichen Struktur war Dschava Iosseliani, seines Zeichens Bankräuber, Totschläger und Dramatiker. Während der Sowjetzeit hatte er 20 Jahre im Gefängnis verbracht. Nach seiner Entlassung machte er sich in Georgien zunächst als Autor populärer Theaterstücke einen Namen, bevor er erneut in die Unterwelt entschwand. Die Angehörigen der Mchedrioni, die einheitlich Jeans, Pullover, Jackets und Sonnenbrillen trugen, waren für unzählige Raubzüge und Entführungen verantwortlich.

Swiad Gamsachurdia versuchte, deren Treiben mit diktatorischer Gewalt ein Ende zu bereiten, doch nachdem er im Januar 1992 die Kontrolle über seine eigene Nationalgarde verloren hatte und die Mchedrioni das Präsidentenamt stürmten, musste er fliehen. Aus Moskau war keine Hilfe zu erwarten. Dort hatte er sich durch seine nationalistische Politik zu viele Feinde gemacht. In Tiflis übernahm kurzzeitig ein Militärrat die Macht, dem auch der Boss der Mchedrioni, Iosseliani, angehörte. Man spielte mit dem Gedanken, Georgien wieder in eine Monarchie zu verwandeln.

Eduard Schewardnadse als Präsident

In der Folge konnte sich aber der gebürtige Georgier und frühere sowjetische Außenminister Eduard Schewardnadse durchsetzen. Er hatte zwischen 1972 und 1985 bereits als Erster Sekretär der georgischen KPdSU an der Spitze der Georgischen Sozialistischen Sowjetrepublik gestanden. Jetzt wurde er erneut, unterstützt von Boris Jelzin, zum »starken Mann« in seinem Heimatland. 1993 trat Georgien der GUS bei. Auch im Westen war Schewardnadse populär, schließlich hatte er zusammen mit Michail Gorbatschow zur Beendigung des Kalten Krieges und zur deutschen Wiedervereinigung beigetragen.

1995 gab sich Georgien eine neue, demokratische Verfassung, die zwar präsidiale Züge trägt, aber dem Parlament eine beachtliche Rolle zusichert. Bis 1998 verliefen die innen-, wirtschafts- und rechtspolitischen Reformen Georgiens bemerkenswert erfolgreich. Schewardnadse schaffte es, die mafiösen Strukturen der Mchedrioni aufzulösen. Er überlebte zwei Attentatsversuche. Doch Ende der 1990er Jahre änderte sich sein Regierungsstil. Der ehemalige sowjetische Außenminister agierte zunehmend autoritär und versuchte sich in georgisch-nationalistischen Tönen. Die Beziehungen zu Russland verschlechterten sich drastisch, als Schewardnadse auf die Räumung der russischen Militärbasen in seinem Land drängte, die Moskau damals noch unterhielt. Die USA versuchten ihrerseits, über Georgien Einfluss im Kaukasus zu gewinnen. Der Kampf um Ölpipelines und deren Verlauf war im vollen Gange.[13] Fehlgeschlagene ökonomische Reformen, eine zunehmende Selbstherrlichkeit, Vetternwirtschaft und Korruption ließen den Stern Schewardnadses bald sinken. Zehn Jahre nach der Unabhängigkeit standen von früheren Großkombinaten nur noch Ruinen in Georgien, neue Betriebe waren kaum hinzugekommen. Die Bevölkerung verlor zunehmend den Glauben daran, dass es wirtschaftlich einmal wieder aufwärtsgehen könnte.

Die »Rosenrevolution«

Politiker, die Eduard Schewardnadse gefördert hatte und die eigentlich als sein politischer Nachwuchs galten, stellten sich gegen ihn, allen voran sein Justizminister Micheil Saakaschwili, der in den USA studiert hatte. Saakaschwili wurde im Winter 2003/2004 zu einem Wortführer der »Rosenrevolution«. Washington hoffte, mit Georgien in unmittelbarer Nähe zu Russland einen Bündnispartner zu gewinnen. Organisationen aus den USA unterstützten die Revolutionäre nicht nur mit Rat, sondern auch materiell. Schewarnadse wurde gestürzt und Saakaschwili im Januar 2004 zum neuen georgischen Präsidenten gewählt.

In Georgien herrschte Aufbruchstimmung. Als wir im Februar 2004 Tiflis besuchten, erinnerte uns einiges an die Zeiten der »Wende« in Ostdeutschland. Saakaschwili räumte mit alten Seilschaften auf. Viele Funktionäre, die schon seit Sowjetzeiten in den Ministerien dienten, verloren ihre Posten. Ein Bekannter von unserem Freund Sewarion wurde wie aus dem Nichts neuer Chef der Polizeiakademie Georgiens. Die Polizisten, die ihn dort

Parlamentsgebäude in Tiflis

stramm und in Uniform zu begrüßen hatten, staunten nicht schlecht über den jungen Mann in Zivil.

Im georgischen Innenministerium entschied man sich für eine Radikalkur. Über Nacht wurden 15 000 Verkehrspolizisten entlassen, die wie überall in der früheren Sowjetunion als besonders korrupt galten. Heute gehört Georgien zu den wenigen postsowjetischen Ländern, wo die Polizei kein Schmiergeld annimmt. Saakaschwili machte einen dynamischen, eloquenten Eindruck. Sein Englisch ist perfekt, und er liebt es, damit zu parlieren. Doch schon damals sahen manche Georgier in ihm eine Gefahr. Er erschien ihnen zu ehrgeizig, zu machtgierig und zu abhängig von den USA zu sein. Die Amerikaner finanzierten nach der »Rosenrevolution« über Kredite nicht nur die georgische Wirtschaft, sondern zahlten auch direkt die Gehälter georgischer Regierungsmitglieder. »Mit dem Mann stimmt etwas nicht«, sagte ein Offizier an der Polizeiakademie. »Wer so kaltblütig seinen Ziehvater (Schewardnadse) stürzt, dem vertraue ich nicht. Mit dem werden wir noch unser Wunder erleben!«

Russische Blockade gegen Georgien

Nach der »Rosenrevolution« vollzog Georgien eine Wende in der Außenpolitik. Ziel war die Mitgliedschaft in der NATO und der Europäischen Union. Vor dem Parlamentsgebäude wehte die Europafahne. Begleiten ließ dies der selbstbewusste Saakaschwili von einer antirussischen Kampagne in den georgischen Medien. Die russisch-georgischen Beziehungen erreichten daraufhin einen ersten Tiefpunkt. Im Frühjahr 2006 erließ Russland ein Einfuhrverbot für Weine, Spirituosen und Mineralwasser georgischer Herkunft, angeblich aus Verbraucherschutzgründen. Dieses Modell war in Moskau beliebt. Im gleichen Jahr sanktionierte der Kreml auch die Moldawier mit einem Importstopp für deren Weine.[14] Im Oktober 2006 verfügte Russland dann sogar eine totale Ein- und Ausfuhrblockade gegenüber Georgien.

Kurz zuvor hatte die georgische Polizei vier der Spionage verdächtigte russische Offiziere festgenommen. In Handschellen und vor laufenden Kameras wurden ihnen zur besten Sendezeit die Ausweisungsverfügungen verlesen. Dies nahm der Kreml als öffentliche Demütigung wahr. Als Reaktion darauf begann Russland mit der Ausweisung von dort lebenden Georgiern. 2008 trat Georgien aus der GUS aus.

In Moskau kannten wir einen Musiker namens David. Er stammte aus Zchinwali in Mittelgeorgien. David war bis Anfang der neunziger Jahre in einem Orchester engagiert gewesen, doch nach dem Zusammenbruch der Sowjetunion war im neuen Georgien kein Geld mehr für staatlich geförderte Kunst vorhanden. Seitdem ernährt er seine Familie mit dem, was ihm Passanten in der Metrounterführung an der Station »Leninbibliothek« in den Violinenkoffer werfen. Alle drei Monate fuhr er nach Hause zu seiner Frau und seinen zwei Töchtern, denn länger als ein Vierteljahr dürfen sich Ausländer nicht ohne Unterbrechung in Russland aufhalten. Im Jahre 2007 sahen wir ihn gar nicht. Dann tauchte er wieder am alten Platz auf. Seine Wut auf die russischen Behörden war groß, noch mehr aber regte er sich über die georgische Führung auf. »Wenn man Streit sucht, muss man doch vorher wissen, ob man ihn gewinnen kann oder nicht«, schimpfte er.

Abtrünnige Provinzen

Georgien war seit seiner Unabhängigkeit im Jahre 1991 damit konfrontiert, dass drei Provinzen versuchten, sich vom georgischen Staat zu lösen: Adscharien, Abchasien und Südossetien.

Adscharien, eine autonome Region, hatte mit der am Schwarzen Meer gelegenen Hauptstadt Batumi zu den bevorzugten Urlaubsorten in der Sowjetunion gehört. Wirtschaftlich ging es der Provinz früher gut, das Geschäft mit den Urlaubern florierte. Anders als die Georgier sind die Adscharier Muslime. Bereits 1990 wollten sie die staatliche Unabhängigkeit erreichen. Regelmäßig kam es zu Auseinandersetzungen mit der Zentralgewalt in Tiflis. Im Jahre 2004 wurde Micheil Saakaschwili sogar die »Einreise« nach Adscharien von den dortigen Behörden verweigert. In Batumi forderten Tausende Demonstranten eine versöhnlichere Haltung gegenüber Tiflis. Aslan Abaschidse, der die Provinz seit 1991 autokratisch regierte und stärkster Befürworter der Herauslösung Adschariens aus Georgien war, trat zurück. Die Lage hat sich seit 2005 entspannt. Der georgische Verfassungsgerichtshof sitzt heute in Batumi, die Regierung in Tiflis wollte damit zeigen, dass ihr ein Ausgleich mit der Küstenregion wichtig ist.

Auch Abchasien liegt am Schwarzen Meer. Die Hauptstadt der Provinz ist Suchumi. Wie in Adscharien erholten sich hier zur Sowjetzeit alljährlich Zehntausende von Touristen aus der Sowjetunion und dem Ostblock. Abchasien ging stärker in die Konfrontation und erklärte im Juli 1992 seine Unabhängigkeit von Georgien. Unmittelbare Folge war der Beginn eines blutigen Bürgerkrieges. 20 000 Menschen verloren dabei ihr Leben.[15] Die Auseinandersetzungen endeten im Herbst 1993. Es kam zu einem Waffenstillstand und der Schaffung einer UN-Friedensmission, was faktisch die Unabhängigkeit Abchasiens herbeiführte. Während der Kriegshandlungen war der Großteil der ethnischen Georgier vertrieben worden.

Südossetien wollte zum Ende der Sowjetunion einen Zusammenschluss mit Nordossetien erreichen, das zur Russischen Föderation gehört. Die Osseten sind ethnisch mit dem Kaukasusvolk der Georgier nicht verwandt, sie stammen von den indogermanischen Alanen ab. Der russische Einfluss geht auf das Jahr 1774 zurück, als ganz Ossetien ins Zarenreich eingegliedert wurde. 1920 sagte sich Südossetien schon einmal von Tiflis los, allerdings vergeblich. Georgische Truppen marschierten 1921 in die südossetische Hauptstadt Zchinwali ein. Im Jahre 1991, noch vor dem endgültigen Zerfall der Sowjetunion, proklamierte Südossetien erneut die Unabhängigkeit von Georgien und gründete die »Südossetische Demokratische Sowjetrepublik«. 1992 entbrannte auch hier ein Bürgerkrieg, bei dem

Russische Panzer an der Grenze zu Georgien während der Kämpfe um Süd-
ossetien, 2008

1500 Menschen ihr Leben verloren und Zehntausende zu Flüchtlingen wurden. Der Krieg endete erst nach einem Waffenstillstandsabkommen unter Vermittlung der neu gegründeten GUS im gleichen Jahr. Seitdem spielt Russland, ähnlich wie in Abchasien, eine zentrale Rolle. Moskau bot den Südosseten kostenlose medizinische Versorgung sowie schulische Bildung an und ließ die Bewohner über russische Mobilfunknetze telefonieren. Es stellte freizügig russische Pässe aus, finanzierte Straßenbau und andere Infrastrukturprojekte. In Südossetien leben rund 80 000 Menschen. Die meisten von ihnen sind bereits russische Staatsbürger.

Die beiden Sezessionsrepubliken Abchasien und Südossetien wollten im Jahre 2006 durch Volksabstimmungen ein weiteres Mal eine Entscheidung für ihre Unabhängigkeit erzwingen. Die Mehrzahl der Bewohner sprach sich für die Herauslösung aus dem georgischen Staatsgebilde aus. Jede Streitpartei baute auf die Unterstützung auswärtiger Mächte – Georgien auf die EU, die NATO und insbesondere die USA, während Abchasien und Südossetien auf die Hilfe aus Russland zählten.

Krieg um Südossetien

August 2008: »Krieg in Georgien!«, »Russland greift Georgien an zwei Fronten an« – so lauteten die Schlagzeilen in der deutschen Presse. Russische Truppen waren in die südossetische Hauptstadt Zchinwali einmarschiert. Der georgische Präsident Micheil Saakaschwili forderte Hilfe: »Es geht nicht mehr nur um Georgien. Es geht um Amerika und seine Werte. Wir sind ein Freiheit liebendes Land, das derzeit angegriffen wird.«[16] In Tiflis zeigten Demonstranten Plakate, die Wladimir Putin mit Hitler-Bart abbildeten. Der Westen stellte Georgien nach der »russischen Aggression« die NATO-Mitgliedschaft in Aussicht. Die amerikanische Außenministerin Condoleezza Rice sagte: »Wir haben nicht 1968, als Russland einfach über seine Nachbarn herfallen konnte.«[17] Die Welt schien wie vor 20 Jahren wieder in Gut und Böse geteilt.

Doch es waren nicht die Russen gewesen, die in der Nacht vom 7. zum 8. August 2008 Südossetien überfallen hatten. Der georgische Präsident Micheil Saakaschwili hatte seinen Truppen Marschbefehl in Richtung Südossetien gegeben und dort ein Blutbad angerichtet.[18] Russland war allerdings darauf vorbereitet. Nach dem georgischen Überfall griffen russische Truppen massiv an. Die georgische Armee zog sich daraufhin wieder zurück. Übrig blieb das zerstörte Zchinwali.

Die USA und ihre Verbündeten waren jedoch zunächst so sehr von Saakaschwili und der Richtigkeit ihrer bisherigen Politik im Kaukasus überzeugt, dass sie nicht sehen wollten, was nicht sein durfte. Nach der »Rosenrevolution« hatten sie alles getan, um Saakaschwili zu unterstützen. Georgien konnte massiv aufrüsten. Nach dem georgischen Einmarsch in Südossetien folgte man im Westen beinahe blind der georgischen Propaganda. Erst später wurde klar, dass man sich in Saakaschwili getäuscht und er den Konflikt begonnen hatte. Die Ausrichtung Georgiens auf Amerika und die Vernachlässigung eines vernünftigen Verhältnisses zu seinen Nachbarn und speziell zu Russland hatte die gesamte Region instabil gemacht. Innenpolitisch überlebte Michail Saakaschwili den Konflikt zunächst. Das Verhältnis zu Russland, das mittlerweile Abchasien und Südossetien als unabhängige Staaten anerkannt hat, ist jedoch seitdem so belastet, dass die beiden Länder nicht einmal mehr diplomatische Beziehungen miteinander unterhalten. Die neutrale Schweiz vertritt seit 2008 die jeweiligen Interessen Russlands bzw. Georgiens in Tiflis und Moskau.

Im Westen, wo man in Saakaschwili lange Zeit den Demokraten und Helden der »Farbigen Revolutionen« im postsowjetischen Raum sah, verblasste dessen Bild nur langsam. Und das, obwohl Saakaschwili Georgien in der Folge immer selbstherrlicher regierte und in Tiflis Demonstranten, die seinen Rücktritt forderten, genauso verprügeln ließ wie sein Kollege in Weißrussland.[19] Immer neue Korruptionsvorwürfe tauchten gegen Saakaschwili auf. Bei den Parlamentswahlen im Jahr 2012 musste seine Partei eine herbe Niederlage einstecken. Die Bewegung »Georgischer Traum«, die der Milliardär Bidsina Iwanischwili ins Leben gerufen hatte, konnte die Wahl für sich entscheiden. Im Jahr 2013 durfte Saakaschwili bei den Präsidentschaftswahlen nicht mehr antreten. Er emigrierte in die USA.

Der frühere Bildungsminister Giorgi Margwelaschwili wurde mit über 66 Prozent der Stimmen zum neuen Präsidenten gewählt. Für Georgien bleibt die Integration in die Strukturen der NATO und der Europäischen Union zwar Ziel, aber die neue Administration setzt parallel dazu wieder auf bessere Beziehungen zu Russland. Daraufhin öffnete Russland 2013 seinen bis dahin gesperrten Markt wieder für georgische Produkte. In den russischen Supermärkten und den Restaurants kann man seitdem auch wieder georgischen Wein kaufen. Russland steht seit 2014 wieder auf Rang 3 der wichtigsten bilateralen Wirtschaftspartner Georgiens.

Der ehemalige georgische Präsident Saakaschwili wird indes in seiner Heimat per Haftbefehl gesucht. Er soll sich wegen Amtsmissbrauchs, der Misshandlung von Demonstranten und der Unterschlagung von mehreren Millionen Dollar während seiner Amtszeit vor Gericht verantworten. Doch Saakaschwili denkt nicht daran, nach Georgien zurückzukehren. Mittlerweile hat er die USA verlassen und befindet sich in der Ukraine. Mit US-amerikanischer Unterstützung wurde der ausgewiesene Russland-Gegner vom ukrainischen Präsidenten Poroschenko zum Gouverneur der Region Odessa ernannt.

Armenien

Grenzerlebnisse

Von Georgien nach Armenien fuhren wir mit dem Auto. Zwar wird man in Georgien nicht mehr von Polizisten, die sich wie Raubritter benehmen, aufgehalten, dafür verzögern schlechte Straßen mit Schlaglöchern die Fahrt. Der Grenzübergang bei Sadachlo liegt auf einer Anhöhe. Vor der Grenze hatten sich Dutzende Bewohner eines nahe gelegenen Dorfes eingerichtet. Sie standen bereit, um Autos, die sich im Sand der unbefestigten Straße festgefahren hatten, wieder freizuschaufeln. »Wir machen das schon zwei Jahre, man verdient hier besser als mit der Landwirtschaft zu Hause«, sagte uns ein älterer Mann, der unser Auto wieder auf Spur brachte.

Der Grenzübergang bot die übliche trügerische Idylle postsowjetischer Grenzen. Die Grenzpolizisten und Zöllner regten sich kaum, die Abfertigung kam nicht vom Fleck, nur manchmal, wenn sie das Gefühl hatten, ein Reisender schaue besonders ängstlich aus, kam ein Leuchten in die Augen der Beamten. Zöllner leben von den Bestechungsgeldern, die selbst für Alltäglichkeiten fällig werden, sehr gut. Als Reisender mit deutschem Pass kommt man vergleichsweise problemlos zurecht. Meist reicht ein Gespräch über die neuesten Fußballergebnisse in der Bundesliga aus, um die Beamten zufrieden zu stimmen. Schweizer werden noch interessierter wahrgenommen, es passiert nicht oft, dass sich Eidgenossen als Individualreisende in die frühere Sowjetunion verirren.

Den armenischen Einreisestempel holten wir uns in einer Baracke, in der sich der Grenzpolizist mit einer ganzen Batterie von Stempeln umgeben hatte, die er in einer für uns nicht nachvollziehbaren Systematik und mit spürbarer Lust und Freude an seiner Arbeit auf eine Vielzahl von Formularen und schließlich in unsere Pässe drückte. Neben ihm ruhte sein Kollege auf einer Pritsche. Er hatte sich wegen der Hitze, es war Sommer, seiner Uniformjacke entledigt und schnarchte und schwitzte im Schlaf. Er trug nur noch sein Unterhemd und die Uniformhose, von deren Gürtel die Pistolentasche lose herabbaumelte.

Land	Armenien
Hauptstadt	Jerewan mit ca. 1,11 Millionen Einwohnern
Größe	29 800 km^2
Bevölkerung	3,06 Millionen Einwohner (geschätzt), davon 98,1 Prozent Armenier, ferner Russen, Kurden, Jesiden und Griechen
Landessprachen	Armenisch (Amtssprache), Russisch immer noch gängige Verkehrssprache
Religionen	92,6 Prozent der Bevölkerung gehören der armenisch-apostolischen Kirche an.
Währung	Armenischer Dram (1 EUR = ca. 516,72 AMD, Kurs vom 11.11.2015)
Datum der Unabhängigkeit	21.9.1991
Staats-/Regierungsform	Präsidialrepublik
Staatsoberhaupt	Präsident Sersch Sargsjan (Republikanische Partei)
Staatsoberhäupter seit Unabhängigkeit	11.11.1991 – 3.2.1998 Lewon Ter-Petrosjan 4.2.1998 – 9.4.2008 Robert Kotscharjan seit dem 9.4.2008 Sersch Sargsjan
Regierungschef	Premierminister Hovik Abrahamyan
Regierungschefs seit Unabhängigkeit	25.9.1991 – 22.11.1991 Wasgen Manukjan 22.11.1991 – 30.7.1992 Gagik Harutjunjan 30.7.1992 – 2.2.1993 Khosrow Harutjunjan 2.2.1993 – 4.11.1996 Hrant Bagratjan 4.11.1996 – 2.3.1997 Armen Sargsjan 20.3.1997 – 10.4.1998 Robert Kotscharjan 10.4.1998 – 11.6.1999 Armen Darbinjan 11.6.1999 – 27.10.1999 Wasgen Sargsjan 3.11.1999 – 2.5.2000 Aram Sargsjan 2.5.2000 – 12.5.2000 Robert Kotscharjan 12.5.2000 – 25.3.2007 Andranik Markarjan 4.4.2007 – 9.4.2008 Sersch Sargsjan 9.4.2008 – 13.4.2013 Tigran Sargsjan seit dem 13.4.2014 Hovik Abrahamyan
Parlament	Eine Kammer (Nationalversammlung), 131 Sitze
Regierungsparteien	Republikanische Partei (69 Sitze)
Opposition	Blühendes Armenien (37 Sitze), Armenischer Nationalkongress (7 Sitze), Rechtsstaatpartei (6 Sitze), Armenische Revolutionäre Föderation (6 Sitze), Partei Erbe (5 Sitze), 1 unabhängiger Abgeordneter

Mitgliedschaft in internationalen Organisationen (u. a.)	OSZE, UNO, Weltbank, IWF, UNIDO, UNESCO, GUS, WTO, Euro-Atlantischer Partnerschaftsrat, Schwarzmeer-Kooperationsrat, Europarat, Vertrag über kollektive Sicherheit
Bruttoinlandsprodukt	8,77 Mrd. Euro (2014, Berechnung von Eurostat)

Der älteste christliche Staat der Erde

Auf der Fahrt in die armenische Hauptstadt Jerewan machen wir zunächst einen Stopp am Sewan-See. Mit seiner maximalen Ausdehnung von 78 Kilometern in der Länge und 54 Kilometern in der Breite ist er einer der größten Hochgebirgsseen der Welt. Von den Bergen des Kaukasus umgeben, liegt er auf einer Höhe von knapp 1900 Metern über dem Meeresspiegel. Heute kämpft man in Armenien um das Überleben des Sees. Klimawandel und Überfischung gefährden das Wasser. Dem See droht die Versumpfung. Es war Wochenende und viele Ausflügler aus Jerewan besuchten das Sewan-Kloster, das auf einer Halbinsel im See steht. Es wurde 874 gegründet. Eine der drei Klosterkirchen sprengten die Sowjets in die Luft. In den Jahren des Stalin'schen Terrors wurden insgesamt über 3000 armenische Kirchen geplündert oder zerstört. Etwa 10 000 Geistliche starben in Lagern.[20]

Viele der Ausflügler binden Tücher an Sträucher und Bäume in der Nähe der Kirchen, eine uralte Tradition. Die Wunschtücher sollen Kranken in der Familie helfen oder dafür sorgen, dass Ehen nicht kinderlos bleiben. In Armenien vertraut man noch auf Gottes Hilfe. Die Armenier sind stolz darauf, dass ihre Kirche im Jahre 301 – noch vor Rom – als erste christliche Staatskirche der Welt gegründet wurde. Genauso wie die georgische Kirche ist sie apostolisch, denn nach der Überlieferung soll den Armeniern und den Georgiern das Christentum von Aposteln gebracht worden sein.

Zwischen Vernichtung, Vertreibung und Perestroika

Armenien ist ein kleines Land, aber ein Land mit großer Geschichte und viel Kultur. Die armenische Sprache, deren erste schriftliche Zeugnisse aus dem 5. Jahrhundert stammen, hat im Wortschatz Verwandtschaft mit dem Griechischen. Armenien hat nur 3 Millionen Einwohner, doch heute sprechen weltweit knapp sieben Millionen Menschen Armenisch.[21] Die große armenische Diaspora, die vor allem in Russland, den USA, Kanada und Frankreich lebt, hält an ihrer Sprachtradition fest. In der Geschichte befand sich Armenien stets an der Grenze großer östlicher und westlicher Reiche. Das prägte auch sein Schicksal. Die Armenier versuchten, zwischen Persern, Arabern, Mongolen und Türken auf der einen Seite und Griechen, Römern, Byzantinern und dem russischen Zarenreich auf der anderen Seite ihre Eigenständigkeit zu bewahren. Aber die Perioden der Unabhängigkeit waren meist nur von sehr kurzer Dauer. Immer wieder wurden die Armenier von Kriegen und Vertreibungen heimgesucht.

Bereits im Mittelalter gab es große Auswanderungswellen. Zwischen 1915 und 1917 kam es im Osmanischen Reich zu einem Völkermord. Bei Massakern und auf Todesmärschen starben Hunderttausende Armenier. Die Überlebenden wurden vollständig aus Ostanatolien vertrieben, wo sie über zweieinhalb Jahrtausende gelebt hatten. Im Zuge der Ereignisse gegen Ende des Ersten Weltkrieges, den Deutschland und die mit ihm verbündeten Mittelmächte, darunter das Osmanische Reich, verloren, wurde Armenien 1918 unabhängig, aber bereits 1920 Teil der Sowjetunion.

In den Perestroika-Jahren setzten sich armenische Dissidenten wie in anderen Sowjetrepubliken auch für demokratische Reformen ein, aber hier war der Reformgedanke stets auch mit einem starken nationalen Anspruch verbunden. 1988 reiste eine Gruppe armenischer Reformer nach Moskau, um während einer Sitzung des Präsidiums des Obersten Sowjets für eine Angliederung der Exklave Berg-Karabach an die Armenische Sowjetrepublik zu werben. Gorbatschow, im Gegensatz zu seinen Vorgängern an der Spitze der KPdSU eher ein Mann der leisen Töne, empörte sich über solch eine »Politische Paranoia« und bezeichnete dies als »höchste Stufe von Verantwortungslosigkeit«. Er verstehe nicht, »wie so etwas einem normalen Menschen in den Kopf kommen kann«, kanzelte er die Armenier ab.[22] Das oberste Staatsgremium der UdSSR entschied gegen den armenischen Antrag. Doch die Perestroika hatte den »Wind of Change« bereits in die Sowjetunion hineingelassen.

Kirche bei Jerewan

Postsowjetische Entwicklungen und Berg-Karabach

Im August 1990 wurde der armenische Literaturwissenschaftler Lewon Ter-Petrosjan zum Vorsitzenden der »Armenischen Allnationalen Bewegung« gewählt. Die Oppositionsbewegung kämpfte vor allem für die Angliederung Berg-Karabachs an Armenien. Für die Armenier war die Berg-Karabach-Frage eine bestimmende. Im August 1990 wurde Ter-Petrosjan zum Vorsitzenden des Obersten Sowjets Armeniens, also des Parlaments, gewählt, und wie auch in anderen Sowjetrepubliken zu dieser Zeit entwickelte sich diese eher protokollarische Funktion zur entscheidenden politischen Schnittstelle. Am 21. September 1991 erklärte Armenien die Unabhängigkeit von der Sowjetunion. Ter-Petrosjan wurde in der Rolle des Parlamentschefs erstes Staatsoberhaupt des unabhängigen Armeniens. Ein Jahr später, im Oktober 1992, fanden Präsidentschaftswahlen statt, die der charismatische und damals populäre Lewon Ter-Petrosjan für sich entscheiden konnte.

Die armenische Innen- und Außenpolitik verschleißt sich seitdem an der Berg-Karabach-Frage.[23] Eine Lösung ist bis heute nicht in Sicht, für die armenische Regierung ist es schwer, eine Regelung zu akzeptieren, welche die de jure noch bestehende Zugehörigkeit der Exklave zu Aserbaidschan akzeptiert. Eine solche Regelung würden die Bevölkerung und die mächtige armenische Diaspora nicht verstehen. Vermittlungen, auch unter Ägide internationaler Organisationen, blieben bisher ergebnislos. Armenien und Aserbaidschan stehen sich nach wie vor unnachgiebig gegenüber, dem jeweils anderen die Schuld an der Situation zuschiebend. In Berg-Karabach sind heute armenische Truppen stationiert. Das Gebiet ist von Armeniern bewohnt. Im bewaffneten Konflikt Anfang der 1990er Jahre wurden die Aserbaidschaner, die in dem umstrittenen Gebiet gewohnt hatten, vertrieben, nachdem es immer wieder zu gegenseitigen Pogromen gekommen war.

Armenien wirft Aserbaidschan seit Jahren vor, aufzurüsten, um die Region zu erobern. Seit 2014 kam es wiederholt zu Gefechten zwischen armenischen und aserbaidschanischen Einheiten, wobei Soldaten getötet oder verwundet wurden. Beide Parteien beschuldigen sich gegenseitig, die vereinbarte Waffenruhe nicht einzuhalten.

Sowohl Armenien als auch Aserbaidschan gründen ihren Anspruch auf die Region auf die wechselvolle Historie Berg-Karabachs. Über die Jahrhunderte hinweg haben hier abwechselnd armenische und aserbaidschanische bzw. andere muslimische Bevölkerungsgruppen gelebt und das Land mit ihren Kulturen geprägt. Es ist ein besonders schwieriger Konflikt, in dem es kein Richtig und kein Falsch gibt.

Präsident Robert Kotscharjan und ein Blutbad im Parlament

Lewon Ter-Petrosjan musste 1998 wegen allzu großer Kompromissbereitschaft in der Karabach-Frage seinen Rücktritt erklären. Sein Nachfolger, Robert Kotscharjan, galt in dieser Angelegenheit als Hardliner. Er stammt selbst aus Berg-Karabach, war seit 1988 einer der Führer der Bewegung zur Abspaltung des Gebietes von Aserbaidschan. 1992 wurde er Regierungschef und 1994 Präsident der armenischen Exklave. Im März 1998 wählten ihn die Armenier in direkter Wahl mit knapp 60 Prozent der Wählerstimmen auf fünf Jahre zum Staatsoberhaupt.

Danach agierte Kotscharjan im Hinblick auf seine eigene Machtsicherung politisch geschickt, was sich vor allem nach dem Blutbad im armenischen Parlament vom 27. Oktober 1999 zeigte. Bewaffnete Männer überfielen die Nationalversammlung und erschossen Ministerpräsident Wasgen Sargsjan, Parla-

Blick auf die armenische Hauptstadt Jerewan

mentspräsident Karen Demirtschjan, einen Minister sowie fünf Abgeordnete. Sargsjan und Demirtschjan waren führende Köpfe im Regierungsbündnis »Einheit«. Ein Jahr zuvor noch hatte sich Karen Demirtschjan gemeinsam mit Kotscharjan um das Präsidentenamt beworben und war unterlegen. Die fünf Attentäter wurden verhaftet, die Hintergründe der Bluttat sind bis heute nicht eindeutig geklärt. Es soll sich um eine Verschwörung nationalistischer Gruppierungen gehandelt haben, die damit auf die schlechte Wirtschaftslage des Landes aufmerksam machen wollten, hieß es. Aber auch Präsident Kotscharjan wurde bezichtigt, indirekt mit dem Attentat etwas zu tun zu haben. Den nach dem Anschlag einsetzenden Machtkampf entschied Kotscharjan für sich. Er spaltete die Fraktion »Einheit« und schaffte es nach einem kurzen Zwischenspiel, eine Regierung zu bilden, die aus seinen Gefolgsleuten bestand.

Präsident Kotscharjan regierte bis 2008 nahezu unangefochten. Die Verfassung räumt einem armenischen Präsidenten ohnehin eine große Machtfülle ein. Die Stellung des Ministerpräsidenten und des Parlaments sind dagegen eher schwach. Als Papst Johannes Paul II. im Jahre 1999 anlässlich der Ausrufung des Christentums zur Staatsreligion vor 1700 Jahren Armenien besuchte, verstand es Kotscharjan geschickt, diesen Besuch als Erfolg seiner Politik zu verkaufen.

Armenien, die Türkei und ein Fußballspiel

2008 wurde Kotscharjans Ministerpräsident Sersch Sargsjan mit 52,9 Prozent der Stimmen zum neuen Präsidenten Armeniens gewählt. Er galt als Wunschnachfolger Kotscharjans. Einer seiner Gegenkandidaten war Lewon Ter-Petrosjan, der erste Präsident Armeniens. Ihm gelang es, 21 Prozent der Stimmen auf sich zu vereinigen. Nach der Wahl sprach er von Wahlfälschung. In Jerewan kam es zu blutigen Ausschreitungen, die von der armenischen Polizei beendet wurden.

Sargsjan war kaum im Amt, da kam es zu einer politischen Sensation. Gerade liefen die Qualifikationsspiele für die Fußballweltmeisterschaft. Das Los und mit ihm das Schicksal wollten es, dass sich Armenien und die Türkei in einer Gruppe befanden. Austragungsort des Hinspieles war Jerewan. Die Beziehungen zwischen Armenien und der Türkei sind von jeher aufs Höchste angespannt. Armenien bezeichnet den Tod Hunderttausender Armenier bei deren Vertreibung aus Ostanatolien im Jahre 1915 als »Genozid«. Auch die UNO spricht von »Völkermord«. Die Türkei bestreitet, dass es sich um einen solchen handelt.[24]

Anlässlich des Fußball-Ereignisses besuchte 2008 mit Abdullah Gül erstmals ein türkischer Präsident Armenien. Robert Kotscharjan, der ehemalige armenische Präsident, schien nun mit der Auswahl Sargsjans als seinem Nachfolger im Amt nicht mehr zufrieden zu sein. Kotscharjan hatte die Position vertreten, dass jegliche Verbesserung des armenisch-türkischen Verhältnisses zwingend mit der Anerkennung des Völkermordes von 1915–1917 durch die Türkei verbunden sein müsse. Nun schimpfte er: »Wenn ich noch Präsident wäre, würde ich es sicher nicht zulassen, dass Herr Gül nach Armenien kommt.«[25] Sargsjan nahm im Hinblick auf die Türkei eine kompromissbereitere Haltung ein als sein Vorgänger. Er ließ trotz geschlossener Grenzen sogar 250 türkische Fußballfans nach Armenien einreisen. Das WM-Qualifikationsspiel endete mit einem 2:0-Sieg für die Türkei, doch am Ende hatte auch Armenien gewonnen. 2009 schlossen Armenien und die Türkei, die sich offiziell im Kriegszustand befanden, einen Friedensvertrag und vereinbarten erstmals in ihrer Geschichte die Aufnahme diplomatischer Beziehungen.

Doch die zaghafte Annäherung ist brüchig. 2010 drohte der damalige türkische Ministerpräsident und heutige Präsident

Recep Erdoğan den rund 100 000 Armeniern, die nach seiner Auffassung illegal in der Türkei lebten und arbeiteten, mit der Ausweisung. Kurz vorher hatte das US-Repräsentantenhaus die Ereignisse des Jahres 1915 als »Völkermord« eingestuft. Zum 100. Jahrestag im Jahr 2015 schlossen sich viele Länder, darunter auch Deutschland, dieser Bewertung an. Der türkische Präsident Erdoğan sprach den Opfern und Angehörigen des Massakers sein Beileid aus. Den Begriff »Völkermord« jedoch vermied er, ebenso wie eine Entschuldigung bei den Armeniern.

Die Armenier sind aufgrund der Lage ihres Landes hoffnungslos isoliert. Die Grenzen zur Türkei sind wegen des Völkermord-Vorwurfes geschlossen, die Grenzen nach Aserbaidschan sind wegen der Berg-Karabach-Frage geschlossen, und selbst nach Russland können die Armenier nur noch per Flugzeug gelangen, da aufgrund des russisch-georgischen Konfliktes um die Gebiete Abchasien und Südossetien die Grenzen zwischen Russland und Georgien kaum passierbar sind.[26]

Lizenz zum Gelddrucken

Auf unserer Fahrt nach Jerewan hielten wir auf der nördlichen Einfahrtsstraße am Denkmal der »Mutter Armeniens« an. Die sowjetische Statue erinnert an den Sieg im Zweiten Weltkrieg. Von hier aus hat man einen schönen Blick auf die armenische Hauptstadt. Im Hintergrund sieht man den Ararat, den 5137 hohen »Berg der Armenier«, der aber schon in der Türkei liegt. Hier soll nach der Sintflut die Arche Noah gestrandet sein. Jerewan hat reichlich eine Million Einwohner.

Uns empfängt Karen, der Rektor einer privaten Universität. Er arbeitet mit unserem russischen Freund Alexej aus Moskau zusammen, beide haben gemeinsam ein Modul für Fernstudienkurse entwickelt. In Armenien gibt es unzählige private Hochschulen und Universitäten. Wie in vielen postsowjetischen und osteuropäischen Ländern war es lange Zeit auch in Armenien relativ einfach, eine Institution zu eröffnen und diese »Universität« zu nennen. Wer einigermaßen geschäftstüchtig war, besaß mit solch einer Einrichtung eine Lizenz zum Gelddrucken.

Die Berufsausbildung war nach dem Untergang der Sowjetunion fast überall zusammengebrochen, die jungen Leute saßen entweder auf der Straße – oder sie studierten. Die wenigen Universitäten, die ihren guten Ruf noch aus Sowjetzeiten gerettet haben, sind hoffnungslos überlaufen. Es gibt bis heute in den früheren Sowjetrepubliken, mit Ausnahme des Baltikums, kein Abitur. Wer studieren möchte, muss nach dem elf Jahre dauernden Schulbesuch die Aufnahmeprüfung an einer Universität bestehen. Daraus hat sich eine ganze Industrie entwickelt. Professoren bieten spezielle Kurse dafür an, die Korruption im Bildungswesen ist extrem hoch. Da es vielen der Bewerber nicht gelingt, die Zulassung für eine staatliche Universität zu bekommen, bieten sich die privaten Institute an. Für Geld bekommt man dort fast jedes Diplom, und der Zulauf ist enorm. Karen, der in sowjetischer Zeit Professor für Literaturwissenschaft war, beklagt den Verlust an wissenschaftlicher Qualität nach dem Untergang der Sowjetunion. »Natürlich ging es damals darum, alles mit dem Marxismus-Leninismus in Verbindung zu bringen. Aber wir wussten das, und wir wussten, wie man den Schein wahrt. Ein paar Lenin- und Breschnew-Zitate und du konntest publizieren, was du wolltest«, sagt er. »Heute ist die Wissenschaftslandschaft nicht nur bei uns in Armenien, sondern in der ganzen früheren Sowjetunion kaputtgegangen.« Karens Privatuniversität bildet Werbefachleute aus. Die Studiengebühren betragen knapp 1500 Dollar im Jahr. Derzeit studieren pro Jahrgang ca. 500 Studenten. Sein Klagen über die verlorengegangene Qualität der sowjetischen Wissenschaft wird verständlich, wenn man seine »Universität« besucht. Der »Lehrkörper« besteht aus drei Angestellten. Der Lehrbetrieb findet in den Räumen eines ehemaligen Kindergartens statt. Schlecht bezahlte Honorarkräfte bilden dort die jungen Leute aus. Die Präsenz der Studenten ist allerdings gering. Sie haben ihre Gebühren bezahlt, das genügt als Garantie, dass sie ein Diplom erhalten werden. Sehr wissenschaftlich geht es dort nicht zu, aber der Gewinn ist enorm. Mit dem Fernstudienangebot, das Karen vorbereitet, will er nun noch weiter expandieren. Er gehört damit zu den Gewinnern des Unterganges der Sowjetunion, auch wenn er diesen noch so sehr bedauert. Seine »Universität« hat ihn zum Dollar-Millionär werden lassen.

Die armenische Diaspora und die Wirtschaft

In Russland, wo mittlerweile die größte armenische Diaspora lebt, dominieren die Armenier heute den Bankensektor. Doch im eigenen Land ist die wirtschaftliche Lage schlecht. Innerhalb der sowjetischen Arbeitsteilung war Armenien Standort von Rüstungsbetrieben, Maschinenbau, chemischer Industrie sowie Aluminiumhütten. Heute fehlen Absatzmärkte für armenische Produkte, die Industrieproduktion liegt am Boden. Ein langfristiger Aufschwung ist nur über den Export denkbar, dieser wiederum setzt die Öffnung der Grenzen sowie substanzielle Investitionen und eine technologische Modernisierung der Betriebe voraus. Beides ist derzeit nicht zu erwarten.

Die wirtschaftlichen Probleme blieben nicht ohne Auswirkungen. Die meisten Wissenschaftler haben längst das Land verlassen. Aufgrund knapper Budgets fehlen Mittel für Gebäudereparaturen, einfachstes technisches Gerät, Heizung sowie Lehr- und Lernmittel.

Eine konsistente Wirtschaftspolitik ist in Armenien nicht erkennbar, obwohl in den neunziger Jahren einige tiefgreifende Wirtschaftsreformen durchgeführt wurden, die unter anderem die Inflation erheblich eindämmen konnten. Eine Weiterentwicklung dieser Reformen wäre notwendig. Gesetze, die für die Unterstützung kleiner und mittlerer Unternehmen wichtig wären, wurden jedoch nur schleppend verabschiedet. Einheimische Firmen und ausländische Investoren leiden an institutioneller Korruption und Schikanen unzähliger Kontroll- und Aufsichtsbehörden.

Darüber hinaus besitzt Armenien keine nennenswerten Energiequellen. Mindestens bis ins Jahr 2016 soll deshalb eines der größten Sicherheitsrisiken im Südkaukasus, das armenische Kernkraftwerk Mezamor, in Betrieb bleiben, das nur 30 Kilometer von Jerewan entfernt steht. Das Kraftwerk wird seit 1980 betrieben, es gab bereits mehrere Störfälle. Armenien ist zudem ein stark erdbebengefährdetes Gebiet. Die letzten schweren Beben, 1988 und 1997, forderten 25 000 bzw. 1100 Menschenleben. Nur mit russischer Unterstützung konnte das Land wieder aufgebaut werden.

Im Jahr 1999 lebten knapp 55 Prozent der Bevölkerung Armeniens unterhalb der Armutsgrenze.[27] 2009 war es immer noch über ein Viertel der Einwohner.[28] Armenien ist ein armes Land. Allerdings geben diese offiziellen Zahlen der Weltbank nur die halbe Wahrheit wieder. Wie überall in der ehemaligen UdSSR boomt auch in Armenien die Schattenwirtschaft, die von keiner offiziellen Statistik erfasst wird. Außerdem ist die finanzielle

Unterstützung der armenischen Diaspora ein wichtiger Faktor für das Land. Die Transferzahlungen von Verwandten aus dem Ausland erhöhen das Einkommen sehr vieler Haushalte.

Seit der Unabhängigkeit haben über eine Million Armenier ihr Land verlassen. Zurück blieben alte Menschen, Kinder, Frauen und zerrüttete Familien. Die Armutskrankheit Tuberkulose greift um sich. Ohne die Unterstützung der Auslandsarmenier und ohne Russland wäre das Land kaum überlebensfähig. Insofern war es aus Sicht Armeniens folgerichtig, dass das Land 2015 der von Russland initiierten Eurasischen Wirtschaftsunion beigetreten ist. Sersch Sargsjan, der 2013 als Präsident wiedergewählt wurde, braucht für das Land einen Wirtschaftsaufschwung. Auf den Straßen und Plätzen der armenischen Hauptstadt kam es zuletzt im Sommer 2015 zu Demonstrationen gegen die schlechte Wirtschaftslage und die unbefriedigenden sozialen Lebensbedingungen. Solche Proteste sind weder im Interesse der armenischen Regierung noch im Interesse Moskaus. Der Kreml kann sich neben der Ukraine kein weiteres abtrünniges Krisenland an seiner unmittelbaren Peripherie leisten. Moskau wird alles tun, um Armenien wirtschaftlich einigermaßen stabil zu halten.

Mittelasien: Die »Stan-Länder«

Zu Beginn der 1990er Jahre waren die einstigen mittelasiatischen Sowjetrepubliken Kasachstan, Kirgistan, Usbekistan, Tadschikistan und Turkmenistan für den Westen »Terra incognita«. Von Hauptstädten wie Alma-Ata, Bischkek, Taschkent, Duschanbe und Aschgabat hatten viele noch nie gehört. Ostdeutschen war die Region nicht ganz so fremd. Das staatliche Reisebüro der DDR hatte einst Reisen an die Seidenstraße verkauft. Buchara, Chiwa und Samarkand, drei historische Städte im heutigen Usbekistan, waren dabei die beliebtesten Ziele, aber die Reisegruppen machten auch einen Stopp in Taschkent, Duschanbe oder Alma-Ata.

Heute sind die fünf mittelasiatischen Staaten für viele Europäer zumeist unbekannte Länder geblieben. Für Diplomaten beispielsweise stehen sie ganz unten auf der Wunschliste, wenn es um neue Einsatzorte geht. Sie bezeichnen sie nach der Endsilbe der Ländernamen abschätzig als »Stan-Länder«. »Stan-Länder« gelten als wild, unwirtlich und unzivilisiert. Die Nachbarschaft zu Pakistan und Afghanistan trägt ein Weiteres dazu bei, dass man die einstigen Sowjetrepubliken in Mittelasien eher mit Terror und unruhigem Leben als mit Seidenstraße und Kultur in Verbindung bringt. Das Bild ändert sich erst, wenn man sie besucht.

Für Mittelasien wird oft auch das Wort Zentralasien verwendet. Im Westen wurde diese Bezeichnung nach dem Zusammenbruch der UdSSR gebräuchlich. Eine verbindliche Konvention darüber, wie die Region zu bezeichnen ist, gibt es aber bis heute nicht.

In den mittelasiatischen Republiken leben mehr als 63 Millionen Menschen mit über 100 ethnischen Zugehörigkeiten. Vor Gründung der UdSSR existierten diese Staaten nicht. Mittelasien war in sogenannte Khanate, aus Clans bzw. Stämmen bestehende Staatsgebilde, aufgeteilt, die zum Großraum Turkestan gehörten. Bei der Aufgliederung der Region in fünf Sowjetrepubliken wurden die einstigen Khanatsgrenzen bewusst unberücksichtigt gelassen und die Völkerschaften vermischt. Ziel war es, eine neue sowjetische Identität zu schaffen und alte Bindungen abzustreifen. Regionale Spannungen, die dies zur Folge hatte, nahm man billigend in Kauf, war die Region doch dann mit sich beschäftigt und begehrte nicht gegen die Zentralmacht in Moskau auf, die eher die Funktion des Schlichters bekam. Manche der nach wie vor bestehenden ethnischen Konflikte liegen in Mittelasien wie auch im Kaukasus unter anderem in dieser Nationalitätenpolitik Stalins begründet, die seine Nachfolger fortsetzten.

Clanstrukturen und Spuren der Sowjetherrschaft prägen zusammen mit neuen marktkapitalistischen Bedingungen das heutige Bild der Region. Die Menschen sind patriotisch, Traditionen spielen im alltäglichen Leben eine große Rolle. Die Bevölkerungen Mittelasiens glauben an starke Führer und Autoritäten, Sippen- und Claninteressen herrschen vor. Die traditionell geprägten Wertvorstellungen sind uns, die wir aus dem Westen kommen, viel fremder als die in Russland. Aber in den Jahren der Unabhängigkeit haben sich parallel zu den erhalten gebliebenen, manchmal fast feudal anmutenden Strukturen auch Entwicklungen vollzogen, die einen staunen lassen. Wie aus dem Nichts hat Kasachstan beispielsweise eine neue Hauptstadt, Astana, aus dem Boden gestampft, in der sich weltbekannte Architekten einen Wettbewerb der Sonderklasse liefern.

In der mittelasiatischen Region sind die Regierungssysteme autoritärer geprägt als in den übrigen postsowjetischen Staaten. In der Auseinandersetzung mit dem fundamentalistischen Islam, der, aus Pakistan und Afghanistan kommend, die Grenzen nach Norden schon längst überschritten hat, sind die mittelasiatischen Republiken so etwas wie das »letzte Bollwerk« für Russland und Europa.

Große Probleme haben die früheren mittelasiatischen Sowjetrepubliken bei der regionalen Zusammenarbeit. Fehden zwischen den Präsidenten bestimmen die Politik stärker als Kooperationsbemühungen. Dabei wäre in solch lebenswichtigen Handlungsbereichen wie der Regelung der Wasserverteilung oder der Bekämpfung des Drogenhandels eine Zusammenarbeit dringend geboten. In einer funktionierenden regionalen Kooperation lägen für die Region große Chancen: Durch gemeinsames Handeln könnten die Staaten die politischen und ökonomischen Voraussetzungen für eine spätere Weltmarktöffnung schaffen. Zwar sind sie Mitglieder in verschiedenen multilateralen Organisationen (Gemeinschaft Unabhängiger Staaten, Eurasische Wirtschaftsgemeinschaft, Schanghaier Organisation für Zusammenarbeit u. a.)[1], doch eine Politik, die zu einer funktionierenden regionalen Integration führt, ist bisher nicht in Sicht. Nach wie vor herrschen Misstrauen und Egoismus vor.

Die Sowjetunion hat nach Mittelasien auf dem Gebiet des Bildungs- und des Gesundheitswesens einen enormen Fortschritt gebracht. Viele mittelasiatische Völker wurden erst unter der Sowjetherrschaft umfassend alphabetisiert. Die Infrastruktur, die man heute in Mittelasien vorfindet, geht auf Straßenbau- und Elektrifizierungsprojekte der Sowjetjahre zurück. Inzwischen gibt es in Mittelasien kaum noch Dörfer ohne Stromversorgung.

Als die Sowjets 1917 die Macht übernahmen, war Kasachstan ein reines Agrarland, in dem Nomaden lebten und überwiegend Viehzucht betrieben wurde. Zu sowjetischen Zeiten wurde die Erdölförderung aufgenommen, die ersten Steinkohletagebaue entstanden, es entwickelte sich eine erdölverarbeitende Industrie. Heute schaut man aus Mittelasien oft gen Süden, nach Afghanistan. Auch wenn es kein offizieller Vertreter der 1991 unabhängig gewordenen fünf Republiken offen aussprechen wird, weiß man genau, dass ohne die Herrschaft der Sowjets heute möglicherweise ähnliche feudale Strukturen in Mittelasien existieren würden, wie es sie in Afghanistan gibt.

Erhalten hat sich aus sowjetischen Zeiten eine besondere Art, Politik zu betreiben. Es überwiegt eine Art deklaratorischer Politik, die Demokratie predigt, andererseits jedoch Pluralismus verhindert und Personenkult fördert. Diesen ausufernden Kult um den jeweiligen Präsidenten gibt es in Turkmenistan, Kasachstan und Tadschikistan.

Das Verhältnis der zentralasiatischen Staaten zum einstigen »großen Bruder« Russland ist ambivalent. Kasachstan und Kirgistan pflegen gute Beziehungen, Usbekistan legt sich nicht fest, Turkmenistan bezeichnet sich als »ewig neutral«, und Tadschikistan, das ärmste Land Zentralasiens, ist darauf angewiesen, dass Russland den Weg für die vielen tadschikischen Gastarbeiter nicht versperrt.

Aus den USA und Europa dringt immer wieder Kritik an autoritärer Regierungsführung und an der Verletzung von Bürgerrechten nach Zentralasien. Sie ist berechtigt. Und es ist für uns, die wir seit vielen Jahren die Region bereisen bzw. in der Region arbeiten und leben, schwer, ein »dennoch« hinzuzufügen. Dennoch: Die Staaten Zentralasiens sind säkulare Staaten in einem geografisch und politisch höchst brisanten Umfeld. Von ihnen geht weder für Russland noch für Europa eine Gefahr aus, im Gegenteil. Bislang schafften es die Länder, radikale Strömungen des Islamismus zurückzudrängen. Wer hier nach Veränderungen ruft, spielt in gewisser Weise mit dem Feuer. Inwieweit die fünf früheren Sowjetrepubliken mehr Reformen und mehr Liberalität erreichen werden, ist eine Frage für die Zukunft. Druck von außen wird kaum dazu führen. Er könnte eher ein Chaos hinterlassen, wie es derzeit im Mittleren und Nahen Osten, in Syrien, Libyen, im Irak und anderswo zu besichtigen ist. Tadschikistan, Usbekistan und Turkmenistan grenzen an Afghanistan. Diese Grenze ist eine Grenze zwischen Krieg und Frieden.

Kasachstan

Schwerer Aufbruch in die Unabhängigkeit

Als wir Mitte der 1990er Jahre Kasachstan besuchten, kämpfte einer von uns mit einem vereiterten Weisheitszahn, der schließlich in Alma-Ata, das schon den kasachischen Namen Almaty trug, gezogen wurde. Im Sprechzimmer des Zahnarztes stand ein Behandlungsstuhl aus den 1960er Jahren. Sergej Sergejewitsch war ein Arzt alter, sowjetischer Schule. Er machte nur wenige Worte. Nach der Betäubung setzte er ein Instrument an, das einem Korkenzieher für Weinflaschen ähnelte, und nach einigen Minuten hatte er den Zahn herausgedreht. Sergej arbeitet heute nach wie vor in Kasachstan. »Die Konkurrenz«, sagt er, »ist mittlerweile größer geworden. An jeder Ecke gibt es jemanden, der sich Zahnarzt nennt. Die russischen Kollegen von einst haben das Land aber seit langem verlassen, da es in Russland mehr zu verdienen gibt.« Seinen kasachischen Kollegen vertraut er nicht. »Die kaufen heute doch alle ihre Diplome«, meint er.

Die Auflösung der Sowjetunion und der Wegfall der sozialistischen Versorgungssysteme bescherten den Staaten Mittelasiens große Probleme. Qualifizierte Fachkräfte wanderten nach Russland ab. Obwohl es heute in Kasachstan jährlich doppelt so viele Hochschulabsolventen gibt wie zur Zeit der Sowjetunion, ist das Bildungsniveau zurückgegangen. Der Befund für das Gesundheitswesen ist nicht besser. Auch die Industrieproduktion brach zusammen, das zentralistische Planwirtschaftssystem Moskaus mit seinen Großbetrieben hinterließ zumeist nur Industrieruinen.

Kasachstan wurde am 16. Dezember 1991 unabhängig. Zu diesem Zeitpunkt hatten sich alle anderen früheren Sowjetrepubliken bereits von der UdSSR losgesagt. Der kasachischen Unabhängigkeit gingen keine vergleichbaren Reformbestrebungen wie im europäischen Teil der Sowjetunion voraus. Der Vorsitzende des Obersten Sowjets der Kasachischen Sozialistischen Sowjetrepublik, Nursultan Nasarbajew, unterschrieb am 21. Dezember 1991 in Alma-Ata zusammen mit den Führern der anderen ehemaligen Teilrepubliken der Sowjetunion die Gründungsurkunde der GUS. In der Sowjetära war Nasarbajew

Land	Kasachstan
Hauptstadt	Astana mit ca. 853000 Einwohnern
Größe	2724900 km^2
Bevölkerung	17,4 Millionen Menschen, davon 65 Prozent Kasachen, 22 Prozent Russen. Usbeken (3 Prozent), Ukrainer (1,8 Prozent), Uiguren (1,4 Prozent), Tataren (1,2 Prozent) und Deutsche (1,1 Prozent) stellen darüber hinaus bedeutende Minderheiten.
Landessprachen	Kasachisch ist Staatssprache, Russisch ist Verkehrs- und offizielle Amtssprache in staatlichen Organisationen und Organen der örtlichen Selbstverwaltung
Religionen	Mehrheitlich sunnitischer Islam (Hanafiten), daneben russisch-orthodoxe, katholische und evangelische Christen sowie Juden
Währung	Kasachischer Tenge (1 EUR = ca. 326,77 KZT, Kurs vom 11.11.2015)
Datum der Unabhängigkeit	16.12.1991
Staats-/Regierungsform	Präsidialrepublik, Parlament hat nur eingeschränkte Kompetenzen
Staatsoberhaupt	Präsident Nursultan Nasarbajew
Staatsoberhaupt seit Unabhängigkeit	seit dem 24.4.1990 Nursultan Nasarbajew
Regierungschef	Premierminister Karim Massimow
Regierungschefs seit Unabhängigkeit	14.10.1991 – 12.10.1994 Sergej Tereschtschenko 12.10.1994 – 10.10.1997 Akeschan Kaschegeldin 10.10.1997 – 1.10.1999 Nurlan Balgimbajew 1.10.1999 – 28.1.2002 Kasimschomart Tokajew 28.1.2002 – 13.6.2003 Imangali Tasmagambetow 13.6.2003 – 10.1.2007 Danijal Achmetow 10.1.2007 – 24.9.2012 Karim Massimow 24.9.2012 – 2.4.2014 Serik Achmetow seit dem 2.4.2014 Karim Massimow
Parlament	Zweikammerparlament: Senat (Oberhaus) und Maschilis (Unterhaus)
Regierungsparteien	Nur Otan (»Licht des Vaterlands«), eng verbunden mit dem Staatsapparat
Opposition	Kommunistische Volkspartei, Ak Schol (regierungsfreundlich); nicht im Parlament vertreten: Kommunistische Partei, Nationale Sozialdemokratische Partei, sozialdemokratische Partei Asat, liberale Partei Adilet (regierungsfreundlich), sozialdemokratische Partei Auyl, Patriotenpartei Kasachstans (präsidentennah), Birlik

Mitgliedschaft in internationalen Organisationen (u. a.)	OSZE, UNO, IWF, Weltbank, Asiatische Entwicklungsbank, GUS, Internationale Organisation für Migration, UNDP, Shanghaier Organisation für Zusammenarbeit
Bruttoinlandsprodukt	225,6 Mrd. US Dollar (2014)

Vorsitzender der Kommunistischen Partei der Kasachischen Sowjetrepublik sowie Vorsitzender des kasachischen Ministerrates gewesen.

Die Kasachen kennen bis heute kein anderes Staatsoberhaupt. Der kommunistische Karrierepolitiker Nasarbajew verstand es, nach 1991 alle Macht auf sich zu vereinen. Seitdem regiert er das Land autoritär. Zunächst betrugen die Amtszeiten fünf Jahre, später dann sieben Jahre. Das Parlament spielt in Kasachstan nur eine Scheinrolle. Nursultan Nasarbajew ist zugleich aber auch Vorsitzender der mit Abstand größten Partei, der Staatspartei »Licht des Vaterlandes« (»Nur Otan«). Seit 2010 darf sich der Präsident zudem mit dem Titel »Führer der Nation« schmücken, der ihm unter anderem Immunität auf Lebenszeit verleiht.

Die neue Hauptstadt zwischen Disneyland, Dubai und »Germania«

Die Flugzeit zwischen den beiden wichtigsten Städten Kasachstans, Almaty und Astana, beträgt 90 Minuten. Astana hat 1997 Almaty als kasachische Hauptstadt abgelöst.

Der Präsident hatte das staatliche Zentrum aus Almaty in das klimatisch unwirtliche ehemalige Zelinograd verlegen lassen, weil in dieser nördlichen Gegend fast nur Russen lebten. Der Gefahr einer separaten Entwicklung der Region sollte von vornherein begegnet und ein Ausgleich zwischen den verschiedenen Landesteilen geschaffen werden. Alle Regierungsbeamten mussten nach Astana umziehen, die wichtigsten Wirtschaftsunternehmen haben heute ihren Sitz genauso in Astana wie die Botschaften der ausländischen Staaten. Fast alle, die die Beschaulichkeit, das funktionierende kulturelle Leben und die Infrastruktur des von Bergen umgebenen Almaty mit dem Leben in Astana eintauschen mussten, jammern. Die Sommer in Astana sind heiß und staubig und gehen abrupt in extrem frostige Win-

Der neue Präsidentenpalast in Astana

ter über. Es kann zwischen Sommer und Winter Temperaturunterschiede von über 80 Grad geben. Dazu pfeift meist ein unwirtlicher Steppenwind durch die Stadt.

Da aber vor allem junge Leute, die ihre Karriere noch vor sich haben, dem Ruf in die neue Hauptstadt gefolgt sind, herrscht in Astana dennoch Aufbruchstimmung. Junge Manager in Maßanzügen bestimmen das Straßenbild. Nur weniges vermittelt den Eindruck, in der ehemaligen Sowjetunion zu sein. Mehrmals am Tag starten und landen die Flugzeuge, meist sind sie bis auf den letzten Platz ausgebucht. Regierungsbeamte und Wirtschaftsmanager, die am kasachischen Öl gut verdienen, pendeln regelmäßig zwischen den beiden Städten hin und her.

Die kasachische Steppe, die man überfliegt, scheint endlos zu sein. Plötzlich taucht, wie eine Fata Morgana, Astana auf. Zur Sowjetzeit hieß die Stadt Zelinograd. »Zelina« bedeutet auf Russisch »Neuland«. Mitten in der Steppe entstand unter Stalin eine triste sowjetische Siedlung. Heute erinnern nur noch wenige russische Plattenbauten an diese Vergangenheit. Kasachstan boomt.

Astana ist sichtbarer Ausdruck des wirtschaftlichen Aufschwungs, der dem Land in den letzten Jahren einen beneidenswerten Anstieg des Bruttoinlandsproduktes bescherte. Zugpferd dieses Aufschwungs war insbesondere die Öl- und Gasproduktion. 2014 betrug das Wirtschaftswachstum über vier Prozent.

Im neuen Zentrum von Astana

Die Öl- und Gaspreiskrise wird es 2015 zwar sinken lassen, aber im Vergleich zu den meisten anderen postsowjetischen Staaten geht es Kasachstan recht gut.

Nasarbajew will, dass seine neue Hauptstadt wie keine zweite Stadt für das neue Kasachstan steht. Präsidialamt, Ministerien, Parlament – alles wurde neu gebaut, und es wurde an nichts gespart. Die Architektur ist anspruchsvoll, Architekten von Weltruf, darunter der Brite Norman Foster, der US-Amerikaner Frank Gehry und die Japaner Tsubokura Takashi und Kisho Kurokawa, lebten ihre architektonischen Fantasien aus. Es entstand ein gigantischer Stilmix, durch den Astana wie eine futuristische Mischung aus Disneyland, Dubai und Albert Speers Traum von der »Welthauptstadt Germania« anmutet.

Der Stadt fehlt die Seele. Astana wirkt wie ein Modell. Schon heute werden bauliche Einrichtungen und Strukturen für Bevölkerungszahlen vorgehalten, die möglicherweise erst in 50 oder 100 Jahren erreicht werden. Im Widerspruch dazu fehlt den heute hier lebenden Einwohnern ein vernünftig konzipiertes Nahverkehrsnetz.

Die Regierungsgebäude werden der Vision einer prunkvollen Metropole gerecht. Der neue, riesengroße Präsidentenpalast ist klassizistisch angehaucht, man findet vergoldete Bürotürme neben hohen Minaretten, es gibt eine Pyramide, Gebäude in stalinistischer Zuckerbäckerarchitektur, ein Hochhaus in Form eines Zigarettenanzünders und einen Zirkus in Form eines riesigen Ufos. Wahrzeichen der Stadt ist der von Foster entworfene Baitarek-Turm, auf dessen Aussichtsplattform sich – sozusagen als Höhepunkt – ein Handabdruck des »Führers der Nation« befindet. Über die Kosten für den Aufbau der neuen Hauptstadt gibt es keine genauen Zahlen, dennoch dürfte das neue Astana ein Milliardengeschäft für Nasarbajews Familie sein, die die Bauindustrie kontrolliert.[2]

Von dem kasachischen Wirtschaftsaufschwung profitieren aber bei weitem nicht alle Bewohner Kasachstans. Nirgendwo ist das deutlicher zu sehen als an den Ausfallstraßen der alten Hauptstadt Almaty. Dort stehen die Tagelöhner zu Hunderten. Sie finden sich in Gruppen zusammen: Maurer, Zimmerer, Elektriker, Leute für alles. Die reicheren Kasachen fahren mit den Autos langsam die Straße entlang und fragen nach den Preisen. Man kann sie mieten. Ein moderner Sklavenmarkt!

Wie bereits für die Olympischen Winterspiele 2014 hatte sich Almaty auch um die Ausrichtung der Winterspiele 2022 vergeblich beworben. Im schlussendlichen Kopf-an-Kopf-Rennen konnte sich die einstige kasachische Hauptstadt gegen Peking nicht durchsetzen. Es hätte eine Chance werden sollen, auf internationalem Parkett zu zeigen, welche Fortschritte das Land in den vergangenen Jahren gemacht hat. Diese Chance kann die neue Hauptstadt Astana aber nun 2017 wahrnehmen. Dann wird sie die Weltausstellung beherbergen.

Kasachische Wahlen

Am Wahltag, im April 2011, hielten wir uns in Astana auf. Im Außenministerium, einem neuen Prachtbau, hatten wir den Eindruck, im Ministerium einer Welthauptstadt zu sein. Für ein Land mit 16 Millionen Einwohnern wirkt der Palast etwas überdimensioniert. Doch die Kasachen haben, wie alle Mittelasiaten, einen anderen Maßstab für solche Dinge. Prunk und Pracht gelten als Ausdruck von Stärke. Äußerlichkeiten sind wichtig, da kommt es nicht so sehr darauf an, ob die Spülung in der Ministeriumstoilette funktioniert. Ein ähnlicher Eindruck im Parlament: Goldene Türme, wohin man auch schaut. Doch der Polizist, der Einlass auf das Gelände gewährt, hatte alte Zeitungen an die Fenster seines Wachhäuschens geklebt, um sich vor der Sonne zu schützen.

»Wir stimmen für den Führer!«: Überall im Lande blickte der 71-jährige Nasarbajew von Großplakaten faltenfrei und gütig auf sein Volk herab. Die Medien verbreiteten parallel dazu gute Stimmung. Im Vorfeld der Wahl berichtete die kasachische Presse, dass bei einer weltweiten Umfrage festgestellt worden sei, dass die Weltbevölkerung die Kasachen für »die schönsten Menschen auf dem Planeten«[3] hielte. So viel Schönheit macht selbstbewusst! Der Ausgang der Wahl war eindeutig: Der »Führer der Nation« wurde mit 95,5 Prozent als Präsident im Amt bestätigt. Drei Gegenkandidaten teilten sich die restlichen 4,5 Prozent, wobei einer davon freimütig angab, nicht für sich selbst, sondern für Nasarbajew gestimmt zu haben, da dieser am besten für das Amt des Präsidenten geeignet sei.

Im zentralen Parteibüro von »Nur Otan«, eine Art Stadt in der Stadt, war man sich des Wahlausganges sicher. Ein Parteifunktionär berichtete, dass Nasarbajew sogar darauf verzichtet habe, sich persönlich am Wahlkampf zu beteiligen. Er ist auch so allgegenwärtig. Sein Konterfei hängt überall, sein Clan bestimmt die wirtschaftliche Entwicklung, und er sorgt für den Ausgleich zwischen den drei kasachischen Stammesverbänden sowie dafür, dass keine Konkurrenz seine eigene Macht gefährdet. Opposition duldet er ganz im alten marxistisch-leninistischen Sinne nur dort, wo die »Machtfrage« nicht berührt wird.

Eigentlich wollte das kasachische Parlament nach dieser Wahl einen Coup landen. Die Amtszeit des zu diesem Zeitpunkt 70-jährigen Präsidenten sollte, ohne Wahlen, bis 2020 verlängert werden. Die Begründung: Nasarbajew sei ohnehin alternativlos. Die Mehrheit beider Parlamentskammern stimmte 2011 dafür, die nächsten beiden Präsidentschaftswahlen ausfallen zu lassen. Nach heftiger internationaler Kritik wurde dieser Plan aber schließlich fallengelassen und planmäßige Präsidentschaftswahlen für das Jahr 2016 angesetzt. Um dem Staatschef angesichts von Ölpreisverfall und Wirtschaftskrise den Rücken zu stärken, zog man diese schließlich auf 2015 vor. So wurde Nasarbajew im April 2015 mit einem angeblichen Ergebnis von knapp 98 Prozent in seinem Amt bestätigt. Wie schon bei den vergangenen Wahlen konstatierte die OSZE unfaire und alles andere als freie Wahlen. Die Staatsagentur »Kazinform« berichtete hingegen brav von einer »Sensation«.

Doch Nasarbajew hätte die letzten beiden Wahlen wohl auch unter demokratischen Bedingungen gewonnen. In der Bevölkerung ist er beliebt, denn die recht liberale Wirtschaftspolitik, die er seit einigen Jahren verfolgt, machte sein Land trotz der weitverbreiteten Korruption zum Spitzenreiter der ökonomischen Entwicklung in Mittelasien.

»Multivektorale« Außenpolitik

Die kasachische Außenpolitik bezeichnet sich offiziell als »multivektoral«. Nach 1991 versuchte – mit US-amerikanischer Unterstützung – zunächst die Türkei, politischen Einfluss in den gerade unabhängig gewordenen Ländern Kasachstan, Usbekistan, Kirgistan und Turkmenistan zu gewinnen, denn dort werden neben dem Russischen Turksprachen gesprochen. Tadschikistan, die fünfte mittelasiatische Republik, gehört zur iranischen Sprachfamilie. Die Türken mühten sich redlich, den ehemaligen vier Sowjetrepubliken sowie dem südkaukasischen Aserbaidschan, das gleichfalls turksprachig ist, die Zugehörigkeit zu einer großtürkischen Gemeinschaft schmackhaft zu machen. Zunächst schien es so, als könne es gelingen. Doch bald begannen die alten, neuen Machthaber in Mittelasien und im Südkaukasus, die süßen Früchte der Unabhängigkeit selbst zu genießen. Den mächtigen Clans in Mittelasien, und vor allem in Kasachstan, eröffneten sich beim Verkauf von Rohstoffen und Energieressourcen früher nicht gekannte Möglichkeiten, Milliarden zu verdienen. Ein neues »Bruderland« brauchte man dazu nicht. Schon Mitte der neunziger Jahre war vom politischen Einfluss der Türkei in Mittelasien nur noch wenig zu spüren. Ökonomisch aber blieb die Türkei »im Geschäft«. Eine ähnliche Mentalität half türkischen Firmen (darunter auch viele Deutschtürken), auf dem kasachischen, aber auch auf dem usbekischen, kirgisischen, aserbaidschanischen und turkmenischen Markt Fuß zu fassen.

Daneben ist China an Einfluss in Mittelasien und vor allem im rohstoffreichen Kasachstan interessiert. Die Chinesen sind öl- und gashungrig. Die Geschäfte laufen gut. Seit 2005 führt eine erste Ölpipeline von Kasachstan nach China. Chinesische Waren haben allerdings in Kasachstan einen schlechten Ruf. Zwar überschwemmen sie die Märkte, und die Leute kaufen sie, weil sie im Vergleich zu europäischen Produkten billig sind.

Aber wir haben niemanden getroffen, der mit Stolz erzählt hätte, dass er gerade einen Fernseher, einen Kühlschrank oder einen Computer aus China erworben habe. Die Chinesen überleben auf dem Markt dank der Masse, der billigen Preise und der Tatsache, dass die eigene kasachische Wirtschaft ihren Produkten wenig entgegenzusetzen hat. Die Chinesen verwirren ihre Abnehmerländer zudem nicht mit Forderungen nach Demokratie oder Menschenrechten. Sie sind unkomplizierte Kunden.

Der wichtigste Partner für Kasachstan ist jedoch Russland. Während der sowjetischen Periode diente Kasachstan dem Kreml als Rohstofflieferant, als Testgelände für Atomwaffen und als Verbannungsort. An sonstiger Infrastruktur wurde gespart. Deshalb hängen die nördlichen und nordöstlichen Gebiete Kasachstans trotz großer, eigener Ressourcen am Kaspischen Meer vollständig von der Belieferung mit russischem Gas ab. Das Handelsvolumen beider Staaten betrug 2010 15,3 Milliarden US-Dollar, die handelspolitische Verflechtung ist groß.[4] Beide Länder haben mit 7500 Kilometern die längste gemeinsame Grenze der Welt. In Russland leben ca. eine Million Kasachen, in Kasachstan leben über vier Millionen Russen. Eine Visapflicht besteht nicht. Kasachstan ist gemeinsam mit Russland und Weißrussland Gründungsmitglied der 2014 ins Leben gerufenen Eurasischen Wirtschaftsunion. Bereits seit 2010 gibt es eine Zollunion mit Russland, und es ist nicht ausgeschlossen, dass sich Russland und Kasachstan in Zukunft auch zu einer Währungsunion entschließen. Für Russland ist Kasachstan noch aus einem weiteren Grund von großer Bedeutung. Die Russen unterhalten in Kasachstan das Kosmodrom Baikonur, von dem aus seit einem halben Jahrhundert alle sowjetischen bzw. russischen Weltraummissionen starten. Kasachstan hat den im Süden des Landes gelegenen Weltraumbahnhof bis zunächst 2050 an Russland verpachtet. Zwar baut Russland seit 2008 auf eigenem Gebiet, in der Amur-Region, einen neuen Weltraumbahnhof, der 2020 den Betrieb aufnehmen soll. Doch auch danach wird Baikonur noch viele Jahre lang gebraucht werden.

Die Europäische Union will in Mittelasien ihre eigene Rolle spielen. Sie verfügt seit 2007 über eine sogenannte Zentralasienstrategie. Russland wird in deren Konzept mit keinem einzigen Wort erwähnt. Dabei kommt man, allein schon geografisch, nicht an dem Land vorbei. Wenn es in dem Positionspapier um »gemeinsame Bedrohungen« für Zentralasien und die EU geht, fallen Begriffe wie Menschenhandel, organisierte Kriminalität, Drogenschmuggel, Waffenhandel und Migration. Keines dieser Themen ist ohne die Russen zu bewältigen. Einer der kasachischen Vizeaußenminister klagte uns gegenüber 2011: »Außer der Strategie ist noch nicht viel passiert. Bislang hat sich kein einziger EU-Kommissar nach Kasachstan verirrt. Einzelne europäische Staaten haben ihre nationalen wirtschaftlichen Interessen, aber ansonsten glauben die Kasachen, dass sie in Russland den verlässlicheren Partner haben.«

Mit der Ukraine-Krise von 2014 hat bei jüngeren kasachischen Politikern ein gewisses Umdenken eingesetzt. Vielen ist Russland heute zu dominant. Doch zu einem generellen Prioritätenwechsel in Bezug auf Russland dürfte es in Kasachstan nicht kommen.

Anders als in den anderen mittelasiatischen Republiken gibt es in Kasachstan sogar noch einige Russen, die hohe politische Ämter bekleiden. Allerdings nimmt der Druck der »Kasachisierung« zu. Einen Job im kasachischen öffentlichen Dienst bekommt man heute nur noch nach bestandener Sprachprüfung. Das ist ein Problem nicht nur für Russen, sondern für viele Kasachen selbst. Die meisten von ihnen sind russischsprachig aufgewachsen, nur im Süden Kasachstans ist Kasachisch im Alltag verbreitet.

»Borat«

Wenn wir zu Hause danach fragen, was Freunde oder Bekannte über Kasachstan wissen, dann bekommen wir meist zwei Antworten: »Das gehört doch zu Russland, oder?« und »Ist das nicht das Land, aus dem Borat kommt?« – »Borat« heißt ein im Jahre 2006 in die Kinos gekommener amerikanischer Film, in dem Schauspieler Sacha Baron Cohen in der Rolle eines kasachischen Journalisten nach Amerika reist und das Bild antisemitischer, homophober, sexistischer, rassistischer oder »einfach dämlicher Kasachen« in die Welt trägt.[5] Das »Borat«-Image hängt den Kasachen seitdem an. Die Komödie sorgte für handfeste Verwerfungen zwischen Kasachstan und den USA. Dabei ist der Film nicht einmal in Kasachstan entstanden, sondern er wurde in einem Roma-Dorf in Rumänien gedreht.

Richtig bekannt wurde der Film, als der amerikanische Staranwalt Ed Fagan die »Borat«-Produktionsfirma »20th Century Fox« auf 30 Mio. Dollar Schadenersatz verklagte. Einem Schweizer Magazin lag die Klageschrift vor: »Im Borat-Film sind die kasachischen Dorfbewohner Pferde-Urin-Trinker und Sex-Maniacs. Gefilmt wurde aber im rumänischen Dorf Glod, einer armen Roma-Siedlung. Die 1700 Einwohner fühlen sich betrogen. Das Filmteam habe ihnen erzählt, man drehe eine Doku über die Armut in Rumänien!« Die Klage hielt weiter fest: »Das Projekt wollte die Bewohner als Vergewaltiger, Abtreiber, Prostituierte, Diebe, Rassisten, Fanatiker, Dummköpfe und Flegel darstellen.«[6] Die Klage blieb am Ende erfolglos. In Kasachstan gelangte der Film nie in die Kinos.

Spätestens seit »Borat« versucht Kasachstan zu zeigen, dass es ein Land ist, das seine Verantwortung in der Welt wahrnimmt. Im Jahre 2010, nahezu 20 Jahre nach dem Zusammenbruch der Sowjetunion, war Kasachstan der erste ehemalige Sowjetstaat, der den Vorsitz der Organisation für Sicherheit und Zusammenarbeit in Europa (OSZE)[7] innehatte. Die Kasachen wollten sich profilieren. Im Dezember 2010 fand ein OSZE-Gipfel in Astana statt. Es war das erste Spitzentreffen der Organisation seit elf Jahren, das erste im neuen Jahrtausend und für Präsident Nursultan Nasarbajew ein Prestigeprojekt. Obdachlose wurden aus der Stadt entfernt, Astana sollte sich im internationalen Glanz sonnen. Rund um die Uhr verkündeten die Staatsmedien, wie erfolgreich der Gipfel sei und dass Kasachstan nun im Scheinwerferlicht der Öffentlichkeit stehe. Doch dann beklagten internationale Beobachter, dass die Demokratieentwicklung in Kasachstan stagniere, kritische Journalisten und Politiker Verfolgungen ausgesetzt seien und staatliche Programme zur Korruptionsbekämpfung allenfalls dazu dienen, unliebsame Personen ins Gefängnis zu bringen. Die internationalen Medien meinten es nicht gut mit Kasachstan. Die *Frankfurter Allgemeine Zeitung* schrieb vom »Schreckgespenst Astanas«, der *Spiegel* gar von einer »diplomatischen Katastrophe«.[8]

Seitdem bemüht sich Kasachstan, nicht nur so viele internationale Großereignisse wie möglich ins Land zu holen, sondern sich immer auch von der besten Seite zu zeigen. Für Nasarbajew steht das Image Kasachstans im Vordergrund. Dabei schießen die Kasachen auch regelmäßig über das Ziel hinaus. 2015 wurde durch ein Datenleck in einer Wiener Anwaltskanzlei bekannt, dass ausgesuchte europäische Spitzenpolitiker seit Jahren als Lobbyisten für Kasachstan gearbeitet hatten.

Kasachstan dürfte sich in den kommenden Jahren im Vergleich zu anderen mittelasiatischen Republiken, wie Kirgistan oder Tadschikistan, eher positiv entwickeln. Der Rohstoffreichtum und die enge Anbindung an Russland wie Europa bieten vergleichsweise gute Voraussetzungen. Ferner ist das Steppenland weniger von islamistischer Bedrohung gefährdet als die anderen mittelasiatischen Staaten. In Kasachstan gibt es noch keine islamistische Massenbewegung. Dennoch gibt es heute auch Kasachen, die in Nahost für die Terrormiliz »Islamischer Staat« kämpfen und ihre Ideologie nach Kasachstan tragen könnten. 2014 tauchte ein Video auf, welches etwa 150 vermeintliche Kasachen in Syrien zeigt.[9]

Kirgistan

Die Schweiz Zentralasiens

Die Schweiz hat ein besonderes Verhältnis zu Kirgistan. Schließlich wird das mittelasiatische Land, in dem rund fünf Millionen Einwohner leben, als »Schweiz Zentralasiens« bezeichnet. In Kirgistan gibt es einiges, was die Schweizer schätzen: hohe Berge, fruchtbare Täler, Viehzucht und Alpwirtschaft. Ähnlich wie die Schweiz ist Kirgistan andererseits relativ arm an Rohstoffen. Und genauso wie die Schweizer haben auch die Kirgisen keinen Zugang zum Meer.

In den ersten Jahren nach der Unabhängigkeit wurde Kirgistan – wie auch die mittelasiatischen Staaten Usbekistan, Turkmenistan und Tadschikistan – von der Schweiz in den Führungsgremien des Internationalen Währungsfonds und der Weltbank vertreten. Die Eidgenossen suchten Allianzen mit neuen Partnern. Kirgistan stand dabei an vorderster Stelle. Im Vergleich zu seinen Nachbarstaaten galt Kirgistan als ein ziemlich demokratisches Land, sozusagen als eine »demokratische Insel« in Mittelasien. Man dachte, dass Kirgistan die Chance habe, auch wirtschaftlich zu einer Schweiz Zentralasiens zu werden. Doch im Gegensatz zur Schweiz herrscht in Kirgistan bis heute bittere Armut.

Kirgistan genoss nach 1991 gegenüber den anderen mittelasiatischen Ländern einen Bekanntheitsvorsprung durch seinen prominentesten Bewohner: Tschingis Aitmatow. Mit Novellen und Romanen wie »Dschamila« (1958), »Abschied von Gülsary« (1967) oder »Ein Tag länger als das Leben« (1981), das in der DDR unter dem Titel »Ein Tag zieht den Jahrhundertweg« bekannt wurde, hatte er Weltliteratur geschaffen und Kirgistan über die Grenzen der Sowjetunion hinweg zu Bekanntheit verholfen. Aitmatow gehörte dem Zentralkomitee der KPdSU an. Während der Perestroika war er einer der Berater Gorbatschows. Das 1991 unabhängig gewordene Kirgistan nutzte die Prominenz seines bekanntesten Sohnes. Bis zu seinem Tod im Jahr 2008 war Tschingis Aitmatow kirgisischer Botschafter in Frankreich und den Benelux-Staaten.

Land	Kirgistan
Hauptstadt	Bischkek (ehemals Frunse) mit mehr als 1 Million Einwohner
Größe	198 500 km²
Bevölkerung	ca. 5,7 Millionen Menschen, ca. 80 verschiedene Ethnien, davon 70 Prozent Kirgisen, 15 Prozent Usbeken, 6,7 Prozent Russen
Landessprachen	Staatssprache ist Kirgisisch, Russisch ist seit Mai 2000 »offizielle Sprache«, es gibt eine Bestandsgarantie für Sprachen nationaler Minderheiten.
Religionen	80 Prozent sunnitische Muslime, 8 Prozent russisch-orthodoxe Christen und kleine Minderheiten anderer Glaubensbekenntnisse
Währung	Kirgisischer Som (1 EUR = ca. 78 KGS, Kurs vom Oktober 2015)
Datum der Unabhängigkeit	31.8.1991
Staats-/Regierungsform	Parlamentarisch-präsidentiale Demokratie
Staatsoberhaupt	Präsident Almasbek Atambajew
Staatsoberhäupter seit Unabhängigkeit	27.10.1990 – 24.3.2005 Askar Akajew 24.3.2005 – 25.3.2005 Ischenbaj Kadirbekow 25.3.2005 – 15.4.2010 Kurmanbek Bakijew 3.7.2010 – 1.12.2011 Rosa Otunbajewa seit dem 1.12.2011 Almasbek Atambajew
Regierungschef	Premierminister Temir Sarijew
Regierungschefs seit Unabhängigkeit	21.1.1991 – 29.11.1991 Nasirdin Isanow 29.11.1991 – 10.2.1992 Andrej Jordan 10.2.1992 – 13.12.1993 Tursunbek Tschingischew 13.12.1993 – 14.12.1993 Almanbet Matubraimow 14.12.1993 – 14.3.1998 Apas Jumagulow 14.3.1998 – 23.12.1998 Kubanitschbek Dschumalijew 23.12.1998 – 25.12.1998 Boris Silajew 25.12.1998 – 4.4.1999 Dschumabek Ibraimow 4.4.1999 – 12.4.1999 Boris Silajew 12.4.1999 – 21.12.2000 Amangeldi Muralijew 21.12.2000 – 22.5.2002 Kurmanbek Bakijew 22.5.2002 – 25.3.2005 Nikolai Tanajew 25.3.2005 – 15.8.2005 Kurmanbek Bakijew 22.5.2002 – 25.3.2005 Nikolai Tanajew 25.3.2005 – 15.8.2005 Kurmanbek Bakijew 20.6.2005 – 10.7.2005 Medetbek Kerimkulow (handelte stellvertretend fur Bakijew, der zu dem

	Zeitpunkt bereits Präsident war) 15.8.2005 – 29.1.2007 Felix Kulow 29.1.2007 – 29.3.2007 Asim Isabekow 29.3.2007 – 28.11.2007 Almasbek Atambajew 28.11.2007 – 24.12.2007 Iskenderbek Aidaralijew 24.12.2007 – 21.10.2009 Igor Tschudinow 21.10.2009 – 7.4.2010 Danijar Usenow 7.4.2010 – 17.12.2010 vakant 17.12.2010 – 23.9.2011 Almasbek Atambajew 23.9.2011 – 14.11.2011 Omurbek Babanow 14.11.2011 – 1.12.2011 Almasbek Atambajew 1.12.2011 – 1.9.2012 Omurbek Babanow 1.9.2012 – 5.9.2012 Aaly Karashev 5.9.2012 – 25.3.2014 Dschantörö Satybaldijew 25.3.2014 – 1.5.2015 Djoomart Otorbajew seit dem 1.5.2015 Temir Sarijew
Parlament	Einkammerparlament
Parteien im Parlament	Sozialdemokratische Partei (SDPK) (38 Sitze), Respublika-Ata Jurt (28 Sitze), 3. Kyrgyzstan (18 Sitze), Önügüü-Progress (13 Sitze), Bir Bol (12 Sitze), Ata Meken (11 Sitze)
Mitgliedschaft in internationalen Organisationen (u. a.)	UN, UNESCO, UNICEF, UNIDO, UNDP, UNESO, UNHCR, IOM, WHO, FAO, ILO, SPECA, UNECE, GUS, Gemeinschaft Integrierter Staaten, Zentralasiatische Wirtschaftsgemeinschaft, Weltbank, IWF, EBRD, Islamische Entwicklungsbank, ICAO, OSZE, Internationale Telekommunikations-Satelliten-Organisation, WTO, Schanghaier Organisation für Zusammenarbeit
Bruttoinlandsprodukt	5,65 Mrd. Euro (2014)

Wir trafen uns Anfang 2005 in Bischkek mit seinem Sohn, Askar Aitmatow. Er war damals Außenminister seines Landes und stolz auf die Entwicklung Kirgistans seit der Unabhängigkeit. Für ihn, so sagte er, sei Europa der Maßstab. Er wolle, dass sein Land eine »demokratische Insel« bleibe. Als wir Aitmatow kennenlernten, war Askar Akajew kirgisischer Präsident. Er hatte das Amt seit 1990 inne und war das erste Staatsoberhaupt Kirgistans nach der Unabhängigkeit des Landes.

Askar Akajew galt lange Zeit als Hoffnungsträger in Mittelasien. Anders als seine Kollegen in Usbekistan, Kasachstan, Turkmenistan und Tadschikistan entstammte er nicht der kommunistischen Nomenklatura der Sowjetunion, und anders als seine Kollegen setzte der diplomierte Physiker und bekennende Anhänger von Ludwig Erhard auf Demokratie und soziale Marktwirtschaft. Akajew war kurz vor dem Zusammenbruch der UdSSR zum Vorsitzenden des Obersten Sowjets der Kirgisischen SSR gewählt geworden. Er hatte sich vor allem um die Versöhnung der verschiedenen Volksgruppen[10] im Lande bemüht und galt als Mann mit Zukunftspotenzial.

Er wollte das Land ab 1991 zügig reformieren und wandelte die Plan- in eine Marktwirtschaft um. 1993 verabschiedete das kirgisische Parlament eine neue Verfassung, die tatsächlich relativ demokratisch war. 1995 wurde Akajew wiedergewählt. Von nun an begann sich sein Führungsstil zu verändern. Mithilfe von Referenden gelang es ihm im Verlaufe der Folgejahre, seine präsidentiellen Machtbefugnisse zu erweitern und die Rechte des Parlaments einzuschränken. Akajew wandelte sich vom Reformer zum autoritären Staatsführer. Korruption und Vetternwirtschaft machten sich breit. Durch Wahlfälschungen und ein System von Günstlingen in der Regional- und Lokalpolitik zementierte er seine Stellung.

Gleichzeitig verschlechterte sich die Wirtschaftslage Kirgistans. Die Ausbeutung einzelner Wirtschaftszweige durch Akajew und seine Protegés sowie die Korruption in allen Lebensbereichen trugen maßgeblich dazu bei. Außerdem zeigte sich, dass der schroffe Wechsel von der sozialistischen zur kapitalistischen Wirtschaftsordnung die Menschen völlig unvorbereitet getroffen und im Endeffekt ihre Situation verschlechtert hatte. Das ohnehin schwache Bruttoinlandsprodukt Kirgistans fiel bis 1999 auf 257 US-Dollar pro Kopf,[11] und damit im Vergleich zu 1991 um mehr als die Hälfte. Die Zufriedenheit mit Akajew und seiner Politik sank proportional dazu.

Im Blickpunkt der Weltöffentlichkeit

Nach den Terroranschlägen des 11. September 2001 und dem einsetzenden Kampf gegen den internationalen Terrorismus richtete sich das Augenmerk der Weltöffentlichkeit schlagartig auf die mittelasiatischen Nachfolgestaaten der Sowjetunion. Waren sie bislang von eher geringer Bedeutung für die internationale Politik gewesen, rückten sie nun in den Vordergrund des weltpolitischen Interesses. Sowohl Kirgistan wie auch der Nachbarstaat Usbekistan stellten der von den USA angeführten Anti-

Lenin-Denkmal in Bischkek

Terror-Allianz Flughäfen zur Verfügung, von denen aus die Truppen in Afghanistan versorgt werden können.

In Moskau betrachtete man das »Eindringen« der Amerikaner in die traditionell russische Einflusssphäre mit Unbehagen, und man versuchte, Kirgistan diplomatisch und wirtschaftlich wieder stärker an Russland zu binden. Akajew kam den Wünschen des Kremls entgegen. Seit 2002 unterhält Russland eine Militärbasis in Kant bei Bischkek.

Um aber nicht von der möglicherweise unsteten Gunst Russlands oder der USA abhängig zu sein, wandte sich Akajew zudem China zu. Mit dem östlichen Nachbarn hoffte er, eine dauerhafte Partnerschaft etablieren zu können. Um die Beziehungen zu China auf eine solide Basis stellen zu können, war es nötig, die gemeinsame Landesgrenze neu festzulegen, um deren Verlauf es in der Vergangenheit immer wieder Streit gegeben hatte. Akajew warb für entsprechende Verträge, gegen die die kirgisische Opposition energisch protestierte. Zum wirtschaftspolitischen Ärger kam nun noch Streit um die Außenpolitik, und alsbald folgte die Innenpolitik.

Brennpunkt Fergana-Tal (Südkirgistan)

Der Süden des Landes und dessen Grenze zu Usbekistan war schon immer eine konfliktbeladene Gegend. Dort, im fruchtbaren Fergana-Tal, lebt die Hälfte der kirgisischen Bevölkerung, darunter eine große usbekische Minderheit. Industrie gibt es hier kaum, die Menschen sind sehr arm. Das Fergana-Tal ist 300 Kilometer lang und reichlich 100 Kilometer breit. Es umfasst Territorien der heutigen Staaten Kirgistan, Usbekistan und Tadschikistan. Hier leben ca. 15 Millionen Menschen, das ist rund ein Viertel der Bewohner Mittelasiens. Sie gehören den unterschiedlichsten Volksgruppen an, die teilweise erst unter Stalin hierher umgesiedelt worden waren. Der Diktator wollte die Bindungen der Muslime an ihre Stämme lockern und ein »sowjetisches Bewusstsein« schaffen.

Nach dem Ende der Sowjetunion und ihrer Ideologie als verbindendem Überbau traten die religiösen und nationalen Unterschiede deutlich hervor. In Zentralasien tummelten sich bald Anhänger radikaler Gruppierungen wie der »Islamischen Bewegung Usbekistans« oder »Hizb ut-Tahrir«. Nirgendwo in Mittelasien schreitet die Islamisierung und Radikalisierung der Bevölkerung heute schneller voran als im Fergana-Tal.

Nachdem Kirgistan und Usbekistan den gegenseitigen Grenzübertritt erschwert hatten, ging eine der letzten Einnahmequellen vieler Südkirgisen – der Handel mit dem Nachbarland – verloren. Die destabilisierenden Faktoren hatten sich zu einer kritischen Masse angestaut.

Die Unzufriedenheit der Bevölkerung nutzend, initiierte ein aus Südkirgistan stammender Abgeordneter des kirgisischen Parlaments, Asimbek Beknasarow, ein Amtsenthebungsverfahren gegen Präsident Akajew und protestierte damit gegen dessen unbeliebte Annäherungspolitik an China. Die Zustimmung, die er in der Bevölkerung erfuhr, war gewaltig und erschreckte den Akajew-Clan. Im Januar 2002 wurde Beknasarow verhaftet. Dies löste eine Protestwelle aus, mit der die Regierung nicht gerechnet hatte. Akajew hatte die Stabilität seines Regimes überschätzt. In Bischkek fanden Demonstrationen vor dem Parlament, dem Regierungsgebäude und dem Sitz der OSZE statt. Dabei kam es zu Auseinandersetzungen mit Spezialeinheiten des Innenministeriums, in deren Folge fünf Demonstranten erschossen und viele weitere zum Teil schwer verletzt wurden. Damit brach ein Damm, überall im Land wurden aus Solidaritätskundgebungen für Beknasarow gewaltsame Fundamentalproteste. Der Rücktritt Akajews und die Durchführung von Reformen zur Verbesserung des allgemeinen Lebensstandards waren die zentralen Forderungen. Der Präsident konnte sich durch Zugeständnisse an die Bevölkerung und die Opposition zunächst noch einmal retten.

Da sich die Lage der Menschen aber nicht verbesserte, änderte sich auch nichts an der gefährlichen Stimmung im Land – im Gegenteil. Viele Politiker wechselten zur Opposition, die dadurch immer mehr Gewicht und Rückhalt in der Bevölkerung bekam. Als Akajew die Parlamentswahlen Anfang 2005 mehr als offensichtlich zu seinen Gunsten fälschen ließ, hatte er den Bogen überspannt. Wiederum kam es in Südkirgistan zu Unruhen, die sich schnell im ganzen Land ausbreiteten.

US-amerikanische Organisationen, die in Kirgistan tätig waren, unterstützten Akajews Sturz tatkräftig, zumal dieser als Mann Putins galt. Wie vorher schon in Georgien und in der Ukraine, kam es auch in Kirgistan zu einer sogenannten »Farbigen Revolution«. Sie ging als »Tulpenrevolution« in die kirgisische Geschichte ein. Immer größere und gewaltsamere Demonstrationen fanden statt, Regierungsgebäude wurden gestürmt, Sicherheitskräfte gezielt angegriffen. Dutzende Menschen kamen ums Leben. Als Demonstranten schließlich den Präsidentenpalast in Bischkek besetzten, floh Akajew zunächst nach Kasachstan und dann nach Russland. In Moskau verkündete er schließlich im April 2005 seinen offiziellen Rücktritt. Bis heute lebt er in Russland und widmet sich wieder der Wissenschaft.

»Askar Akajew hat uns versprochen, Kirgistan in eine Schweiz Mittelasiens zu verwandeln. Doch Ende der neunziger Jahre habe ich begriffen, dass er aus Kirgistan nur eine Schweiz für seine eigene Familie macht«, klagte damals Rosa Otunbajewa, eine der früheren Weggefährtinnen Akajews, die aber dann auf die Seite der Opposition wechselte. Die wirtschaftliche Dominanz des Akajew-Clans habe nach 14-jähriger Präsidentschaft die wirtschaftliche Entwicklung des Landes gelähmt.[12]

Die Amtszeit Bakijews

Akajews ehemaliger Premierminister Kurmanbek Bakijew wurde sein Nachfolger, Rosa Otunbajewa neue Außenministerin Kirgistans und Asimbek Beknasarow Generalstaatsanwalt. Alle drei waren zentrale Personen der Protestbewegung gegen Akajew gewesen. Bakijew wurde mit 90 Prozent aller Stimmen zum neuen Präsidenten gewählt. Die Kirgisen setzten große

Vor dem Präsidentenpalast erinnern Gedenktafeln an die Toten des Aufstandes von 2010.

Hoffnungen in ihn, sie erwarteten, dass er etwas gegen die Armut und die schlechte Wirtschaftslage unternimmt. Doch es zeigte sich schnell, dass sie sich gründlich in ihm getäuscht hatten.

Bakijew riss alle Pfründe, die er erreichen konnte, an sich und besetzte die wichtigsten Ämter in Politik und Wirtschaft mit Mitgliedern seines Clans. Misswirtschaft und Korruption unter Bakijew übertrafen noch das Akajew-System, er regierte noch autoritärer und vor allem brutaler. Bakijew entdeckte das Mittel der Verfassungsänderungen für sich, um seine persönliche Macht zu stärken und das Parlament bis zur Bedeutungslosigkeit zu schwächen.

Diesmal dauerte es nur fünf Jahre, bis die Bevölkerung die Geduld mit ihrem Präsidenten verlor. Die Verhaftung von Vertretern der Opposition und die Erhöhung der Preise für Energie brachten 2010 das Fass zum Überlaufen. Die enttäuschte Wut der Kirgisen entlud sich erneut auf den Straßen und Plätzen des Landes. Der Aufstand begann am 6. April 2010, nur drei Tage später floh Bakijew mit seiner Familie über Kasachstan nach Minsk. Der weißrussische Präsident Lukaschenko gewährte ihm Asyl. Die Unruhen, die 2010 zum Sturz Kurmanbek Bakijews führten, forderten 68 Tote und mehr als 600 Verletzte. Bakijews Innenminister wurde zusammengeschlagen, sein Vizepremier verlor ein Auge. Der Mob nutzte die Situation, plünderte und brandschatzte. In Bischkek herrschten vorübergehend bürgerkriegsähnliche Zustände. Die parlamentarische Opposition, angeführt von der früheren Außenministerin Rosa Otunbajewa, die 2005 noch gemeinsam mit Bakijew Akajew gestürzt hatte, übernahm die im Wortsinne auf der Straße liegende Macht. Große Teile von Polizei und Armee, die zuerst noch gewaltsam versucht hatten, die Demonstranten aufzuhalten, wechselten die Seite und stellten sich hinter die neuen Kräfte um Rosa Otunbajewa. Bakijew war schwer enttäuscht und sprach von einem Putsch. Aus dem Exil erhob er weiterhin Anspruch auf das Präsidentenamt, obwohl er seit 2012 die weißrussische Staatsbürgerschaft besitzt. In seiner Heimat würde ihm bei Rückkehr eine lebenslange Freiheitsstrafe erwarten.

Die provisorische Übergangsregierung

Am 8. April 2010 bildete die kirgisische Opposition eine »Provisorische Regierung des Volksvertrauens«, die aus ehemaligen Spitzenpolitikern besteht, die schon zur Anti-Akajew-Front zählten. Präsidentin der Übergangsregierung wurde die ehemalige Außenministerin Rosa Otunbajewa, ihre Amtszeit endete am 31. Dezember 2011, zwei Monate zuvor wurde neu gewählt.

Als wir Rosa Otunbajewa im Mai 2010 trafen, machte sie einen müden Eindruck. In Bischkek sah man die Einschusslöcher der letzten Revolution. Die muskelbepackten Sicherheitsleute, die uns empfingen und zur Übergangspräsidentin brachten, trugen noch keine Uniformen, sondern Kleidung, der man ansah, dass sie lange nicht gewechselt worden war. Es herrschte revolutionäre Stimmung. In den Büros des Präsidialamtes saßen Dutzende von Männern und Frauen herum, die gerade die Macht übernommen, aber noch nichts zu tun hatten. Man trank Tee, diskutierte die politische Lage und empfing Gäste. Otunbajewa warb um ausländische Unterstützung. Wichtig sei, sagte sie, dass man den kommenden Winter überstehe, dann würde es besser werden.

Nach der Bildung der Interimsregierung beruhigte sich vorerst die Lage in Kirgistan. Als stabil konnte man das Land jedoch nicht bezeichnen, es kam immer wieder zu kleineren Protesten, oft von Bakijew-Anhängern organisiert. Die neue Regierung beeilte sich, eine neue Verfassung vorzulegen. Diese sollte demokratische Strukturen in Kirgistan etablieren, der Übergangsregierung Legitimität verschaffen und die Unruhen beenden. Seit 2010 ist Kirgistan, als einziges Land Mittelasiens, eine parlamentarische Republik. Der vom Volk gewählte Staatspräsident teilt sich seitdem die Macht mit dem vom Parlament gewählten Premierminister.

Ethnische Unruhen im Süden

Doch die Situation im Land blieb angespannt. Im Juni 2010, vor der Abstimmung über die Verfassung, entlud sich Gewalt zunächst in Osch im Fergana-Tal. Osch ist die größte Stadt Südkirgistans. Aus den Unruhen wurde ein Pogrom gegen die usbekische Minderheit. Innerhalb weniger Stunden entwickelten sich in Osch und später auch in umliegenden Städten bürgerkriegsartige Zustände. Kirgisen machten gezielt Jagd auf ethnische Usbeken. Usbekische Wohnviertel, sogenannte »Machallas«, wurden in Brand gesteckt und verwüstet, vor den Flammen fliehende Menschen erschossen.

Said, der für uns ab und zu als Fahrer arbeitete, ist ethnischer Usbeke. Seine Familie besitzt in Osch zwei Häuser. »Wir haben uns auf den Dächern versteckt in der Hoffnung, dass uns die Kirgisen nicht finden«, berichtet er. »Die haben vor niemandem haltgemacht. Alte Leute wurden genauso erschossen und erstochen wie kleine Kinder.«

Sicherheitskräften gelang es nicht, die Gewalt einzudämmen, geschweige denn zu unterbinden. Ein später veröffentlichter unabhängiger Untersuchungsbericht warf den Verantwortlichen bei Polizei und Militär vor, durch unklare Befehle und unkoordiniertes Handeln für die weitere Ausbreitung der Gewalt mitverantwortlich zu sein.[13]

Insgesamt kamen bei den drei Tage andauernden Unruhen nach Angaben der internationalen Untersuchungskommission mindestens 470 Menschen ums Leben, 1900 wurden verletzt. Über 400 000 Menschen flohen, etwa 100 000 davon über die nahe Grenze nach Usbekistan. Der usbekische Präsident Karimow ließ sie zeitweise einreisen. Sowohl bei den Toten als auch bei den Verletzten und den Flüchtlingen waren die ethnischen Usbeken klar in der Überzahl. Die Untersuchungskommission

Kirgisische Jurten vor dem Bergsee Issik Kul

definierte die Ereignisse zwar nicht als versuchten Genozid, wie es die usbekische Minderheit in Kirgistan gefordert hatte, jedoch sei die Gewalt eindeutig als »Verbrechen gegen die Menschlichkeit« zu definieren.[14]

Ob die endgültig festgestellten Zahlen der Todesopfer, Verletzten und Flüchtlinge stimmen, wird man wohl nie eindeutig klären können. Bereits während der Unruhen berichteten Ärzte und andere Augenzeugen von deutlich mehr Opfern. Viele Usbeken trauten sich nicht, ihre Toten in öffentliche Leichenhallen zu bringen und beerdigten sie auf eigene Faust irgendwo außerhalb der Städte. Scharf kritisiert wurde im Bericht der Untersuchungskommission die Aufarbeitung der Ereignisse durch die kirgisischen Behörden. Die Mitschuld der Sicherheitskräfte sei nie richtig untersucht worden, es sei nichts getan worden, um Täter zur Rechenschaft zu ziehen. Usbeken, die Anzeige gegen ihre Peiniger erstatten wollten, nahm die Polizei gar nicht erst ernst oder schüchterte sie ein. Viele Ermittler versuchten, Usbeken als Gewalttäter zu überführen, es kam zu willkürlichen Festnahmen.[15]

Wie so plötzlich so heftige Unruhen ausbrechen konnten, ist bis heute, trotz zahlreicher Untersuchungen, ungeklärt. Die kirgisische Regierung macht Anhänger des gestürzten Präsidenten Bakijew dafür verantwortlich, die Unruhen gezielt ausgelöst zu haben, um Bakijew zurück an die Macht zu bringen.

Gefahr des Auseinanderbrechens

Im Oktober 2010 wählten die Kirgisen ein neues Parlament. Fünf Parteien, darunter eine revisionistische, die dem Expräsidenten Bakijew nahesteht, zogen ins neue »Dschogorku Kengesch« (»Oberste Versammlung«) ein. Nach chaotischen Wochen gelang es, eine Regierungskoalition zu bilden. Im Oktober 2011 wurde Almasbek Atambajew mit knapp 63 Prozent zum neuen Staatspräsidenten gewählt. Er löste Rosa Otunbajewa ab. Ihr Verdienst wird es bleiben, als erstes zentralasiatisches Staatsoberhaupt ihr Amt freiwillig an einen demokratisch gewählten Nachfolger übergeben zu haben. Unter Atambajew näherte sich Kirgistan wieder stärker an Russland an. Die USA mussten 2014 ihre Militärbasis auf dem kirgisischen Hauptstadtflughafen »Manas« schließen, und seit 2015 ist Kirgistan Mitglied der Eurasischen Wirtschaftsunion. Der russische Markt steht damit offen.

Seitdem geht der Politikbetrieb in Kirgistan seinen Gang, ohne durchschlagende Fortschritte zu erzielen. Denn vor den unerfahrenen Demokraten stehen weiterhin gewaltige Probleme, die äußerst schwer zu lösen sind. Die Wirtschaft des Landes liegt nach wie vor am Boden, ausgeblutet durch Korruption und Misswirtschaft unter Akajew und Bakijew. Den Menschen geht es schlecht, Inflation und Lebensmittelpreise steigen, feudal anmutende Clanstrukturen behindern Demokratie und Fortschritt. Das Bildungssystem ist am Ende. Heute unterrichten ältere Schüler die jüngeren, weil es kaum noch Lehrer gibt, die bereit sind, für den Hungerlohn zu arbeiten. Angestellte von Behörden, Polizei und Justiz bessern sich ihr dürftiges Gehalt mit Korruptionszahlungen auf. Nationalistische Ressentiments machen den Usbeken im Land weiterhin das Leben schwer, denn es arbeiten fast ausschließlich ethnische Kirgisen im Staatsdienst. Nationalismus greift um sich. Die Regierung versucht, damit die Kirgisen bei Laune zu halten. Bischkek, die Hauptstadt, soll möglicherweise sogar in »Manas« umbenannt werden. Manas ist ein mythischer kirgisischer Volksheld aus dem 9. Jahrhundert. Verzweifelt sucht man nach Möglichkeiten, die kirgisische Identität zu stärken.

Kirgistan ist durch die ethnischen Spannungen in seiner Einheit als Staat gefährdet. Sollte es erneut zu solch blutigen Exzessen kommen wie im Jahr 2010, steht die zentrale Staatsmacht in

Frage. Der Süden des Landes könnte sich dann Usbekistan und der Norden Kasachstan zuwenden.

Die Regierungsmacht reicht schon heute nicht mehr in alle Winkel des Landes. Immer wieder kam es in der jüngsten Vergangenheit auch vor dem Hintergrund von Misswirtschaft und Korruption zu Unruhen. 2013 wurde der Sitz des Gouverneurs der südwestlichen Provinz Dschalalabat gestürmt. Die aufgebrachte Menge forderte die Verstaatlichung einer Goldmine.

Bei der Parlamentswahl im Oktober 2015 blieb Atambajews Sozialdemokratische Partei stärkste Kraft. Die Wahl fand ohne Zwischenfälle statt. Noch will die Bevölkerung an der demokratischen Staatsform festhalten. Doch der Lackmustest dafür wird der Umgang Kirgistans mit der zunehmenden Islamisierung des Landes werden. Als wir 2012 dort die Vorauflage dieses Buches in russischer Sprache vorstellten, sahen wir junge Leute überwiegend in westlicher Kleidung. Heute tragen immer mehr Frauen Kopftücher und junge Männer Bärte. Gleichwohl sind es nicht nur Äußerlichkeiten. Saudi-Arabien finanziert großzügig den Moscheebau überall im Land. Es gibt kleine Bergdörfer mit mehreren Gebetshäusern. Junge Männer, die keine Arbeit finden, besuchen die Islamschulen und werden dort zunehmend radikalisiert. Die säkulare Zentralregierung in Bischkek hat diese Prozesse immer weniger unter Kontrolle. Radikale islamistische Organisationen, die aus Zentralasien ein Kalifat machen wollen, gewinnen im liberalen Kirgistan an Zulauf. Hier haben sie ein vergleichsweise leichtes Spiel. Autoritäre Maßnahmen, wie sie in den Nachbarländern gang und gäbe sind, soll es in Kirgistan nicht geben. Doch eine Alternative dazu hat die Regierung noch nicht gefunden.

Tadschikistan

Im »Land der Arier«

Von den fünf Staaten Mittelasiens ist Tadschikistan derjenige mit der wechselvollsten Geschichte seit der Unabhängigkeit am 9. September 1991. Die erste Hälfte der neunziger Jahre war von Machtkämpfen, Terror und Bürgerkrieg geprägt. Schon vor 1990 galt Tadschikistan als das Armenhaus der Sowjetunion und war stets von Transferleistungen abhängig. Auch heute noch lebt der größte Teil der Bevölkerung in Armut. Knapp 70 Prozent der Einwohner sind Tadschiken, ein muslimisches, persisches Volk. Sie sind aber keine Schiiten wie die Iraner, sondern Sunniten. Die tadschikische Sprache ist dem Persischen verwandt. Weitere 25 Prozent der Einwohner Tadschikistans sind Usbeken, der Rest setzt sich vor allem aus Russen, Kasachen, Kirgisen und Turkmenen zusammen. Bis 1991 hatten auch Aschkenasen (Juden) in Tadschikistan gelebt. Sie wurden vertrieben.

Nur sieben Prozent der Fläche Tadschikistans ist bewohnbar und für die Landwirtschaft geeignet, der Rest ist eine beeindruckende, jedoch kaum zugängliche Hochgebirgslandschaft. Der »Pik Kommunismus« (»Kommunismus-Gipfel«), der zwischen 1932 und 1962 »Pik Stalin« hieß, war mit 7495 Metern der höchste Berg der Sowjetunion, gefolgt vom »Pik Lenin« (gleichfalls Tadschikistan) mit 7134 Metern. Heute heißt der »Kommunismus-Gipfel« »Pik Ismoil Somoni«, benannt nach Ismail I., der im 10. Jahrhundert die persisch-muslimische Samanidendynastie auf ihren Machthöhepunkt führte. Die Samaniden, von denen die Tadschiken abstammen, beherrschten damals ganz Mittelasien und das Gebiet des heutigen Iran und drangen sogar ins Grenzgebiet zu Indien vor.

Doch der Stolz der Tadschiken reicht noch weiter zurück. Sie verstehen sich als »Land der Arier«. Die Deutschen mag man. Nicht nur, weil sie die Ersten waren, die 1991 eine Botschaft in Duschanbe eröffnet haben, sondern wegen ihrer angeblichen Herkunft. »Wir haben doch gemeinsame arische Wurzeln«, behauptet Firus, ein Historiker, den wir in Istarawschan im Norden Tadschikistans treffen. Die Tadschiken halten sich für Abkömmlinge indogermanischer bzw. arischer Stämme, die vor

Das »Haus der Arier« in Istarawschan

3500 Jahren den indischen Subkontinent erreichten. Sie haben kein Problem damit, dass der Arier-Begriff in den Jahren des Nationalsozialismus in Deutschland auf eine antijüdische Bedeutung verengt wurde. Im Gegenteil. Als der gerade einmal neunjährige Sohn von Firus hört, dass wir Deutsch miteinander sprechen, begrüßt er uns mit »Heil Hitler!«. Er will freundlich zu uns sein. Sein Vater zeigt uns dann voller Stolz den »Palast der Arier« in Istarawschan. So bezeichnet man ein zweistöckiges Haus, das man zu einem Museum umgewandelt hat. Wir betrachten ein paar Fotos des tadschikischen Präsidenten Emomali Rachmon, der sich mit seinem »arischen Kollegen« aus dem Iran, Mahmud Ahmadinedschad, trifft. Außer dieser Wandzeitung gibt es in dem Haus nichts zu sehen. In der zweiten Etage liegt Gerümpel herum. Auf der schmutzigen Toilette läuft kein Wasser. Dem »Arier-Stolz« der Tadschiken tut dies keinen Abbruch. »Euer Hitler war ein großer Mann«, gibt uns Firus mit auf den Weg.

Wir fahren weiter nach Duschanbe. Zwischen 1929 und 1961 hieß die Hauptstadt der damaligen Tadschikischen Sozialistischen Sowjetrepublik Stalinabad. Wir überqueren die hohen Pässe des Sarawschan-Gebirges. Als wir 2002 die gleiche Strecke schon einmal gefahren waren, führte eine kaputte, unbefestigte Straße an den Berghängen entlang. Der Abgrund ist geblie-

Land	Tadschikistan
Hauptstadt	Duschanbe (ehemals Stalinabad) mit ca. 780 000 Einwohnern
Größe	142 000 km²
Bevölkerung	ca. 8,2 Millionen Menschen, davon 68,4 Prozent Tadschiken, 24,8 Prozent Usbeken, 3,2 Prozent Russen sowie Kasachen, Kirgisen, Turkmenen
Landessprachen	Amtssprache ist Tadschikisch, Russisch ist als Verkehrssprache noch gebräuchlich, im Grenzgebiet zu Usbekistan auch Usbekisch
Religionen	sunnitischer Islam, kleinere christliche Gemeinden
Währung	Tadschikischer Somoni (1 EUR = ca. 6,6 TJS, Kurs vom März 2015)
Datum der Unabhängigkeit	9. 9. 1991
Staats-/Regierungsform	Präsidialrepublik
Staatsoberhaupt	Präsident Emomali Rachmon
Staatsoberhäupter seit Unabhängigkeit	30. 11. 1990 – 31. 8. 1991 Kachor Machkamow 31. 8. 1991 – 23. 9. 1991 Kadreddin Aslonow 23. 9. 1991 – 6. 10. 1991 Rachmon Nabijew 6. 10. 1991 – 2. 12. 1991 Akbarscho Iskandarow 2. 12. 1991 – 7. 9. 1992 Rachmon Nabijew 7. 9. 1992 – 19. 11. 1992 Akbarscho Iskandarow seit dem 19. 11. 1992 Emomali Rachmon
Regierungschef	Premierminister Kohir Rasulsoda
Regierungschefs seit Unabhängigkeit	25. 6. 1991 – 9. 1. 1992 Isatullo Kajojew 9. 1. 1992 – 21. 9. 1992 Akbar Mirzojew 21. 9. 1992 – 18. 12. 1993 Abdumalik Abdulladschanow 18. 12. 1993 – 2. 12. 1994 Abdudschalil Samadow 2. 12. 1994 – 8. 2. 1996 Jamsched Karimow 8. 2. 1996 – 20. 12. 1999 Jachjo Asimow 20. 12. 1999 – 30. 11. 2013 Akil Akilow seit dem 30. 11. 2013 Kohir Rasulsoda
Parlament	Unterhaus mit 63 Abgeordneten und Oberhaus mit 33 Abgeordneten
Regierungsparteien	Volksdemokratische Partei (51 Sitze im Unterhaus)
Opposition	Partei der Landwirte (5 Sitze), Partei der Wirtschaftsreformen (3 Sitze), Kommunistische Partei Tadschikistans (2 Sitze), Sozialistische Partei (1 Sitz), Demokratische Partei (1 Sitz)

Mitgliedschaft in internationalen Organisationen (u. a.)	UN und Unterorganisationen, IWF, Weltbank, Europäische Bank für Wiederaufbau und Entwicklung, Asiatische Entwicklungsbank, OSZE, GUS, Organisation der Islamischen Konferenz (OIC), Schanghaier Organisation für Zusammenarbeit, Welthandelsorganisation
Bruttoinlandsprodukt	9 Mrd. US Dollar (2009)

ben. Wir zählten bis Duschanbe über ein Dutzend Autowracks. Sie liegen in Hunderten Meter Tiefe.

Die Straße ist vor kurzem neu asphaltiert worden. Tunnel verkürzen heute die Fahrzeit. Als wir bei einer unserer Fahrten anhielten, um die traumhafte Aussicht zu genießen, kam eine Gruppe Bauarbeiter auf uns zu. Es waren ausgemergelte Gestalten, die etwas zu essen haben wollten: chinesische Strafgefangene. Die Straßen in Tadschikistan werden von China erneuert. Die Arbeiten erledigen die Chinesen preiswert mit eigenen Häftlingen und im eigenen Interesse. Für den Export chinesischer Waren in Richtung Norden benötigen sie eine gute Infrastruktur. 2015 ist der Norden Tadschikistans mit Duschanbe im Westen durchgehend mit einer ordentlichen Straße verbunden. Man verlangt Straßenmaut.

Rivalitäten nach der Unabhängigkeit

Nach der Unabhängigkeit konkurrierten in Tadschikistan islamische und säkulare Kräfte sowie einzelne Clans um die Macht. Zu dieser schwierigen Interessenlage kamen unterschiedliche Einflüsse aus den Nachbarländern. Aus Afghanistan drangen Drogenschmuggler und Islamisten über die Grenze. Russland brauchte Tadschikistan als geografischen Puffer. Der Iran griff durch die kulturelle und sprachliche Gemeinsamkeit beider Länder nach politischem Einfluss. Usbekistan betrachtete sich als Schirmherr für die in Tadschikistan lebenden Usbeken. Und China hatte Interesse am Markt seines Nachbarlandes.

Im November 1991 gewann Rachmon Nabijew die Präsidentschaftswahlen. Er hatte zuvor bereits alle wichtigen Ämter im sozialistischen Tadschikistan innegehabt: Er diente als Vorsitzender des Ministerrates und Erster Sekretär des Zentralkomitees der Kommunistischen Partei. Nach dem Augustputsch von

1991 gegen Michail Gorbatschow, in dessen Folge es auch in Tadschikistan zu Absetzbewegungen aus dem Verbund der UdSSR kam, wurde Nabijew Vorsitzender des Obersten Sowjets der Noch-Sowjetrepublik. Als erster Präsident des unabhängigen Tadschikistans baute er zügig ein autokratisches Herrschaftssystem auf und knüpfte an Sowjetstrukturen an.

Doch der Widerstand der islamischen Oppositionellen, die es im postsowjetischen Raum so nur in Tadschikistan gab, war stark. Nur ein halbes Jahr später, im Mai 1992, mündeten die Auseinandersetzungen in einen grausamen Bürgerkrieg. Die »Vereinigte Tadschikische Opposition« – ein Zusammenschluss muslimisch bestimmter Interessengruppen, der von der »Partei der Islamischen Wiedergeburt« dominiert wurde – stürmte den Präsidentenpalast. Nach und nach breitete sich die Gewalt im ganzen Land aus. Im November 1992 stand Nabijews Regime vor einer militärischen Niederlage, seine eigenen Leute stürzten ihn schließlich.

Nachfolger wurde Emomali Rachmonow, der einen Anschluss des Landes an Russland und die Wiederherstellung der Sowjetunion forderte. Er sicherte sich die militärische Unterstützung der russischen Armee. Die islamische Opposition kämpfte ihrerseits mit Unterstützung von Mudschaheddin aus Afghanistan, die den bewaffneten Konflikt immer wieder anfachten. Rachmonow wurde 1994 zum neuen Präsidenten gewählt. Kurz darauf gelang es ihm, mit russischer und usbekischer Hilfe, einen Waffenstillstand zu schließen. 1997 endete der Krieg offiziell mit einem Friedensvertrag, der in Moskau unterzeichnet wurde. Rachmonow musste der »Partei der Islamischen Wiedergeburt« zusichern, sie an der Macht in Tadschikistan zu beteiligen. Das geschah formal auch. Die »Volksdemokratische Partei Tadschikistans« – die Präsidentenpartei – und die »Partei der Islamischen Wiedergeburt« bildeten eine Einheitsregierung. Damit ist die »Islamische Wiedergeburt« Tadschikistans die einzige legale religiöse Partei in ganz Mittelasien.

Die Mehrheit der oppositionellen Warlords, also der bewaffneten Clanchefs, hielt sich zunächst an den Friedensschluss. Einige von ihnen erhielten staatliche Ämter, viele aufständische Kämpfer wurden in die tadschikische Armee und Polizei integriert. Zunächst kehrte Ruhe ein. Der langjährige Bürgerkrieg

Stalin-Denkmal in Ascht im Fergana-Tal

hatte das ohnehin schon schwache Land regelrecht zerstört. Nach UN-Angaben forderte er über 50 000 Todesopfer.[16] Die heimische Wirtschaft, Landwirtschaft und Infrastruktur lagen 1997 in Trümmern. Hunderttausende Menschen waren nach Afghanistan geflohen und der Großteil der slawischen Bevölkerung nach Russland abgewandert, was einem Exodus der wissenschaftlichen, kulturellen und wirtschaftlichen Elite gleichkam.

Der letzte Stalin der Sowjetunion

Während einer Reise nach Tadschikistan besuchten wir Ascht, eine Stadt im Fergana-Tal, ganz im Norden des Landes. Wir waren zu einer Hochzeit eingeladen worden. Der Sohn eines Bekannten aus Duschanbe, der dort im Außenministerium arbeitet, heiratete die Tochter eines anderen gutsituierten Beamten. Die Ehe war vermittelt worden. In Mittelasien ist es nach wie vor üblich, dass die Eltern ihre Kinder verheiraten. Unser Bekannter, Tolib, hatte die Heirat bereits arrangiert, als sein Sohn 15 Jahre alt war. Heute sind beide jungen Leute gerade einmal 18 und 19 Jahre. Die Hochzeitsgesellschaft feierte getrennt. Männer und Frauen begegneten sich nicht.

Für ein paar Stunden verließen wir die Feier und schauten uns im Ort um. In Ascht, nahe an der Grenze zu Usbekistan gelegen, stießen wir durch Zufall auf ein ganz besonderes Denkmal: Stalin. Es dürfte sich hierbei um eines der letzten Stalin-Denkmäler in der früheren Sowjetunion handeln. In Tadschikistan scheint alles möglich zu sein – ein Stalin-Denkmal und eine zugelassene islamische Partei. Auch an anderen Stellen waren wir überrascht. Die Medien berichteten ausgesprochen frei im Vergleich zu den Nachbarstaaten, es gab beinahe so etwas wie demokratische Strukturen. Doch Tolib war damit nicht zufrieden: »Diese Art von Demokratie hat uns nur Unglück gebracht. Die Sowjetunion war besser!«

Personenkult und Gottesstaat

Der tadschikische Präsident, Emomali Rachmonow, festigte nach dem Ende des opferreichen Bürgerkrieges seine Macht. In hohen staatlichen Ämtern fanden sich bald nur noch seine Verwandten oder Vertraute aus seiner südlichen Heimatregion Kulab wieder. Die gemeinsame Regierung mit der »Partei der Islamischen Wiedergeburt« wurde zur Fassade. Korruption, Inkompetenz und Vetternwirtschaft breiteten sich aus. Rachmonow genießt den aufkommenden Kult um seine Person. Keine Stadt in Tadschikistan kommt ohne Plakatwände aus, von denen aus der Landesvater herunterlächelt. Sogar seinen Namen änderte der Präsident, er strich die russische Endung »ow« und heißt seitdem nur mehr Rachmon – das klingt tadschikischer. Zum 20. Jahrestag der tadschikischen Unabhängigkeit, am 9. September 2011, ließ er in Duschanbe den höchsten Fahnenmast der Welt einweihen. In 165 Metern Höhe weht seitdem die Staatsflagge. Der 25. Jahrestag hingegen stand unter keinem guten Stern. Im September 2015 lieferten sich in Duschanbe bewaffnete Banden Schießereien mit der Polizei und der Armee. Die Attacken galten dem Verteidigungsministerium und einer Polizeistation. Der Vizeverteidigungsminister des Landes soll gemeinsam mit Islamisten hinter den Angriffen gesteckt haben. Es gab mehrere Tote.

Die ehemaligen Warlords des Bürgerkrieges hatten sich nach dem Friedensschluss allmählich wieder in ihre Stammesgebiete zurückgezogen. Sie beschränkten sich zunächst darauf, die Lokalpolitik möglichst unabhängig von der zentralen Staatspolitik zu betreiben. Doch mit der Zeit wuchs der Ärger über Rachmons Regierung immer weiter.

Grenztor zu Afghanistan

Der Osten des Landes besteht fast ausschließlich aus unzugänglichem Gebirge und wurde Rückzugsort für Angehörige der verbotenen »Islamischen Bewegung Usbekistans« (IBU) und der »Hizb ut-Tahrir«,[17] beides radikale Organisationen, die die Abschaffung der säkularen Staaten in Mittelasien fordern und von einem islamischen Groß-Khanat, einem Gottesstaat, träumen.

Solche Ideen finden zunehmend auch im Norden des Landes Anklang, wo im Fergana-Tal Kirgistan, Tadschikistan und Usbekistan aufeinandertreffen. Fundamentalistische Einflüsse, die aus Afghanistan nach Tadschikistan drängen, und die nach wie vor schlechte wirtschaftliche Lage beflügeln islamistische Träume. Seit dem Wegfall der Versorgung durch die Sowjetunion ist das kleine Land permanent auf Unterstützung durch internationale Hilfsorganisationen angewiesen.

Afghanischer Basar

Tadschikistan ist eng mit Afghanistan verbunden. Im Norden Afghanistans leben vier Millionen Tadschiken, das ist mehr als die Hälfte der Einwohner Tadschikistans selbst. Der Norden Afghanistans wird immer unruhiger, die Taliban werden immer aktiver. Der Prozess überträgt sich spürbar auf den Süden und Südosten Tadschikistans. Eine funktionierende Infrastruktur existiert dort kaum noch. Immer wieder gab es in letzter Zeit Anschläge oder Scharmützel Aufständischer mit der tadschikischen Armee.

Die Grenze Tadschikistans zu Afghanistan ist 1300 Kilometer lang und schwer zu sichern. Afghanische Rebellen nutzen die Berge Tadschikistans als Rückzugsgebiet. Zudem führen mehrere lukrative Drogenschmuggelrouten über die afghanisch-tadschikische Grenze. Die Ware ist für den russischen bzw. den europäischen Markt bestimmt. Russland und die EU sind entsprechend besorgt. Russland unterhält in Tadschikistan eine Militärbasis mit 6000 Soldaten. 2012 wurde der entsprechende Vertrag um 39 Jahre verlängert. Dennoch sieht man kaum russische Truppen an der tadschikisch-afghanischen Grenze. Die tadschikischen Grenztruppen selbst sind schlecht ausgerüstet. Es gibt zu wenig Personal und zu wenige Posten, um die Grenze ernsthaft kontrollieren zu können. Offenbar ist das in bestimmten Gebieten auch gar nicht gewollt, zu einträglich ist das Schmuggelgeschäft.

In der dünnbesiedelten Ostprovinz Berg-Bedachstan im Pamir-Gebirge, wo auch der »Pik Ismoil Somoni« liegt, bildet der Fluss Pjandsch die natürliche Grenze nach Süden zu Afghanistan. Bei Niedrigwasser kann man ihn an manchen Stellen durchqueren. Hier leben keine Sunniten, sondern Ismaeliten, die schon im Mittelalter erbitterte Feinde ihrer sunnitischen Nachbarn waren. Die ismaelitischen Tadschiken bewohnen beide Seiten des Flusses, d. h. sowohl in Tadschikistan als auch in Afghanistan.

Ischkaschim, an der südlichsten Spitze Tadschikistans gelegen, war während der Sowjetzeit ein beliebter Kurort im Hochgebirge. In den vergangenen zwei Jahrzehnten wurde er jedoch vernachlässigt, es gibt kaum noch Besucher. Kein Wunder also, dass wir nicht nur als Touristen gern gesehen waren, sondern so etwas wie eine lokale Attraktion darstellten. An jedem Samstag wird direkt am Grenzübergang ein Basar abgehalten. Afghanen strömen über eine Brücke nach Tadschikistan und bieten Stoffe, Gewürze und Fleisch an. Ein Visum benötigen sie nicht. Es gibt kaum Kontrollen.

Terror in Tadschikistan

Das dichtbesiedelte Fergana-Tal im Norden, dessen tadschikischer Teil zur Region Sogd gehört, gilt den islamistischen Ideologen als Herz des geplanten religiösen Großreichs. Hier ticken die Uhren traditionell anders als in der Hauptstadt Duschanbe, wo man Frauen mit Kopftuch eher selten sieht, geschweige denn mit Ganzkörperschleier. Stattdessen ist moderne, westliche Kleidung angesagt, Miniröcke und Highheels gehören zum Straßenbild. Im tadschikischen Parlament liegt der Frauenanteil bei immerhin 21 Prozent.

Im Fergana-Tal tragen hingegen viele Frauen Kopftücher, die Trennung von Männern und Frauen wird in vielen Lebensbereichen konsequent praktiziert. Die Sicherheitsbehörden der säkularen tadschikischen, kirgisischen und usbekischen Regierungen behalten die religiösen Bürger hier besonders scharf im Auge. Es kommt immer wieder zu Verhaftungen.

Im August 2010 gelang 25 Häftlingen die Flucht aus einem Gefängnis in Duschanbe. Dafür töteten sie sechs Wärter. Es war der Beginn einer Welle der Gewalt. Im September 2010 gab es den ersten Selbstmordanschlag in der Geschichte des unabhängigen Tadschikistans: Ein Attentäter lenkte sein Fahrzeug auf ein Polizeigelände in Chodschand, einer großen Stadt im Norden des Landes, brachte es zur Explosion und tötete dabei drei Polizisten. Dutzende Personen wurden verletzt. Kurze Zeit später explodierte in einem Nachtklub der Hauptstadt eine Bombe, sieben Menschen wurden verletzt.[18] Dann geriet in Grenznähe zu Afghanistan, im Rascht-Tal, ein Militärkonvoi in einen Hinterhalt, über 20 Soldaten kamen dabei ums Leben. Man vermutete in der Region die geflüchteten Gewalttäter, weshalb die Regierung das Gebiet weitgehend abriegelte, Telefonverbindungen unterbrach und die journalistische Berichterstattung behinderte. Im Internet konnte man daraufhin lesen, der tadschikische Staat sei nicht mehr in der Lage, für Sicherheit im Land zu sorgen. Die Regierung reagierte darauf äußerst ungehalten, ließ zahlreiche Webseiten sperren und beschuldigte die Massenmedien der Destabilisierung des Landes. Seitdem gibt es kaum noch unabhängige Informationen aus dem Osten Tadschikistans.

Angst vor Bärten

In allen Ländern Mittelasiens weiß man um die Gefahr für Sicherheit und Stabilität, die von islamistischen Gruppierungen ausgeht. Aber in keinem Land wird diese Furcht so umfangreich in Gesetze umgesetzt wie in Tadschikistan. Moscheen und Imame werden von staatlicher Seite strengstens kontrolliert, die Zahl der legalen Moscheen sinkt stetig. Kindern ist der Zutritt zu Moscheen inzwischen verboten worden, kürzlich wurden Hunderte Theologiestudenten aus dem Ausland zurückbeordert. Schon 2009 war ein Gesetz erlassen worden, das es Lehrern verbietet, einen Bart zu tragen. Seitdem wird von Festnahmen von Bartträgern berichtet, auch wenn sie keine Lehrer sind. Präsident Rachmon ruft seine Bürger gebetsmühlenartig dazu auf, sich auf ihre tadschikischen Traditionen zu besinnen, die er implizit von islamischen Traditionen trennt. Eltern sollen ihren Kindern keine arabischen Namen wie Aischa oder Mohammed geben, sondern lieber persische, wie Tahmeena und Jamshed. Der Trend weist jedoch in die entgegengesetzte Richtung, muslimische Namen für Babys werden immer populärer. Bei Problemen wenden sich die Menschen inzwischen lieber an religiöse Autoritäten als an staatliche Stellen, denen kaum noch jemand vertraut.

Aus Ascht, wo wir die Hochzeit von Tolibs Sohn gefeiert hatten, fuhren wir gemeinsam mit dem stolzen Vater in die tadschikische Hauptstadt zurück. Tolib musste wieder ins Ministerium. Präsident Rachmon plante eine Auslandsreise. Die Vorbereitungen bedeuteten für Tolib mehrere Nachtschichten.

Nach acht Stunden hatten wir die tunnelreiche Strecke fast hinter uns gelassen. Kurz vor Duschanbe durchquerten wir einen weiteren, fünf Kilometer langen Tunnel. »Den haben die Iraner gebaut«, erzählte Tolib: »Ahmadinedschad hat ihn 2006 persönlich eingeweiht.«

Vermutlich hat er ihn aber nie befahren, seinen Bauarbeitern wäre die vorstellbare Wut des früheren iranischen Staatschefs schlecht bekommen. Die Fahrbahn ist nicht asphaltiert und kraterartig, Wasser dringt ein und steht an manchen Stellen kniehoch, auf fünf Kilometern gibt es weder Notausgänge noch Licht. Es ist nur eine Frage der Zeit, bis es hier zu einer Katastrophe kommt. Nach langen Minuten verließen wir die Todesröhre mit Kopfschmerzen. Durch fehlende Entlüftungsanlagen können Autoabgase nicht entweichen. Seit 2014 probiert man, zumindest die zweite Tunnelröhre fertigzustellen und damit den gefährlichen Gegenverkehr im unbeleuchteten Tunnel zu beenden.

Der Iran versucht seit Jahren, seinen Einfluss auf das einzige persische Land Mittelasiens auszuweiten. In Teheran träumt man von einer kulturellen und politischen Union – und natürlich davon, dass Tadschikistan der erste islamische Staat in Mittelasien wird.

Präsident Rachmon steht vor einem schwierigen Spagat. Er lässt sich vom Iran gern umwerben. Auch wenn der Tunnelbau ein Fehlschlag war, investieren die Iraner in die tadschikische Infrastruktur, geben Kredite und unterstützen das Land beim Bau von Wasserkraftwerken. Andererseits fürchtet er den religiösen Einfluss und lässt immer mehr Menschen unter dem Verdacht des islamischen Extremismus festnehmen. Dies wiederum treibt der »Partei der Islamischen Wiedergeburt« neue Sympathisanten zu.

Auch die Ideologie des sogenannten »Islamischen Staates« dringt mittlerweile nach Tadschikistan. Mehrere Hundert Tadschiken sollen bereits für die Terrororganisation in Syrien, im Irak und in Libyen kämpfen. 2015 musste die Regierung in Duschanbe einen besonders herben Schlag einstecken: Ein hochrangiger tadschikischer Offizier, Gulmurod Chalimow, lief im Mai 2015 nach Syrien über, um sich mit Weggefährten der Terrormiliz anzuschließen. Chalimow hatte bis dahin die OMON-Sonderpolizei geleitet, deren Aufgabe pikanterweise die Terrorismusbekämpfung ist. Aus seinem Exil drohte er mit schwarzem Kopftuch und Maschinengewehr im Arm über das Internet: »Hört, Amerikaner, ihr Schweine. (...) Wenn Gott will, komme ich mit dieser Waffe in eure Städte, in eure Häuser und töte euch.« Gleichzeitig drohte er Russland, vor allem aber seiner früheren Heimat Tadschikistan.«[19] Die Tadschiken forderte er auf, sich dem Kampf des »Islamischen Staates« anzuschließen.

Der gleich-ungleiche Nachbar Usbekistan

In Duschanbe treffen wir uns mit dem Außenminister des Landes. Er weiß, dass wir bald nach Usbekistan weiterfahren. Auf diesen Nachbarn ist er nicht gut zu sprechen. Auf tadschikischem Territorium leben über eine Million Usbeken. Hingegen betrachten die Tadschiken die usbekischen Städte Samarkand und Buchara als ihr traditionelles Siedlungsgebiet. Dort leben heute noch überwiegend Tadschiken. Streitigkeiten zum jeweiligen Geschichtsverständnis des Nachbarn tragen die beiden Länder seit ihrer Unabhängigkeit aus.

Wesentlich handfester sind jedoch die Auseinandersetzungen um die Wasserverteilung. Die Länder Mittelasiens entnehmen ihr Wasser zwei großen Flüssen, die durch die Region in Richtung Aralsee fließen, dem Syr-Darja und dem Amur-Darja. Deren Quellflüsse entspringen in Kirgistan und Tadschikistan. Obwohl die Länder am Unterlauf der beiden Flüsse – Usbekistan, Turkmenistan und Kasachstan – reich an Energieressourcen wie Erdöl und -gas sind, bleiben sie von ihren höher gelegenen Nachbarn in Bezug auf die Wasserversorgung abhängig. Niederschläge gibt es nur wenig und sehr unregelmäßig, im Sommer regnet es nahezu gar nicht.

In der Sowjetzeit erhielten Tadschikistan und Kirgistan als Kompensation für die eingeschränkten Nutzungsmöglichkeiten der eigenen Wasserressourcen Strom, Gas oder Kohle sowie landwirtschaftliche Produkte aus Russland, Kasachstan, Usbekistan und Turkmenistan. Nach der Unabhängigkeit der zentralasiatischen Staaten wurden die vorhandenen Wasserverteilungsmuster und Verträge bestätigt. Allerdings ist heute kein Kreml in Moskau mehr dafür verantwortlich, die Einhaltung der Abkommen zu überwachen. Seit 1991 entbrennt jedes Jahr aufs Neue die Auseinandersetzung um Entnahmequoten, jedes Land fühlt sich von den anderen hintergangen. Dabei geht es um viel Geld: Die einen brauchen das Wasser, um wertvolle Baumwolle zu züchten, die anderen für ihre Wasserkraftwerke.

Die tadschikisch-usbekischen Beziehungen sind besonders angespannt, seitdem Tadschikistan beschlossen hat, in Rogun, am Fluss Wachsch, das größte Wasserkraftwerk Mittelasiens zu bauen. Das Mammutprojekt stammt noch aus der sowjetischen Periode. Der Damm von Rogun soll etwa 335 Meter hoch werden. Damit wäre er der höchste Staudamm der Welt. Das Stauvolumen soll 12 Billionen Kubikmeter betragen.

Mit diesem Kraftwerk könnte Tadschikistan die Wassermenge des Amu-Darja beträchtlich verringern und so die Unteranlieger des Flusses massiv unter Druck setzen. »Wir haben kein Öl und wir haben kein Gas«, sagt der Vizeaußenminister: »Al-

Partner: der tadschikische Präsident Rachmon und sein ehemaliger iranischer Kollege Achmadinedschad

lah hat uns Wasser gegeben!« Den Strom will Tadschikistan später vor allem nach Afghanistan und Pakistan verkaufen.

Tadschikistan nutzt jede Möglichkeit, um Finanzmittel für den Bau von Rogun zu akquirieren. 2010 führte man im Land eine große Kampagne für den Verkauf von Aktien des neuen WKW Rogun durch. Letztlich wurden sie unter Zwang an den Mann gebracht. Rachmon hielt eine Rede, in der er seine Überzeugung zum Ausdruck brachte, dass sicherlich jeder Bürger Tadschikistans moralisch und materiell den Bau des WKW Rogun unterstützen und damit die Interessen des Staates und der Nation schützen wolle.

Usbekistan lehnt den Bau von Rogun ab. Einerseits sei die Erdbebengefahr in der Region nicht ausreichend berücksichtigt worden. Andererseits würde durch den Bau die Wasserversorgung Usbekistans gefährdet. Eisenbahnlinien nach Tadschikistan wurden von usbekischer Seite aus blockiert, die gegenseitigen Beziehungen erreichten zwischenzeitlich einen Tiefpunkt. Im Streitfall wurde mit der Weltbank ein Schiedsrichter beauftragt, um die Auswirkungen einer tatsächlichen Realisierung des Projekts zu prüfen. Im September 2014 hat die Weltbank die technische Machbarkeit des Großprojekts bestätigt und damit Duschanbe ein schlagkräftiges Argument für die Umsetzung geliefert. Die zentralasiatische Bevölkerung sowie die Umwelt seien dabei nicht in Gefahr. Usbekistan erkennt dieses Gutachten jedoch nicht an. Die Gefahren der politischen Erpressbarkeit, der das Land im Falle des Staudammbaus durch Tadschikistan ausgesetzt wäre, stehen für die Regierung in Taschkent an erster Stelle.

Visaregime und Abgrenzung

Mittlerweile gibt es zwischen den beiden Ländern, wo die Menschen durch vielfältige verwandtschaftliche Beziehungen miteinander verbunden sind, lediglich noch drei Grenzübergänge. Tadschiken und Usbeken benötigen zudem ein Visum, um sich gegenseitig zu besuchen. Zuletzt fuhren wir, aus dem tadschikischen Chodschand kommend, über die Grenze nach Usbekistan. Autos aus den beiden Ländern sieht man dort selten. Es ist schon als Fußgänger schwer genug, die Grenze in das jeweilige Nachbarland zu passieren, bei all den Papieren und Stempeln, die erforderlich sind. Als Ausländer gelangt man nur mit viel Geduld und guten Sprachkenntnissen hinüber. Als Erstes begrüßte uns noch vor dem Gittertor des Grenzkontrollpunktes ein Soldat, der unsere Pässe verlangte. Per Funksprechanlage meldete er uns irgendwem an, dann öffnete er mühsam das Tor. Streunende Hunde begleiteten uns bellend zur eigentlichen Grenze. Es war ein warmer Sommerabend, ein tadschikischer Polizist hatte sich in voller Montur schon auf einem rostigen Metallbett im Freien ausgestreckt. Neben ihm tönte Musik aus einem uralten Radio, friedlich kaute er Sonnenblumenkerne. Die zwei Dutzend Usbeken und Tadschiken, die sich vergeblich bemühten, einen seiner Kollegen zu finden, der ihre Pässe abstempelt, beachtete er nicht. Wir warteten eine halbe Stunde. In einer anderen Ecke wendete ein Beamter die Papiere eines kasachischen Geschäftsmannes umständlich hin und her. Der Kasache schleppte riesige Koffer mit sich. Die beiden wurden sich erst einig, nachdem sie hinter einem Schuppen verschwunden waren. Als sie nach zwei Minuten wieder auftauchten, hatte der tadschikische Zöllner einen dicken Umschlag in seiner Hosentasche. Dann kam er zu uns. Europäischen Ausländern gegenüber ist man in der Regel höflich, und so schrie er dem Musik hörenden Mann auf dem Bett zu, er solle endlich unsere Pässe kontrollieren. Die mit uns wartenden Tadschiken und Usbeken witterten Hoffnung und bildeten eine Schlange vor dem kleinen Fenster. Der Grenzbeamte stand mürrisch auf. Ein paar Frauen, die anscheinend schon am längsten warteten und sich als Erste vor dem Schalter aufgestellt hatten, machte er deren Rolle klar: Ob sie blind seien und nicht sehen würden, dass hier auch Männer über die Grenze wollten? Sie sollten sich gefälligst hinten anstellen. Die Tadschikinnen fügten sich. Nach der Grenzkontrolle folgte die Zollkontrolle und dann erneut ein Tor mit einem bewaffneten Soldaten. Ihm gefielen unsere Sonnenbrillen und es dauerte einige Minuten, ihm klarzumachen, dass wir sie ihm trotzdem nicht schenken wollten. Nach einer erneuten umständlichen Passkontrolle und mehreren Funksprüchen entließ er uns auf usbekisches Territorium. Ein weiteres Tor, wieder ein Soldat, dann fuhren wir durch ein Becken dreckigen Wassers, das das Auto von ausländischem Schmutz desinfizieren sollte. Es folgte ein ähnliches Prozedere wie auf tadschikischer Seite. Dies vollzog sich zwar etwas aufgeräumter, aber noch bürokratischer. Usbekistan versucht, sich als mittelasiatisches Kernland wichtig zu machen. Obwohl der Grenzübergang beinahe menschenleer war, haben wir am Ende doch mehr als drei Stunden benötigt, um ins andere Land zu gelangen. Wie soll da regionale Kooperation funktionieren?

Usbekistan

»Sterben wie ein Held«

Ein Kamel trottete gelassen mitten in der Wüste an einem verrosteten Fischerkahn vorbei. Diese Wüste war vor 30 Jahren der Grund des Aralsees gewesen. Wir besuchten die Region mit einem Kamerateam des Schweizer Fernsehens. Von der ökologischen Katastrophe, die sich in diesem Teil der Welt seit Jahrzehnten abspielt, ist im Westen nur wenig bekannt.

Während man sich in Tadschikistan darüber Gedanken macht, wohin man den Strom aus einem geplanten Riesen-Wasserkraftwerk verkaufen kann, leiden Usbekistan und Kasachstan unter Wasserknappheit.

Der Aralsee, an den im Norden Kasachstan und im Süden Usbekistan grenzen, war einst einer der größten Binnenseen der Welt. Die Stadt Muinak, in der usbekischen Provinz Karakalpakistan, ist eigentlich eine Hafenstadt. Sie lag noch in den 1980er Jahren direkt am See. Es gab Touristen, die an der Promenade spazierten, Ferienlager, Sanatorien und Schiffe, die täglich viele Tonnen Fisch in die Fabrik am Ufer brachten. Heute liegen die Schiffe auf dem Trockenen, die Fischfabrik ist verfallen. Von den früheren 200 000 Einwohnern haben über drei Viertel die Stadt verlassen, lediglich 40 000 Menschen leben hier noch. Die Fischer haben nichts mehr zu tun. Der See hat sich bereits über 130 Kilometer zurückgezogen. Dort, wo noch Wasser ist, leben keine Fische mehr. Die Salzkonzentration im Aralsee ist zehnmal höher als in den Ozeanen.

Die Tragödie, die sich am Aralsee vollzieht, hat viel mit der untergegangenen Sowjetunion zu tun. Auslöser waren Befehle Stalins. In den vierziger Jahren ordnete er an, den Amur-Darja und den Syr-Darja, die beiden Zuflüsse des Aralsees, umzuleiten. Sie sollten in Tausende Kanäle münden, um so riesige Baumwollfelder zu bewässern, die in den trockenen, heißen Sowjetrepubliken Usbekistan, Kasachstan und Turkmenistan angelegt wurden. Der Mensch wollte die Natur beherrschen und dabei, so sagte es ein sowjetischer General, müsse der Aralsee »sterben wie ein Held«.

Bald war es so weit. Die Austrocknung des Sees begann Ende der siebziger Jahre. Der Pegel fiel, das Wasser zog sich zurück.

Schiffsfriedhof im ehemaligen Hafenbecken bei Muinak

Heute ist der Aralsee um fast 75 Prozent geschrumpft und damit fast verschwunden. Usbekistan und Kasachstan teilen sich den kläglichen Rest des Sees und damit die Folgeprobleme. Baumwolle wird dennoch weiter produziert.

Wir trafen uns mit Oktjabr, einem Archäologen aus Nukus, der Hauptstadt der Provinz Karakalpakistan. Er stammt aus Muinak, wo seine Eltern bis heute wohnen. »Das Klima in unserer Gegend hat sich dramatisch verändert«, sagte er. Seit der See weg ist, sind die Winter in Muinak länger und härter geworden. Die Temperaturen sinken dann unter minus 30 Grad, im Sommer kann es über 50 Grad heiß werden. »Wir bräuchten dringend frisches Wasser«, erzählte Oktjabr weiter. »Einige Leute haben Salz in der Leber. Das ist sehr schmerzhaft.« Die Chefärztin im Krankenhaus der Stadt ergänzte: »Es kommen immer mehr Menschen, die medizinische Hilfe brauchen. Die Kindersterblichkeit ist sehr hoch. Das hat unmittelbar mit dem Staub und dem Salz in der Luft zu tun. Auch Typhuserkrankungen haben sich vervielfacht.« Schuld an den Krankheiten ist der überdüngte Boden. Rund um den See befanden sich Baumwollfelder, die mittlerweile vertrocknet sind. Die Wüstenstürme wirbeln jedes Jahr tonnenweise Salze und Pestizide auf. Die Usbeken haben eine salzresistente Pflanze entwickelt, die Sand und

Land	Usbekistan
Hauptstadt	Taschkent mit ca. 2,5 Millionen Einwohnern
Größe	448 900 km²
Bevölkerung	ca. 30,7 Millionen Einwohner (Stand: Juli 2014), etwa 100 Ethnien, davon ca. 80 Prozent Usbeken, 5 Prozent Russen, 5 Prozent Tadschiken, 3 Prozent Kasachen, 2,5 Prozent Karakalpaken, außerdem Tataren, Kirgisen, Turkmenen, Koreaner, Ukrainer und Armenier
Landessprachen	Usbekisch ist Amtssprache, Russisch Verkehrssprache, wird allerdings immer mehr zur Fremdsprache
Religionen	überwiegend islamisch-sunnitisch, aber viele kleine Gruppierungen anderer islamischer Denominationen sowie christliche Gemeinden (v. a. russisch-orthodoxe)
Währung	Usbekischer Sum (1 EUR = ca. 2893 UZS, Kurs vom 11. 11. 2015)
Datum der Unabhängigkeit	31. 8. 1991
Staats-/Regierungsform	Republik, Präsidialdemokratie mit Zweikammer-Parlament
Staatsoberhaupt	Präsident Islam Karimow
Staatsoberhäupter seit Unabhängigkeit	seit dem 24. 3. 1990 Islam Karimow
Regierungschef	Premierminister Schawkat Mirsijajew
Regierungschefs seit Unabhängigkeit	8. 1. 1992 – 21. 12. 1995 Abdulchaschim Mutalow 21. 12. 1995 – 11. 12. 2003 Otkir Sultonow seit dem 11. 12. 2003 Schawkat Mirsijajew
Parlament	Zweikammerparlament; Gesetzgebende Kammer mit 150 Sitzen; Senat mit 100 Sitzen
Regierungsparteien	Die im Parlament vertretenen Parteien sind nicht unbedingt alle an der Regierung beteiligt, aber auf jeden Fall präsidenten- bzw. regierungsfreundlich: Liberal-Demokratische Partei Usbekistans (Partei des Präsidenten, 52 Sitze), Demokratische Volkspartei Usbekistans (27 Sitze), Demokratische Partei (36 Sitze), Adolat (»Gerechtigkeit«, 20 Sitze, Ökologische Bewegung Usbekistans (15 Sitze)
Mitgliedschaft in internationalen Organisationen (u. a.)	UN, OSZE, IWF, Weltbank, Europäische Bank für Wiederaufbau und Entwicklung, Asiatische Entwicklungsbank, Islamische Entwicklungsbank, NATO-Partnerschaft für den Frieden, Euro-Atlantischer Partnerschaftsrat, Organisation für Islamische Zusammenarbeit, GUS. Daneben Mitglied in Regionalorganisationen: Schanghaier Organisation für

	Zusammenarbeit, Organisation für Wirtschaftliche Zusammenarbeit, Zentralasiatische Organisation für Zusammenarbeit, Mitgliedschaft bei der Eurasischen Wirtschaftsgemeinschaft suspendiert.
Bruttoinlands-produkt	65,3 Mrd. US-Dollar (2014)

Giftstoffe zurückhalten soll. Es ist der hilflose Versuch, das Leben für die Menschen am Aralsee erträglicher zu machen.

Experten geben den See verloren. UN-Generalsekretär Ban Ki Moon sprach bei einem Besuch am Aralsee im Jahre 2010 von »einer der schockierendsten Katastrophen des Planeten«.

Oktjabr hofft dennoch, dass der See eines Tages zurückkommen wird. »Ich bete jeden Tag dafür«, versicherte er uns. Doch es scheint aussichtslos, dass sich Oktjabrs Wunsch erfüllt. Offiziell heißt das ausgetrocknete Seebecken bereits »Aralwüste«. Die Region ist dem Tod geweiht. Sie wird sterben, so wie die Fische im See gestorben sind.

Wir fuhren mit Oktjabr von Muinak sechs Stunden lang durch das ausgetrocknete Meerbecken bis an das jetzige Ufer des Aralsees. Er war glücklich, endlich mal wieder in »seinem« geliebten Meer baden zu können. Er muss dabei nicht mehr schwimmen wie früher. Der extrem hohe Salzgehalt trägt den Körper an der Oberfläche.

Kampf um die Vorherrschaft

Mit Kasachstan teilt sich Usbekistan nicht nur den Aralsee, es konkurriert auch um die Vorherrschaft in der Region. Die Kasachen begründen ihren Führungsanspruch mit den reichhaltigen Gas- und Ölreserven des Landes und den entsprechenden Einnahmen. Doch auch die Usbeken können mit Ressourcentrümpfen pokern. Baumwolle gedeiht hervorragend, außerdem gibt es Gas-, Kupfer- und Goldvorkommen. Usbekistan ist zudem einer der größten Uranförderer der Welt. Jedoch nutzt das Land diese Asse nicht so effektiv wie sein Nachbar. Auslandsinvestoren gehen lieber in das etwas liberalere Kasachstan, um Geschäfte zu machen.

Usbekistan ist mit rund 30 Millionen Einwohnern das am dichtesten besiedelte Kernland Mittelasiens. Auf seinem Territorium befinden sich die historischen Stätten der Seidenstraße:

Samarkand, Buchara und Chiwa. Mehrere Nachbarländer sind Unruheherde. Nachdem die NATO-geführten internationalen Schutztruppen 2014 aus Afghanistan abgezogen sind, drohen dort erneut ein Erstarken der Taliban, Chaos und Bürgerkrieg. Tadschikistan wird zunehmend durch radikale, islamistische Kräfte unterwandert. Kirgistan ist instabil und bekommt seine ethnischen Konflikte nicht in den Griff. Die usbekische Führung hält dagegen das Zepter fest in ihren Händen.

Das Sowjetreich als pikante Würzmischung

Die heutige Konfliktlage der Region ist durch die Mischung der Volksgruppen geprägt. Auch hier hatte Chefkoch Stalin seine Künste bewiesen. Neben der willkürlichen Ziehung administrativer Grenzen zwischen den einzelnen Sowjetrepubliken fügte er der traditionellen Vielvölkerregion Mittelasien weitere Gewürze hinzu und siedelte ganze Volksgruppen seines Riesenreiches dorthin um. 1944 kamen Mescheten aus dem heutigen Südgeorgien ins Fergana-Tal. Im Juni 1989 führte das zu ersten nationalen Unruhen. Usbeken griffen Mescheten an. Etwa 100 Menschen, zumeist Mescheten, wurden getötet und über 1000 verletzt. Häuser gingen in Flammen auf. Die Angreifer hatten Transparente mitgeführt, auf denen zu lesen stand: »Usbekistan gehört den Usbeken«.[20] Der sowjetische Ministerpräsident Nikolai Ryschkow eilte in die mittelasiatische Sowjetrepublik. Ihm blieb nichts weiter übrig, als für die Einrichtung einer Luftbrücke zu sorgen, über die Tausende Mescheten aus der sowjetischen Teilrepublik ausgeflogen wurden.

Auch andere Volksgruppen, wie Deutsche und Koreaner, ließ Stalin in die Region deportieren. Die deutschen Volkszugehörigen sind inzwischen aber überwiegend nach Deutschland umgesiedelt. Nur in Kasachstan ist eine relevante deutsche Minderheit mit ca. 250 000 Personen verblieben.[21] In der usbekischen Hauptstadt Taschkent trifft man aber noch viele Koreaner, die unter Stalin aus dem russischen Fernen Osten nach Mittelasien deportiert worden sind.

Der Aufstieg von Islam Karimow

In dieser Völkergemeinschaft schaffte es der 1938 in Samarkand geborene Islam Karimow, 1990 in das höchste Amt der Usbekischen Sozialistischen Sowjetrepublik aufzusteigen. Nach einer

In der Altstadt von Chiwa

steilen Karriere im Parteiapparat der KPdSU wurde er Vorsitzender des Obersten Sowjets Usbekistans.

Wenige Tage nach dem gescheiterten Putsch gegen Gorbatschow verkündete Karimow am 1. September 1991 die Unabhängigkeit seines Landes. Drei Monate später wurde er mit 86 Prozent der Stimmen zum Präsidenten gewählt.

Die erste Bewährungsprobe folgte unmittelbar nach der Staatsgründung. In Namangan, im Fergana-Tal, forderten Tausende Menschen die Gründung eines Gottesstaates und die Einführung der Scharia. Ihre Anführer waren Tahir Juldaschew und Dschuma Namangani.[22] Sie hatten mehrere Tausend Männer um sich geschart. Radikale Imame unterstützten ihre Forderungen. Im Dezember 1991 stürmte die aufgeputschte Menge Behörden und öffentliche Gebäude.

Islam Karimow begab sich in die Höhle des Löwen. Die Rebellen forderten ihn auf, Usbekistan zur Islamischen Republik zu erklären, und bedrohten ihn. Karimow erreichte für sich und seine Begleiter freien Abzug, da er versprach, die Forderungen dem Parlament in Taschkent vorzutragen. Zurück in der usbekischen Hauptstadt, entschloss er sich zum harten Durchgreifen. Die usbekischen Sicherheitskräfte gingen gegen die Rädelsführer vor. Juldaschew und Namangani gelang die Flucht nach Tadschikistan, später nach Afghanistan und Pakistan. Andere Anführer und Imame des Aufstandes vom Dezember 1991 wurden verhaftet.

Nach dieser frühen Instabilität stellte sich die Frage nach der politischen Zukunft Usbekistans. Karimow, bis vor kurzen noch Kommunist, wollte mit allen Mitteln eine religiöse Radikalisierung des jungen Landes verhindern. Sein Ziel war der Aufbau eines säkularen Staates. Er setzte es mit harter Hand durch.

Die Religionsausübung steht unter staatlicher Aufsicht ebenso wie der Betrieb einer Islamischen Universität in Taschkent. Knapp 90 Prozent der usbekischen Bevölkerung bekennen sich zum Islam. Wenn es nach dem Willen der usbekischen Regierung geht, so soll jeder seiner Religion nachgehen können. Wer jedoch dem staatlichen Machtbereich zu nahe kommt, gerät unweigerlich in das Visier der Sicherheitsbehörden.

Nach dem 11. September 2001 wurden die mittelasiatischen Staaten in die internationale Politik und Verantwortung hineinkatapultiert. Usbekistan stellte den USA und Deutschland Militärbasen bzw. Flugplätze zur Verfügung. Während die USA ihren Stützpunkt 2006 räumen mussten, ist die Bundeswehr nach wie vor in Termez, der usbekischen Grenzstadt zu Afghanistan, stationiert. Der dortige Flughafen ist für den Afghanistan-Einsatz der Antiterror-Allianz unverzichtbar.

Terror aus Usbekistan

Aufgrund der säkularen Haltung seiner Regierung ist Usbekistan zum erklärten Feind von Gruppierungen wie der »Islamischen Bewegung Usbekistans« (IBU) geworden. Die IBU wurde zu Beginn der 1990er Jahre von den Anführern des Aufstandes in Namangan, Juldaschew und Namangani, gegründet. Von ihr spaltete sich später die »Islamische Dschihad-Union« ab. Die Gruppen unterhalten enge Kontakte zu al-Qaida und agieren von Afghanistan und Pakistan aus. Ein Teil der militanten Mitglieder sympathisiert mit dem »Heiligen Krieg« in anderen Ländern.[23] Nachdem die deutsche Polizei 2007 drei Mitglieder der »Islamischen Dschihad-Union« im Sauerland festgenommen hatte, mussten Sicherheitsexperten konstatieren, dass der aus Mittelasien stammende Terrorismus auch zu einer unmittelbaren Bedrohung für Deutschland geworden war.

Dschuma Namangani und Tahir Juldaschew, die früheren Anführer der IBU, leben indes nicht mehr. Namangani wurde 2001 bei einer US-amerikanischen Aktion in Nordafghanistan getötet. Juldaschew starb nach Angaben des pakistanischen Geheimdienstes im August 2009 durch einen amerikanischen Drohnenangriff in Südwasiristan, einer Provinz an der pakistanisch-afghanischen Grenze.[24] Vor seinem Tod hatte der Vertraute von Osama Bin Laden auf einer DVD, die man in der kirgisischen Provinzstadt Osch kaufen konnte, mit Anschlägen auf die Präsidenten Usbekistans, Kirgistans und Tadschikistans gedroht: »Wir erinnern Karimow, Bakijew und Rachmonow daran, dass sie für die Verfolgung der Muslime bestraft werden – in diesem Leben wie auch vor dem himmlischen Gericht.«[25]

Bereits mehrfach ist es an verschiedenen Orten Usbekistans zu Angriffen islamistischer Terroristen gekommen. Im Februar 1999 explodierten in der Hauptstadt Taschkent insgesamt sechs Bomben. Bei den Anschlägen, die offensichtlich Präsident Karimow persönlich galten, kamen 16 Menschen ums Leben, mehr als 100 wurden verletzt. Für die Attacke soll die »Islamische Bewegung Usbekistans« verantwortlich gewesen sein. Im März und April 2004 kam es erneut zu Anschlägen in Taschkent und Buchara. Frauen mit Sprengstoffgürteln und bewaffnete Männer griffen mehrere Polizeiposten an. Dabei kamen 33 Terroristen, zehn Polizisten und vier Passanten ums Leben. Im Juli 2004 explodierten vor den Eingängen der US-amerikanischen und der israelischen Botschaft in Taschkent zwei Sprengsätze, denen zwei usbekische Sicherheitsleute zum Opfer fielen. Zu allen Anschlägen bekannte sich die »Islamische Dschihad-Union«.

Zum Synonym für das harte Vorgehen der usbekischen Führung gegen jedwede Art von Ausschreitungen wurde 2005 die Stadt Andischan im Fergana-Tal. Dort hatte eine Gruppe Bewaffneter, die der islamistischen Organisation »Akramija« angehörte, ein Gefängnis überfallen und Gesinnungsgenossen befreit. Gegen sie war ein Prozess wegen »terroristischer Aktivitäten« geplant. Es kam zu schweren Unruhen und Solidaritätskundgebungen mit den Islamisten auf den Straßen der Stadt sowie zu schweren Zusammenstößen zwischen Aufständischen und den usbekischen Sicherheitskräften. Zivilisten, die sich an den Demonstrationen beteiligt hatten, aber unbewaffnet waren, gerieten in die Schusslinie. Nach offiziellen Taschkenter Angaben forderten die Unruhen 187 Tote. Inoffizielle Schätzungen liegen um ein Mehrfaches darüber. Einer internationalen Untersuchung der Ereignisse stimmte die usbekische Regierung nicht zu, worauf die Europäische Union ein Einreiseembargo für usbekische Regierungsmitglieder verhängte. Es wurde 2007 wieder aufgehoben.

Das erste freie Theater der Sowjetunion

Im September des Jahres 2007 erreichte uns die Nachricht, dass Mark Weil, ein Freund aus Taschkent, einem Mordanschlag zum Opfer gefallen war. Weil war einer der bekanntesten Theaterregisseure der Sowjetunion gewesen. Wir hatten ihn 2002 durch Alexej, unseren in Taschkent aufgewachsenen Bekannten aus Moskau, kennengelernt.

Mark Weil war ein in Taschkent geborener russischer Jude. Er hatte 1976 in der usbekischen Hauptstadt das »Ilkhom«-Theater gegründet, das erste freie Theater in der Sowjetunion. Für die 1970er Jahre eine Sensation: Das »Ilkhom« lebte ohne staatliche Subventionen, entzog sich zunehmend staatlicher Bevormundung und Zensur und wurde rasch zum Sammelbecken für kritische Geister und Dissidenten. Während es im abgelegenen Usbekistan zu Sowjetzeiten relativ unbehelligt regimekritische Stücke auf die Bühne bringen konnte, führten 1982 Gastspiele in Leningrad und Moskau dazu, dass Beobachtungen und Eingriffe des KGB Weils Theater in seiner Existenz bedrohten. Doch sein mittlerweile über die Grenzen der Sowjetunion hinausreichender Ruf als exzellenter Theater- und Filmemacher und die bald einsetzende Perestroika-Politik Gorbatschows ließen das »Ilkhom« überleben – ein Wunder für die UdSSR.

Nach 1991 setzte sich dieses Wunder im unabhängig gewordenen Usbekistan zunächst fort. Weil pendelte zwischen seiner Wirkungsstätte in Usbekistan, seiner ins amerikanische Seattle ausgewanderten Familie und einer Moskauer Drittwohnung hin und her. Hinzu kamen Gastspiele in der ganzen Welt. Als wir ihn einmal fragten, als was er sich eigentlich fühle und wo er zu Hause sei, antwortete er uns, ohne auch nur für einen Moment zu zögern: »Ich bin Sowjetmensch, Taschkenter Patriot und Weltbürger!«

Im unabhängigen Usbekistan brachte Weil Stücke auf die Bühne, die das Verhältnis der islamischen Welt zur Moderne

Das Theater »Ilkhom« nimmt Abschied vom ermordeten Mark Weil.

beschrieben. Eines seiner Themen waren der Islam und die Homosexualität. Das ist in Usbekistan nicht nur ein Tabuthema, sondern es gibt nach wie vor einen »Schwulenparagraphen« im usbekischen Strafgesetzbuch. Einen Tag vor der Premiere eines neuen Stückes lauerten vor der Haustür von Mark Weil zwei junge Männer und erstachen ihn. Sie wurden zwei Jahre später verhaftet und gaben religiöse Motive für den Mord an.

Alexej wollte nach dem Mord an Mark eigentlich nie wieder nach Taschkent kommen. Doch seine Eltern leben noch dort. Sie sind alt und wollen nicht mehr auswandern. Wenn Alexej heute nach Usbekistan reist, fliegt er in ein für ihn fremdes Land. »Früher war Taschkent eine russische Stadt. Von meinen Studienkollegen ist kaum jemand geblieben«, sagt er. »Die meisten meiner Freunde waren Russen. Heute höre ich überall nur noch Usbekisch.«

Seit Beginn der 1990er Jahre drängte die usbekische Regierung den Einfluss der russischen Sprache immer mehr zurück. Man überlegte sogar, ob man für die usbekische Sprache auf das arabische Alphabet zurückgreifen sollte. Das geschah dann letztlich aber nicht. Im Jahre 2002 löste das lateinische das kyrillische Alphabet ab. Die Bildung blieb dabei zu Teilen auf der Strecke. Noch heute, fast zehn Jahre nach der Umstellung, benutzen alle Zeitungsverlage kyrillische Buchstaben. In den

Schulen jedoch wird Usbekisch mit dem lateinischen Alphabet gelehrt. Im Ergebnis können junge Leute keine Zeitungen lesen und ältere ihren Kindern nicht bei den Hausaufgaben helfen.

Beschneidungsfest in Fergana

Ulugbek, ein befreundeter usbekischer Journalist, war Vater geworden. Er hatte uns zum Beschneidungsfest in seine Heimatstadt Fergana eingeladen. Wir mussten früh am Morgen aufstehen. Die männlichen Verwandten, Freunde und Nachbarn trafen sich um sechs Uhr, um für den Nachwuchs zu beten. Über 200 Männer hatten sich im Saal eines Restaurants versammelt. Auf den Tischen standen Unmengen von Früchten, Süßigkeiten, Nüssen und Mandeln. Zum morgendlichen Hauptgang gab es Plow, ein in Öl zubereitetes Nationalgericht aus Reis, Gemüse und Hammelfleisch. Ein Imam las Suren aus dem Koran. Nach einer Stunde trennte sich die Männerversammlung wieder. Wir blieben zurück und unterhielten uns mit unserem Tischnachbarn, einem arbeitslosen Lehrer. »Denkt nicht, dass wir hier alle so reich sind und uns solche Feste wirklich leisten können«, sagte er und zeigte auf die süßen Dinge vor uns. »Das kann man bei uns mieten. Bezahlt werden nur die Kilo, die gegessen worden sind. Der Rest wird zurückgewogen.« Die wirtschaftliche Lage im Fergana-Tal ist schlecht, die soziale Situation angespannt. Immer mehr junge Menschen geraten in die Fänge von Hizb ut-Tahrir, einer Muslimbruderschaft, die die Errichtung eines islamischen Kalifats anstrebt. »Viele Moscheen sind schon unterwandert«, meint der Lehrer.

Wirtschaftliche Abschottung

Usbekistan braucht zunehmend gut ausgebildete Fachkräfte, denn wirtschaftlich steht es nicht zum Besten. Das Land nimmt unter den postsowjetischen Staaten eine Sonderrolle ein. Als einzige Währung der früheren 15 Sowjetrepubliken ist der usbekische Sum bis heute international nicht handelbar. Das Ergebnis ist ein florierender Schwarzmarkt für ausländische Währungen. Der Wechselkursunterschied zwischen offiziellem und Schwarzmarktkurs beträgt über ein Drittel. Die abgeschottete Wirtschaftspolitik des Landes zielt auf Unabhängigkeit gegenüber dem weltweiten Markt ab. Das Bankensystem ist einer strengen staatlichen Kontrolle unterzogen. Usbekische Waren sind vor ausländischer Konkurrenz geschützt. Das Straßenbild bestimmen neben alten sowjetischen Fahrzeugen vor allem Autos, die in Usbekistan produziert worden sind. Es gibt ein Joint Venture mit dem amerikanischen Autohersteller Chevrolet. Neu- oder Gebrauchtwaren aus dem Ausland sind mit solch hohen Zöllen belegt, dass sich deren Einfuhr kaum lohnt.

Doch die wirtschaftliche Unabhängigkeit wird immer mehr zur Schimäre. Dem Land fehlt es zunehmend an Devisen. So schränkte die Regierung selbst den Verkauf von Flugtickets ausländischer Fluggesellschaften in Landeswährung ein. Sie müssen in Dollar bezahlt werden.

Der usbekische Präsident Islam Karimow gehört wie sein kasachischer Kollege Nasarbajew zum politischen Urgestein in Zentralasien. Seit 1991 ununterbrochen an der Macht, wurde er 2015 ein weiteres Mal im Amt bestätigt. Starke Nachfolger hat bisher keiner der beiden Präsidenten herangezogen. Dynastische Überlegungen, wie sie in Aserbaidschan erfolgreich waren, scheinen für die beiden »Stan-Länder« keine Lösung darzustellen. So hatten im Gegenteil beide Präsidenten in der Vergangenheit mit ihren rebellischen Töchtern zu kämpfen.

Für Karimow hat die Stabilität Usbekistans Vorrang, es ist kaum anzunehmen, dass er das Amt freiwillig niederlegt, ohne sicher zu sein, dass sein Lebenswerk gewahrt bleibt.

Turkmenistan

Der turkmenische Sonnengott

Turkmenistan erstreckt sich über eine Fläche, die mit 488 100 Quadratkilometern etwa anderthalbmal so groß ist wie Deutschland. 80 Prozent davon sind Wüste, die knapp fünf Millionen Einwohner verteilen sich auf wenige Gebiete. Der Wüstenstaat liegt an der Ostküste des Kaspischen Meeres, seine Nachbarn sind Kasachstan, Usbekistan, Afghanistan, der Iran und an der Seegrenze Aserbaidschan. 90 Prozent der Turkmenen gehören dem sunnitischen Islam an.

Die frühere Sowjetrepublik Turkmenistan zählte zu den Staaten, die den Verbund der UdSSR nur ungern verließen. Turkmenistan wurde 1991 unabhängig, weil sich die Sowjetunion in der Auflösung befand. Von turkmenischer Seite waren dem keine Unabhängigkeitsbestrebungen vorausgegangen. Erst als Jelzin erklärte, man wolle den Verbund mit den zentralasiatischen Republiken aufgeben, weil sie nicht zur Kultur Russlands gehörten, sprach sich Turkmenistan für die Unabhängigkeit aus. Zusammen mit Usbekistan war Turkmenistan der Baumwollproduzent der UdSSR. Außerdem – und das macht den Staat heute strategisch so interessant – verfügt es über die viertgrößten Erdgasvorkommen der Erde. Das erste Staatsoberhaupt des eigenständigen Staates war zugleich der letzte KP-Chef des sowjetischen Turkmenistans: Saparmurat Nijasow. Unter ihm entwickelte sich das Wüstenland zu einem der bizarrsten Staaten der Welt. »Turkmenbaschi« – der »Führer der Turkmenen«, wie er sich seit 1993 nennen ließ, sonnte sich in einem Personenkult nordkoreanischen Ausmaßes. Nijasow war ein Kind der Sowjetunion. Er wurde am 19. Februar 1940 in Aschgabat als Arbeitersohn geboren. Der Vater fiel während des Zweiten Weltkrieges, die Mutter starb bei einem schweren Erdbeben 1948, bei dem Aschgabat nahezu zerstört wurde. Saparmurat Nijasow kam in ein Waisenhaus und wuchs später bei entfernten Verwandten auf. 1962 trat er der Kommunistischen Partei bei, er studierte in Leningrad Ingenieurwesen. Zurück in Aschgabat, machte Nijasow im Parteiapparat Karriere. 1976 wurde er mit 36 Jahren Erster Sekretär der turkmenischen Sektion der KPdSU und 1985 Vorsitzender des Ministerrates der Turkmenischen Sozialistischen Sowjetrepublik. Damit hatte er die beiden wichtigsten Machtpositionen in der Sowjetrepublik inne. Ein Anhänger von Gorbatschows Perestroika-Politik wurde er nie. Die Idee eines liberalen Sozialismus widersprach seinen stalinistisch geprägten Grundüberzeugungen. Mit dem sicheren Instinkt eines Machtmenschen spürte er, dass jeder Versuch, den Kommunismus zu »demokratisieren«, dessen Ende bedeuten würde. Dieses Ende kam 1991. In Turkmenistan fand keine Revolution statt; die Moskauer Sowjetmacht verschwand aus Aschgabat leise und beinahe unbemerkt. KP-Chef Nijasow verwandelte die alte Kaderpartei in eine »Demokratische Partei Turkmenistans«, ohne dass dieser Umbenennung eine innere Umgestaltung gefolgt wäre. Turkmenistan entwickelte sich als Mischung aus stalinistischer Diktatur und orientalischer Despotie. In dem streng zentralistisch-autoritär regierten Turkmenistan hatte Saparmurat Nijasow die sowjetische Tradition einer umfassenden Kontrolle der gesamten Gesellschaft nahtlos übernommen. Er vereinigte alle wichtigen politischen Ämter in seiner Person. Er bekleidete als Präsident das höchste Amt im Staat, einen Ministerpräsidenten gab es nicht, weil er als Präsident selbst allzuständig war. Minister konnte er nach eigenem Gutdünken ernennen und entlassen. Auch den bewaffneten Staatsorganen, dem KGB, der Polizei und der Armee, wurden lediglich andere Bezeichnungen gegeben. An die Stelle der kommunistischen Ideologie rückte nationalistische Propaganda. Auf dem Weg vom Kolchosvorsitzenden zum turkmenischen Sonnengott nahm die Herrschaft des Arbeitersohns aus Aschgabat immer absonderlichere Züge an. In Anlehnung an stalinistische Herrschaftsprinzipien und orientalische Vorbilder entstand ein extremer Kult um ihn.

Im Jahre 2005 flogen wir zum ersten Mal nach Aschgabat. Einmal pro Woche gibt es von Taschkent aus einen Flug in die Hauptstadt des Nachbarlandes, das ist bis heute so geblieben. Das Flugzeug hatte seine besten Zeiten schon lange hinter sich. Es fehlte nicht nur am Service, sondern vor allem am Gefühl, dass die Maschine regelmäßig gewartet wurde. Postsowjetischer Luftverkehr, wie wir ihn schon oft erlebt hatten: Die Ausstattung des Flugzeuges war zerschlissen, um die Sicherheitsvorkehrungen bei Start und Landung kümmerte sich niemand. Dafür waren wir von Beginn an in bester Begleitung. Präsident Nija-

Land	Turkmenistan
Hauptstadt	Aschgabat mit ca. 860 000 Einwohnern
Größe	488 100 km²
Bevölkerung	ca. 6,7 Millionen Einwohner (offizielle Angaben, lt. CIA-World Factbook 2015: 5,2 Millionen), davon ca. 77 Prozent Turkmenen, 9,2 Prozent Usbeken, 6,7 Prozent Russen, 2 Prozent Kasachen, 1,1 Prozent Tataren, je 0,8 Prozent Armenier, Aserbaidschaner und Beludschen, 0,5 Prozent Ukrainer
Landessprachen	Turkmenisch ist Amtssprache, Russisch ist nach wie vor Verkehrssprache
Religionen	Mehrheitlich sunnitischer Islam, ferner russisch-orthodoxe Kirche, Bahai-Gemeinde, jüdische Gemeinde
Währung	Turkmenischer Manat (1 EUR = 3,6931 TMM, Kurs vom 30. 3. 2015)
Unabhängigkeit	27. 10. 1991
Staatsform	Präsidialrepublik
Staatsoberhaupt	Präsident Gurbanguly Berdimuchamedow
Staatsoberhäupter seit Unabhängigkeit	2. 11. 1990 – 21. 12. 2006 Saparmurat Nijasow (»Turkmenbaschi«) seit dem 14. 2. 2007 Gurbanguly Berdimuchamedow
Regierungschef	Präsident Berdimuchamedow ist gleichzeitig Regierungschef
Regierungschefs seit Unabhängigkeit	27. 10. 1991 – 18. 5. 1992 Han Achmedow (ab dem 18. 5. 1992 galt eine neue Verfassung, nach der das Amt des Premierministers abgeschafft und seine Kompetenzen dem Präsidenten zugeschlagen wurden) 18. 5. 1992 – 21. 12. 2006 Saparmurat Nijasow (»Turkmenbaschi«) seit dem 21. 12. 2006 Gurbanguly Berdimuchamedow
Parlament	Einkammerparlament
Regierungsparteien	Demokratische Partei Turkmenistans
Opposition	Oppositionsparteien nicht vorhanden (Verfassung erlaubt aber Mehrparteiensystem; im August 2012 Gründung einer Unternehmerpartei, im September 2014 Gründung einer Agrarpartei)
Mitgliedschaft in internationalen Organisationen (u. a.)	UN, Islamische Organisation für wirtschaftliche Zusammenarbeit, OSZE, Bewegung der Blockfreien Staaten, Organisation für Islamische Zusammenarbeit, NATO-Partnerschaft für den Frieden
Bruttoinlandsprodukt	40,8 Mrd. US-Dollar (2013)

sow schaute lächelnd von einem im Flugzeug befestigten Porträt auf alle Reisenden hinab. Auch nach der Landung war das Konterfei des »ersten Turkmenen« überall zugegen, nicht nur auf riesigen Plakaten auf dem Weg vom Flughafen ins Zentrum, sondern auch auf den Geldscheinen, auf den Teepackungen und auf den Wodkaflaschen. Damals wie heute landet man in der turkmenischen Hauptstadt auf dem Flughafen »Großer Saparmurat Turkmenbaschi«, fährt auf der Straße »Großer Saparmurat Turkmenbaschi« vorbei am Palast des »Großen Saparmurat Turkmenbaschi« (von einigen mutig als das zweite Tadsch Mahal belächelt) sowie verschiedenen ebenso benannten öffentlichen Gebäuden zum »Platz des Großen Saparmurat Turkmenbaschi«.

2005 stand hier noch ein merkwürdiges Denkmal: Die höchste der vielen Turkmenbaschi-Statuen maß 40 Meter. Ihr architektonisch zweifelhafter Unterbau ähnelte einer Raketenabschussrampe. Darauf drehte sich ein vergoldeter Führer sonnengottähnlich um die eigene Achse und breitete seine Hände segnend über sein geliebtes Volk. Saparmurat Nijasow war in Turkmenistan allgegenwärtig. Die größte Hafenstadt des Landes trug den Namen Turkmenbaschi, ein Meteorit trug ihn, der erste Monat des Jahres war nach ihm benannt, ebenso wie Pflanzen, Tees und Parfüms. Kleine Ortschaften mussten sogar wieder zurückbenannt werden, da die inflationäre Verwendung des Ortsnamens Turkmenbaschi zu Verwirrungen geführt hatte. Das staatliche Fernsehen zeigte den Präsidenten zumeist gleich doppelt, als kleine Ikone zur Sendererkennung und natürlich im Vollbild bei der Ansprache ans Volk. »Halk, Vatan, Turkmenbaschi« – »Ein Volk, ein Land, ein Turkmenenführer« – war die allgegenwärtige Losung in Turkmenistan.

1992 verabschiedete das Präsidium des turkmenischen Parlaments, der Madschlis, eine Resolution zur forcierten Produktion von Nijasow-Bildern. Komplett umgestellt werden musste die Produktion im Jahre 1998, als der grauhaarige »Führer aller Turkmenen« schwarzhaarig von einer China-Reise zurückkehrte. Eiligst wurden Zehntausende Nijasow-Bilder überall im Land ausgetauscht. Seitdem blickte ein dunkelhaariger Präsident, durch Retusche um ungefähr 20 Jahre verjüngt, den Kopf auf eine brillantenberingte Hand gestützt, väterlich-streng auf sein Volk.

Im Jahr 2000, angesichts des nahenden 60. Geburtstages des »großen, geliebten Führers«, gab es in der Präsidialverwaltung ganz offensichtlich kein Halten mehr. Es entstand ein Ehrenalbum, in dem man den »Führer« in verschiedenen Situationen bewundern kann: Kinder küssend, Ehrenformationen abschreitend, zum Volke sprechend oder sich mit den Großen dieser Welt treffend. Als Dank an das Volk für so viel Ehrerbietung erklärte Nijasow das neue Jahrtausend zum »goldenen Jahrtausend der Turkmenen«.

»Ruhnama«-Ideologie

Saparmurat Nijasow sah sich in der Rolle des Philosophen und Lehrers des turkmenischen Volkes. Vom Ballast des wissenschaftlichen Sozialismus befreit, schenkte er seinen Untertanen im Jahre 2001 den ersten und im Jahre 2004 einen zweiten Band seiner Lebensregeln und -weisheiten. Die »Ruhnama« des »großen Führers« ist ein wirres Durcheinander aus eigener, geschönter Biografie, Geschichten aus seinem Leben, Anlehnungen an Bibel und Koran, historischen, halbwissenschaftlichen Abhandlungen, Gedichten und tagespolitischen Einsprengseln. Ab und zu finden sich philosophische Perlen, so beispielsweise, wenn Nijasow seinem Volk den Begriff der Zeit erläutert: »Heutzutage vergeht die Zeit sehr schnell, dies ist eine Zeit zwischen der Unendlichkeit der Vergangenheit und jener der Zukunft.«

»Ruhnama«-Verhaltensregeln sollen den Turkmenen »körperlich gesund, geistig aufgeweckt (und) reinen Herzens« sein lassen. Der Präsident belehrt: »Der Turkmene muss auch heute wissen, wie viel er essen und trinken darf, wenn er seine körperliche Stabilität erhalten will. Er soll sich nicht gierig auf das Essen stürzen. Außerdem soll (er) auf seine Kleidung achten und sich angemessen schmücken.«[26] Nijasow gerierte sich als Prophet und Vertrauter Allahs. Der väterliche und weise Tonfall der »Ruhnama« entsprach seiner Verklärung als Vaterfigur der Nation. In Turkmenistan steht die »Ruhnama« auf einer Stufe mit den Buchreligionen, denn Altkommunist Nijasow hat seine Eingebungen schließlich von höchster Stelle bezogen. Er schreibt: »Mein verehrtes Volk, meine liebe Nation! Dieses Buch heißt Ruhnama der Turkmenen und wurde durch die Inspiration des allmächtigen Gottes (...) niedergeschrieben (...). Die Ruhnama ist das Reifezeugnis des turkmenischen Volkes!

Goldenes Nijasow-Denkmal in Aschgabat

Denkmal für »Ruhnama« in Aschgabat

Sie ist das Hauptwerk und das Handbuch der Turkmenen (...). Ein Teil der Ruhnama ist der Himmel, der andere die Erde!«[27] Turkmenistan, das war für Nijasow der »Nabel der Welt«.

Eine verlorene Generation

Anfangs wurde die »Ruhnama« im Westen noch als exzentrische Diktatorenbibel belächelt. Nijasow selbst nahm international lange Zeit niemand ernst. In der Presse fanden sich Meldungen mit Unterhaltungswert: Turkmenbaschi fährt im gepanzerten Mercedes, aber mit angeklebtem Bart, auf den Markt, um dem Volk »unerkannt« aufs Maul zu schauen, etc. Die Weltöffentlichkeit nahm ihn als bizarren Exzentriker wahr. So wirkte Nijasow mit seinem absonderlichen Personenkult auf den ersten Blick eher komisch als gefährlich.

Doch als Nijasow im Dezember 2006 unerwartet im Alter von nur 66 Jahren starb, drangen aus dem abgeschotteten Turkmenistan immer mehr aufschreckende Nachrichten. So wurde bekannt, dass die Situation des turkmenischen Bildungswesens katastrophal ist. Während es in der Sowjetzeit, abgesehen von der ideologischen Indoktrination, eine gut funktionierende Schul- und Hochschulbildung gab, hatte Nijasow das turkmenische Schulwesen im Jahr 2002 »reformiert« und die Schulbildung auf neun Jahre verkürzt. Humanistische Fächer wurden gänzlich aus dem Lehrplan gestrichen und durch »Ruhnama«-Stunden ersetzt, die sowohl in der Schule als auch in den Hochschulen als Lehr- und Standardwerk diente. Nach der neunjährigen Schulausbildung waren zwei Praxisjahre vorgesehen. Wegen fehlender Praktikumsplätze sah es jedoch häufig so aus, dass sich die Eltern der Schüler ein Praktikumszeugnis kauften und ihre Sprösslinge in den zwei verlorenen Jahren im Wortsinne auf der Straße saßen. Der Praktikumsnachweis war die Voraussetzung für den Beginn eines Studiums. Eine einfache Berufsausbildung existierte unter Nijasow nicht. Die Qualität der Hochschulen hat sich dabei seit der Unabhängigkeit drastisch verschlechtert. Bereits 1997 schaffte Turkmenbaschi die Möglichkeiten zur Promotion ab. An die Stelle eines funktionierenden Bildungssystems trat die ideologische Indoktrination.

Unabhängige Medien gibt es in Turkmenistan nicht mehr. Daran hat sich auch später, unter Nijasows Nachfolger Berdimuchamedow, der das Land seit 2006 regiert, kaum etwas geändert. Die Zeitungen werden ausnahmslos vom Staat kontrolliert. Sie konkurrieren lediglich in ihrer ergebenen Lobpreisung des Präsidenten. Schmückten bis 2006 die Fotos von Turkmenbaschi die Titelseiten, sind es heute die Bilder von Gurbanguly Berdimuchamedow. In altkommunistischer Manier veröffentlicht die turkmenische Presse seitenlange Reden des Präsidenten, Gesetzestexte, Glückwunschadressen, Schmeichelbriefe sowie Meldungen über Ernteerfolge. Nachdem das Kabelfernsehen bereits unter Nijasow abgeschafft wurde und lediglich noch staatliche turkmenische Sender zu empfangen sind, bleibt den Zuschauern, die sich keine Satellitenanlage leisten können, nichts anderes übrig, als dem Personenkult um ihren Herrscher gewidmete Sendungen anzuschauen oder das Gerät ausgeschaltet zu lassen. Die Nachrichten informieren minutiös von den Arbeitsbesuchen des Staatschefs in den Provinzen, patriotische Chöre besingen das Wirken des Präsidenten, Kinder verlesen rühmende Gedichte, Schriftsteller preisen ihn wie einen Gott oder Ballette umtanzen sein Gemälde.

Die einzig existierende Partei, deren Vorsitzender Nijasow war und heute Berdimuchamedow ist, ist nach wie vor die »Demokratische Partei Turkmenistans«, die aus der turkmenischen Sektion der KPdSU hervorgegangen ist. Selbstverständlich er-

Studenten in Aschgabat

rang sie bei allen Parlamentswahlen, die nach der Unabhängigkeit Turkmenistans stattfanden, sämtliche Sitze. Aber eigentlich ist das bedeutungslos, da das Parlament ohnehin ein reines Akklamationsorgan für die Beschlüsse des Präsidenten ist. Nijasow begründete die Abwesenheit von anderen politischen Gruppierungen und Parteien so: »Bei uns sind keine anderen Parteien registriert, weil potenzielle Parteigründer nicht genug Anhänger finden, um entsprechend unseren Gesetzen die Registrierung einer neuen Partei zu beantragen. Wir wollen aber nicht künstlich Parteien schaffen, um formell als ein Land mit einem Mehrparteiensystem zu gelten.«[28] Kritik an seiner Diktatur wies Nijasow mit der Begründung zurück, sein Volk sei noch nicht demokratiefähig. Bereits 1997, im Vorfeld seines ersten und einzigen offiziellen Deutschland-Besuches, erklärte Nijasow der *Welt* in einem Interview: »Dem Grundgesetz unseres Staates wurden Prinzipien zugrunde gelegt, die sich aus der jahrtausendealten Geschichte des turkmenischen Volkes ergeben. Ich bin zutiefst davon überzeugt, dass die Demokratie in ihrer Reinkultur – künstlich in einen unvorbereiteten Boden eingepflanzt – unvermeidlich eine Herrschaft des Pöbels hervorbringen wird.«[29]

Es kann jedoch nicht übersehen werden, dass der Turkmen-

Das neue Aschgabat

baschi bei den meisten Turkmenen nicht unbeliebt war. »Sein Tod bedeutete für uns alle ein Schock«, versicherte uns ein junger turkmenischer Journalist namens Murat, der uns bei einem Besuch das neue Aschgabat zeigte, durchaus glaubhaft. Ein Grund dafür mag darin liegen, dass die Generation der 20- bis 30-Jährigen lange Zeit keinen anderen Präsidenten kannte. Aufgrund des systematischen Niedergangs des Bildungssystems fiel Nijasows »Ruhnama«-Ideologie auf fruchtbaren Boden. Hinzu kommt, dass die Lebenshaltungskosten in Turkmenistan sehr gering sind und die sozialen Unterschiede nicht so offen zutage treten wie in anderen Republiken der Region.

Zwischen Personenkult und zweitem Golfstaat

2011 flogen wir von Taschkent aus erneut nach Aschgabat. Wir planten, einige Tage in Turkmenistan zu bleiben, um eine Reihe von Gesprächen mit Regierungsvertretern und Mitgliedern der Akademie der Wissenschaften zu führen. Welch ein Unterschied zu 2005! Die turkmenische Fluglinie hatte neue Maschinen vom Typ »Boeing« angeschafft, der Service war erstklassig, die Stewardessen sprachen englisch. Nur eins erinnerte uns an die Reise vor sechs Jahren: das Porträt des Präsidenten an Bord. Jetzt hing das Foto des neuen Staatschefs in der Kabine. Gurbanguly Berdimuchamedow war der Zahnarzt des alten Präsidenten gewesen sowie dessen Gesundheitsminister und Vizeregierungschef. Der 1953 Geborene ist inzwischen das jüngste Staatsoberhaupt in Mittelasien.

Im Ausland hat das »neue« Turkmenistan keinen schlechten Ruf. Berdimuchamedow wird wieder zu Staatsbesuchen eingeladen, mit seinem Vorgänger hatte sich zuletzt kein wichtiger Politiker mehr zeigen wollen. »Der heutige Präsident«, so kommentierte der *Spiegel* 2010, sei »selbst mit diktatorischer Machtfülle ausgestattet, hat (aber) einen großen Teil des kulturellen Lebens wieder zugelassen. (…) Berdimuchamedow will sich als volksnah und weltoffen präsentieren – ein Diktator zum Anfassen, sozusagen.«[30]

Die Einreiseformalitäten am Flughafen erinnerten uns an »Asterix erobert Rom«, einen Film aus unserer Kindheit. Asterix, ein kleiner Gallier, kämpfte dort in »einem Haus, das Verrückte macht«, gegen Auswüchse römischer Bürokratie. Solche Kämpfe wären im postsowjetischen Raum im Allgemeinen und in Turkmenistan im Besonderen vollkommen unnütz. Entweder man ergibt sich dem Schicksal, oder man bleibt dem jeweiligen Land lieber fern. Drei Beamte, die in kleinen Kabinen eng nebeneinander saßen, blickten uns erwartungsvoll an. Dann verlangte der mittlere schließlich unsere Pässe. Eine Stunde später hatten wir sie zurück. In dieser Zeit waren wir damit beschäftigt, diverse Formulare zwischen den Beamten hin und her zu reichen. Wir bekamen einen Zettel vom Beamten Nummer 1 und gaben ihn an Nummer 3 weiter. Engagiert versah er ihn mit zwei Stempeln und gab ihn uns zurück mit der Aufforderung, ihn erneut an Nummer 1 zu geben. Hier ein weiterer Stempel, dann ging es weiter zu Nummer 2. Vor Nummer 2 hatte sich inzwischen eine lange Schlange gebildet, denn er stempelte weniger enthusiastisch. Als wir an der Reihe waren, verschwand er ganz. Wir gingen zurück zu Nummer 1, der uns zu Nummer 3 schickte. Nummer 3 war nicht zuständig, dennoch setzte er neue Stempel auf neue Formulare. Außerdem die Aufforderung, zehn Dollar Einreisegebühr zu zahlen. Mittlerweile war Nummer 2 in seine Kabine zurückgekehrt. Er kaute noch, wahrscheinlich hatte er sich eine Pause gegönnt. Der satte Magen schien ihn zufrieden gemacht zu haben, auf jeden Fall bekamen wir nun sogar einen Stempel in unsere Pässe. Wir dachten an unsere Reise von Georgien nach Armenien im vergangenen Jahr. Dort war das Prozedere ähnlich absurd.

Die nächste Etappe, die wir zu nehmen hatten, war der Zoll. Jeder, der nach Turkmenistan einreist, sei es auf dem Land- oder auf dem Luftweg, muss sein gesamtes Gepäck durchleuchten lassen. Diese Kontrolle ähnelt den Sicherheitsvorkehrungen, die man von Flughäfen bei der Kontrolle des Handgepäcks kennt. Anschließend muss man durch den Metalldetektor, als könnte man das zu betretende Land wie ein Flugzeug in die Luft jagen. Schließlich hatten wir alle Prozeduren hinter uns gebracht, saßen in einem Taxi und ließen uns ins Zentrum der Hauptstadt bringen. Dort erwarteten uns ungewohnt ruhige Tage. Im Dezember 2010 hatte die turkmenische Telefongesellschaft den Vertrag mit dem russischen Partner gekündigt, der den Anschluss ans weltweite Roaming-Netz ermöglichte. Jetzt kann man in Turkmenistan nur noch mit turkmenischen Mobiltelefonkarten telefonieren. An Ausländer dürfen sie nicht verkauft werden.

Welch orientalisch-moderne Pracht dann in Aschgabat! Ein Teil der Gas-Milliarden Turkmenistans schien in den vergangenen Jahren in den Ausbau der Metropole geflossen zu sein. Das Stadtbild wird von weißen Prachtbauten bestimmt, breite Boulevards, neu angelegte Parks, goldene Kuppeln, Springbrunnen – und überall Polizei. In der Nacht werden die Gebäude angestrahlt, Aschgabat wirkt wie ein modernes Märchen aus Tausendundeiner Nacht.

Berdimuchamedows vorsichtige Politik der Öffnung

Die Gespräche mit turkmenischen Offiziellen ließen erkennen, dass das Land an einer Öffnung interessiert ist, sich aber sehr schwer damit tut. Nach wie vor gilt die von Saparmurat Nijasow festgelegte Staatsdoktrin der »Immerwährenden Neutralität in den internationalen Beziehungen«. In der »Ruhnama« liest sich das so: »Unabhängiges und neutrales Turkmenistan! Turkmenisches Wunder, turkmenische Heiligkeit, mit dir fängt alles an, über dir ist nur Allah (...). Unsere Unabhängigkeit und Neutralität verbreiten Licht in unserem Goldenen Zeitalter, leuchten mit unseren nationalen Werten und die Ruhnama beseelt uns ... In unserem Goldenen Zeitalter, dem 21. Jahrhundert, ist es unser Hauptziel, der Welt ein Vorbild zu sein und die turkmenische Nation voranzubringen (...). Durch die turkmenische Neutralität verbreiten sich auf der ganzen Welt Anzeichen für den Frieden.«[31]

Turkmenistan pochte auch im »Krieg gegen den Terror« auf strikte Neutralität und spielte eine Ausnahmerolle. Der nach dem 11. September 2001 entstandenen Anti-Terror-Koalition trat es nicht bei. Als einziger Staatschef der Region unterhielt Nijasow gute Beziehungen zum Taliban-Regime in Kabul. Waffenlieferungen, die vermutlich aus der Ukraine stammten, sollen über Turkmenistan abgewickelt worden sein.

Wenn ein Land der Region davon träumen kann, einmal eine Art Golfstaat Mittelasiens zu werden, so ist es Turkmenistan mit seinem Erdgasreichtum. Probleme hat das Land hingegen mit einer anderen wichtigen Einnahmequelle, der Baumwolle. Deren Weiterverarbeitung erfolgt fast ausschließlich im Ausland. Die Erträge aus dem Verkauf der Rohprodukte sinken stetig, zumal die Versalzung der Böden und andere ökologische Probleme zu geringeren Ernteergebnissen führen. Auch unter Präsident Gurbanguly Berdimuchamedow wird das turkmenische Wirtschaftssystem durch eine zentrale Planwirtschaft geprägt. Der Staat übt durch Preisvorgaben und Subventionen einen dominierenden Einfluss aus. Offiziell wurde aber 2008 der Grundsatz der freien Marktwirtschaft in die turkmenische Verfassung aufgenommen. Berdimuchamedow legte einen umfassenden Modernisierungsplan bis 2020 vor. Die Geldinflation konnte eingedämmt werden und die Schere zwischen offiziellem und inoffiziellem Kurs der Landeswährung wurde beseitigt. 2005 zahlte die Nationalbank für einen US-Dollar 5200 Manat, wie die turkmenische Landeswährung heißt. Das tat sie bereits seit mehreren Jahren, völlig unbeirrt von der Tatsache, dass der Schwarzmarktkurs damals bereits 25000 Manat erreicht hatte. Unter dem neuen Präsidenten wurde der Manat im Jahr 2008 konvertierbar und sein Kurs an den US-Dollar gekoppelt. Ein Schwarzmarkt für die Währung existiert heute nicht mehr. Wie schon unter Nijasow, sind Wasser, Gas und Strom fast kostenlos zu beziehen. Jeder Turkmene kann heute außerdem pro Monat 120 Liter Benzin kostenlos tanken. Kredite für den Wohnungskauf sind mit einem Prozent Zins zu haben, die ersten fünf Jahre sind zinsfrei. Dennoch sorgen fehlende rechtliche Rahmenbedingungen, ausufernde Korruption, geringe Flexibilität und ein

Verkehrsschild vor einer Kreuzung in Turkmenistan

ständiger Personalwechsel in staatlichen Führungspositionen dafür, dass die angedachten Wirtschaftsreformen nicht vorankommen. Vieles ist nach wie vor auf repräsentative Vorzeigeprojekte ausgerichtet, die wenig produktiv sind. Viele Prachtbauten der Hauptstadt dienen vor allem der Selbstdarstellung, sind ohne richtige Funktion, wirken überdimensioniert und tot. Im neu entstandenen Zentrum Aschgabats sieht man kaum Menschen. Als wir früh am Morgen spazieren gingen und einige der weißen Paläste zu fotografieren versuchten, sahen wir uns plötzlich von Polizisten umringt, die wie aus dem Nichts aufgetaucht waren. Fotos im Regierungsviertel? So weit geht es mit den turkmenischen Reformen nun aber doch nicht. Unser Begleiter Murat zeigte uns stolz den neu angelegten »Park der Begeisterung«, mitten im Zentrum Aschgabats. Er sei erst im vergangenen Jahr entstanden, hier können sich die Hauptstädter erholen. Seine Frau, eine Russin, konterte bitter: »Schaut euch an, wer sich hier erholt! Niemand!« Früher, so schimpfte sie, gab es an gleicher Stelle eine grüne Oase. Man habe sich getroffen, auf Bänken gesessen und gelesen. Dann wurden die Bäume gefällt. »Heute sieht es aus wie überall«, so Murats Frau. »Die neuen Turkmenen mögen es protzig, aber tot!«

Ein Besuch im umgestalteten Zoo bestätigte uns, was sie

sagte. Er sollte vor allem riesig und prächtig wirken. Das große Areal unter freiem Himmel bot keinen Schatten, da es kaum Hallen gab. Die Tiere aus anderen Teilen der Welt, die im Wüstenklima Turkmenistans nichts zu suchen haben, darben in der Sonne und sterben reihenweise. Auch das Kulturleben Aschgabats, unter Nijasow völlig zum Erliegen gekommen, wirkt nach wie vor ziemlich tot. Zwar gibt es neue prächtige Theater, doch kein regelmäßiges Programm. Hin und wieder wird mal turkmenische Volkskunst aufgeführt.

Mit Teilen des Personenkultes um den ersten Präsidenten des unabhängigen Turkmenistan hat Gurbanguly Berdimuchamedow aufgeräumt. Das Turkmenbaschi-Denkmal im Zentrum von Aschgabat ist verschwunden. Es steht jetzt am Stadtrand. Die »Ruhnama« ist mittlerweile nicht mehr die einzige Quelle, aus der turkmenische Schüler und Studenten ihr Wissen schöpfen. Selbst Internetcafés gibt es mittlerweile. Zwar muss man seinen Pass vorzeigen und sich registrieren lassen, bevor man einen Computer nutzen kann, aber immerhin! Die »Ruhnama« wird jedoch nach wie vor in der zentralen Buchhandlung Aschgabats verkauft. Erweitert wurde das Buchangebot durch Bildbände über den neuen Führer: Berdimuchamedow auf dem Pferd, Berdimuchamedow während der Erntezeit, Berdimuchamedow Kinder küssend, Berdimuchamedow in einer Fabrik, Berdimuchamedow in Mekka. Der turkmenische Präsident findet nicht nur Gefallen am Kult um seine Person, er scheint seinen Vorgänger dabei noch überholen zu wollen. Zunächst wurde die Devotionalienabteilung im Historischen Museum entsprechend erweitert. Neben der Ausstellung mit Geschenken für Turkmenbaschi, darunter der mit 301 Quadratmeter größte Teppich der Welt, gibt es nun auch Säle, in denen von den Taten Berdimuchamedows berichtet wird. Doch das reichte nicht aus. Eine der neueren Errungenschaften Aschgabats ist nun auch ein Museum allein für Berdimuchamedow.

Bei unserem letzten Besuch in Aschgabat beging Turkmenistan gerade den »Tag der Volksgesundheit«. Das Fernsehen übertrug in stundenlanger Wiederholung, wie der Präsident auf einem Mountain-Bike, das deutlich zu klein für den schweren Mann war, durch Aschgabat fuhr. Üblicherweise ist sonst von ihm nicht viel in der Hauptstadt zu sehen. Nur zweimal am Tag, gegen 10 Uhr und gegen 19 Uhr, wenn der Präsident von seiner

Residenz zum Palast bzw. wieder nach Hause fährt, ist Lärm zu vernehmen: laute Schreie von Polizisten auf der Straße, Pfiffe. Straßen werden abgesperrt, geparkte Autos abgeschleppt, Fußgänger zum Verharren am Straßenrand angewiesen.

2012 wurde Berdimuchamedow mit über 97 Prozent der Wählerstimmen in seinem Amt bestätigt. Die OSZE verzichtete vollständig darauf, Beobachter zur Wahl zu schicken, Beobachter westlicher Staaten wurden seitens Turkmenistans erst gar nicht zugelassen.

Eine kritische Presse gibt es in diesem Klima nicht. In der »Rangliste der Pressefreiheit« der Organisation »Reporter ohne Grenzen« rangierte Turkmenistan in den letzten Jahren stabil auf einem der letzten Plätze, vor Nordkorea und Eritrea.

Nachwort

Unsere Zeitreise durch 15 junge Staaten geht zu Ende. Bis 1991 hatten diese Länder zu einem Imperium, der Sowjetunion, gehört. »Alles war über Jahrzehnte hinweg zusammengewachsen: Kultur, Bildung, Sprache, Wirtschaft, alles. Im Baltikum bauten sie Autos, in der Ukraine Flugzeuge, wir kommen noch heute nicht ohne einander aus«, urteilte Michail Gorbatschow, der letzte Präsident der Sowjetunion, 20 Jahre später.[1]

Als er das Riesenreich regierte, war die Welt in Ost und West geteilt. Die politischen Verhältnisse waren angespannt, übersichtlich und klar. Beide großen Weltmächte, die Sowjetunion und die USA, sowie ihre jeweiligen Verbündeten, hatten sich – aufgerüstet bis an die Zähne – miteinander eingerichtet.

Nach 1989 war nichts mehr so wie vorher. Es gab Revolutionen, die ein Weltsystem zusammenbrechen ließen. Geopolitische Pole verschoben sich. Terrorismus breitete sich wie ein Krake aus. Der fundamentalistische Islam entwickelte sich zu einer neuen totalitären Bedrohung.

Die Sowjetunion, einst das größte Land der Welt, zerfiel Anfang der 1990er Jahre in ihre Bestandteile. Das Imperium war am Ende. Die 15 früheren Sozialistischen Sowjetrepubliken, aus denen sich die UdSSR zusammensetzte, wurden selbständig und gingen unterschiedliche Wege. Die baltischen Länder gehören seit 2004 zur Europäischen Union und zur NATO. Ihr Entwicklungsschub war seitdem enorm. Auch die vielen Russen, die in den baltischen Ländern leben, haben sich mehr oder weniger in Europa eingerichtet.

Die Russische Föderation näherte sich in den 1990er Jahren dem Westen an. Die marktwirtschaftliche und liberalpolitische Schocktherapie, die der damalige russische Präsident Jelzin verordnet hatte, führte Russland jedoch 1998 an den Rand des Bankrotts. Das Land wurde von zwielichtigen Oligarchen und kriminellen Clans beherrscht. Außenpolitisch spielte die Großmacht in den 1990er Jahren keine ernstzunehmende Rolle mehr. Unter Wladimir Putin fand Russland nach dieser Schwächeperiode zu neuem Selbstbewusstsein. Putin suchte zunächst den Schulterschluss mit dem Westen. 2001 sprach er als erster russischer Präsident vor dem Deutschen Bundestag. Putin bot dem Westen eine enge Kooperation an, die Bereitschaft dazu wiederholte Dmitri Medwedjew im Jahre 2008 bei einer Rede in Berlin.

Aber die Beziehungen des Westens zu Russland sind schwierig. Während Russland Politik als reales Nullsummenspiel nach dem Motto »Ich gebe dir, und du gibst mir« begreift, sucht der Westen Diskussionen über Wertefragen. Zum vorläufigen Bruch kam es 2014 im Zuge der Ukraine-Konflikte. Seitdem hat die Rede von einem neuen Kalten Krieg Konjunktur.

Nicht nur die Ukraine, sondern auch die früheren Sowjetrepubliken Weißrussland und Moldawien befinden sich heute mitten im Spannungsfeld zwischen Russland und dem sogenannten Westen. Die kommenden Monate und Jahre werden zeigen, wohin die Reise geht.

Die südkaukasischen Republiken Armenien, Georgien und Aserbaidschan bewegen sich gleichfalls zwischen diesen beiden Polen. Zudem tragen sie bis heute ungelöste Territorialkonflikte miteinander aus.

Die mittelasiatischen Länder hoffen, durch autoritäre Staatsführung Stabilität in einem muslimischen Umfeld und in geografischer Nähe zu Afghanistan, Pakistan sowie zu Gebieten, die von der Terrororganisation »Islamischer Staat« bedroht oder gar besetzt sind, bewahren zu können. Entwicklungen wie im »Arabischen Frühling« wollen sie in ihren Ländern vermeiden. Die Folgen dieser Revolutionen in Libyen, Syrien und anderswo sind ihnen nur allzu präsent. Auch wenn Autokratien dem aufgeklärten Europa fremd sind: Zentralasien ist letztlich eine säkulare und relativ stabile Region zwischen dem aufgewühlten und sich immer mehr radikalisierenden Nahen und Mittleren Osten sowie Russland und der Europäischen Union.

Die Völker der Sowjetunion, die einst hinter dem Eisernen Vorhang lebten, fanden sich 1991 in Freiheit wieder, viele von ihnen zum ersten Mal in ihrer Geschichte überhaupt. Die Aufbruchstimmung war vielerorts enorm. Die Hoffnungen verbanden sich dabei nicht nur mit Freiheit, sondern auch mit Wohlstand. Heute begegnen uns in den Urlaubsgegenden rund um den Erdball ganz selbstverständlich Russen, Balten, Kasachen oder Armenier. Personen, mit guten Verbindungen zur alten Nomenklatura und einem sicheren Gespür für die neue Zeit, wurden nach den Jahren der Perestroika innerhalb kürzester Zeit zu Multimilliardären und Oligarchen. Aber nicht alle ehemaligen Sowjetbürger haben von der neu errungenen Freiheit profitiert. Grenzen, die 1991 neu entstanden sind, trennen mitunter Familien und Freunde. Vielen Menschen geht es schlechter als in den Jahren, in denen die Sowjetunion noch existierte. Jenseits ideologischer Bevormundung gab es in der UdSSR eine vergleichsweise gute soziale und medizinische Versorgung, eine funktionierende Infrastruktur sowie ein effizientes Bildungswesen. In vielen Provinzen der 15 früheren Sowjetrepubliken, abseits der großen, boomenden Städte, trifft man heute hingegen oft auf Arbeitslosigkeit, Tristesse und Verfall.

Im Verlauf der vergangenen 25 Jahre sind wir viel in den Ländern der früheren Sowjetunion unterwegs gewesen. Wir haben erlebt, dass für die Menschen dort die gesellschaftlichen Umbrüche Veränderungen in einem Maße mit sich gebracht haben, wie wir uns das im Westen kaum vorstellen können. Selbst die schwierigen Transformationsprozesse, die nach 1989 in Osteuropa stattfanden, liefen vergleichsweise einfach ab.

Ein Teil der älteren Generation sehnt sich heute nach der gefühlten Sicherheit und Geborgenheit der sowjetischen Zeit zurück. Die Jüngeren, die die Sowjetunion nicht aus eigenem Erleben kennen, sind politisch wenig interessiert, sondern entweder mit den Unterhaltungsmöglichkeiten der globalisierten Welt oder dem puren Überleben beschäftigt. Eine zunehmende Zahl junger Menschen sucht nach der Verwirklichung ihrer Träume im Ausland. Hoffnungen, Depression, neuer Reichtum, neue Armut und Sowjetnostalgie gehen Hand in Hand.

Lassen wir in Gedanken weitere 20 Jahre vergehen. Was wird aus diesen Ländern geworden sein? Die Geschwindigkeit, mit der sich heute politische Entwicklungen vollziehen, macht Prognosen nicht einfach. Vieles wird davon abhängen, wie sich der

Westen, und hier vor allem Europa, entwickelt. Islamistische Drohgebärden an Europas Peripherie und die derzeitige Flüchtlingskrise stellen eine Zäsur dar. Nach Jahrzehnten ungetrübten Wohlstandes muss der Westen sich in der globalisierten Welt neu definieren und sein Verhältnis zur übrigen Welt überdenken. Bestimmte Selbstverteidigungsmechanismen müssen neu ausgebildet werden. Dazu bedarf es aber auch einer anderen Welthandelspolitik und anderer Dimensionen der Entwicklungszusammenarbeit. Eine ungeschminkte Bedrohungsanalyse muss danach fragen, welches die Gefahren sind, vor denen die USA, Europa und Russland gemeinsam stehen. Dabei wird sich zeigen, dass man zur Abwehr von Zukunftsgefahren wie Terrorismus, islamistischer Bedrohung und der weiteren Verbreitung von Atomwaffen ein berechenbares Russland als Partner braucht.

Unsere Beziehungen zum postsowjetischen Raum befinden sich damit an einem Scheideweg. Lediglich die baltischen Staaten, Estland, Lettland und Litauen, sind durch ihren Beitritt zur Europäischen Union und zur NATO in einem politischen Lager verankert. Sollten Russland und der Westen endlich eine gemeinsame Sprache finden, wird es für die Ukraine, Weißrussland, Moldawien und die Staaten des Südkaukasus einfacher sein, sich in einem Europäischen Haus vom Atlantik bis nach Wladiwostok – der Vision von Michail Gorbatschow und Helmut Kohl – einzurichten.

Wir wagen eine positive Vorausschau: Russland, das untrennbar mit der europäischen Kultur und Zivilisation verbunden ist, könnte in 20 Jahren zu einem Europäischen Haus gehören, das größer ist als die Europäische Union und eigene Strukturen ausgebildet hat. Dieses Europäische Haus hat dann die sicherheitspolitische Kraft entwickelt, sich den größer werdenden Herausforderungen des 21. Jahrhunderts zu stellen. Die sich abzeichnende Allianz des Westens mit Russland bei der Bekämpfung der Terrormiliz »Islamischer Staat« könnte zur ersten Nagelprobe für den Beginn dieses Prozesses werden. Russland wird sich unserem Modell von Freiheit und Demokratie annähern, wenn wir verstehen, dieses Modell attraktiv zu gestalten und wehrhaft zu verteidigen. Weißrussland und die Ukraine würden dann nicht mehr zwischen zwei Polen, der Europäischen Union und Russland, hin- und hergerissen sein. Sie hätten eine Zukunft in einem Europa, das keinen ideologisch geprägten Umgang mehr mit Russland pflegt, sondern zu dem Russland wie selbstverständlich dazugehört. Moldawien mit seiner überwiegend rumänischsprachigen Bevölkerung könnte eine Sonderrolle spielen und schon früher Teil der Europäischen Union werden.

Im Kaukasus könnte es dagegen eher unruhig werden. Zwar werden Georgien und Armenien vermutlich in die Strukturen des größer werdenden Europäischen Hauses streben, doch genauso gut sind Rückschläge und neue Konflikte möglich. Russische Nordkaukasusprovinzen mit muslimischer Bevölkerungsmehrheit, wie Tschetschenien und Dagestan, könnten sich von Russland abspalten und die gesamte Kaukasusregion in einen Unruheherd verwandeln.

Am spannendsten, aber vielleicht auch am riskantesten, wird die Entwicklung in Mittelasien verlaufen. Werden es die dort Regierenden schaffen, den militanten Islamismus einzudämmen und ihre Staaten Teil der modernen Welt werden zu lassen?

In Mittelasien werden sich die Länder unterschiedlich entwickeln. Kasachstan, das heute schon durch eine Zollunion mit Russland verbunden ist, wird sich wohl noch stärker an den großen Nachbarn sowie an Europa annähern, was durch den enormen Ressourcenreichtum des Landes für alle Beteiligten gewinnbringend sein dürfte.

Weiter südlich jedoch könnte die Entwicklung anders aussehen: Die Bindungen an Russland lockern sich, der radikale Islam erstarkt, und der Kampf um Wasserressourcen führt zu Auseinandersetzungen mit den Nachbarländern, die kriegerisch ausgetragen werden. Usbekistan wird möglicherweise islamischer und weniger säkular sein als heute. Ob es dann noch eine stabilisierende Rolle in der Region spielen kann, ist ungewiss. Es liegt an Russland und dem Westen, die säkularen Kräfte zu unterstützen und positiven Szenarien eine reelle Chance zu geben.

Kirgistan könnte in zwei Teile zerfallen und das persischsprachige Tadschikistan in die Einflusssphäre eines erstarkten Iran geraten, so dass Teile Mittelasiens wieder mit dem Mittleren Osten verschmelzen, zu dem sie vor Jahrhunderten einmal gehörten.

Ein solcher Vorausblick gehört natürlich ins Reich der Spekulationen und der politischen Fantasie. Welche Entwicklungen eintreten werden und welche nicht, ist von vielen unwägbaren Faktoren abhängig. Fest steht jedoch, dass die alte Sowjetunion nicht neu auferstehen wird und von ihr bald nur noch die Alten sprechen werden. Ein Zurück gibt es nicht.

Zürich/Taschkent, 2015

Die Buchautoren auf ihrer Recherchereise; links: Thomas Kunze in Bischkek (Kirgistan), rechts: Thomas Vogel am Aralsee (Usbekistan)

Anhang

Anmerkungen

Vorwort

1 Eduard Schewardnadse: Als der Eiserne Vorhang zerriss. Begegnungen und Erinnerungen, Duisburg 2007, S. 208.

Ein Koloss am Ende – Der Zusammenbruch der Sowjetunion

1 Vgl. Interview von Thomas Vogel (Schweizer Fernsehen) mit Michail Gorbatschow. Ausgestrahlt am 21. 10. 2009, in der Sendung »Zehn vor Zehn«.
2 XXVII. Parteitag der KPdSU. Sowjetunion zu neuen Ufern? Dokumente und Materialien, Düsseldorf 1986, S. 24.
3 Vgl. Jaroschinskaja, Alla: Lüge 86. Die geheimen Tschernobyl-Dokumente, http://sciencev1.orf.at/news/144299.html (Aufruf: 13. 8. 2015) und http://www.eurozine.com/articles/2006-04-21-yaroshinskaya-de.html (Aufruf: 13. 8. 2015).
4 Die Breschnew-Doktrin war Ausdruck des sowjetischen Anspruches auf Vorherrschaft im Warschauer Pakt. Sie wurde am 12. November 1968 verkündet und sollte den Einmarsch von Truppen des Warschauer Paktes in die Tschechoslowakei nachträglich rechtfertigen. Die Doktrin besagte, dass bei einer Gefährdung des Sozialismus in einem Ostblockstaat die Sowjetunion intervenieren würde.
5 Die OMON (russ. Отряд Милиции Особого Назначения/Otrjad Milizii Osobowo Nasnatschenija – »Einheit der Miliz besonderer Bestimmung«) ist eine Spezialeinheit der russischen Polizei.
6 Vgl. Bischof, Henrik: Georgien. Gefahren für die Staatlichkeit. Electronic ed., Bonn: EDV-Stelle der FES 1997, http://www.fes.de/fulltext/aussenpolitik/00023.html (Aufruf: 13. 8. 2015).
7 Der Chefideologe der DDR, SED-Politbüromitglied Kurt Hager, gab dem *Stern* im März 1987 ein Interview, in dem er auf die Frage, inwieweit sich die DDR-Führung dem Perestroika-Kurs der Sowjetunion verpflichtet fühlt, antwortete: »Würden Sie, wenn Ihr Nachbar seine Wohnung tapeziert, sich verpflichtet fühlen, Ihre Wohnung ebenfalls neu zu tapezieren?«
8 Sowjetische Wahlen mit mehreren Kandidaten, NZZ-online, 26. 3. 2009, http://www.nzz.ch/nachrichten/politik/international/sowjetische_wahlen_mit_mehreren_kandidaten_1.2260663.html (Aufruf: 13. 8. 2015).
9 Zit. nach Da müssen wir nachschieben, in: Der Spiegel, 18. 2. 1991, http://www.spiegel.de/spiegel/print/d-13489177.html (Aufruf: 13. 8. 2015).
10 Helmut Kohl sagte in einem Interview mit der Zeitschrift *Newsweek* im Oktober 1986 über Michail Gorbatschow: »Das ist ein moderner kommunistischer Führer, der war nie in Kalifornien, nie in Hollywood, aber der versteht etwas von PR. Der Goebbels verstand auch etwas von PR. Man muss doch die Dinge auf den Punkt bringen!«.

11 Die Fernsehbilder, die Geschichte machten, zeigten Helmut Kohl und Michail Gorbatschow in Strickjacken während der Gespräche über die deutsche Wiedervereinigung im Kaukasus.

12 Vgl. Anschlag auf Ersparnisse. Wie die Geldreform den Zerfall der Sowjetunion forcierte, http://de.sputniknews.com/meinungen/20110202/258251116.html (Aufruf: 29.11.2015).

13 Zit. nach Neues Deutschland, 23.12.1991.

14 Zit. nach der Übersetzung des Europa-Archivs, 1992, Folge 8, S.306 ff., http://www.1000dokumente.de/index.html?c=dokument_ru&dokument=0020_rue&object=translation&st=&l=de (Aufruf: 12.8.2015).

Vom Sowjetmenschen zu neuen nationalen Identitäten

1 Das Bundesinstitut zur Erforschung des Marxismus-Leninismus (Institut für Sowjetologie) wurde 1966 in Bundesinstitut für ostwissenschaftliche und internationale Studien (BIOst) umbenannt. Seinen Sitz hatte es in Köln. Im Jahr 2000 wurde es aufgelöst und die Mitarbeiter in die Stiftung für Wissenschaft und Politik (SWP) integriert.

2 Vgl. Gesellschaft für bedrohte Völker (Hg.): Bedrohte Sprachen, Menschenrechtsreport Nr. 63, März, 2010, S. 45 ff.

3 Vgl. United Nations Millennium Development Goals, http://mdgs.un.org/unsd/mdg/SeriesDetail.aspx?srid=605&crid= (Aufruf: 13.8.2015).

4 Vgl. WHO Global Health Observatory Data Repository, http://apps.who.int/gho/athena/data/GHO/WHOSIS_000002,WHOSIS_000001,WHOSIS_000015.html?profile=ztable&filter=COUNTRY:*;REGION:AFR;REGION:AMR;REGION:SEAR;REGION:EUR;REGION:EMR;REGION:WPR;SEX:* (Aufruf: 8.9.2015).

5 Mackow, Jercy in: Die Welt, 20.4.2001.

6 Ebenda.

7 Jurjew, Oleg: Russland – der alte neue Mensch in der neuen alten Gesellschaft. In: NZZ, 27.5.2010.

8 Zit. nach ebenda.

9 Holm, Kerstin: Zweite Enteignung. Der »Homo sovieticus« nach dem Verlust seiner Heimat. In: FAZ, 28.2.1992.

10 Die Schätzungen von Historikern sind hier seit Jahrzehnten unterschiedlich.

11 Vgl. Applebaum, Anne: Der Gulag, Berlin 2003, S.11.

12 Zit. nach Galeotti, Mark: Afghanistan: The Soviet Union's Last War, London 1995.

13 Vgl. Komsomolskaja Prawda, 21.12.1989.

14 Vgl. WHO. Global Health Observatory Database, http://apps.who.int/ghodata/ (Aufruf: 13.8.2015).

15 Vgl. Esipova, Nelli/Ray, Julie: Former soviet countries see more harm from breakup, http://www.gallup.com/poll/166538/former-soviet-countries-harmbreakup.aspx?utm_source=COUNTRY_TJK&utm_medium=topic&utm_campaign=tiles (Aufruf: 21.7.2015).

16 Der »Komsomol« war die Jugendorganisation der KPdSU.

17 Vgl. Kunze, Thomas: Russlands Unterwelten. Eine Zeitreise durch geheime Bunker und vergessene Tunnel, Berlin 2008, S.64 ff.

18 Diese Angaben veröffentlichten das Meinungsforschungsinstitut WZIOM und die soziologische Gesellschaft Baschkirowa i Partnjory im Vorfeld des

Jahrestages der Oktoberrevolution am 7.11.2005, www.russlandonline.ru (Aufruf: 13.8.2015).

19 Zit. nach Der Spiegel, 10/2011, S.77.

20 Ebenda.

21 Vgl. Umfrage: Perestroika gerät in Vergessenheit, http://de.sputniknews.com/zeitungen/20150427/302089991.html (Aufruf: 18.7.2015).

22 Vgl. Imja Rossija, BBC Russia am 28. Dezember 2008, http://news.bbc.co.uk/hi/russian/russia/newsid_7802000/7802438.stm (Aufruf: 13.8.2015).

23 Liste der 500 Nominierten: http://top500.nameofrussia.ru/vote.html oder ru.wikipedia.org/wiki/Имя_Россия (Aufruf: 13.8.2015).

24 Vgl. Imja Rossija, BBC Russia am 28. Dezember 2008, http://news.bbc.co.uk/hi/russian/russia/newsid_7802000/7802438.stm (Aufruf: 13.8.2015)

25 Brown, Archie (1997): The Gorbachev Factor. Oxford University Press, http://books.google.com/books?hl=de&lr=&id=aH7BPTrwNXUC&oi=fnd&pg=PR9&ots=bQK2X1S2iv&sig=YS2Int2Qrv8xs127nBz_E7VPipE#v=onepage&q=esteem&f=false (Aufruf: 13.8.2015).

26 Das bestätigt eine Umfrage des Russischen Meinungsforschungszentrums WCIOM vom März 2011. Allerdings macht sich ein Generationswechsel bemerkbar. Standen 2001 noch 30 Prozent Gorbatschow feindselig bzw. ablehnend gegenüber, waren es 2011 nur noch 20 Prozent. Gleichzeitig nahm im selben Zeitraum aber auch die Zahl der Sympathisanten um elf Prozent von 16 auf fünf Prozent ab. Dafür verdoppelte sich die Zahl derjenigen, welche die Person Gorbatschow gleichgültig sehen, von 25 auf 49 Prozent. Anhänger der Partei »Einiges Russlands« und Nichtwähler haben ein ziemlich gleichgültiges Verhältnis ihm gegenüber (51 bzw. 52 Prozent). Ältere Menschen und Anhänger der Kommunistischen Partei betrachten ihn als negative Figur (33 bzw. 42 Prozent). Der Umfrage nach fiel es 73 Prozent der Befragten äußerst schwer, zu sagen, was Gorbatschow Positives für Russland geleistet hat. Nur jeder 10. bzw. jeder 20. verband mit Gorbatschow die Einführung demokratischer Freiheiten bzw. die Beendigung des Kalten Krieges. Auf die Frage nach den negativen Amtshandlungen antwortete hingegen fast jeder Dritte mit dem Zerfall der Sowjetunion (31 Prozent); an zweiter Stelle wurde die Antialkoholkampagne (sieben Prozent), an dritter der Verfall der gesellschaftlichen Strukturen (fünf Prozent) und an vierter die Initiierung der Perestroika (vier Prozent) genannt. Damit wird das Ende der Sowjetunion direkt mit der Persönlichkeit Gorbatschows verbunden. Der Zerfall der Sowjetunion ist für die meisten Russen das Hauptereignis, mit dem sich Gorbatschow aus der Geschichte verabschiedet hat (vgl. Umfrage des Russischen Meinungsforschungszentrums WCIOM, http://wciom.ru/index.php?id=459&uid=111399 (Aufruf: 13.8.2015).

27 Zit. nach Reitschuster, Boris: Gorbatschows zweite Perestroika, http://www.focus.de/politik/ausland/tid-21521/russland-gorbatschows-zweite-perestroika_aid_604614.html (Aufruf: 13.8.2015).

28 The Gorbachev Foundation (Ed.): Mikhail Gorbachev's Decorations, http://www.gorby.ru/en/gorbachev/awards/ (Aufruf: 13.8.2015).

29 Zit. nach Morrow, Lance: Mikhail Gorbachev, Time Magazine, 1990, http://www.time.com/time/subscriber/personoftheyear/archive/stories/1989.html (Aufruf: 13.08.2015).

30 Vgl. Konflikt mit Moskau. Ukraine verbietet russische TV-Sender, http://

www.spiegel.de/politik/ausland/ukraine-verbietet-russische-tvsender-a-987013.html (Aufruf: 24.10.2015).

31 Vgl. Naselinie Rossii 2007. Pjatnadtsatyi jeschegodnyi demografitscheskij doklad, Moskwa 2009, S.17.

32 Siehe Lettland-Kapitel.

33 Vgl. Kunze, Thomas: Russlands Hinterhof: Turkmenistan – Selbstzerstörung durch Autokratie, in KAS-Auslandsinformationen, Berlin, 2/2006, S.75 ff.

34 Vgl. Kolsto, Pal: Die neue russische Diaspora, www.uni-koeln.de/phil-fak/soeg/ethonos/inhalte/inhalte6/kolstoe.htm (Aufruf: 13.8.2015).

35 Prozentual aufgegliedert kamen 36,4 Prozent aus Kasachstan, 31,8 Prozent aus Mittelasien, 12,1 Prozent aus dem Südkaukasus und sieben Prozent aus dem Baltikum. Vgl. Kommersant, 30.6.2006.

Das Baltikum auf dem Weg nach Europa

1 Vgl. Peskov i Lavov ne vidjat, http://rus.delfi.lv/news/daily/abroad/peskov-i-lavrov-ne-vidyat-smyslav-proverke-nezavisimosti-baltii.d?id=46166053 (Aufruf: 28.7.2015).

2 Zit. nach: Bühl, Achim (Hg.): Der Hitler-Stalin-Pakt. Die sowjetische Debatte, Köln 1989. Siehe auch: Hass, Gerhard: 23. August 1939. Der Hitler-Stalin-Pakt. Dokumentation, Berlin 1990, S.40.

3 Stalin, Josef: Rechenschaftsbericht an den XVIII. Parteitag über die Arbeit des ZK der KPdSU (B), in: Stalin: Werke, Bd. 14, – http://www.stalinwerke.de/band14/b14-015.html (Aufruf: 13.8.2015).

4 Molotow hatte das Volkskommissariat für Auswärtige Angelegenheiten 1939 zusätzlich zu seinem Amt als Vorsitzender des Rates der Volkskommissare von Stalin übertragen bekommen. Molotow löste damit Maxim Litwinow ab, der als Verfechter der »kollektiven Sicherheit«, also eines Bündnisses mit Frankreich und Großbritannien, galt.

5 Die erstmalige Veröffentlichung in Russland erfolgte 1992: Felschtinski, Ju. (Hg.): Oglascheniju podleschit: SSSR – Germanija. 1939 –1941. Dokumenty i materialy. Moskau 1991, Dok. Nr. 33, S.71. Dokumenty vneshnej politiki, Bd. XXII: 1939. 2 Bde., Bd. 1: janwar–awgust, Moskau 1992, Dok. Nr. 485, S.632.

6 Litauen sollte demnach ursprünglich von Deutschland besetzt werden; diese Vereinbarung wurde jedoch in einem Geheimprotokoll zum deutsch-sowjetischen Freundschafts- und Grenzvertrag, der am 28. September 1939 geschlossen wurde, geändert. Nun fiel auch Litauen in die »Interessensphäre« der UdSSR, während der deutschen »Interessensphäre« zusätzlich der polnische Bezirk Lublin und Teile des Bezirks Warschau zugesprochen wurden.

7 Zit. nach ebenda, S.167.

8 Appell von 116 sowjetischen Intellektuellen vom 18.1.1991, http://dearchiv.de/php/dok.php?archiv=bla&brett=B91_03&fn=WEHRT.391&menu=b1991 (Aufruf: 13.8.2015).

9 Garbe, Gunnar: Deutsche Russlandpolitik und das Baltikum 1990 –1998, Dissertationsschrift, Kiel 2002, S.123.

10 Ebenda.

11 Zu ihnen gehören neben dem Estnischen u.a. auch das fast schon ausgestorbene Liwisch (in der lettischen Provinz Kurland), Chantisch und Mansisch

(im Autonomen Kreis der Chanten und Mansen in Westsibirien), Karelisch (in der russischen Teilrepublik Karelien), Komi (im Ural), Mari (in der russischen Teilrepublik Mari-El), Mordwinisch (in der russischen Teilrepublik Mordwinien) oder Udmurtisch (im westlichen Ural).

12 Vgl. Euronews: EU-Ratspräsidentschaft. Litauen reizt den russischen Bären, http://de.euronews.com/2013/07/05/eu-ratspraesidentschaft-litauen-reizt-den-russischen-baeren/ (Aufruf: 21.07.2015), vgl. auch http://uk.reuters.com/article/2013/07/05/uk-eu-lithuania-russia-idUKBRE9640LA20130705 (Aufruf: 22.7.2015).

13 Garbe, Gunnar: Deutsche Russlandpolitik und das Baltikum 1990–1998, Dissertationsschrift, Kiel 2002, S. 207.

14 Über die Frage, wer 1990 bei den Verhandlungen über die deutsche Einheit wem was versprochen hat und ob der NATO-Beitritt der baltischen Länder sowie der anderen früheren Staaten des Warschauer Paktes einem Wortbruch des Westens gleichkommt, wird seit Jahren gestritten. Die Versionen der Deutschen, der Russen, der Amerikaner, der Franzosen und der Briten unterscheiden sich. 2009 tauchte aber ein bis dahin geheim gehaltener deutscher Vermerk auf, der über ein Gespräch zwischen den damaligen sowjetischen und deutschen Außenministern, Eduard Schewardnadse und Hans-Dietrich Genscher, vom 10.2.1990 festhielt: »BM (Bundesminister): Uns sei bewusst, dass die Zugehörigkeit eines vereinten Deutschland zur NATO komplizierte Fragen aufwerfe. Für uns stehe aber fest, die NATO werde sich nicht nach Osten ausdehnen.« Genscher sagte ausdrücklich, dass die Nicht-Ausdehnung »ganz generell« gelte. Schewardnadse antwortete darauf, er glaube »allen Worten des BM«. (Zit. nach Der Spiegel, 48/2009, S. 47). Genschers US-amerikanischer Amtskollege, James Baker, hatte kurz zuvor schon in Moskau erklärt, das transatlantische Bündnis werde seinen Einflussbereich »nicht einen Inch weiter nach Osten ausdehnen, falls die Sowjets der NATO-Mitgliedschaft eines geeinten Deutschlands zustimmten«. (Ebenda).

15 Vgl. Russen über den Tisch gezogen. Gorbatschow kritisiert NATO, http://diepresse.com/home/politik/aussenpolitik/466745/Russen-ueber-den-Tisch-gezogen-Gorbatschow-kritisert-Nato (Aufruf: 13.8.2015).

16 Vgl. Das Ende der Mauer. Ost und West – ein Gegensatz lebt wieder auf, http://www.handelsblatt.com/politik/deutschland/das-ende-der-mauervom-gluecksfall-zum-neuanfang/10953396-2.html (Aufruf: 8.4.2015).

17 Vgl. Laser, Claus-Friedrich/Schrader, Klaus: Die baltischen Staaten in der europäischen Arbeitsteilung. In: Die baltischen Staaten, 54. Jahrgang, Heft 2–3/2004, Landeszentrale für politische Bildung Baden-Württemberg. Stuttgart. Online unter www.buergerimstaat.de/2_3_04/baltischenstaaten.pdf, S. 142 ff. (Aufruf: 13.8.2015).

18 Vgl. OECD Economic Survey, Paris 2000, S. 18.

19 Vgl. van Meurs, Wim: Der Weg der baltischen Staaten in die EU. In: Die baltischen Staaten, 54. Jahrgang, Heft 2–3/2004 Landeszentrale für politische Bildung Baden-Württemberg. Stuttgart, www.buergerimstaat.de/2_3_04/baltischenstaaten.pdf (Aufruf: 13.8.2015).

20 Der Spiegel, 14.5.2005.

21 Alvarez-Plata, Patricia/Engerer, Hella (20.11.2009): The Baltic States: No end to the crisis in sight, German Institute for Economic Research, http://www.diw.de/sixcms/detail.php?id=diw_01.c.343706.de (Aufruf: 13.8.2015), S. 232.

22 NZZ, 26.8.2009.

23 Vgl. Balster, Jan: Die Rentner betteln wieder. In: Eurasisches Magazin, 3.8.2009, http://www.eurasischesmagazin.de/artikel/?thema=Baltikum&artikelID=20090809 (Aufruf: 13.8.2015).

24 Ebenda.

25 Vor allem nach dem Beitritt der Baltenrepubliken zur Europäischen Union hatte sich die Abwanderungswelle verstärkt. (Vgl. Below, Andreas von: Abwanderung aus dem Baltikum, Länderbericht der Konrad-Adenauer-Stiftung, Dezember 2005) http://www.kas.de/estland/de/publications/7744/ (Aufruf: 13.8.2015).

26 Vgl. Litauen: Ex-Präsident Brazauskas gestorben, http://diepresse.com/home/politik/aussenpolitik/577034/Litauen_ExPraesident-Brazauskas-gestorben (Aufruf: 13. 8. 2015).

27 Vgl. Lietuvos gyventojų genocido ir rezistencijos tyrimo centras, https://archive.is/RJHEa (Aufruf: 29.7.2015).

28 Ihren Namen leitet die Nehrung vom baltischen Volk der Kuren ab, das erstmals im 9. Jahrhundert Erwähnung in historischen Dokumenten fand. Die Nehrung selbst entstand vor ca. 7000 Jahren.

29 Vgl. European Comission, Statistiken, http://ec.europa.eu/eurostat/statistics-explained/images/3/35/Tourism_destinations_%E2%80%94_nights_spent_at_tourist_accommodation_establishments%2C_2013_%28%C2%B9%29_%28million_nights_spent_in_the_country_by_non-residents%29_YB15-de.png (Aufruf: 1.8.2015).

30 Vgl. Johannsmeier, Birgit: Sehnsucht nach Düne, Haff und offenem Meer. In: N-Ost, 3.8.2011.

31 www.aktuell.ru, 17.11.2004 (Aufruf: 13.8.2015).

32 Vgl. Traintickets, http://traintickets.ru/info/poryadok_proezda_v_kaliningrad (Aufruf: 1.8.2015).

33 Der Spiegel, 18/2011, S.112.

34 Ebenda.

35 Johannsmeier, Birgit: Ein neuer Atommeiler für das Baltikum? Deutschlandradio (5.10.2006) Online unter http://www.dradio.de/dlf/sendungen/hintergrundpolitik/550190/ (Aufruf: 23.7.2015).

36 Zakaria, Mohamad: Ignalina Nuclear Power Plant. Lund University Master's Thesis. (2001) Online unter www.lumes.lu.se/database/alumni/00.01/theses/zakaria_mohamad.pdf (Aufruf: 13.8.2015).

37 Vgl. Art. 52 des Protokolls betr. des Vertrages und die Akte über den Beitritt der Tschechischen Republik, der Republik Estland, der Republik Zypern, der Republik Lettland, der Republik Litauen, der Republik Ungarn, der Republik Malta, der Republik Polen und der Slowakischen Republik im Amtsblatt der Europäischen Union (C 310/297) vom 16.12.2004.

38 Vgl. www.aktuell.ru, 10.12.2010 (Aufruf: 13.8.2015).

39 Vgl. Schweizer wegen Tragens von Sowjetsymbolen in Litauen festgenommen, in: Das Baltikum-Blatt, 28. 9. 2014, http://www.baltikum-blatt.eu/litauen/1482-schweizer-wegen-tragens-vonsowjetsymbolen-in-litauen-festgenommen.html (Aufruf: 31.7.2015).

40 Vgl. Transparancy International, https://www.transparency.org/cpi2014/results (Aufruf: 1.8.2015).

41 Silins, U. u.a.: Latvija Liktena gaitas 1918–1991, Riga 2006, S.93 (Zit. nach Bongartz, Udo: Charisma aus der Mottenkiste, http://www.lettische-

presseschau.de/politik/lettland/317-lettland-auf-der-suche-nach-dem-heilsbringer (Aufruf: 13.8.2015).

42 Vgl. Bundesministerium für Bildung und Forschung, http://www.kooperation-international.de/lettland/themes/international/fub/laender/laendergesamtbericht/ (Aufruf: 13.8.2015).

43 Spiegel Online, 16.3.2009, http://www.spiegel.de/politik/ausland/0,1518,613677,00.html (Aufruf: 13.8.2015).

44 Vgl. FAZ, 3.1.1994 und Garbe, Gunnar: Deutsche Russlandpolitik und das Baltikum 1990–1998, Dissertationsschrift, Kiel 2002, S.207.

45 Interview von Thomas Vogel mit dem lettischen Staatspräsidenten, Guntis Ulmanis, 1994, erschienen in der Schweizer Wochenzeitung »Brückenbauer«.

46 Interview von Thomas Vogel mit Sergej Dimanis, 1994.

47 Vgl. Kai Kallenbach: Nicht-Bürger in Lettland (Gesellschaft für bedrohte Völker) https://gfbvberlin.wordpress.com/2015/02/20/nichtburger-in-lettland-der-krieg-in-der-ukraine-beeinflusst-die-situation-der-russischen-minderheit-im-baltikum/ (Aufruf: 31.7.2015)

48 Datenbank der Weltbank, Indikator »GDP (current US$)«. Online unter http://data.worldbank.org/indicator/NY.GDP.MKTP.CD?page=3 (Aufruf: 13.8.2015).

49 Interview Thomas Vogel mit Andres Tarand, 1994.

50 Ebenda.

51 http://www.focus.de/finanzen/boerse/estland-vorbildliches-nordlicht_aid_520080.html (Aufruf: 13.8.2015).

52 Ebenda.

53 http://de.statista.com/statistik/daten/studie/14455/umfrage/bruttoinlandsprodukt-bip-pro-kopf-in-estland/ (Aufruf: 2.9.2015).

54 Vgl. http://www.auswaertiges-amt.de/DE/Aussenpolitik/Laender/Laender infos/Estland/Wirtschaft_node.html (Aufruf: 13.8.2015).

55 Vgl. http://estonia.eu/about-estonia/economy-a-it/e-estonia.html (Aufruf: 13.8.2015).

56 http://www.focus.de/finanzen/boerse/estland-vorbildliches-nordlicht_aid_520080.html (Aufruf: 13.8.2015).

57 Wahlergebnis der Parlamentswahlen in Estland 2015 in Prozent: Reformpartei: 27,7, Zentrumspartei: 24,8, Sozialdemokratische Partei: 15,2, Pro-Patria- und Res-Publica-Union: 13,7, Estnische Freie Partei: 8,7, Estnische Konservative Volkspartei: 8,1.

Von der UdSSR zu neuen Staatenverbänden

1 Charter of the Commonwealth of Independent States (with declaration and decisions). Adopted at Minsk on 22 January 1993. Translation, published by the United Nations, Document No. 31139. Chapter I. Purposes and Principles, Article 2, https://treaties.un.org/doc/Publication/UNTS/Volume%201819/volume-1819-l-31139-Engish.pdf (Aufruf: 18.8.2015).

2 Zit. nach GUS-Gipfel: Kasan wird 1.000 Jahre alt, GUS nicht, Russland-Aktuell, http://www.aktuell.ru/russland/politik/gus-gipfel_kasan_wird_1_000_jahre_alt_gus_nicht_2899.html, 26.08.2005 (Aufruf: 18.8.2015).

3 Der Organisation schlossen sich Estland, Lettland, Litauen, Mazedonien, Moldawien, Rumänien und Slowenien an.

4 Zit. nach dem Wortprotokoll der Rede Wladimir Putins im Deutschen Bun-

destag am 25.9.2001, https://www.bundestag.de/kulturundgeschichte/geschichte/gastredner/putin/putin_wort/244966 (Aufruf: 10.8.2015).

5 Vgl. Peter Scholl-Latour: Russland im Zangengriff, Berlin 2006.

6 Der Präsident von Russland auf der Münchner Konferenz zu Fragen der Sicherheitspolitik, 10.2.2007, http://russland.ru/reden/morenews.php?iditem=4 (Aufruf: 18.8.2015).

7 Ebenda.

8 Thomas Vogel in der Tagesschau des Schweizer Fernsehens, 10.2.2007.

9 Teltschik, Horst: Europäischer Dilettantismus, in Focus, 7/2014, S.50.

10 Zit. nach http://www.petersburger-dialog.de/files/Rede%20Medwedew%20deutsch.pdf (Aufruf: 18.8.2015).

11 Zit. nach Merkel dämpft Hoffnung auf einen EU-Beitritt, http://www.bundestag.de/dokumente/textarchiv/2015/kw21_de_regierungserklaerung_g7/375262 (Aufruf: 19.8.2015).

12 1993 schlossen sich Aserbaidschan und Georgien der OVKS an, traten aber 1999 wieder aus. Usbekistan gehört der Organisation nach wie vor formal an, wurde aber in ihr niemals aktiv.

13 Vorläufer der SOZ war die 1996 gegründete Schanghai-Fünf-Gruppe, die zunächst zur Regulierung von Grenzzwistigkeiten in Mittelasien gegründet wurde.

14 Russland und China haben in dem Bündnis die Chance, nicht als »Einzelspieler«, sondern als Teil eines bedeutenden Staatenzusammenschlusses wahrgenommen zu werden und so ihren internationalen Einfluss zu vergrößern. Es ist aber nach wie vor nicht auszuschließen, dass die militärpolitisch mehr oder weniger »schlafende« Schanghai-Kooperationsorganisation zu einer Art »Ost-NATO« aufgerüstet wird. Damit würde sie zu einem neuen globalen Akteur auf der weltpolitischen Bühne aufsteigen. 2005 erhielten Indien, der Iran und Pakistan den Beobachterstatus, den vorher nur die Mongolei besaß. Weißrussland und Sri Lanka sind sogenannte Dialogpartner. Heute lebt mehr als die Hälfte der Weltbevölkerung in Staaten, die direkt oder indirekt (als Beobachter) der SOZ angehören. Eine besondere Bedeutung kommt in der SOZ dem Iran zu. Die von Teheran angestrebte Vollmitgliedschaft böte dem Land eine gewisse Garantie, dass es zu keinem Präventivschlag seitens Israels oder der USA kommt. Irans damaliger Staatspräsident Ahmadinedschad hatte die Schanghai-Staaten bereits 2006 offiziell darum gebeten, »sich der Hegemonie des Westens in den Weg zu stellen«. (Zit. nach http://www.aktuell.ru/russland/politik/iran_bittet_shanghai_gruppe_um_schutz_vor_dem_westen_3130.html, 15.6.2006 (Aufruf: 18.8.2015).

15 Vgl. Schuler, Kurt; Selgin, George; Sinkey, Joseph: Replacing the Ruble in Lithuania: Real Change versus Pseudoreform. Cato Institute Policy Analysis, No. 163 (28.10.1991), http://www.cato.org/pubs/pas/pa163.pdf (Aufruf: 18.8.2015).

16 Vgl. Abdelal, Rawi: Contested Currency: Russia's Ruble in Domestic and International Politics, Journal of Communist Studies and Transition Politics 19, Nr. 2 (Juni 2003), (Reprinted in Perspectives on the Russian State in Transition, ed. Wolfgang Danspeckgruber, Prineton, NJ.: Woodrow Wilson School of Public and International Affairs, 2006, S.208 f.

17 Vgl. Schuler; Selgin; Sinkey, a.a.O. und Dabrowski, Marek: The Reasons of the Collapse of the Ruble Zone (1995), http://www.case.com.pl/upload/publikacja_plik/3460035_058e.pdf (Aufruf: 18.8.2015).

18 SZR: Sonderziehungsrechte (englisch: Special Drawing Right – SDR). Die SZR wurden vom IWF im Jahre 1969 eingeführt. Ihr Wechselkurs basiert auf einem Währungskorb wichtiger Weltwährungen (vgl. http://www.imf.org/external/np/exr/facts/sdr.HTM) (Aufruf: 18.8.2015).
19 Vgl. Europäisches Parlament, Themenpapier Nr. 34 vom 20.10.1999, http://www.europarl.europa.eu/enlargement/briefings/pdf/34a1_de.pdf, S. 19 (Aufruf: 18. 8. 2015).
20 Vgl. Dabrowski, Marek, a.a.O.
21 Vgl. Abdelal, a.a.O, S.210.

Russland

1 In der Regel trugen sie die Bezeichnung einer anderen, real existierenden Stadt sowie eine Nummer. Bei »Moskau-300« handelte es sich um die Stadt Sarow (Atomindustrie), bei »Tomsk-7« um Sewersk (Urananreicherung) oder bei »Krasnojarsk-66« um Kedrowy (Raketenstützpunkt). Meist lagen diese Siedlungen in der Nähe derjenigen Städte, deren Namen sie trugen. Die Ziffer gab oft die ungefähre Entfernung in Kilometern an. Im heutigen Russland tragen diese Städte zwar keine Codenamen mehr, sie zählen aber teilweise nach wie vor zu den Sperrgebieten. Kedrowy ist heute frei zugänglich.
2 Ausländer dürfen beispielsweise nicht nach Sewerodwinsk, Norilsk oder einige Gebiete der Halbinsel Kamtschatka reisen. Unter noch strengerer Abschirmung befinden sich der Autonome Bezirk der Tschuktschen, fast die gesamte Küste des Eismeers oder die Inseln Dikson sowie Nowaja Semlja (Atomtestgelände), Sneschnogorsk, Bolschoi Kamen und Chatanga. Seit 2006 hat sich die Anzahl der Sperrgebiete sogar wieder erhöht. Hinzugekommen sind z. B. erneut Teile der Regionen Primorje, Chabarowsk sowie der Insel Sachalin.
3 Die bekanntesten Städte sind St. Petersburg (Leningrad), Wolgograd (Stalingrad), Bischkek (Frunse), Perm (Molotow), Twer (Kalinin), Jekaterinburg (Swerdlowsk), Nishni Nowgorod (Gorki), Wjatka (Kirow), Samara (Kuibyschew), Karatschajew (Mikojan), Nabereshnije Tschelny (Breshnew), Rybinsk (Andropow), Lugansk (Woroschilow).
4 Vgl. hierzu Rothacher, Albrecht: Stalins langer Schatten, Graz 2008, S.32.
5 Zu Jelzins Clan bzw. zur »Familie«, so die Bezeichnung für einen Kreis von ungefähr zehn Personen, die in den 1990er Jahren inoffiziell die Politik in Russland bestimmten, gehörten neben Jelzins Tochter Tatjana u. a. Leibwächter Alexander Korschakow, der Chef der Präsidialverwaltung, Alexander Woloschin, die Minister für Inneres und Verteidigung, der Chef des Geheimdienstes FSB sowie der Oligarch Boris Beresowski. Beresowski, der heute im Exil in London lebt, galt als »graue Eminenz« Jelzins. Eine Trennlinie zwischen staatlicher Verantwortung und privaten Geschäften gab es in Jelzins »Familie« nicht.
6 Jegor Gaidar war der Enkel des Schriftstellers Arkadi Gaidar. Dessen Buch »Timur und sein Trupp«, in dem sich ein 14-Jähriger als eine Art kommunistischer Robin Hood mit einem Hilfstrupp um die Angehörigen und Witwen von Frontsoldaten des Zweiten Weltkrieges kümmert, hatte zur Pflichtlektüre in den sowjetischen und teilweise auch ostdeutschen Schulen gehört.
7 Vgl. Russisch Monopoly. Wie entstanden Russlands große Vermögen? Netstudien, http://www.netstudien.de/Russland/index.htm (Aufruf: 18.8.2015).

8 Vgl. Rossiiskaja Imperija, http://www.rusempire.ru/istoriya-rossiyskoy-federatsii/politicheskiykrizis-oseni-1993-goda.html (Aufruf: 18.8.2015).
9 Vgl. Zungenjob im Ministerkabinett: Top Fünf der berühmten Sprüche von Tschernomyrdin, Sputnik Deutschland, http://de.rian.ru/politics/20101103/257570663.html (Aufruf: 18.8.2015).
10 Vgl. Skandal in Jelzin-Familie – das Selbstbildnis zerbricht, Russland-Aktuell, http://www.russland-aktuell.de/russland/who_is_who/skandal_in_jelzin-familie_das_selbstbildnis_zerbricht_283.html (Aufruf: 18. 8. 2015).
11 Zit. nach Rothacher, Albrecht: Stalins langer Schatten, Graz 2008, S. 9.
12 Zit. nach ebenda.
13 Vgl. Rheinischer Merkur, 9.10.2003.
14 Vgl. Congestion growing as Moscow struggles to keep pace with traffic jams, Russia beyond the headlines, http://rbth.co.uk/society/2014/09/09/congestion_growing_as_moscow_struggles_to_keep_pace_with_traffic_jams_39637.html (Aufruf: 7.9.2015).
15 Zit. nach Spiegel Online, 8.11.2010, http://www.spiegel.de/spiegel/print/d-74948211.html (Aufruf: 18.8.2015).
16 Programmerklärung der Partei »Einiges Russland« auf dem Parteitag in Jekaterinburg, 2.12.2006.
17 Vgl. http://www.levada.ru/25-03-2015/martovskie-reitingi-odobreniya-i-doveriya (Aufruf: 18.8.2015).
18 Die Bewegung wurden unter anderem unterstützt von Eduard Limonow, einem radikalen Bolschewisten, und Sergej Udalzow, dem Führer der Bewegung »Avantgarde der Roten Jugend«
19 Vgl. Schewardnadse, Eduard: Als der Eiserne Vorhang zerriss. Begegnungen und Erinnerungen, Duisburg 2007, S. 383.
20 Vgl. Rau, Johannes: Politik und Islam in Nordkaukasien, Wien 2002, S. 12.
21 Pressemitteilung der Gesellschaft für bedrohte Völker, Göttingen/Straßburg, 12.5.2006.
22 Vgl. Pressemitteilung von Human Rights Watch, Genf, 21.3.2005.
23 Petition von Amnesty International an die EU, 23.2.2003.
24 Die Welt, 12.5.2004.
25 Schepp, Matthias: Ein Bazillus namens Hass, in Der Spiegel, 5/2011, S. 92.
26 Ebenda.
27 Ebenda.
28 Vgl. http://islam-today.ru/novosti/2014/04/22/k-2050-godu-rossia-stanet-musulmanskoj-stranoj-scitaet-eks-sotrudnik-pentagona-dzeffri-d-gordon/ (Aufruf: 20.10.2015)
29 Vgl. Population Division of the Department of Economic and Social Affairs of the United Nations Secretariat, World Population Prospects: The 2010 Revision, http://esa.un.org/unpd/wpp/index.htm (Aufruf: 18.8.2015).
30 Die Schätzungen von Historikern sind hier seit Jahrzehnten unterschiedlich.
31 Vgl. Applebaum, Anne: Der GULag, Berlin 2003, S. 11.
32 Zit. nach Spiegel online, 9.5.2010, http://www.spiegel.de/politik/ausland/0,1518,693752,00.html (Aufruf: 18.8.2015).
33 Ebenda.
34 Istoria stalinskowo GULAGa, Otw. Red.: O. W. Chlebnjuk, Moskau 2004.
35 Vgl. Wortprotokoll der Rede Wladimir Putins im Deutschen Bundestag am 25.9.2001, http://www.bundestag.de/kulturundgeschichte/geschichte/gast-

redner/putin/putin_wort.html (Aufruf: 18.8.2015). Vgl. auch Kapitel Von der UdSSR zu neuen Staatenverbänden.

36 Puhl, Jan: Baltikum: Wo Putins Reich auf die EU trifft, Der Spiegel, 27/2015, http://www.spiegel.de/spiegel/print/d-135692167.html (Aufruf: 10.8.2015).

Weißrussland

1 FAZ, 8.12.2001.

2 Interview mit Stanislaw Schuschkewitsch, in: Der Spiegel, 51/2011, S. 95 ff.

3 Zit. nach FAZ, 28.7.1992.

4 Vgl. Die wirtschaftliche Lage Weißrusslands. Institut für Weltwirtschaft Kiel, November 1993, S. 10.

5 Datenbank der Weltbank. Indikator »Inflation consumer prices (annual %)«, http://data.worldbank.org/indicator/FP.CPI.TOTL.ZG?page= 3&display= default (Aufruf: 10.9.15).

6 Interview mit Stanislaw Schuschkewitsch, in: Der Spiegel, 51/2011, S. 95 ff.

7 Vgl. Redemitschnitt Lukaschenko auf youtube, http://youtu.be/g982KGU-crKk (Aufruf: 13.10.2015).

8 Minski Awtomobilny Sawod (MAS) – (Minsker Autowerke).

9 Vgl. Weißrussland: Erfolg bei Waffenmesse in Abu Dhabi – Rossijskaja Gaseta, Sputnik Deutschland, http://de.rian.ru/security_and_military/20110303/258481615.html (Aufruf: 10.9.2015)

10 Vgl. »Besser Diktator als schwul«: Lukaschenko beschimpft Westerwelle, Spiegel Online, 4.3.2012, http://www.spiegel.de/politik/ausland/besser-diktator-als-schwul-lukaschenko-beschimpft-westerwelle-a-819206.html (Aufruf: 10.9.2015).

11 Lukaschenko nahm die Einladung nicht an, da es in der EU zu Protesten gegen ihn kam.

12 May, Marie-Lena; Meister, Dr. Stefan: Testfall Belarus. Konsequenzen für die EU aus den Präsidentschaftswahlen 2010. DGAP Standpunkt, Januar 2011, No. 1, https://dgap.org/de/article/getFullPDF/17900 (Aufruf: 10.9.2015).

13 Zit. nach Präsident Lukaschenko: »Soviel Demokratie – einfach ekelerregend«, Spiegel Online, 21.4.2011, http://www.spiegel.de/politik/ausland/0,1518,758685,00.html (Aufruf: 10.9.2015).).

Ukraine

1 Vgl. Demoskop Weekly, http://demoscope.ru/weekly/ssp/sng_nac_89.php?reg=9 (Aufruf: 10.9.2015).

2 Vgl. Kramer, Andrew E.: Europe: Ukraine Turns to Its Oligarchs for Political Help, New York Times, http://www.nytimes.com/2014/03/03/world/europe/ukraine-turns-to-its-oligarchs-for-political-help.html?_r=3&referrer= (Aufruf: 10.9.2015).

3 Vgl. Goble, Paul: The Ukrainian Security Trap. In: The Ukrainian Quarterly, 3/1994 (Vol. 50), S. 230.

4 Gemeinsam mit der Ukraine verzichteten auch Weißrussland und Kasachstan auf Atomwaffen. Sie erhielten die gleichen Garantien. Neben Russland und den USA gab auch Großbritannien eine entsprechende Schutzverpflichtung ab.

5 Vgl. Präsidentschaftswahlen. Kopf-an-Kopf-Rennen in der Ukraine, Spiegel Online, 22.11.2004, http://www.spiegel.de/politik/ausland/praesident-

schaftswahl-kopf-an-kopf-rennen-in-der-ukraine-a-329030.html (Aufruf: 10.9.2015).

6 Vgl. President Viktor Yushchenko, The New York Times, 28.12.2004, http://www.nytimes.com/2004/12/28/opinion/28tue1.html?_r=1&scp=4&sq=orange+revolution&st=nyt (Aufruf: 10.9.2015).

7 Vgl. Peter Bachmaier: »Die Strategie der Spannung«, in: Zeit-Fragen, N. 10/2014, Zürich, 2014.

8 Interview mit Andrej Kurkow, Süddeutsche Zeitung, 24.11.2009, http://www.sueddeutsche.de/politik/orangene-revolution-er-hat-alles-falsch-gemacht-1.136022 (Aufruf: 10.9.2015).

9 Janukowitsch erhielt 48,95 Prozent, Timoschenko 45,47 Prozent, 4,36 Prozent stimmten »gegen alle«; 1,19 Prozent der Stimmen waren ungültig. Die Stichwahl fand am 7.2.2010 statt.

Moldawien

1 Vgl. Roth, Jenny: Europas Armenhaus, 26.1.2011, http://www.berliner-zeitung.de/archiv/wer-die-chance-hat--moldawien-zu-verlassen--der-geht-weg--zurueck-bleiben-alte-und-kinder-europas-armenhaus,10810590,10767808.html (Aufruf: 15.9.2015).

2 Der an die Sowjetunion angeschlossene Teil Moldawiens wurde mit einem Teil der Moldawischen ASSR vereint. Der verbleibende Rest der 1924 gegründeten ASSR fiel an die Ukrainische Sowjetrepublik.

3 Vgl. http://demoscope.ru/weekly/ssp/sng_nac_89.php?reg=9 (Aufruf: 10.9.2015).

Die Kaukasus-Republiken

1 Haas, Christian: Turbo-Boots für den Tourismus-Neuling, Focus Online, 16.5.2011, http://www.focus.de/reisen/reisefuehrer/tid-22337/baku-aserbaidschan-was-gegen-eine-reise-spricht_aid_627856.html (Aufruf: 10.9.2015).

2 Datenbank der Weltbank: Indikator »GDP per capita (current US-Dollar)«, http://data.worldbank.org/indicator/NY.GDP.PCAP.CD/countries?page=3 (Aufruf: 10.9.2015).

3 Öl und Gas in der kaspischen Region http://www.bpb.de/politik/wirtschaft/energiepolitik/152684/kaspische-region (Aufruf: 10.9.2015).

4 Vgl. Nabiew, Rizvan: Die Konflikte im Transkaukasus und die Rolle der Öldiplomatie, Berlin Information Center for Transatlantic Security, http://www.bits.de/public/gast/kaukasus.htm (Aufruf: 10.9.15).

5 Schmidt-Häuer, Christian: Selbst die ewige Flamme ist erloschen, Zeit Online, 20.3.1992, http://www.zeit.de/1992/13/selbst-die-ewige-flamme-ist-erloschen (Aufruf: 10.9.2015).

6 Vgl. Transparency International, Countryreports, Corruption by Country, https://www.transparency.org/country/#AZE (Aufruf: 12.09.2015).

7 Mit dem Abkommen wurde ein Schlussstrich gezogen unter 13-jährige Verhandlungen der UN-Vetomächte und Deutschlands mit dem Iran darüber, inwieweit der Iran Atomkraft nutzen darf. Sanktionen, die gegen die Islamische Republik verhängt worden waren, dürften nun nach und nach zu Fall kommen.

8 Vgl. Welt auf einen Blick, http://www.welt-auf-einen-blick.de/bevoelkerung/durchschnittsalter.php (Aufruf: 10.9.2015).

9 Zit nach: Die Angst vor dem arabischen Funken am Kaspischen Meer, NZZ, 10.3.2011.

10 Offizielle Bezeichnung: georgisch-orthodoxe Apostelkirche.
11 Schewardnadse, Eduard: Als der Eiserne Vorhang zerriss. Begegnungen und Erinnerungen, Duisburg 2007, S. 382.
12 Zum Helsinki-Prozess vgl. das Kapitel zu Lettland.
13 Vgl. das Kapitel zu Aserbaidschan.
14 Vgl. das Kapitel zu Moldawien.
15 Vgl. Rykin, Viktor: Konflikte in Russland und der Gemeinschaft Unabhängiger Staaten (GUS) und Wege zu ihrer Vermeidung, 1998, http://www.bmlv.gv.at/pdf_pool/publikationen/03_jb99_36.pdf (Aufruf: 10.9.2015).
16 Vgl. Krieg um Südossetien. Georgien ruft USA zur Hilfe gegen Russland, Die Welt, 8.8.2008, http://www.welt.de/politik/article2286808/Georgien-ruft-USA-zur-Hilfegegen-Russland.html (Aufruf: 10.9.2015).
17 Zit. nach: Panorama: Neuer Kalter Krieg? Deutschlands riskanter Kurs, ARD Panorama, 28.8.2008, http://www.ardmediathek.de/ard/servlet/content/3517136?documentId=881816 (Aufruf: 10.9.2015).
18 Nach russischen Angaben wurden 164 Zivilisten und 48 russische Soldaten, darunter Angehörige der GUS-Friedenstruppen, getötet. (Vgl. http://de.rian.ru/world/20090806/122597525.html, 6.8.2009) (Aufruf: 10.9.2015).
19 Zuletzt gab es im Mai 2011 blutige Auseinandersetzungen zwischen Saakaschwilis Sicherheitskräften und der Opposition.
20 Vgl. Informationen über Armenien und die armenische Kirche. Bistum Magdeburg, Pressearchiv 2001, http://www.bistum-magdeburg.de/front_content.php?idart=3689 (Aufruf: 10.9.2015).
21 Lewis, M. Paul (Hg.): Ethnologue: Languages of the World, 2009. Dallas, Texas. 16. Ausgabe, SIL International, http://www.ethnologue.com/show_language.asp?code=hye (Aufruf: 10.09.2015).
22 Vgl. Geistiges Tschernobyl. In: Der Spiegel, 30/1988, http://www.spiegel.de/spiegel/print/d-13530480.html (Aufruf: 10.9.2015).
23 Vgl. das Kapitel zu Aserbaidschan.
24 Vgl. Plathe, Katja; Senkyr, Jan; Marukyan, Liana: Politik und Fußball. Das Länderspiel Armenien-Türkei, Länderbericht, Konrad-Adenauer-Stiftung, 15.9.2008, http://www.kas.de/tuerkei/de/publications/14630/ (Aufruf: 10.9.2015).
25 Ebenda.
26 Vgl. das Kapitel zu Georgien.
27 Datenbank der Weltbank: Indikator Poverty headcount ratio at national poverty line (% of population), http://data.worldbank.org/indicator/SI.POV.NAHC (Aufruf: 10.9.2015).
28 Datenbank der Weltbank: Indikator Poverty headcount ratio at $2 a day (PPP) (% of population), http://data.worldbank.org/indicator/SI.POV.NAHC (Aufruf: 10.9.2015).

Mittelasien: Die »Stan-Länder«

1 Vgl. das Kapitel Von der UdSSR zu neuen Staatenverbänden.
2 Vgl. Hauptstadt der Gigantomanie, Focus Online, 9.8.2007, http://www.focus.de/kultur/kunst/kasachstan_aid_69287.html (Aufruf: 14.10.2015).
3 Vgl. Ekspress K, 1.4.2011, S. 1.
4 Vgl. Russland und Kasachstan wollen bilaterale Beziehungen ausbauen« http://www.online-presseportal.com/newsticker/russland-und-kasachstan-wollen-bilaterale-beziehungen-ausbauen-18211/ (Aufruf: 10.9.2015).

5 Vgl. Stöcker, Christian: Ein Schwein von einem Mann, Spiegel Online, 25.10.2006, http://www.spiegel.de/kultur/kino/0,1518,444351,00.html (Aufruf: 10.9.2015).

6 Peter, Elie; Bauernebel, Herbert: Staranwalt will Borat an Kragen. Blick.ch, 23.11.2011, http://www.blick.ch/people/artikel49814 (Aufruf: 10.9.15).

7 Die OSZE ist eine Organisation, die insgesamt 56 Teilnehmerstaaten hat und sich mit der Lösung zwischenstaatlicher und ethnischer Konflikte sowie dem Wiederaufbau befasst. Die Vorgängerorganisation der OSZE, die Konferenz für Sicherheit und Zusammenarbeit in Europa (KSZE), trug in Zeiten des Kalten Krieges maßgeblich zur Annäherung der beiden großen Blöcke bei.

8 Neef, Christian: Staatschefs blamieren sich auf der Mammutshow, Spiegel Online, 3.12.2010, http://www.spiegel.de/politik/ausland/0,1518,732638,00.html (Aufruf: 10.9.15).

9 Vgl. Syria Calling: Radicalisation in Central Asia, Crisis Group Europe and Central Asia Briefing No. 72, 20.01.2015, S. 3.

10 Dies betraf vor allem die ethnischen Kirgisen, die die Mehrheitsbevölkerung stellen, und die Minderheit der ethnischen Usbeken, zwischen denen es auch zu Sowjetzeiten immer wieder Auseinandersetzungen und Unfrieden gab.

11 Datenbank der Weltbank: Indikator GDP per Capita (current US$), http://data.worldbank.org/indicator/NY.GDP.PCAP.CD?page=2 (Aufruf: 10.9.15).

12 Zit. nach Fischer, Peter A.: Kirgistan – die Schweiz Zentralasiens? In: NZZ, 2.4.2005.

13 Kyrgyzstan Inquiry Commission: Report of the Independent International Commission of Inquiry into the Events in Southern Kyrgyzstan in June 2010, 2011, http://reliefweb.int/sites/reliefweb.int/files/resources/Full_Report_490.pdf (Aufruf: 10.9.2015).

14 Ebenda.

15 Ebenda.

16 Vgl. UN-Webseitenpräsenz, http://www.un.org/events/tenstories/06/story.asp?storyID=600 (Aufruf: 10.09.2015).

17 Die 1953 in Ostjerusalem gegründete islamistische Organisation agierte zunächst als ein Ableger der Muslimbruderschaft im Nahen Osten. Später erweiterte sie ihren Aktionsradius und entwickelte sich zu einem international agierenden Netzwerk. In mehreren Ländern, darunter auch in Deutschland, hat Hizb ut-Tahrir Betätigungsverbot. Bereits in den 1980er Jahren gelang es Hizb ut-Tahrir, Propagandaschriften in die Sozialistischen Sowjetrepubliken Mittelasiens zu schleusen. Die ersten Zellen der Organisation wurden im Fergana-Tal aktiv. Von hier aus breitete sie sich auf weitere Regionen Zentralasiens aus. Hizb ut-Tahrir verurteilt offen die säkulare Staatsform, die sie durch die Schaffung eines islamischen Kalifats ablösen möchte. Ideologische Anknüpfungspunkte zur Terrormiliz »Islamischer Staat«, die sich als Kalifat versteht, sind vorhanden.

18 Ebenda.

19 Vgl. Neue Züricher Zeitung online, http://www.nzz.ch/international/vom-us-camp-in-den-jihad-1.18551486 (Aufruf: 24.06.2015).

20 Vgl. 2+4-Chronik, http://www.2plus4.de/chronik.php3?date_value=17.06.89+%2B%2F-&sort=000-000 (Aufruf: 10.09.2015).

21 Zur deutschen Minderheit in Kasachstan vgl. u. a. Stoll, Ferdinand: Kasachstandeutsche. Migrationsstrategien Kasachstandeutscher im Übergang von ethnischer zu transnationaler Migration – aus der Sicht von Kasachstan, Kisslegg 2007.

22 Eigentlich: Dschuma Chodschijew.
23 Vgl. Logvinov, Michail: Zwischen regionalem und internationalem Terrorismus – der Weg der Islamischen Dschihad-Union. In: Uwe Backes; Alexander Gallus; Eckhard Jesse (Hg): Jahrbuch Extremismus & Demokratie, Bd. 21, Baden-Baden 2010, S. 180 ff.
24 Vgl. http://derstandard.at/1254310413496/Drohnenangriff-Weiterer-Extremisten-Anfuehrer-getoetet (Aufruf: 10.9.2015).
25 Vgl. Böhm, Peter: Comeback der Islamisten, http://www.suedwind-magazin.at/start.asp?ID=236723&rubrik=2&ausg=200612 (Aufruf: 10.9.2015).
26 Saparmurat Turkmenbaschi: Ruhnama, Aschgabat 2001, S. 18.
27 Ebenda.
28 Interview mit Saparmurat Nijasow. In: Die Welt, 27.8.1997.
29 Ebenda.
30 Gurbanguly Berdymuchamedow, Spiegel Online, 3.5.2010, http://www.spiegel.de/spiegel/print/d-70327219.html (Aufruf: 15.10.2015).
31 Saparmurat Turkmenbaschi: Ruhnama, Aschgabat 2001, S. 226, 268.

Nachwort

1 »Es waren wirklich Idioten«, Interview mit Michail Gorbatschow, in: Der Spiegel 33/2011, S. 102

Die Basisdaten zu jedem Land beziehen sich auf die jüngsten verfügbaren statistischen Angaben; in der Regel stammen sie aus den Länderinformationen des Deutschen Auswärtigen Amtes (www.auswaertiges-amt.de/sid_DC2E30F156E37F952CC234D2C9D55E28/DE/Aussenpolitik/Laender/Laender_Uebersicht_node.html), wo erforderlich ergänzt durch das World Factbook der CIA (www.cia.gov/library/publications/resources/the-world-factbook/). Wechselkurse nach dem Währungsrechner des Deutschen Bankenverbandes (Interbankkurse, https://bankenverband.de/service/waehrungsrechner)

Internetnutzer auf 100 Einwohner in den Ländern der ehemaligen Sowjetunion

(Stand 2014)

Land	2003	2008	2014
Armenien	4,58	6,21	43,57
Aserbaidschan	–	28,00	60,30
Estland	45,32	66,21	81,62
Georgien	2,56	23,78	50,62
Kasachstan	2,00	11,00	59,31
Kirgistan	3,91	15,70	24,17
Lettland	26,98	60,63	76,45
Litauen	24,45	55,00	70,25
Moldawien	7,41	23,39	44,81
Russland	8,30	32,00	59,27
Tadschikistan	0,06	8,78	16,14
Turkmenistan	0,43	1,49	8,01
Ukraine	3,15	10,60	37,49
Usbekistan	1,91	9,08	40,63
Weißrussland	16,22	32,10	52,18
zum Vergleich Deutschland	53,68	75,33	86,78

Schätzung vom 1. Juli 2014 durch Internetlivestats basierend auf Statistiken der ITU, United Nations Population Division, Internet & Mobile Association of India (IAMAI) und der Weltbank.
(siehe: http://www.internetlivestats.com/internet-users-by-country/)

Lebenserwartung in den postsowjetischen Staaten

(Stand 2013)

Land	Männer	Frauen
Armenien	67	75
Aserbaidschan	70	75
Estland	72	82
Georgien	71	78
Kasachstan	63	73
Kirgistan	66	73
Lettland	69	79
Litauen	69	79
Moldawien	66	75
Russland	63	75
Tadschikistan	68	70
Turkmenistan	60	68
Ukraine	66	76
Usbekistan	67	72
Weißrussland	66	78
zum Vergleich Deutschland	77	82

Aus der statistischen Erhebung der WHO im Jahr 2013.
(siehe: http://apps.who.int/gho/data/node.main.688)

Bildnachweis

Johann C. Fuhrmann/Norbert Beckmann-Dierkes: S. 90, 103, 105,182, 184, 185
Stefan Malerius: S. 157
Thomas Grimm: S. 114
istockphoto.com: S. 172
Thomas Kunze/Thomas Vogel: S. 13, 31, 36, 39, 47, 48, 55, 83, 95, 131, 137, 145, 186, 194, 198, 207, 211, 221, 223, 236, 237, 249, 252, 255, 259, 263, 265, 275, 279, 291, 293, 294, 306, 325
Daniel Pabst: S. 298
picture-alliance/RIA_NOVOSTI_POOL, Dmitry Astakhov: S. 135
Wikimedia commons: S. 43, 133, 167, 176
Archiv des Verlages: S. 27, 169, 214, 283
Archiv der Autoren: S. 111, 201, 271

Angaben zu den Autoren

Thomas Kunze (li.) und Thomas Vogel (re.) am Aralsee (Usbekistan)

Thomas Kunze, geb. 1963 in Leipzig, Dr. phil., studierte Geschichte, Germanistik und Pädagogik an der Friedrich-Schiller-Universität Jena und der Karl-Marx-Universität Leipzig; Honorarprofessuren in Russland und Usbekistan. Seit 2002 ist Kunze für die Konrad-Adenauer-Stiftung tätig. Er war deren Repräsentant in Russland sowie Chef der Europa/Nordamerika-Abteilung in der Stiftungszentrale in Berlin. Seit 2010 vertritt er die Stiftung in Zentralasien mit Sitz in Taschkent. Autor zahlreicher Bücher zur osteuropäischen Zeitgeschichte und Politik. Im Ch. Links Verlag sind von ihm u.a. erschienen: Biographien über Nicolae Ceauşescu und Erich Honecker, »Russlands Unterwelten. Eine Zeitreise durch geheime Bunker und vergessene Tunnel« (2008) und »Oh Du, geliebter Führer. Personenkult im 20. und 21. Jahrhundert« (Hg. mit Thomas Vogel), 2013.

Thomas Vogel, geb. 1959 in Zofingen (Schweiz); Studium der Germanistik, Politologie und Publizistik in Berlin; anschließend u. a. Redakteur beim *Luzerner Tageblatt* und beim *SonntagsBlick*. 2003–2009 Deutschlandkorrespondent des *Schweizer Fernsehens* in Berlin; 2009–2012: Redakteur der Schweizer Nachrichtensendung »Zehn vor Zehn«, seit 2012: Reporter des Politmagazins »Rundschau« des Schweizer Fernsehens. Autor zahlreicher Filmberichte und Reportagen zur deutschen und internationalen Zeitgeschichte und Politik. 2015 wurde Vogel mit dem Medienpreis Aarau-Solothurn für die beste Fernsehreportage ausgezeichnet.
Im Ch. Links Verlag sind von ihm u.a. erschienen: »Ostalgie international. Erinnerungen an die DDR von Nicaragua bis Vietnam« (Hg. mit Thomas Kunze), 2010, »Von der Sowjetunion in die Unabhängigkeit. Eine Reise durch die 15 früheren Sowjetrepubliken« (mit Thomas Kunze, 2011) und »Oh Du, geliebter Führer. Personenkult im 20. und 21. Jahrhundert« (Hg. mit Thomas Kunze), 2013.

Manfred Quiring

Pulverfass Kaukasus

Konflikte am Rande des Imperiums

2., aktualisierte Auflage
200 Seiten, Broschur
ISBN 978-3-86153-899-8
18,00 € (D); 18,50 € (A)

»Manfred Quirings Monographie gehört zu der Sorte von Büchern, die man ungern wieder aus der Hand legt. Er nimmt den Leser auf eine spannende Reise durch den Krisenherd Kaukasus mit. Ein flüssig geschriebenes, den historischen und aktuellen Stand repräsentierendes Werk, das seinen Anspruch, einer breiten Leserschaft zugänglich zu sein, vollauf erfüllt.«

Politische Studien

»Den Leser erwartet eine lebendige und überaus lesenswerte und mit Hintergrundinformationen vertiefte aktuelle Analyse.«

Strategie & Technik

Ch. Links

www.christoph-links-verlag.de

Manfred Quiring

Russland

Orientierung im Riesenreich

208 Seiten, Broschur
ISBN 978-3-86153-471-6
18,00 € (D); 18,50 € (A)

»Quiring schafft es, die spezifischen Besonderheiten des russischen Alltagslebens, der landeseigenen Mentalität farbig und plastisch herauszuarbeiten. Sein Ton bleibt locker, spart Kritikwürdiges dabei aber keineswegs aus. Sein Kunstgriff, jedem der neun Hauptkapitel eine inhaltsbezogene Anekdote voranzustellen, macht den Band zu einem amüsanten, dabei niemals flachen Lesevergnügen.«

Deutschlandfunk

www.christoph-links-verlag.de

Ch.Links

Thomas Kunze

Russlands Unterwelten

Eine Zeitreise durch geheime Bunker und vergessene Tunnel

224 Seiten, Festeinband
359 Abbildungen
ISBN 978-3-86153-490-7
30,00 € (D); 30,80 € (A)

Russlands Untergrund ist voller Geheimnisse. Im ganzen Land gibt es unterirdische Anlagen, die bis heute nur schwer zugänglich sind oder noch immer der Geheimhaltung unterliegen: steinzeitliche Höhlen, mittelalterliche Katakomben, zaristische Tunnelbauten und Festungsanlagen, wahnwitzige Großprojekte der Stalin-Ära, gewaltige Atombunker aus der Zeit des Kalten Krieges. Thomas Kunze hat mehrere Jahre das Riesenreich durchstreift. Vom Weißen Meer bis Dagestan und von Kaliningrad bis Wladiwostok bereiste er Orte, die bisher nur wenige Ausländer gesehen haben. Seine Erforschung der Unterwelten ist eine Zeitreise durch die Geschichte des russischen Imperiums und vermittelt dabei faszinierende Einblicke in ein unbekanntes Russland.

www.christoph-links-verlag.de

Ch.Links